네트워크와 국가전략
세계정치의 변환과 연속성

네트워크와 국가전략

세계정치의 변환과 연속성

2015년 6월 29일 초판 1쇄 발행
2016년 9월 23일 초판 2쇄 발행

지은이 김상배, 김치욱, 조동준, 배영자, 이승주, 이민정, 장혜영, 마상윤, 장훈

편집 고하영, 김지산
마케팅 정세림, 남궁경민
디자인 강찬규

펴낸이 윤철호, 김천희
펴낸곳 ㈜사회평론아카데미
등록번호 2013-000247(2013년 8월 23일)
전화 02-2191-1133
팩스 02-326-1626
주소 03978 서울특별시 마포구 월드컵북로12길 17(1층)

이메일 editor@sapyoung.com
홈페이지 www.sapyoung.com
ISBN 979-11-85617-46-6 93340

이 저서는 2013년 정부(교육부)의 재원으로 한국연구재단의 지원을 받아 수행된 연구임.
(NRF-2013S1A3A2053683).

네트워크와 국가전략

세계정치의 변환과 연속성

김상배·이승주 외

사회평론

머리말

『네트워크와 국가전략: 세계정치의 변환과 연속성』이라는 제목 아래 이 책에 묶은 글들은 한국연구재단에서 지원하는 한국사회기반연구사업(SSK: Social Science Korea)의 일환으로 2010년부터 수행한 연구 결과물 중의 일부이다. 2010년 9월부터 2013년 8월까지의 SSK 1단계에는 서울대학교의 〈동아시아 네트워크 세계정치〉 연구팀과 중앙대학교의 〈한국국익론: 이론·역사·실천〉 연구팀의 둘로 나뉘어 진행되다가, 2013년 9월 SSK 2단계에 진입하면서 〈네트워크 국가의 세계정치〉 연구단으로 통합하여 세계정치의 변환과 연속성에 대한 연구를 수행해 왔다. 이 책에는 지난 5년 동안 진행된 연구 결과물 중에서 양 연구팀의 통합 취지와 새로이 결성된 연구단의 어젠다에 잘 부합하는 12편의 글들을 추렸다.

　이 책을 엮은 공통주제는 네트워크와 국가전략이다. 여기서 '네트워크'라는 말이 21세기 세계정치의 변환(變換, transformation)을 상징한다면, '국가전략'은 19세기 중후반 이래 바깥세상의 변환에 대응하는 한국의 실천적 과제를 담고 있다. 변환의 세계정치에 대응하는 국가전략의 내용으로서 이 책의 필자들이 염두에 둔 것은, 19세기 부국강병 게임에 임하는 전통적인 국민국가의 전략이라기보다는, 21세기 신흥권력 게임을 벌이는 '네트워크 국가'의 전략이다. 물론 이러한 '변환'의 구조와 동학을 살펴보면서도, 그 저변에 깔려 있는 '연속성'의 저력도 놓치지 않으려고 했다. 이러한 문제의식을 바탕에 깔고 이 책은 크게 세 부분으로 구성되었는데, i) 정치외교와 정치경제 분야에서 본 다자협력의 네트워크, ii) 기술경제와 국제규범 분야에서 벌어지는 표준경쟁과 국제규범, iii) 개발원조 및 파병외교 정책과 그 기저에서 작동하는 국내 정치과정 등이다.

〈제1부〉 '다자협력의 네트워크'의 제1장 '네트워크로 본 BRICS의 다자협력 메커니즘'은 21세기 글로벌 세력전이의 중심에 있는 BRICS 협력메커니즘의 특징을 복합 네트워크 개념으로 포착해내려고 시도했다. 세계금융위기 이후 BRICS는 정상회의체로 발전하고 국제정치적 가시성을 증대해왔음에도 불구하고 그 협력메커니즘에 대한 연구는 상대적으로 부족했다. BRICS는 초기 여러 비공식 정부협의체들이 병렬적으로 상호작용하면서 협력의 토대를 쌓은 데 이어, 정상회의체의 정례화와 행동계획의 도입으로 공고화되었다. 복합 네트워크로서 BRICS는, 협력의 주체로 정부 및 비정부 행위자를 포함하고 협력의 대상으로 상위정치 및 하위정치 이슈를 포괄한다. 이로써 BRICS는 공약의 실효성을 높이고 협력의 장기적 모멘텀을 이어갈 기틀을 마련했다. 다만, 공통의 정체성이 미약하고 회원국 간의 역사적 갈등과 이해대립을 해소해야 하는 과제를 안고 있다.

제2장 '다자협력과 네트워크: 아시아 금융감독 거버넌스'는 아시아의 금융감독 거버넌스가 국가 및 비국가 행위자가 함께 참여하는 네트워크 구조를 띠고 있음을 분석하였다. 아시아 국가들은 1997년 금융위기를 계기로 금융시장의 취약성과 리스크에 대한 규제가 지역경제를 효과

적으로 관리하는 데에 필수적이라고 인식하게 되었다. 그렇지만 아시아 판 국제금융기구나 감독기구를 설립하자는 여러 구상을 아직 실현되지 못하고 있다. 그로 인해 역내 금융시장에 대한 감독활동에 지역 정부, 준정부기관, 비정부 행위자, 글로벌 경제기구들이 네트워크 형태로 동참하는 거버넌스의 구조를 갖게 되었다. 아세안+3가 가장 중심적인 위치를 차지하고 있는 가운데, 아시아유럽정상회의, 국제결제은행아시아협의회 등 범지역 및 글로벌 금융기구의 비중이 큰 것으로 파악된다. 이러한 금융감독 행위자들의 중첩성과 연계성은 아시아 국가들의 공약에 비공식적 구속성과 실행 가능성을 더함으로써 지역 금융 거버넌스의 실질적인 진전을 가져올 것이다.

제3장 '정부 네트워크와 지식 네트워크: G8의 사례'는 1970년대 석유파동과 브레튼우즈 체제의 붕괴 이후 세계경제의 혼란은 세계경제의 운영과 관련하여 두 가지 현상을 초래했다고 주장한다. 첫째, 케인즈 학파의 영향력이 쇠퇴하고 통화량 조정을 중시하는 시카고학파가 부상하게 되었다. 케인즈 학파의 정책 제안은 스태그플레이션으로 귀결된 반면, 통화론자들은 1970년대 세계경제의 향방을 정확히 예측하는 모형을 제시하였기 때문이다. 둘째, 세계경제를 운영하는 기제로서 G6/G7의 등장이었다. 지식체계 간 경쟁과 G6/G7 출범이 동시대에 발생했기 때문에 G6/G7는 자연스럽게 지식체계 간 경쟁의 장소가 되었다. 1970년대 G6/G7에서 주요 쟁점은 성장·고용과 물가안정이었다. 케인즈 학파는 유효수요 창출을 통한 불황 탈피를 권고했고, 시카고학파는 통화량 조정을 통한 물가안정에 초점을 맞추었다. 미국, 일본, 이탈리아는 케인즈 학파의 권고를 수용한 반면, 프랑스는 1960년대부터 고전적 통화론자의 권고를 수용하면서 미국을 압박했다. G6/G7내부에서 쟁점 간 경쟁과 지식체계 간 경쟁은 1980년대 초반까지 이어지다가 통화주의가

G6/G7에서 수용되면서 해소되었다. 통화주의와 G6/G7의 결합이 현재까지 이어져 G8 네트워크는 신자유주의 지식체계와 연관되어 있다.

제4장 '다자협상에서 중개자의 역할: 중국, 대만, 홍콩의 APEC 가입 과정에서 이시영 전 외무차관의 구술 증언을 중심으로'는 이시영 전 외무차관이 APEC 고위실무대표회의 의장으로서 1991년 중국, 대만, 홍콩의 APEC 동시 가입을 위하여 조율하는 과정을 공간이론 관점에서 분석하였다. 이시영은 APEC 2차 각료급회의와 고위실무대표회의의 위임을 받아 중국, 대만, 홍콩의 APEC 동시 가입을 위하여, 순방 외교를 여러 차례 전개하였다. 그는 중국과 대만의 입장이 상충되는 두 협상 공간(APEC 회원의 성격과 국호 쟁점)에서 쟁점 간 연계를 통하여 절충점을 찾은 후, 실질적 이득, 감정 이입, 시간 압박을 통하여 중국, 대만, 홍콩이 APEC에 동시 가입할 수 있는 여건을 마련하였다. 이 사례에서는 다자외교와 양자외교가 협상공간에서 동시에 작동하는 특이한 현상이 나타났다. 이 사례에 직접 참여했던 이시영은 '협상 시한과 조건을 명시한 APEC의 위임'과 '천안문 사태 후 외교적 고립을 타개하려던 중국의 입장 변화'를 3자 APEC 동시 가입이 가능했던 중요한 요인으로 꼽는다. 또한, 협상 과정에서 동아시아권 공통 문명의 유산이 협상의 유효한 수단이었다고 증언한다.

〈제2부〉 '표준경쟁과 국제규범'의 제5장 '사이버 안보의 표준경쟁: 미국과 중국의 사례'는 미국과 중국의 패권경쟁을 사이버 안보의 문제에 초점을 맞추어 탐구하였다. 표준경쟁은, 기술과 산업의 문제일 뿐만 아니라, 관련 정책과 제도 및 해당 분야의 질서와 담론 형성의 문제로서 국제정치학의 시각에서 볼 때도 중요한 연구 어젠다 중의 하나이다. 최근 21세기의 패권국과 도전국인 미국과 중국 사이에서 중견국으로서 외교 전략을 모색하고 있는 한국의 입장에서 볼 때, 사이버 안보 분야에서 벌어지는 표준경쟁은 핵안보와 같은 전통안보의 문제에 못지않게 중요한 21세기 국가전략의 사안으로 부상하고 있다. 제5장은 기술, 제도, 담론의 세 가지 차원에서 벌어지는 '3차원 표준경쟁'의 시각에서 사이버 안보 분야의 미·중 표준경쟁을 이론적·경험적으로 조명하고, 그러한 미·중 경쟁의 틈바구니에서 한국이 취할 표준전략의 방향을 가늠해 보았다. 제5장이 밝혀 낸 미국과 중국의 표준경쟁의 양상은 인터넷 보안 기술 분야의 패권을 바탕으로 사이버 공간의 자유로운 활동을 보장하는 네트워크 인프라의 보호를 강조하는 미국의 입장에 대해서, 정권안보와 국가주권의 차원에서 인터넷에 대한 검열과 규제를 정당화하는 중국의 입장이 대립하는 양상으로 나타난다.

제6장 '기술표준의 정치: 행위자-네트워크 이론과 중국 AVS 사례'는 이제까지 기술표준 설정과정을 설명해 온 기술합리성, 권력정치, 제도·담론·문화 경쟁이론들이 현재 중국 독자표준기술 설정 과정과 결과를 충분히 설명하지 못함을 지적하고, 행위자-네트워크 이론(ANT: Actor-Network Theory)의 관점에서 중국 영상압축기술(AVS: Audio and Video Coding Standard) 기술표준설정 사례를 미시적으로 분석하였다. 특히 AVS 행위자-네트워크가 인간, 비인간 등 다양하고 이질적 행위자들로 구성되고 확장되어 왔음을 확인하였다. ANT 이론이 강조한 바와 같이 AVS 기술은 행위자-네트워크 밖에 중립적인 요소로서 존재한 것이 아니라 핵심행위자의 목적과 전략에 맞추어 기획되고 구성되었으며 진화하였음도 알 수 있었다. 아울러 AVS 행위자-네트워크가 구축되고 확산되는 과정을 ANT가 제시하는 번역 4단계—문제제기, 이해관계부여, 등록하기, 동원하기에 따라 서술하면서 AVS 기술표준 확산 성공 및 실패의 중요한 계기들을 설명하였다. 세계 전자제품 생산에서 차지하는 중국의 위상과 막대한 국내시장 규모에 토대하여 중국기업들과

일부 외국기업들을 끌어들이고 자국 내에서 네트워크를 구축하는 데 성공하였으나, AVS는 지배적인 네트워크에 비하면 그 범위가 제한적이고 안정성이 떨어지는 것으로 평가되고 있다.

제7장 '인류공동의 유산의 국제제도화 과정: 심해저 관리의 사례'에서 조동준 교수는 심해저 자원의 관리를 담당하는 국제해저기구(International Seabed Authority)의 형성 과정을 분석하였다. 1967년 몰타는 심해저를 '인류공동의 유산'으로 정하고 국제기구를 통하여 관리하자는 안을 제출함으로써, 해양 선진국에게 유리한 '해양의 자유' 국제제도에 도전했다. 선진국은 발달된 과학기술을 활용하여 심해저에서 광물자원을 채취할 수 있었기 때문에 '해양의 자유'가 심해저에도 적용되어야 한다는 입장을 고수했다. 반면, 개발도상국은 심해저 광물자원의 채취와 이로 인한 이익이 국제기구에 의하여 관리되어야 한다는 입장을 가졌다. 외향적으로 국제해저기구가 인류의 이익을 반영하는 것처럼 보이지만, 실질적으로 심해저 광물자원의 생산, 소비, 투자에 직접적이고 집중적인 이해관계를 가진 소수 국가의 이익을 반영하고 있다. 제7장의 사례연구는 새로운 생각과 개인 행위자가 국제제도의 형성 초반에 상대적으로 중요한 역할을 담당하는 반면, 국제제도가 공식적 기구 또는 성문화되는 단계에서는 이익이 중요한 역할을 담당함을 보인다. 국제정치이론의 시각에서 보면, 구성주의가 국제제도의 형성 초반에 발생하는 현상을 설명하는 데 장점을 가지는 반면, 제도주의와 현실주의는 국제제도가 공식화되는 단계에서 발생하는 현상을 설명하는데 장점을 가진다.

제8장 '정치 환경의 변화와 대인지뢰금지규범의 확산: 대인지뢰에 대한 의제화와 한국 대인지뢰대책회의의 활동을 중심으로'는 대인지뢰금지규범이 국내로 유입되는 과정에서 정치 환경이 대인지뢰에 대한 의제화와 반(反) 대인지뢰단체의 활동에 미치는 영향을 검토하였다. 보수

성향의 김영삼 행정부는 대인지뢰의 안보효과에 집중했다. 반면, 남북관계에 집중한 김대중 행정부는 대인지뢰가 남북분단에 미치는 부정적 영향에 초점을 맞추었고 진보 성향의 노무현 행정부는 대인지뢰로 인한 민간인 피해를 상대적으로 부각시켰다. 반 대인지뢰단체는 김영삼 대통령 재임기와 김대중 대통령 재임 초기 국방부와 갈등적 관계를 유지했다. 반 대인지뢰단체는 대인지뢰로 인한 민간인 피해자의 존재를 드러내어, 대인지뢰가 인간안보에 도움을 준다는 한국 정부와 국방부의 주장을 반박하였다. 반면, 노무현 대통령 재임기 반 대인지뢰단체는 인적 연결망을 통하여 정부 부처로 진입한 과거 사회운동 관여자와 함께 지뢰피해자를 구제하기 위하여 협업하였다.

〈제3부〉 '대외정책과 정치과정'의 제9장 '개발협력의 세계정치와 일본의 환경 ODA 정책'은 1990년대 초부터 환경 중심으로 재편되기 시작한 일본의 ODA 정책을 분석하였다. 2010년 ODA 규모와 비중이 각각 91억 7,400만 달러와 52퍼센트를 기록한 데서 나타나듯이, 일본은 양과 질 면에서 독일, 프랑스, 미국, 영국 등 다른 주요 공여국들을 압도하고 있다. 제9장의 목적은 일본이 ODA 정책의 변화를 추구하는 가운데 환경 ODA에 주력하게 된 대내외적 요인을 검토하는 데 있다. 첫째, 일본이 환경 ODA에 집중하게 된 것은 예산의 감소와 국제공헌의 증대 필요성이라는 모순적 상황을 타개하기 위한 전략이었다. 이로 인해 일본 정부는 환경을 매개로 외교정책과 ODA 정책을 연계함으로써 전략적으로 대처하고자 하였다. 둘째, 2000년대 이후 일본 정부의 전략적 대응은 환경을 고리로 ODA 정책과 국내 경제정책이 연계되는 새로운 단계로 진행되었다. 1990년대 초반 장기불황으로 인해 새로운 동력으로서 환경 분야를 주목한 것이다. 2008년 대외적으로 공표한 '쿨어스파트너십'(Cool Earth Partnership)의 사례에서 나타나듯이, 일본이 녹색 기술 등

환경 분야에서 개도국들과의 협력을 새로운 성장 동력으로서 활용하고
자 한 것이 대표적 사례이다.

제10장 '개발원조정책과 국회: 국회의원의 행정부 감시 책무성'은
한국 공적개발원조 지형의 변화 속에서 공적개발원조 예산 확보가 국제
적인 주요 이슈가 되는 점에 비해 한국 공적개발원조 예산의 지속적 증
가라는 특이 현상을 국회의 행정부 감시 책무성 저하라는 점에서 확인하
고자 하였다. 국회의원들이 행정부 감시 기능을 시행해야 하는 각종 위
원회에서 의원들은 공적개발원조정책에 관하여 정부의 국정 목표에 순
응하여 예산 증액에 대한 비판보다 오히려 예산 증액을 요구하는 모습
을 보였다. 이러한 현상의 이면에는 공적개발원조정책과 이익이 직결되
는 유권자가 존재하지 않기 때문에 유권자들의 요구로부터 상대적으로
자유로운 국회의원들이 정부의 정책을 지지함으로써 '국익'과 '선진국'을
위한 의정활동이라는 측면을 부각한다는 점이 작용한다. 이와 동시에 공
적개발원조정책에 대한 의원들의 상대적으로 낮은 관심 또한 정부정책
에 대한 비판적 고찰보다 정책에 대한 순응으로 이어지게 되었다. 마지
막으로 한국 국회의원들이 국제사회에서 인식되는 공적개발원조의 규범
적 성격에 대한 낮은 이해로 말미암아 공적개발원조정책의 목표를 '정치
적, 경제적 국익'에 둠으로써, 공적개발원조 예산을 둘러싼 국회의원들
과 정부 간 갈등이 적을 수 있었다는 점도 정부의 원조 예산 증액이 국회
의 저항 없이 지속적으로 나타나도록 한 요인이 되었다.

제11장 '한국군 베트남 파병결정과 국회의 역할'은 변화하는 국제
정치의 환경에 대응하는 국가전략의 국내 정치과정의 측면을 살펴보았
다. 그 사례로서 1960년대 한국군의 베트남 파병과 관련한 국내적 논의
를 전투부대 파병동의안을 둘러싼 국회에서의 심의 및 결정 과정을 중심
으로 검토하였다. 베트남 파병은 사회적 합의와는 크게 관계없이 이루어

졌다. 야당은 파병과 관련하여 종종 정략적 입장으로 각색된 국가이익을 추구했다. 일부 강경파는 선명야당의 기치 아래 파병을 강력히 반대했다. 여기에는 박정희 정권에 대한 극심한 불신이 반영되어 있었으며, 부분적으로는 분열된 야권 내부의 주도권 경쟁도 원인으로 작용하였다. 한편 정부와 여당은 처음에는 주한미군의 철수를 막겠다는 동기에서, 그리고 미국의 파병요청이 반복됨에 따라 이후 점차적으로 군사적·경제적 실리를 확보하겠다는 계산 하에 파병을 밀어붙이듯 추진했다. 이 과정에서 야당과의 대화나 사회 각계 의견수렴을 통해 대규모 해외파병이라는 중대한 정책에 대한 사회적 합의기반을 형성해가려는 노력은 기울여지지 않았다.

제12장 '한국 정당연구의 이론 모색: 거시 역사접근의 재구성'은, 앞 장들과는 달리 세계정치의 변화과 국가전략 연구의 기초가 되는 이론적 문제를 다루었다. 구체적으로 제12장은 정당의 역사적 인과구조를 강조한 거시접근의 연구 질문과 연구방법의 비판적 재구성을 시도하였다. 지금까지 거시접근의 연구질문은 주로 한국에서 대중정당이 부재한 현실과 이에 대한 역사적 설명을 시도하는 데에 집중해왔다. 하지만 제12장은 이러한 거대질문이 여러 개의 다양한 중범위 수준의 연구질문으로 구체화되어야 한다고 주장한다. 또한 거시접근의 연구방법은 서유럽 대중정당의 역사적 경로에 대한 비교를 통해서, 한국 정당의 역사를 분석해 왔는데, 이러한 비교역사방법은 좀 더 적실성이 높은 후발민주화 국가와의 비교 사례분석으로 전환되어야 한다. 남미의 주요 민주화 국가들은 국가의 선제적 발전과 정당 정치의 주변화라는 공통의 역사적 경로를 걸어왔으며, 후발산업화와 민주화를 성취한 점에서 한국 정당정치와 공통의 경험을 갖고 있다. 이들 사례와의 비교역사 분석을 통해서 연구의 주체성, 역사연구, 사회과학 이론의 엄밀성 사이의 균형을 추구할 수 있다

는 것이다.

　이 책이 나오기까지 일일이 거론하기 어려울 정도로 많은 분들로부터 도움을 얻었다. 가장 많이 고마운 분들은 아마도 〈네트워크 국가의 세계정치〉라는 어젠다로 '행위자-네트워크'를 형성해 가는 과정에 참여해 주신 공동 연구원 선생님들과 대학원생 및 학부생들, 그리고 다양한 경로를 통해서 진행되었던 학술회의와 세미나에 참여해 주신 사회자 및 토론자 선생님들이다. 이 책에 참여하신 아홉 분의 필자들 외에도 SSK 연구단의 일원으로 함께 연구를 수행했지만, 단지 주제의 일관성을 유지하려는 이유 때문에 이 편집본에 참여하지 못하신, 나머지 여섯 명의 연구진(신범식, 박성우, 김경희, 박종희, 안두환, 이헌미)께도 고마운 마음을 전하고 싶다. 끝으로, 국내의 척박한 출판 풍토에서도 어려운 출판결정을 내려주신 사회평론아카데미의 관계자 여러분께 감사드린다.

2015년 봄
필자들을 대표하여
김상배 · 이승주

차례

제2부　표준경쟁과 국제규범

16

제3부 대외정책과 정치과정

제1부

다자협력의 네트워크

제1장

네트워크로 본 BRICS의 다자협력 메커니즘

김치욱

이 장은 21세기 글로벌 세력전이의 중심에 있는 BRICS의 협력메커니즘의 특징을 복합네트워크 개념으로 포착해내려고 시도했다. 세계금융위기 이후 BRICS는 정상회의체로 발전하고 국제정치적 가시성을 증대해왔음에도 불구하고 그 협력메커니즘에 대한 연구는 상대적으로 부족했다. BRICS는 초기 여러 비공식 정부협의체들이 병렬적으로 상호작용하면서 협력의 토대를 쌓은 데 이어, 정상회의체의 정례화와 행동계획의 도입으로 공고화되었다. 복합네트워크로서 BRICS는, 협력의 주체로 정부 및 비정부 행위자를 포함하고, 협력의 대상으로 상위정치 및 하위정치 이슈를 포괄한다. 이로써 BRICS는 공약의 실효성을 높이고 협력의 장기적 모멘텀을 이어갈 기틀을 마련했다. 다만, 공통의 정체성이 미약하고 회원국 간의 역사적 갈등과 이해대립을 해소해야 하는 과제를 안고 있다.

I. 문제제기

이 장에서는 2008년 글로벌 금융위기와 2014년 우크라이나 사태를 계기로 21세기 국제정치의 주요 행위자로 주목받고 있는 BRICS(브라질·러시아·인도·중국·남아공)의 협력메커니즘을 네트워크이론 시각에서 분석한다.[1] BRICS는 신흥대국(rising powers)에 속하는 국가들로 구성되어 있으며, 국제체계에서 적극적인 의제설정권을 아직 행사하지는 못하지만 특정 이슈에서 거부권을 행사할 수 있는 존재이다 (Narlikar 2013a: 561-576). 이러한 BRICS에 대해 학문적 관심이 고조된 것은 글로벌 금융위기와 때를 같이한다. 세계금융위기를 계기로 권력이동, 즉 세력전이(power transition)와 세력분산(power diffusion)이라는 국제체계 구조변화가 가속화되었기 때문이다(Nye 2011). 여기에서 세력전이는 국제정치의 중심축이 서구권 국가들로부터 비서구권 국가들로 바뀌는 것을 뜻한다. 흔히 무극성(non-polarity), 포스트 아메리칸 월드(post-American world), 나머지의 부상(rise of the rest) 등은 공통적으로 미국 및 서구로부터 중국 및 신흥대국으로의 세력전이

---

1   이 장의 내용은 김치욱(2014)을 인용한 것임을 밝힌다.

가능성을 내포한다(Layne 2009: 147-172).

2008년 세계금융위기는 세계경제질서 내 물질적 능력의 재편을 촉진함으로써 서구의 리더십에 제약을 가했다. 미국과 유럽 국가들은 부실 금융자산을 처리하는 데 막대한 재정을 투입했다. 그 결과 오바마 정부는 1930년대 이래 찾아볼 수 없었던 강요된 자제(forced restraint)의 시기를 맞게 되었다(Altman 2009: 1-14). 군사적인 측면에서도 이라크와 아프가니스탄에서의 과대팽창은 자원 낭비와 리더십의 상처를 안겨줬다(Alexandroff and Cooper ed. 2010). 반면, 중국과 인도 등 BRICS 국가들은 수출 위축, 부동산 시장 침체 등의 어려움을 겪었지만 금융, 재정 및 경상수지 면에서 좋은 실적을 유지했다. 국제체계에서 BRICS가 차지하는 비중을 보면, 구매력평가기준(PPP) GDP는 25퍼센트, 영토는 30퍼센트, 인구는 43퍼센트에 달한다. 세계경제성장률의 비중도 50퍼센트에 이르며, 외환보유고는 4조 4천억 달러 수준이다. 이들의 GDP는 지난 15년 사이 세 배 증가했으며, 2018년쯤에 미국 그리고 2030년경에는 선진7개국(G7)을 따라잡을 것으로 점쳐진다.

그런데 물질적 능력 면에서 BRICS의 부상에 관심을 갖는 것은 이들이 향후 국제질서에 가할 수 있는 변화의 압력 때문이다(이동휘 2006). 이들은 하나의 연합체로서 여러 공통점을 지니고 있다. 역사적으로 글로벌 사우스(Global South)에 연관되어 있고, 국제정치 무대에서 영향력 확대를 꾀하며, 서구 중심적 국제질서에 비판적인 관점을 견지한다(Hurrell 2006: 1-19). 서구식 자유주의 세계질서에 깊숙이 편입되지 않았을 뿐만 아니라, 스스로 그 질서의 수혜자라고 여기지도 않는다(Alexandroff and Cooper ed. 2010). 이 점에서 BRICS의 영향력이 커질수록 기존 국제질서 안에서 마찰음이 커질 것이다.

BRICS의 두 주축국인 중국과 러시아의 최근 움직임은 21세기 국제질서의 향방을 가늠하는 관전 포인트가 되고 있다. 중국은 소위 합법적 영유권을 주장하며 일본, 베트남, 필리핀 등과 무력충돌 가능성을 고조시켰다(Browne 2014). 러시아는 2014년 3월 크림반도의 공식 합병을 선언하여 냉전 이후 서방과 대립각을 세우며 신냉전의 도래 가능성을 증폭시켰다. 글로벌 경제 거버넌스에서도 기존 체제에 대한 BRICS의 도전이 거세다. BRICS 정상들은 2014년 7월 브라질에서 열린 6차 연례정상회의에서 신개발은행(NDB)으로 불리는 개발금융기구와 1천억 달러 규모의 위기대응기금을 설치하는 협정에 서명했다. 이러한 신개발은행 설립과 위기기금 설치를 통해 브릭스는 앞으로 세계은행(World Bank)과 국제통화기금(IMF)의 역할을 일정 부분 대신할 것으로 관측된다(Desai and Vreeland 2014). 중국은 아시아인프라투자은행(AIIB) 설립을 주도하며 미국, 일본 등이 사실상 지배해온 아시아개발은행(ADB)이나 세계은행을 견제하려 한다.

국제사회의 인식에서도 BRICS의 잠재력이 반영되어 나타났다. 2008년 글로벌 금융위기가 발발하기 직전과 2014년 퓨리서치센터가 20개국을 대상으로 실시한 설문조사에서 힌트를 찾을 수 있다. 이에 따르면, 미국이 세계 최고 경제대국이라고 답한 평균비율은 49퍼센트에서 40퍼센트로 감소한 반면, 중국이 세계 최고 경제대국이라고 답한 평균비율은 19퍼센트에서 31퍼센트로 증가했다. 결국 중국이 미국을 능가하는 세계 최강 슈퍼파워로 자리매김할 것(혹은 이미 했다)이라고 믿는 비율은 2008년의 41퍼센트보다 증가한 50퍼센트였다. 그런 일이 일어나지 않을 거라고 답한 비율은 32퍼센트였다.

BRICS는 그 용어가 탄생한지 거의 10년 만인 2009년부터 정상회의를 정례화하고 기존 세계질서의 개혁을 요구해왔다. 그럼에도 불구하고 글로벌 권력이동의 상징으로 떠오른 BRICS의 협력 메커니즘에 대한 연구는 아직 미흡한 상태다. 21세기 가장 중요한 지정학적 사건 중 하나라거나 새로운 세대의 글로벌 포럼이라는 BRICS의 존재감에 대한 인식과 큰 괴리를 보이고 있다.

따라서 본 장은 BRICS가 2013년 BRICS정상회의에서 천명된 '주요 세계 정치 및 경제 이슈에서 명실상부한 정책조정 메커니즘'이라는 비전을 어떤 방식으로 실현해왔는지 분석한다. II절에서는 BRICS 협력체의 특징을 이해하는 틀로서 복합네트워크(complex network) 개념을 소개하고, 기존 연구의 특징과 한계점을 서술한다. III절과 IV절은 BRICS 협력메커니즘의 네트워크적 속성을 드러내는 데 집중한다. 정부 행위자(외교 및 비외교 부처)와 비정부 행위자가 함께 참여하고 있는 모습을 드러냄과 동시에, 외교·안보 등 전통적인 상위정치와 경제·과학·문화 등 하위정치 이슈가 협력아젠다로 얽혀있는 모습을 살펴본다. V절은 국제협력체로서 BRICS의 성과와 함의, 나아가 향후 풀어야 할 숙제를 논한다.

II. 국제협력과 복합네트워크론

국제협력이론에 따르면 국가들은 자신의 이익을 증진하기 위해 국제제도를 활용한다(Koremenos *et al.* 2001: 762). 또 이들은 특정 문제를 해결하는 수단으로 협정이나 다른 법적 장치들을 고안한다(Abbott and Snidal 2000: 421-456). 국가 간의 협력 가능성에 영향을 미칠 수 있는 외생적인 요인들은 다양하다. 경제적 연계성, 정치적 유사성, 문화적·역사적 유대, 지리적 근접성 등이 그 예다. 그러나 이러한 요소들은 필요조건일지 모르지만 충분조건은 아니다. 협력에 따른 수익과 비용의 분배, 약속의 집행 문제로 인해 국가들은 협력에 실패하곤 하기 때문이다(Snidal 1985: 923-942; Fearon 1998: 269-305).

많은 학자들이 이러한 국제협력의 저해요인을 완화하는 방법을 고민해왔다. 예를 들면, 보복과 반복게임(Axelrod 1984), 국내제도 (Mansfield *et al.* 2002: 477-513), 그리고 제도적 디자인(Koremenos *et al.* 2001) 등이 제시되었다. 이들은 회원국 선정 기준이나 이슈의 범위 등을 합리적으로 디자인함으로써 국가들의 협력 행태를 촉진할 수 있다고 본다.

그런데 문제는 국제협력이 진공상태에서 이뤄지지 않는다는 점이다. 국가 간의 협력 가능성은 국제체계 내 이미 존재하는 협력 장치들에 의존하기도 한다(Kinne 2013: 766). 이에 따르면, 국제협력은 특정 이슈나 특정 시기만의 문제가 아니라 보다 광범위한 그렇지만 때로는 잠재되어 있는 협력 네트워크의 결과물이다. 이 경우 국제협력은 어떤 외생변수의 부산물이라기보다는 기존 협력메커니즘의 내생적 결과로 이해된다. BRICS와 같이 어떤 협력메커니즘의 원인과 결과에 대한 분석 못지않게 협력 메커니즘 그 자체를 이해할 필요성도 이로부터 나온다.

이 장에서는 BRICS 국가들 간 협력모델의 특징을 이해하는 개념으로 복합네트워크를 적용한다. 네트워크는 국제정치의 친숙한 특징 중 하나이지만 국제정치분석에서 단위들의 행태를 제약하는 구조로서 네트워크를 다루기 시작한 것은 비교적 최근의 일이다(Hafner-Burton *et al.* 2009: 561; Ward *et al.* 2011: 246; Kinne 2013: 768). 복합네트워크 개념은 BRICS가 단순히 중앙정부의 외교부처 간 협력체에 그치지 않고 그 안에 다양한 하위정부 및 비정부 행위자를 포괄하는 다층적

협력모델을 구축하려고 시도해온 과정을 담아내기에 적합하다.[2]

복합네트워크는 복합성(complexity)과 네트워크(network) 두 단어를 결합한 개념이다. 여기에서 복합성은 서로 다른 성격과 형식을 가진 행위자들이 병존하면서 어떤 협력체나 거버넌스에 참여한다는 뜻이다. 복합계 혹은 복잡계(complex system)에서는 행위자의 다양성, 의사결정의 탈중심성, 개방성, 역동성, 피드백 등이 훨씬 크다 (Harrison 2006: 3). 수직적인 수준에서 근대국제정치의 주인공이라고 할 수 있는 국민국가가 가장 중심적인 위치를 차지하는 가운데, 그 위로는 초국가기구, 초정부기구 및 지역기구, 아래로는 지방정부와 시민단체 등의 참여가 증가한다. 그 과정에서 국민국가는 일종의 네트워크 국가(network state)로 변모하게 된다(하영선 2006, 2010; 김상배 2008: 35-61; Slaughter 2004). 네트워크 국가는 정치공동체가 기능적으로 또 영토적으로 분리되어 있지만, 여러 그물망을 통해 서로에게 또 사회 내부에 연결되어 있는 모습을 띤다(Ansell 2000: 309). 결과적으로 유럽연합(EU)처럼 초국가기구, 회원국 정부와 지역, 지방정부 등 국가 하부기관들이 서로 연결되는 주권공유체를 이룬다(민병원 2008: 212; 마뉴엘 카스텔 2000: 445).

수평적인 차원에서 행위자들은 공식적인 기구의 형태를 띠거나 비공식적인 포럼의 모습을 갖기도 한다. 예를 들면, 브레턴우즈제도 (BWIs)는 회원국의 자격기준과 책임 등을 명시적으로 규정한 헌장과 사무국을 갖춘 기구들이다. 반면, 선진7개국회의(G7)와 주요20개국회의(G20) 등은 공식적인 제도적 인프라를 결여한 네트워크형 포럼이

---

2   다층거버넌스(multi-level governance)는 의사결정이 초국가·국가·지역·지방 등 국제정치의 분석수준에 따라 수직적으로 분산되는 관리양식을 뜻한다(Hooghe and Marks 2003: 234).

다. 국가와 국제기구 등 전통적인 형태의 기구에 비해 네트워크의 구성원들은 상대적인 자율성을 누린다. 그 형태와 규모의 조절이 용이하고, 어느 한 구성요소를 제거하더라도 전체 네트워크의 붕괴로 이어지지 않는 등 일정한 탄력성을 갖는다. 결국 복합성은 국가행위자와 비국가행위자, 공식 조직체와 비공식 네트워크가 병존하고 상호작용하는 정치과정을 나타낸다.

한편 네트워크는 행위자들의 연결망으로 정의될 수 있는데, 하나의 행위자(actor network)로서뿐만 아니라 거버넌스 양식(networked governance)으로서의 의미를 동시에 지닌다(Kahler 2009: 3-7). 이때 네트워크 거버넌스는 다양한 행위자들로 형성되는 파트너십으로 정의된다. 이 경우 행위자 간 의사결정과 정책조정은 수평적이고 탈집중화된 방식으로 이뤄진다.[3] 무정부적인 조정양식이 지배하는 시장질서, 또는 명령과 통제에 의존하는 위계질서와는 대조를 이룬다. 노드(node)의 연결체인 네트워크 그 자체가 하나의 분석단위가 된다(Provan and Kenis 2007: 232-233).

이처럼 복합네트워크는 국가 행위자가 허브의 역할을 담당하고 여타 비국가 행위자들이 주변부를 차지하면서 전체적으로 하나의 네트워크를 형성하는 모습으로 요약될 수 있다. 기존 국민국가 중심의 정부 간 외교나 국제레짐의 역할이 잔존하는 가운데, 비국가행위자들의 참여가 증가하는 새로운 형태의 글로벌 거버넌스로 이해된다(김상배 2010: 87). 이는 국가, 사회세력, 하위집단, 그리고 초국가기구 등 여러 층위의 정치 행위자들이 서로의 이해관계에 따라 정책결정과정

---

3   네트워크 거버넌스는 행위자들이 암묵적이고 개방적인 계약에 기초하여 선택적이고, 지속적이며, 구조화된 상호작용을 하는 방식으로 정의되기도 한다(Jones *et al.* 1997: 914-916).

에 끊임없이 개입하는 질서인 셈이다(민병원 2008: 122).

따라서 복합네트워크로서 BRICS는 중앙정부와 지방정부, 외교부처와 비외교부처, 정부 행위자와 비정부 행위자 등 다양한 행위자들을 포함한다. 그뿐만 아니라, 행위자들 간의 의사결정은 대부분 수평적이고 탈집중적인 방식으로 이뤄진다. 한마디로 복합네트워크 개념은 BRICS 협력과정에 직간접적으로 간여하는 행위자의 다양성과 이들 간의 수평적 연계성에 초점을 맞추고 있다.

그런데 BRICS의 국제정치적 가시성에 비해 그 협력메커니즘 자체에 관한 연구는 상대적으로 드물다. 예외적으로 BRICS 내부협력의 발달 원인을 초기 금융협력의 파급효과(spillover effect)에서 찾으려는 시도는 있었다(Stuenkel 2013: 611-630; 2014: 89-109). 이 경우에도 구체적인 BRICS 협력메커니즘의 네트워크적 속성을 드러내는 데에까지 이르지는 않았다. 어떤 연구는 BRICS라는 틀 안에서 개별 회원국의 역할 내지 정치경제를 분석하려고 노력했다. BRICS의 부상이 반드시 국제질서의 불안정을 야기하지는 않을 것이라는 전제하에 BRICS의 역할을 탐구했다(Kahler 2013: 711-729; Narlikar 2013a; Roberts 2010b: 1-13; Schweller 2011: 285-297). 그리고 개별 회원국, 즉 중국(Li 2011: 331-351; Wang and Rosenau 2009: 5-39; Steinfeld 2010; Chin and Thakur 2010: 119-138), 러시아(Macfarlane 2013: 711-729; Makarychev and Morozov 2011: 353-373; Roberts 2010a: 38-73), 인도(Mukherjee and Malone 2011: 311-329; Narlikar 2013b: 595-614), 브라질(Burges 2013: 577-594; Sotero 2010: 71-81) 등의 외교정책에 관한 연구가 있다.

그렇지만 기존 연구들은 대부분 낙관론 대 비관론 틀 안에서 BRICS의 국제정치적 위상과 미래의 국제질서를 진단하는 데 치중하는 경향을 보였다. BRICS와 그 미래를 낙관하는 견해는 단극시기가 역사상 매우 드물었고 지리적으로 한정되어 있었다는 점을 내세우며 BRICS의 부상에 따른 세력전이를 기정사실화 한다(Serfaty 2011: 7-23; National Intelligence Council 2008). BRICS 회원국들이 동시에 병렬적으로 부상하고 있다는 점을 강조하고, 하나의 블록이든 그렇지 않든 신흥대국이라는 사실 자체만으로도 협력을 추진하거나 세계질서의 안정을 도모하려 할 때 중요한 도전이 될 것이라고 본다. 그뿐만 아니라, BRICS 회원국들이 동반 성장을 위해서 회원국 간 전략적 대립을 극복할 가능성이 크다고 평가한다. 영국, 독일, 프랑스가 유럽통합이라는 비전을 위해 적대감을 누그러뜨린 예에서 교훈을 삼는다. 실제로 BRICS 공약준수율을 보면, 회원국들은 정상회의에서 제시한 공약의 평균 75퍼센트를 준수한 것으로 나타났다(BRICS Research Group 2013). BRICS의 응집력을 엿볼 수 있는 다른 사례는 2011년 12월 WTO각료회의에서 BRICS 통상장관들이 WTO협상에서 취할 공통원칙에 합의하고, 2012년 델리 정상회의에서는 BRICS 개발은행을 창설키로 뜻을 모은 점을 꼽을 수 있다.

반면 BRICS 비관론에 따르면, BRICS는 새로운 세계질서를 구축하거나 미국의 리더십에 도전할 만한 전략적 태세를 갖추지 못하고 있다(Hart and Jones 2010: 63-88). 신흥대국의 경제력은 과장된 것으로 강대국으로 부상하기보다는 중소득 국가의 덫에 빠질 가능성이 높다(The Economist 2011; Pant 2013: 91-105). 중국은 권위주의적 자본주의(authoritarian capitalism)가 시사하듯이 민주주의와 시장경제의 질적 심화 면에서 뒤처진다(Sharma 2012: 2-7). 인도는 민주주의 국가이지만 때로는 부패 문제로 씨름해야 한다. 브라질 역시 정치적으로 개방적이지만 범죄와 정치적 스캔들이 빈번하다(van Agtmael 2012: 76-

79). 회원국 간 경제적·외교적 유대가 확대되고 있지만 러시아, 인도, 중국은 아시아 지역에서의 영향력과 자원을 둘러싸고 경쟁하고 있다 (Blank 2011; Fletcher 2013). 게다가 전반적으로 비슷한 세계관을 공유하면서도 아직 BRICS 정신(mentality)이라고 할 만한 공통의 정체성을 형성하지 못하고 있다(Glosny 2010: 100-129).

그렇다면 BRICS를 복합네트워크로 이해하는 것은 이론적으로 왜 중요한가? 다시 말해서 BRICS 협력모델이 복합성과 네트워크 속성을 띠고 있다는 사실은 국제정치적으로 어떤 의미를 갖는가? 결론부터 말하면, 복합네트워크의 특징인 행위자 및 이슈 간의 연계성과 중첩성은 국가 간 협력의 이득을 증가시키고 공약준수의 인센티브를 강화한다(Keohane 1984; Davis 2009: 25-31). 그만큼 BRICS의 잠재력과 지속가능성, 나아가 국제정치적 위상을 좌우할 가능성이 크다. 대체로 정부협의체의 공약은 법적인 구속력이 없을뿐더러 집행력 또한 담보되지 않는다. 그런데 복합네트워크는 공약의 비가역성을 강화하고 집행 장치를 동원함으로써 국가의 공약준수를 촉진할 수 있다.[4]

다시 말해서 복합네트워크는 법적인 강제성을 결여한 채 자발적인 준수에 의존하는 비공식 정부협의체의 공약에게 사실상의 구속력을 부여한다. 비공식적 공약에 구속력을 더하는 한 가지 방식은 정부네트워크 내부적으로 자신의 공약을 반복적으로 재확인하는 것이다. 다른 방식은 자신의 공약을 다른 거버넌스 행위자를 통해 간접적으로 재생산되도록 하는 것이다. 복합네트워크 하에서 국가 간 상호작용은 일회성에 그치지 않는다. 이들은 여러 행위자와 이슈에서 반복적으로 상호작용하는 소집단 환경 속에 놓이게 됨에 따라 공약 파기의 대

---

4   복합네트워크와 국가행태 간의 상관관계에 관한 보다 자세한 논의는 김치욱(2012), pp. 115-134 참조.

가를 중요하게 생각한다(Alter and Meunier 2009: 13-24). 자신의 공약에 관련된 여타 행위자 간의 협력을 촉구하는 것이 한 예인데, G8과 G20은 아프리카 최빈국에 대한 원조 문제에 관해 유엔무역개발회의(UNCTAD)와 세계은행(World Bank) 간의 협력을 촉구함으로써 스스로 천명한 원조 공약을 번복할 수 없게 만들었다.[5] 이와 같이 정부협의체 안과 밖에서 동일한 공약이 복제됨으로써 정부협의체 회원국들은 이중삼중의 구속을 받게 되고, 공약의 비가역성과 구속력은 증가하게 된다. 그만큼 BRICS 협력메커니즘이 복합네트워크적인 속성을 짙게 띨수록 협의체로서의 응집력, 실행력, 그리고 국제정치에서의 존재감을 드러낼 전망이다.

요약하면, 복합네트워크는 하나의 행위자로서 BRICS의 특징을 이해하는 데 도움을 준다. BRICS는 초창기 매우 느슨한 비공식 협의체로 출발한 이래 제도적 진화 과정을 거치면서 복합네트워크 속성을 띠게 되었다. 뿐만 아니라 BRICS 국가들이 복합네트워크에 기반하여 협력을 심화시키는 과정에서 비공식적인 공약의 구속력을 증가시키는 효과를 발휘함으로써 국제정치적 존재감을 강화하는 밑거름이 될 수 있다.

다만, 이 장은 BRICS의 협력메커니즘의 특징과 속성 그 자체를 이해하는데 일차적 목적을 둔다. 대신 BRICS 국가들이 왜 특정한 제도적 양식을 채택하게 되었는지 또는 이러한 협력모델이 낳은 경험적인 결과는 무엇인지 등 네트워크협력의 원인과 결과에 관한 탐구 작업은 후속 연구로 미루고자 한다. 전자의 질문은 흔히 BRICS와 같이 비

---

5   소집단환경 개념을 적용한 연구로는, 워싱턴 컨센서스(Washington Consensus)의 확산 과정을 설명한 Dezalay and Garth(2002), 국제무역협상에 적용한 Davis(2009) 등이 있다.

공식 네트워크 협력의 결정요인에 관한 것으로, 집단의 소규모성, 문제해결의 긴급성, 정책이슈의 불확실성, 국내 적대세력의 존재 등을 꼽을 수 있다(Eilstrup-Sangiovanni 2009).[6] 후자는 복합네트워크형 협력의 실제적인 효과에 관한 것으로 회원국 간 정책선호의 수렴, 공약준수율 개선 여부 등으로 파악될 수 있다(Davis 2004: 153-169). 아래에서는 BRICS 협력모델을 행위자 네트워크와 이슈 네트워크로 대별하여 묘사한다. 전자는 BRICS 회원국으로 구성된 정부 및 비정부 협의체의 연결망을 나타내며, 후자는 이종 협의체들이 추진하고 있는 협력 의제의 복합성을 의미한다.

III. BRICS의 행위자 네트워크

BRICS는 2001년 골드만삭스(Goldman Sachs) 보고서에서 "세계는 경제적으로 더 강한 BRICs를 필요로 한다(The World Needs Better Economic BRICs)"에서 BRICs 국가들을 세계경제의 동력(powerhouse)이라고 부른 데서 유래한다. BRICS는 이후 10여 년에 걸쳐 대내외적으로 중층적인 행위자 및 이슈 네트워크를 구축했다.[7] 특히 행위자 차원에서 BRICS는, 〈그림 1〉에 나타난 바와 같이, 정부 및 비정부 행위자, 중앙정부와 지방정부 행위자들이 함께 참여하는 복합네트워크 모습을 띠게 되었다.

---

6   아태경제협력체(APEC), 동남아국가연합(ASEAN) 등과 같이 참여 주체의 다양성이나 이슈의 중첩성 면에서 복합네트워크 협력모델에 속하는 예들이 많지만, 이들의 제도적 실효성은 사례마다 다르게 나타난다. 따라서 상이한 복합네트워크의 성공과 실패를 결정하는 요인에 대해서는 추가적인 경험적 연구가 이어져야 한다.

7   아래 내용의 일부는 김치욱·유종선(2013)에서 인용한 것임을 밝힌다.

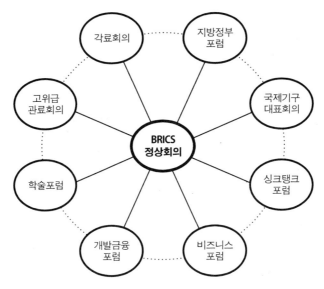

출처: 저자 작성

그림 1. BRICS의 행위자 복합네트워크[8]

　BRICS의 복합네트워크형 협력에서 포컬 포인트는 BRICS 정상회의다. 세계금융위기 전까지만 해도 많은 학자들은 BRICS는 하나의 신기루에 불과하다고 평가했다(Armijo 2007: 7-42; Antkiewics and Cooper 2008). 하지만 BRICS는 2009년에 정상회의가 출범하고 2011년 남아공이 정식 멤버로 합류함으로써 제도적 생명력을 확보했다.[9] 회원국 간 경제·무역 협력을 촉진시키기 위한 연락그룹(liaison group)을 신설했고, 2013년 더반선언에는 앞으로 추진할 협력 아젠다의 하나로 사이버사무국 설치를 명기했다(강선주 2013). 또 회원국 간 실질적인 협력을 증진하기 위해서 이전 정상회의에서 합의된 사업들

8　실선은 중앙정부 행위자, 점선은 비중앙정부·비정부 행위자를 나타낸다.

9　이에 반해 정상회의가 출범한 이후에도 BRICS에 신경 쓸 필요가 없다는 견해에 대해서는 Goldstone(2011).

에 대한 모니터링 절차도 도입했다.

그때까지 비공식 각료급 회의체로 운영되던 BRICs가 정상회의체로 격상되는 과정은 러시아에 의해서 주도되었다. BRICs를 다자외교의 중심축으로 발전시켜 미국의 일방주의를 견제하려는 속셈이었다(Roberts 2010a: 38-73; 고재남 2011). 러시아는 2008년 일본에서 개최된 G8 정상회담을 기회로 삼아 BRIC 4개국 비공식 정상회담을 주선하고, 2009년 6월에 BRICs 정상회의를 열기로 하는 합의를 이끌어내는데 성공했다. 1차 정상회의에서는 신세계질서의 기본 원칙에 대한 BRICs의 입장이 천명되었다. 회원국들은 국제법, 평등성, 상호존중, 협력, 정책조정, 집단적 결정 등에 기반을 둔 민주적이고 다극적인 세계의 수립을 요구했다.[10] 다른 회원국에게도 BRICS로부터 얻을 것이라고 기대할만한 이득이 있었다. 중국은 개별적인 수정주의 노선보다는 집단적인 개혁주의 노선을 견지함으로써 국제질서의 안정화를 기하고 당시 '중국위협론'을 희석하는 데 유용하다고 판단했다(Glosny 2010). 인도는 거대신흥국 연합체의 일원이 됨으로써 국제적 위신을 높이려고 했으며(Sinha and Dorschner 2010: 74-99), 브라질은 소프트 파워를 보다 공세적으로 추구할 기회로 삼았다(Roberts 2010b; Sotero and Armijo 2007: 43-70).

2009년 6월 러시아 정상회의 이후 현재까지 다섯 차례의 연례회의가 열렸다. 흥미로운 점은 이러한 공식 정상회의 이외에도 비공식 임시회의가 2008년 7월부터 네 차례나 개최되었다는 사실이다. 임시회의는 주로 선진8개국정상회의(G8)와 주요20개국정상회의(G20)가

---

10   "Joint Statement of the BRIC Countries' Leaders," Yekaterinburg, Russia(June 16, 2009), http:// www.brics.utoronto.ca/docs/090616-leaders.html(검색일: 2013.10.10.)

열리는 장소에서 소집되었다. 이것은 국제사회에서 신흥국과 개도국의 대표 주자로서의 정치적 가시성을 높이는 효과를 발휘한다. 일종의 코커스 그룹(caucus group)으로서 G20과 같은 다자간 정부협의체 안에서 서로의 입장을 조율하는 발판 구실도 한다. 실제로 BRICS 정상들은 2011년 칸느 G20정상회의가 열리기 직전에 회합을 갖고 유로존 부채위기에 관해 공동 입장을 피력하기로 합의했다(Susak 2011). 2012년 멕시코 로스카보스 G20정상회의를 계기로 소집된 비공식 정상회의에서는 IMF와 다자개발은행 재원 확충 및 BRICS의 납입금 증액 필요성을 천명했다.[11] BRICS 정상들은 2013년 러시아 G20정상회의를 앞두고서도 2010년의 IMF 쿼터·거버넌스 개혁 패키지를 이행할 것과 일반검토절차를 2014년 1월까지 완료할 것을 요구했다.[12]

BRICS는 또한 정상회의에서 도출된 합의사항을 실행하기 위해 각종 장관급 각료회의와 고위급 관료회의를 병행하고 있다. 이 중에서 외무장관회의는 정상회의가 출범하기까지 BRICS 협력네트워크를 이끌어왔다. BRICS 국가들의 초창기 그룹화 노력은 UN총회에서 정치 대화를 위한 비공식 4자 접촉을 확대하면서 시작되었다. 2006년 9월 제61차 UN총회를 계기로 4국 외무장관회의가 처음 열렸으며, 2007년 제2차 외무장관회의 이후 외무차관 수준에서 회원국 간 정기적인 접촉과 다자외교 증진을 위한 협의 프로세스를 개시했다. 특히 2008년 회의는 BRICS 협력 프로세스의 복합화 의도를 엿보였다. 즉 외무장관

---

11   "Media Note on the Informal Meeting of BRICS Leaders Ahead of G20 Summit in Los Cabos"(June 18, 2012). http://www.brics.utoronto.ca/docs/120618-loscabos-note. html(검색일: 2014. 7. 1)

12   "Media Note on the Informal Meeting of BRICS Leaders Ahead of the G20 Summit in St. Petersburg"(September 5, 2013). http://www.brics.utoronto.ca/docs/130905-note.html(검색일: 2014. 7. 1).

표 1. BRICS 정상회의 현황

형식		일시	개최지
연례정상회의 (공식)	1차	2009.6.16.	러시아(Yekaterinburg)
	2차	2010.4.16.	브라질(Brasilia)
	3차	2011.4.14.	중국(Sanya)
	4차	2012.3.29.	인도(New Delhi)
	5차	2013.3.25.	남아공(Durban)
임시정상회의 (비공식)	1차	2008.7.9.	일본(Hokkaido, G8)
	2차	2011.11.3.	프랑스(Cannes, G20)
	3차	2012.6.18.	멕시코(Los Cabos, G20)
	4차	2013.9.5.	러시아(St. Petersburg, G20)

출처: 저자 작성

들은 글로벌 금융, 식량위기, 기후변화 영역에서 공통의 입장을 도출하기 위해 노력하고, 외무장관회의 외에 재무장관 등 다른 수준의 협력을 추진키로 했다.[13]

이후 세계금융위기의 발발과 맞물리면서 2008년부터 BRICS 재무장관회의가 출범하게 되었다. 이 회의는 대개 G20과 IMF/World Bank 총회를 계기로 열렸다. 국제금융제도의 거버넌스 개혁에 특별한 관심을 표명해왔으며, 금융안정포럼(FSF)과 바젤은행감독위원회(BCBS), 국제회계기준위원회(IASB) 등 국제금융감독기구의 구조개혁에 대해서도 한 목소리를 냈다. 2010년 4월부터는 개발은행회의가 출범하여 BRICS 은행협력의 초석을 놓았다. 그 연장선상에서 2011년 산야 정상회의에서 BRICS금융협력협정(Framework Agreement on Financial Cooperation)에 대한 서명이 이뤄졌다. BRICS 회원국들은

---

13   "Press Release: Meeting of BRIC Foreign Ministers"(September 26, 2008). http://www.brics. utoronto.ca/docs/080925-foreign.html(검색일: 2014.6.25).

경제통상이슈접촉그룹(Contact Group on Economic and Trade Issues, CGETI)을 기반으로 경제·통상·투자 관련 이슈에 관해 의견을 교환한다. 이러한 노력은 2013년에 무역투자협력프레임워크로 구체화되어 다자협력, 무역·투자 증진, 혁신, 중소기업, 지적재산권, 인프라 등을 작업 아젠다로 채택했다.[14]

　농업장관회의는 2009년 6월 BRICS정상회의에서 합의된 글로벌 식량안보 선언을 뒷받침하기 위해 이듬해부터 개최되었다.[15] 이들은 세계 식량위기를 해소하는 방법은 공평성과 무차별원칙에 입각한 세계 식량·농산물 시장과 무역체계가 필요하다고 강조했다. 또 회원국 간 농업정보 구축, 취약계층에 대한 식량 공급, 기후변화의 부작용 완화, 농업 기술 혁신 및 협력 등을 우선순위로 제시했다.[16] 보건장관회의는 2011년 산야 정상회의의 위임에 따라 같은 해 7월 출범하여, 회원국 간 공공보건 협력을 주도하고 있다. 교육장관회의는 남아공의 주도로 2013년 창설되었는데, 회원국 간 대학 교류와 지식교환 등을 활성화하고자 한다.[17] 2014년부터는 2013년 남아공 정상회의 행동계획에 입각하여 과학기술장관회의가 신설되었다.[18] 이밖에 실무 차원의

14　"BRICS Trade and Investment Cooperation Framework"(March 26, 2013), http://allafrica.com/stories/201303270758.html(검색일: 2014.9.23).

15　"BRIC's Joint Statement on Global Food Security"(June 16, 2009). http://www.brics.utoronto. ca/docs/090616-food-security.html(검색일: 2014.7.5).

16　"Moscow Declaration of BRIC Ministers of Agriculture and Agrarian Development"(March 26, 2010). http://www.brics.utoronto.ca/docs/100326-agriculture.html(검색일: 2014.7.5).

17　"BRICS Ministers Discuss Education: Press Release"(November 5, 2013). http://www.brics. utoronto.ca/docs/131105-education.html(검색일: 2014.7.5.).

18　"First BRICS Science, Technology and Innovation Ministerial Meeting: Cape Town Declaration"(February 10, 2014). http://www.brics.utoronto.ca/docs/140210-BRICS-STI.pdf(검색일: 2014.7.1.).

표 2. BRICS 각료회의 현황

유형		일시	개최지	유형		일시	개최지
외무장관회의	1차	2006.9.21	미국	통상장관회의	1차	2010.4	브라질
	2차	2007.9.24.	미국		2차	2011.4.13	중국
	3차	2008.5.16	러시아		3차	2011.12.2	중국
	4차	2008.9.26	미국		4차	2011.12.14	스위스
	5차	2009.5.16	러시아		5차	2012.3.28	인도
	6차	2009.9.24	미국		6차	2012.4.19	멕시코
	7차	2010.9.21	미국		7차	2013.3.26	남아공
	8차	2011.11.24	러시아	재무장관회의	1차	2008.11.7	브라질
	9차	2013.9.26	미국		2차	2009.3.14	영국
	10차	2014.3.24	네덜란드		3차	2011.9.22	미국
농업장관회의	1차	2010.3.26	러시아		4차	2012.2.25	멕시코
	2차	2011.3.26	중국		5차	2012.3	인도
	3차	2011.10.30	중국		6차	2014.4.11	미국
	4차	2013.10.29	남아공	보건장관회의	1차	2011.7.11	중국
교육장관회의	1차	2013.11.5	프랑스		2차	2013.1.11	인도
과학기술장관회의	1차	2014.2.10	남아공		3차	2013.11.7	남아공

출처: BRICS Information Centre, 저자 재구성

협력기제로서 고위급 회의체도 운영되고 있다. 이 중 가장 먼저 설치된 것은 BRIC 국가안보보좌관회의인데, 러시아 정부는 2009년 5월 브라질, 인도, 중국 등의 안보보좌관을 초청하여 1차 공식회의를 개최했다. 당시 글로벌 금융경제위기의 안보적 함의를 토론하기 위해서였다. 통계당국회의체는 2009년 정상회의의 합의에 따라 2010년 UN대표부에서 처음 소집되었고, 매년 BRICS 회원국의 일반사항, 인구, 경제, 생활수준, 대외경제 등에 관한 통계지표를 발간한다.

BRICS 협력모델의 복합성을 증가시키는 것은 다양한 비정부 행

위자들에 대한 아웃리치 활동이라고 할 수 있다. 첫째, BRICS 비즈니스포럼을 꼽을 수 있는데 연례정상회의에 맞춰 개최된다. 효과적인 커뮤니케이션과 의견조율을 위해서 상공회의소와 같은 각 회원국의 재계 대표기관을 접촉점(Business Contact Points)으로 지정했다. 비즈니스포럼은 세계경제 일반에 대한 평가와 더불어, 글로벌 경제거버넌스, 인프라 개발 등 BRICS의 협력 사업에 관한 자신의 입장을 공동성명서 형식으로 발표한다. 예를 들면, 2013년의 경우 BRICS비즈니스포럼은 스스로 정상회의의 보조행사(supporting event)라고 규정하고, G20정상회의 아젠다의 이행, IMF/World Bank 개혁, 글로벌 금융시장 안정, BRICS 역내 무역 증진, BRICS개발은행 설립 방안, 중소기업 지원대책 등에 관해 권고사항(recommendation)을 발표했다.[19] 다음으로, 아카데미포럼은 2009년 5월 인도의 주도 하에 1차 러시아 BRICS정상회의의 준비행사로 시작되었다. 회원국의 전문가와 학자들로 이뤄진 이 포럼에서는 정상회의에서 다뤄질 의제를 발굴한다. 이를테면, 2012년 뉴델리 정상회의를 겨냥하여 금융위기 대처, 포용적 개발 의제, 공동 개발은행 혹은 투자기금 신설, 지속가능개발, 교육·문화 협력 등의 의제를 권고했다.[20]

이상의 행위자들은 공통적으로 BRICS라는 단일 틀 안에서 작동하고 있다. 하지만 BRICS는 〈그림 2〉와 같이 멤버십을 조금씩 달리하면서도 유기적으로 연계되어 있는 별도의 정부협의체를 갖고 있다. 흔히 RIC(러시아·중국·인도)으로 지칭되는 전략적 3각 협력체(Strategic

---

19   "Joint Statement of the BRICS Business Forum"(March 26, 2013). http://www.brics.utoronto.ca/docs/130326-brics-business-forum.pdf(검색일 : 2014.6.30.).

20   "4th BRICS Academic Forum: Recommendations to the 4th BRICS Leaders Summit in New Delhi." March 6, 2012. http://www.brics.utoronto.ca/docs/120306-academic-forum.pdf(검색일 : 2014.6.30.).

표 3. BRICS 고위급회의 및 아웃리치 현황

유형		일시	개최지	유형		일시	개최지
고위급관료회의	외교	2011.11	러시아	아웃리치	아카데미포럼	2009.5	인도
	안보	2009.5	중국			2010.4	브라질
		2010.4	러시아			2011.3	중국
		2010.10	러시아			2012.3	인도
	경쟁	2009.9	러시아		비즈니스포럼	2011.4	중국
		2011.9	중국			2012.3	인도
		2013.9	인도			2013.3	남아공
	통계	2010.2	미국		도시·지방정부	2011.12	중국
		2010.11	브라질				
		2011.9	중국				
		2012.10	인도				
	과학기술	2011.9	중국				

출처: BRICS Information Centre, 저자 재구성

Triangle)는 1998년부터 러시아가 미국의 후원 아래 중앙아시아에서 확산되고 있던 민주화 운동을 저지하기 위해 추진되었다(Chandra 2010: 40-55). 이후 2005년 6월 외무장관회담을 계기로 공식화되고(백준기 외 2012), 2006년 7월에 정상회담이 처음 개최되어 최고위급 전략적 삼각관계가 정립되었다.[21] RIC은 다극적이고 정당하며 공평한 세계질서를 추구하며, 군사훈련·재난관리·비즈니스포럼·학술대회 등의 부속협력체를 운영하고 있다(Das 2010; Singh 2012).

그리고 IBSA(인도·브라질·남아공)는 고위급 외교포럼으로 출발하여 2003년 6월 3국 외무장관회담에서 브라질리아선언(Brasilia Dec-

---

21   "China, Russia, India Hold 1st Trilateral Summit," Xinhua News Agency (July 18, 2006). http://www.china.org.cn/english/2006/Jul/175028.htm(검색일: 2014.3.30.) RIC의 미국 패권에 대한 견제 능력에 관한 회의적인 시각으로는 Pant(2006) 참조.

laration)을 채택하고, 2006년 9월 브라질에서 1차 정상회의를 개최하면서 제도화되었다.[22] IBSA에는 정상회의 외에도 각료급 공동위원회, 학계·재계·시민사회 차원의 협력체도 병존한다. IBSA 회원국들은 남-남 협력을 통해 새로운 세계질서에서 존재감을 증대하고 빈곤축소와 사회 발전을 도모하는 데 필요한 정보와 기술 등을 교환하고자 한다(Alden and Vieira 2005: 1077-1095; Mokoena 2007: 125-145; Flemes 2009: 401-421; Nel 2010: 951-974; Beri 2008: 809-831).

BASIC은 브라질, 남아공, 인도, 중국이 코펜하겐 기후정상회의에서 공동행동을 취할 목적으로 2009년 11월에 발족되었다. BASIC은 코펜하겐합의(Copenhagen Accord) 최종안을 미국과 협의했던 주역이었으며, 이후에도 배출가스 감축과 기후지원금 등에 관한 입장을 다른 국가들에게 설득하는 발판으로 활용되고 있다. 예를 들면, 2010년 4월 BASIC 환경장관회의는 기존 UN기후변화협약(UNFCCC)과 교토의정서 하에서 법적인 구속력을 갖춘 협정이 필요하다고 밝혔다.[23] 마지막으로, BRICS 국가들은 지역적 외연확장(outreach) 채널도 갖추고 있다. 러시아와 중국은 상하이협력기구(SCO) 정회원이며, 인도는 옵저버 국가이다. 인도는 BRICS 국가 중 유일하게 남아시아지역협력체(SAARC)에 정식 멤버로 참여하고 있으며, 중국은 옵저버 지위를 얻고 있다. ASEAN+3는 중국에 의해 주도되고 있고, 동아시아정상회의

---

22 "Brasilia Declaration"(June 6, 2003). http://ibsa.nic.in/brasil_declaration.htm(검색일: 2013.10.20.); "1st IBSA Summit Meeting: Joint Declaration"(September 13, 2006). http://www.ibsa-trilateral.org/ images/stories/documents/declarations/1st_summit_declaration.pdf(검색일: 2013.10.20.).

23 "BASIC Countries Accede to Copenhagen Accord," The Hindu(January 24, 2010). http://www. thehindu.com/news/national/basic-countries-accede-to-copenhagen-accord/article94233.ece(검색일: 2014.3.30.).

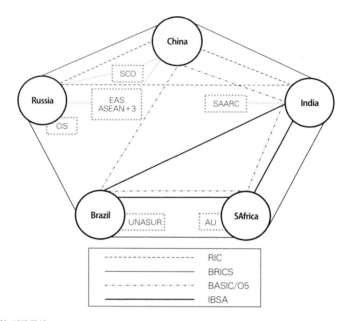

출처: 저자 작성

그림 2. BRICS의 하위 협력체 네트워크

(EAS)에는 중국·러시아·인도 등이 참여하고 있다. 러시아, 중국, 인도 등은 자신이 주도하는 지역 협력체에 역내국가들을 참여시킴으로써 그 대화체의 다자화를 추구하고 있다. 요컨대, BRICS 복합네트워크는 행위자 측면에서 정상회의, 각료회의, 고위급회의, 아카데미포럼, 비즈니스포럼, 도시협의체, 그리고 하위 국제협력체를 포함하고 있다.

IV. BRICS의 이슈 네트워크

이 절은 정상회의를 비롯한 다양한 협력체의 공식 문건들에 나타난 아젠다를 중심으로 BRICS가 이슈복합체로서의 속성을 띠고 있음을 밝힌다. BRICS는 핵비확산, 테러리즘, 지역분쟁 등 같은 전통적인 상위정치 뿐 아니라 경제, 사회, 환경, 보건, 교육 등 하위정치 이슈를 포괄한다.

BRICS협력체의 이슈 네트워크는 두 가지 방법을 이용해서 식별해낼 수 있다. 하나는 정상선언문에 언급된 공약사항(commitment)을 중심으로 판별하는 방법이다. 다른 하나는 정상선언문과 그에 부속된 행동계획(Action Plan)을 바탕으로 하는 것이다. 행동계획은 2011년 정상선언문(제27항)에 처음 등장했고, 이후 회원국 간 협력의 진행상황을 검토하고 새로운 협력분야를 제시하는 장치로 기능했다.[24] 대체로 이미 진행 중인 협력 프로그램을 열거하고 새로운 협력(검토) 영역을 제시하는 형식을 띠었다.

우선, 정상선언문의 이슈별 공약사항을 보면, 2009년 출범 첫해에는 11개 이슈영역에서 16개의 공약이 발표되었다.[25] 이 중에서 에너지 분야의 공약이 5개로 가장 많았고, IFIs 개혁, 개발, 정보통신, 굿거버넌스, 평화·안전, G20, UN 등이 뒤를 이었다. 2010년의 경우, 이슈영역이 13개로 증가하여 45개의 공약이 제시되었다. 에너지(11개)와 개발(7개)에 관한 공약이 다수를 이루는 가운데 무역(4개), 교육(3개), 기후변화(2개) 등의 이슈가 새롭게 강조되었다.

2011년에는 전체 공약의 수는 38개로 약간 감소했지만, 이슈영역이 20개로 대폭 늘어 이슈의 복합화가 심화되었다. 기후변화(6개), 무역(5개), 거시경제(5개) 부문이 상대적으로 비중 있게 다뤄졌고, 식량·농업, 보건, 테러리즘, 지역안보 등에 관한 공약에 추가되었다. 2012

24   "Sanya Declaration of the BRICS Leaders Meeting"(April 14, 2011). http://www. gov.cn/misc/2011-04/14/content_1844551.htm(검색일: 2013.9.20.).

25   John Kirton and Caroline Bracht, "Prospects for the 2013 BRICS Durban Summit" (March 22, 2013). http://www.brics.utoronto.ca/commentary/130322-kirton-bracht-prospects.pdf(검색일: 2013.8.2.).

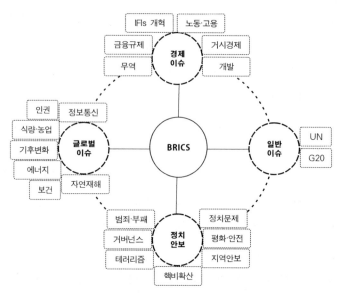

출처: Kirton and Bracht(2013) 재구성

그림 3. BRICS의 협력이슈 I - 공약사항

년에는 이슈영역(15개)과 공약(32개)의 수가 모두 감소한 것으로 나타났다. 무역에 관한 공약(9개)이 다수를 차지했으며, 개발, 기후변화, 정치문제 등이 각각 3개의 공약으로 뒤를 이었다. 반면, 그전까지 간헐적으로 언급되었던 금융규제, 정보통신, 자연재해, 인권, 굿거버넌스 등은 공약에서 제외되었다.

둘째, BRICS의 이슈복합체는 정상회의의 행동계획에도 잘 나타난다. BRICS는 정상회의 출범 다음해인 2010년부터 줄곧 과거, 현재 및 미래의 협력 분야를 정상선언문 또는 부속 행동계획에 예시해왔다. 〈표 4〉에서 보듯이, 안보, 국제기구, 금융·경제, 경쟁정책, 농업·식량 등의 의제는 BRICS정상회의의 진전 과정에 궤를 같이 하면서 시종 '기존 이슈'로 간주되었다. 실무 행위자 차원에서는 금융경제와 농업

표 4. BRICS의 협력이슈Ⅱ - 행동계획

이슈	2010 Joint Statement	2011 Sanya Action Plan	2012 Dehli Action Plan	2013 eThekwini Action Plan
안보	◎	◎	◎	◎
외교		◎	◎	◎
국제기구(UN 등)		◎	◎	◎
재무·중앙은행	◎	◎	◎	◎
통상			◎	◎
농업·식량	◎	◎	◎	◎
통계	◎	◎		◎
경쟁정책	◎	◎	◎	◎
싱크탱크	◎	◎		
비즈니스포럼	◎	◎		
과학기술	△	△	◎	◎
개발은행	◎	◎	◎	
대법원	◎	◎		
협동조합	◎	◎		◎
도시·지방정부	○		◎	◎
보건		○	◎	◎
경제통상연구		○	◎	◎
환경			◎	◎
인구			△	◎
문화	△	△		
스포츠	△	△		△
녹색경제		△		
교육(UNESCO)		△		
에너지			△	
BRICS 장기전략			△	
청년정책			△	
공공외교				△
반부패				△
국영기업				△
마약퇴치				△
가상사무국				△
관광				△

출처: 저자 작성, ◎기존, ○신규, △검토

은 각료회의, 나머지 이슈는 고위급관료회의의 역할을 부각시켰다.

BRICS 협력모델에서 눈여겨볼 또 다른 대목은 농업 협력을 위한 행동계획에서 관찰된다. 2011년 10월에 BRICS농업장관회의에서 채택된 행동계획은 5개 분야에서 농업협력 촉진 메커니즘을 구축하기로 했다.[26] 첫째, BRICS 국가의 농업정보 시스템, 둘째, 취약계층에 대한 식량공급 전략, 셋째, 기후변화가 식량안보에 미치는 부정적 영향 축소, 넷째, 농업 기술혁신 및 협력, 다섯째, 무역 및 투자 증진 부문 등이다. 그런데 각 영역에서 회원국 중 하나가 조정자 역할을 맡도록 했다. 앞서 언급된 5개 부문은 각각 중국, 브라질, 남아공, 인도, 그리고 러시아가 그 역할을 맡기로 했다. 각 회원국이 특정 분야의 조정자 역할을 담당함으로써 느슨하고 탈집중화된 네트워크 협력체에서 발생하기 쉬운 무임승차와 도덕적 해이 문제를 완화하는 효과를 기대한 것으로 보인다.

다음으로 회원국 간 통계협력 문제도 비중 있게 취급되었다. 2012년을 제외하고는 일관되게 중요한 협력 이슈로 언급되었다. BRICS통계연감은 2011년부터 발간되었는데 각 회원국의 경제, 인구, 사회 영역은 물론 고용, 산업, 교통 정보기술 등에 관한 광범위한 지표를 담고 있다. 이 통계협력은 일차적으로 UN이 주도하는 글로벌 지표 통일(harmonization) 과정에 참여한다는 의미가 있다. 또한 이 통계들은 회원국 간 상호이해를 증진하고, BRICS 국가들의 공통 문제를 파악하고 각국의 정책경험과 모범사례를 교환하는 기초로 활용된다.

한편, 이전 정상회의에서 신규 또는 검토 협력 아젠다로 언급된 후 후속 정상회의에서 기존 이슈로 발전한 사례들도 있다. 과학기술은

---

26   "Action Plan 2012-2016 for Agricultural Cooperation of BRICS Countries"(October 30, 2011). http://www.brics.utoronto.ca/docs/111030-agriculture-plan.html(검색일: 2013.10.1.).

2010-11년에는 장차 검토할 협력의제로 다뤄졌지만, 2012년 델리행동계획에는 정식 협력이슈로 포함되었다. 보건, 도시·지방정부, 경제통상 공동연구 분야가 이에 해당되는데, 행동계획이 사실상 회원국들에 대해 구속력을 발휘하는 사례라고 할 수 있다. 예를 들어, 보건 협력은 2011년 7월 보건장관회의에서 합의된 베이징선언을 계기로 새로운 협력의제로 설정되었다. 이 선언은 글로벌 보건 거버넌스에서 BRICS의 공동입장을 집약한 것인데, 개도국의 보건역량을 강화시키기 위한 기술이전의 필요성과 건강권의 실현에 있어서 복제약(generic medicines)의 중요성을 강조했다.[27] 이듬해 2012년 뉴델리 정상회의는 보건장관회의를 제도화하기로 결정했고, 보건기술의 혁신과 접근성 확대 및 공동 연구개발을 추진하기로 했다.

이처럼 BRICS의 제도적 진화과정은 복합적 이슈네트워크로서의 성숙과정이라고 할 수 있다. 안보·경제·환경·에너지 등 글로벌 거버넌스의 전 대상을 포괄한다. 이러한 촘촘한 상호작용의 채널은 향후 BRICS 협력의 모멘텀을 유지하는 동력을 제공할 것으로 예상된다.

V. 결론

이 장은 21세기 글로벌 세력전이 논란의 중심에 있는 BRICS가 제도적으로 진화해오는 과정에서 드러난 특징들을 복합네트워크 개념으로 포착해내려고 시도했다. 세계금융위기 이후 BRICS는 정상회의체로 발전하고 국제정치에서 영향력을 확대해왔음에도 불구하고 그 협

---

27   "BRICS Health Ministers' Meeting: Beijing Declaration"(July 11, 2011). http://www.brics. utoronto.ca/docs/110711-health.html(검색일: 2014.7.1.).

력 메커니즘에 대한 연구는 상대적으로 미진했다.

　이에 대한 성찰의 일환으로 이 글은 BRICS 협력메커니즘을 파악하기 위한 개념 틀로서 복합네트워크를 원용했다. 이것은 BRICS가 단지 '중앙'정부의 '외교'부처 간 협력을 넘어 다양한 하위정부 및 비정부 행위자를 포섭하는 협력모델을 이해하는 데 적합하다. 행위자 복합체로서 BRICS는 정상회의를 초점으로 하여 외무·재무·통상·보건·농업 등 각료급 회의, 안보·경쟁·통계·과학기술 등 고위급 관료회의와 같은 정부행위자뿐만 아니라 아카데미포럼, 비즈니스포럼, 도시포럼 등 비정부행위자를 엮어내고 있다. BRICS는 또 복합적 이슈 네트워크로 진화했다. 안보, 무역, 금융, 개발, 환경, 에너지, 교육, 인권 등 글로벌 거버넌스의 거의 모든 아젠다를 아우르고 있다. 이처럼 다양한 행위자와 이슈로 짜여진 협력채널은 회원국 간 비공식적인 공약사항의 구속력과 실행력을 높이고, 나아가 장기적으로 BRICS의 국제정치적 영향력을 증대시키는 밑거름이 될 수 있다.[28]

　여전히 BRICS 자체나 기타 연관 협력체들이 가시적인 응집력을 갖췄다고 보기 어려운 것은 사실이다. 공식적인 제도 인프라를 결여하고 있기 때문이다. 하지만, 양자주의·3자주의·다자주의 등 중첩적인 네트워크들이 국제협상의 결과에 점차 영향을 미치는 사례가 늘고 있다. 예를 들어, 기후변화 협상에서 코펜하겐합의(Copenhagen Accord)는 BRICS의 방계 네트워크라고 할 수 있는 BASIC이 대미협상을 주도하여 이뤄낸 성과였다.

28　물론 복합네트워크의 존재 그 자체만으로 BRICS의 영향력이 확대될 것이라고 단정하기 어렵다. 다양한 행위자와 이슈의 중복으로 인해 오히려 제도적 교착상태가 초래될 위험성도 있기 때문에 BRICS의 국제정치적 의미에 대한 무조건적인 낙관론을 경계할 필요가 있다.

2013년 3월 BRICS 정상들은 이 회의체를 세계경제와 세계정치의 주요 이슈에 대해 회원국들이 서로 공조하는 온전한(full-fledged) 기제로 점차 발전시키기로 합의했다. 제도화의 궁극적인 비전을 제시함과 아울러 현 단계에서 아직 해결해야 할 미진한 부분이 있음을 인정한 대목이다. 무엇보다 BRICS는 전반적으로 비슷한 세계관과 이해관계를 공유하면서도 아직 공통의 정체성을 형성하지 못하고 있다. 정치체제가 상이하고, 경제발전 수준 및 전략이 다르며, 자유무역이나 에너지 등 주요 문제에 대한 입장이 다르기 때문이다. 임시 연합체는 협상에서 승리하거나 외부세력에 대한 협상력을 확보하기 위한 의도로 자원과 힘을 한데 모으는 것이다. 의도적으로 구성된 회원국들이 동일한 이익, 가치, 우선순위 또는 목표를 공유할 필요는 없다. 일반적이든 제한적이든 공통의 목표에 대한 합의만으로 연합체의 존립 근거로는 족하다(Dupont 1996: 47-64). 그러나 하나의 공동체가 되기 위해서는 다른 회원국에 대한 인식이 변해야 한다. 지속적인 상호작용을 통해서 의미체계가 공유되고, 집단적 정체성이 형성되어야 한다(Adler 1997: 1-27). 지리적 요소는 공동체 형성의 필수조건은 아니며, 공동 운명의식과 같이 상상의 친화성(imagined affinity)이 중요한 역할을 한다. BRICS가 공동체로 발전하기 위해서는 어떤 속성이나 이익의 공유를 넘어서 스스로를 공동운명체로 간주하는 노력이 요구된다.

둘째, 회원국 간에 잠재되어 있는 정치적 갈등도 숙제다. 중국과 인도는 1962년에 전쟁을 벌인 바 있고, 여전히 국경 문제가 해결되지 않고 있으며, 인도의 티베트 지지에 대해 중국은 불편한 심기를 갖고 있다. 인도는 중국이 미얀마, 방글라데시, 스리랑카 등 서남아시아 지역으로 진출하는 것에 대해 인도를 고립시키려는 의도는 아닌지 의심하고 있다. 중국은 인도 정부가 동방정책(Look East)에 입각해 미얀마

와 인도차이나 지역에 형성된 중국의 영향권에 침투해오고 있다고 느
낀다. 한편, 중-러 관계를 보면, 러시아는 19세기에 중국 영토를 침범
한 경험이 있고, 중국은 중-소동맹에서 부당한 대접과 버림을 받았다
고 생각한다. 양국은 1969년에 국경전쟁을 치른 후 1980년대 초까지
군사적으로 대치했다. 러시아가 미국의 ABM조약 탈퇴에 대해 미온적
으로 대응하고 미국과 관계개선에 발 빠르게 나서자 중국은 러시아로
부터 버림을 받았다고 여겼다. 최근에는 중국의 러시아산 무기도입,
러시아의 파이프라인 건설 문제 등의 해결이 지연되고 있다. 양국은
같은 유라시아대륙에 위치하고 있으면서 지역 리더십을 두고 서로 경
쟁하는 관계에 있기도 하다.

끝으로 구체적인 이슈 안에서 회원국 간 이해 대립도 있다. 브라
질과 인도는 UN 안전보장이사회 상임이사국 진출을 희망하지만, 러
시아와 중국은 자신들의 영향력 감소를 우려하여 소극적이고 암묵적
인 지지에 머물고 있다. BRICS 개발은행이 당초 의도와 다르게 출범
이 늦춰진 배경에는 회원국의 이견이 자리하고 있다. 경제구조의 이질
성도 국제경제 문제에 관해 한목소리를 내는 데 장애가 될 수 있다. 중
국과 러시아는 상대적으로 무역의존도가 높고, 인도와 브라질은 중국
의 고환율 정책에 대해 불만이다. 기후변화의 경우, 러시아는 교토의
정서에 서명했지만, 다른 국가들은 아예 의무 대상국에서 빠져 있다.
요컨대 BRICS 협력메커니즘은 일종의 복합네트워크로서 이질적인 행
위자와 이슈를 구성요소로 한다. 이러한 속성은 BRICS에게 공약의 공
식성과 제도적 관성을 더해줄 것이다. 그렇지만 BRICS의 국제정치적
위상은 장기적으로 공통의 이익과 정체성의 확립 여부에도 영향을 받
을 전망이다.

참고문헌

강선주. 2013. "BRICS의 금융통화 협력: BRICS 개발은행과 비상보유고협정의 글로벌
　　거버넌스 함의." 『주요국제문제분석』 No. 2013-16.
고재남. 2011. "BRICS 정상회담의 국제 정치·경제적 의미." 『주요국제문제분석』 No. 2011-
　　13.
김상배. 2008. "네트워크 세계정치이론의 모색: 현실주의 국제정치이론의 세 가지 가정을
　　넘어서." 『국제정치논총』 48(4).
_____. 2010. "네트워크로 보는 동아시아 세계정치." 하영선·김상배 엮음. 『네트워크
　　세계정치: 은유에서 분석으로』. 서울대학교출판문화원.
김치욱. 2012. "세계경제의 네트워크 거버넌스와 국가 행태." 『21세기정치학회보』 22(1).
김치욱·유종선. 2013. 『BRICS의 협력 모델과 중견국 협력 전략』. 외교부 연구용역
　　결과보고서.
김치욱. 2014. "네트워크이론으로 본 브릭스(BRICS) 협력메커니즘의 특징과 국제정치적
　　함의." 『국제정치논총』 54(3).
마뉴엘 카스텔, 박행웅·이종삼 역. 2000. 『밀레니엄의 종언: 정보시대 경제, 사회, 문화 3』.
　　한울아카데미.
민병원. 2008. "네트워크 국가의 거버넌스 실험: 유럽연합의 개방형 조정방식(OMC)을
　　중심으로." 『국가전략』 14(3).
백준기 외. 2012. 『러시아·중국·인도 삼각협력체제의 전략적 함의와 시사점』.
　　대외경제정책연구원.
이동휘. 2006. "BRICs의 국제 정치경제적 중요성과 우리의 대응." 『주요국제문제분석』.
하영선. 2006. "네트워크 지식국가: 늑대거미의 다보탑 쌓기." 하영선·김상배 엮음.
　　『네트워크 지식국가: 21세기 세계정치의 변환』. 을유문화사.
_____. 2010. "복합네트워크 세계정치학: 은유에서 분석으로." 하영선·김상배 엮음.
　　『네트워크 세계정치: 은유에서 분석으로』. 서울대학교출판문화원.

Abbott, Kenneth W. and Duncan Snidal. 2000. "Hard and Soft Law in International
　　Governance." *International Organization*. 54(3).
Adler, Emanuel. 1997. "Imagined (Security) Communities: Cognitive Regions in
　　International Relations." *Millennium*. 26(2).
Alden, Chris and Marco Vieira. 2005. "The New Diplomacy of the South: South Africa,
　　Brazil, India and Trilateralism." *Third World Quarterly*. 26(7).
Alexandroff, Alan and Andrew F. Cooper. ed. 2010. *Rising States, Rising Institutions:*
　　Challenges for Global Governance. Harrisonburg: Brookings Institution Press.
Alexandroff, Alan and John Kirton. 2010. "The 'Great Recession' and the Emergence
　　of the G20 Leaders' Summit." In Alan Alexandroff and Andrew F. Cooper. (eds.),

Rising States, Rising Institutions: Challenges for Global Governance. Harrisonburg: Brookings Institution Press.

Alter, Karen J. and Sophie Meunier. 2009. "The Politics of International Regime Complexity." *Perspectives on Politics.* 7(1).

Altman, Roger C. 2009. "The Great Crash, 2008: A Geopolitical Setback for the West." *Foreign Affairs.* 88(1).

Ansell, Chris. 2000. "The Networked Polity: Regional Development in Western Europe." *Governance.* 13(3).

Antkiewics, Agata and Andrew F. Cooper. 2008. *Emerging Powers in Global Governance: Lessons from the Heiligendamn Process.* Waterloo: Wilfrid Laurier University Press.

Armijo, Leslie E. 2007. "The BRICs Countries as Analytical Category." *Asian Perspective.* 31(4).

Axelrod, Robert. 1984. *The Evolution of Cooperation.* New York: Basic Books.

Beausang-Hunter, Francesca A. and Francesca Beausang. 2012. *Globalization and the BRICs: Why the BRICs Will Not Rule the World For Long.* New York: Palgrave Macmillan.

Beri, Ruchita. 2008. "IBSA Dialogue Forum: An Assessment." *Strategic Analysis.* 32(5).

Blank, Stephen. 2011. "Towards a New Chinese Order in Asia: Russia's Failure." NBR Special Report #26. http://www.spearheadresearch.org/pages/documents/SR26_Russia.pdf(검색일: 2013.10.10.).

BRICS Research Group. "2012 BRICS Delhi Summit Compliance Report"(March 22, 2013).

Browne, Andrew. "Asian Nations' Fears of War Elevated as China Flexes Muscle, Study Finds." *Wall Street Journal*(July 14. 2014). http://online.wsj.com/ articles/asian-nations-fears-of-war-elevated-as-china-flexes-muscle-study- finds-1405361047 (검색일: 2014.7.15.).

Brütsch, Christian and Mihaela Papa. 2013. "Deconstructing the BRICS: Bargaining Coalition, Imagined Community, or Geopolitical Fad?" *The Chinese Journal of International Politics.* 6(3).

Burges, Sean W. 2013. "Brazil as a Bridge between Old and New Powers?" *International Affairs.* 89(3).

Chandra, Amresh. 2010. "Strategic Triangle among Russia, China and India: Challenges and Prospects." *Journal of Peace Studies.* 17(2/3).

Chin, Gregory and Ramesh Thakur. 2010. "Will China Change the Rules of Global Order?" *The Washington Quarterly.* 33(4).

Cooper, Andrew F. 2011. "The Diplomatic Logic of South Africa's Entry into BRICS." *World Politics Review*(April 13, 2011). http://www.worldpoliticsreview.com/ articles/print/8505(검색일: 2013.9.2.).

Das, R.N. "Russia-China-India Trilateral: Calibrating a Fine Balance"(November 15,

2010). http://idsa.in/idsacomments/RussiaChinaIndiaTrilateralCalibratingaFineBal
ance_rndas_151110(검색일: 2014.7.5.).

Davis, Christina L. 2004. "International Institutions and Issue Linkage: Building Support
for Agricultural Trade Liberalization." *American Political Science Review.* 98(1).

_____. 2009. "Overlapping Institutions in Trade Policy." *Perspectives on Politics.* 7(1).

Desai, Raj M. and James Raymond Vreeland. "Monkey Cage: What the New Bank
of BRICS Is All About." The Washington Post(July 17, 2014). http://www.
washingtonpost.com/ blogs/monkey-cage/wp/2014/07/17/what-the-new-bank-
of-brics-is-all-about(검색일: 2014.8.1.).

Dezalay, Yves and Bryant G. Garth. 2002. *Global Prescriptions: The Production,
Exportation, and Importation of a New Legal Orthodoxy.* Ann Arbor: University of
Michigan Press.

Dupont, Christophe. 1996. "Negotiation as Coalition Building." *International
Negotiation.* 1(1).

Eilstrup-Sangiovanni, Mette. 2009. "Varieties of Cooperation: Government Networks in
International Security." In Miles Kahler (ed.). *Networked Politics: Agency, Power,
and Governance.* Ithaca: Cornell University Press.

European Parliament. 2011. *The EU Foreign Policy Towards the BRICS and Other
Emerging Powers: Objectives and Strategies.* Brussels: European Parliament.

Fearon, James. 1998. "Bargaining, Enforcement, and International Cooperation."
International Organization. 60(4).

Flemes, Daniel. 2009. "India-Brazil-South Africa(IBSA) in the New Global Order:
Interests, Strategies and Values of the Emerging Coalition." *International Studies.*
46(4).

Fletcher, Pascal. "BRICS 'Big Five' Find It Hard to Run as a Herd." *Reuters*(March
27, 2013). http://www.reuters.com/article/2013/03/27/us-brics-summit-
idUSBRE92Q0UE20130327(검색일: 2014.6.15.).

Glosny, Michael A. 2010. "China and the BRICs: A Real(but Limited) Partnership in a
Unipolar World." *Polity.* 42(1).

Goldman Sachs. 2007. *BRICs and Beyond.* New York: Goldman Sachs Global
Economics.

Goldstone, Jack A. "Rise of the TIMBIs: Turkey, India, Mexico, Brazil and Indonesia."
Foreign Policy(December 2, 2011). http://www.foreignpolicy.com/
articles/2011/12/02/rise_of_ the_timbis(검색일: 2013.9.4.).

Hafner-Burton, Emilie M., Miles Kahler, and Alexander H. Montgomery. 2009. "Network
Analysis for International Relations." *International Organization.* 63(3).

Harrison, Neil E. 2006. *Complexity in World Politics: Concepts and Methods of a New
Paradigm.* Albany: State University of New York Press.

Hart, Andrew F. and Bruce D. Jones. 2010. "How Do Rising Powers Rise?" *Survival.*

52(6).

Hooghe, Liesbet and Gary Marks. 2003. "Unravelling the Central State, But How? Types of Multi-Level Governance." *American Political Science Review.* 97(2).

Hurrell, Andrew. 2006. "Hegemony, Liberalism, and Global Order: What Space for Would-be Great Powers?" *International Affairs.* 82(1).

_____. 2010. "Brazil and the New Global Order." *Current History.* 109(742).

Jones, Candace, William S. Hesterly and Stephen P. Borgatti. 1997. "A General Theory of Network Governance: Exchange Conditions and Social Mechanisms." *Academy of Management Review.* 22(4).

Kahler, Miles. 2000. "Conclusion: The Causes and Consequences of Legalization." *International Organization.* 54(3).

_____. 2009. "Networked Politics: Agency, Power and Governance." In Miles Kahler (ed). *Networked Politics: Agency, Power and Governance.* Ithaca: Cornell University Press.

_____. 2013. "Rising Powers and Global Governance: Negotiating Change in a Resilient Status Quo." *International Affairs.* 89(3).

Keohane, Robert O. 1984. *After Hegemony: Cooperation and Discord in the World Political Economy.* Princeton: Princeton University Press.

Kinne, Brandon J. 2013. "Network Dynamics and the Evolution of International Cooperation." *American Political Science Review.* 107(4).

Kirton, John and Caroline Bracht. "Prospects for the 2013 BRICS Durban Summit"(March 22, 2013).

Koremenos, Barbara, Charles Lipson, and Duncan Snidal. 2001. "The Rational Design of International Institutions." *International Organization.* 55(4).

Layne, Christopher. 2009. "The Waning of U.S Hegemony: Myth or Reality? A Review Essay." *International Security.* 34(1).

Li, Mingjiang. 2011. "Rising from Within: China's Search for a Multilateral World and Its Implications for Sino-US Relations." *Global Governance.* 17(3).

Macfarlane, S. Neil. 2013. "The ''R'' in BRICs: is Russia an Emerging Power?" *International Affairs.* 89(3).

Makarychev, Andrey and Viatcheslav Morozov. 2011. "Mulilateralism, Multipolarity, and Beyond: A Menu of Russia's Policy Strategies." *Global Governance.* 17(3).

Mansfield, Edward D., Helen V. Milner, and B. Peter Rosendorff. 2002. "Why Democracies Cooperate More: Electoral Control and International Trade Agreements." *International Organization.* 56(3).

Mokoena, Refilwe. 2007. "South-South Cooperation: The Case for IBSA." *South African Journal of International Affairs.* 14(2).

Mukherjee, Rohan and David M. Malone. 2011. "From High Ground to High Table: The Evolution of Indian Multilateralism." *Global Governance.* 17(3).

Narlikar, Amrita. 2013a. "Introduction: Negotiating the Rise of New Powers." *International Affairs.* 89(3).

_____. 2013b. "India Rising: Responsible to Whom?" *International Affairs.* 89(3).

National Intelligence Council. "Global Trends 2025: A Transformed World"(2008). www. dni.gov/nic/NIC_2025_project.html(검색일: 2010.3.20.).

Nel, Philip. 2010. "Redistribution and Recognition: What Emerging Regional Powers Want." *Review of International Studies.* 36(4).

Pant, Harsh V. 2006. "Feasibility of the Russia-China-India Strategic Triangle: Assessment of Theoretical and Empirical Issues." *International Studies.* 43(1).

_____. 2013. "The BRICS Fallacy." *The Washington Quarterly.* 36(3).

Provan, Keith G. and Patrick Kenis. 2007. "Modes of Network Governance: Structure, Management, and Effectiveness." *Journal of Public Administration Research and Theory.* 18.

Raustiala, Kal and David Victor. 2004. "The Regime Complex for Plant Genetic Resources." *International Organization.* 58(2).

Roberts, Cynthia. 2010a. "Russia's BRICs Diplomacy: Rising Outsider with Dreams of an Insider." *Polity.* 42(1).

_____. 2010b. "Challengers or Stakeholders? BRICs and the Liberal World Order." *Polity.* 42(1).

_____. 2011. "Building the New World Order BRIC by BRIC." *The European Financial Review*(February/March 2011). http://www.brics.mid.ru/brics.nsf/8aab06cc61208e47c325786800383727/0076861093dc5f86c32578bc0045fca4/$FILE/Cynthia%20Roberts.pdf(검색일: 2014.6.25.).

Schweller, Randall. 2011. "Emerging Powers in an Age of Disorder." *Global Governance.* 17(3).

Serfaty, Simon. 2011. "Moving into a Post-Western World." *The Washington Quarterly.* 34(2).

Sharma, Ruchir. 2012. "Broken BRICs: Why the Rest Stopped Rising." *Foreign Affairs.* 91(6).

Singh, Swaran. 2012. "Russia-India-China Strategic Triangle: Signalling a Power Shift?"(April 19, 2012). http://idsa.in/idsacomments/RussiaIndiaChinaStrategicTriangle_ssingh_190412.html(검색일: 2014.7.5.).

Sinha, Aseema and Jon P. Dorschner. 2010. "India: Rising Power or a Mere Revolution of Rising Expectations?" *Polity.* 42(1).

Slaughter, Ann-Marie. 2004. *A New World Order.* Princeton: Princeton University Press.

Snidal, Duncan. 1985. "Coordination versus Prisoners' Dilemma: Implications for International Cooperation and Regimes." *American Political Science Review.* 79(4).

Sotero, Paulo and Leslie E. Armijo. 2007. "Brazil: To Be or Not to Be a BRIC?" *Asian Perspective.* 31(4).

Sotero, Paulo. 2010. "Brazil's Rising Ambition in a Shifting Global Balance of Power." *Politics*. 30(S1).

Steinfeld, Edward S. 2010. *Playing Our Game: Why China's Rise Doesn't Threaten the West*. New York: Oxford University Press.

Stuenkel, Oliver. 2013. "The Financial Crisis, Contested Legitimacy, and the Genesis of Intra-BRICS Cooperation." *Global Governance*. 19.

_____. 2014. "Emerging Powers and Status: The Case of the First BRICs Summit." *Asian Perspective*. 38(1).

Susak, Aleksandra. "Report on the BRICS at the G20 Cannes Summit"(November 30, 2011). http://www.brics.utoronto.ca/reports/111130-leaders-as.html(검색일: 2014.7.1.).

The Economist. "BRIC Wall"(April 14, 2011). http://www.economist.com/node/18560195(검색일: 2014.8.30.).

van Agtmael, Antoine. 2012. "Think Again: The BRICS." *Foreign Policy*. 196.

Wang, Hongying and James N. Rosenau. 2009. "China and Global Governance." *Asian Perspective*. 33(3).

Ward, Michael, Katherine Stovel, and Audrey Sacks. 2011. "Network Analysis and Political Science." *Annual Review of Political Science*. 14.

제2장

다자협력과 네트워크: 아시아 금융감독 거버넌스

김치욱

이 장은 아시아의 금융감독 거버넌스가 국가 및 비국가 행위자가 함께 참여하는 네트워크 구조를 띠고 있음을 보여준다. 아시아 국가들은 1997년 금융위기를 계기로 금융시장의 취약성과 리스크에 대한 규제가 지역경제를 효과적으로 관리하는 데에 필수적이라고 인식하게 되었다. 그렇지만 아시아판 국제금융기구나 감독기구를 설립하자는 여러 구상은 아직 실현되지 못하고 있다. 그로 인해 역내 금융시장에 대한 감독활동에 지역 정부, 준정부기관, 비정부 행위자, 글로벌 경제기구들이 네트워크 형태로 동참하는 거버넌스의 구조를 갖게 되었다. 아세안+3가 가장 중심적인 위치를 차지하고 있는 가운데, 아시아유럽정상회의, 국제결제은행아시아협의회 등 범지역 및 글로벌 금융기구의 비중이 큰 것으로 분석되었다. 이처럼 금융감독 행위자들의 중첩성과 연계성은 아시아 국가들의 공약에 비공식적 구속성과 실행 가능성을 더함으로써 지역 금융 거버넌스의 실질적인 진전을 가져올 수 있을 것이다.

I. 서론

이 장에서는 아시아에서 국가 및 비국가 행위자가 함께 빚어내는 거버넌스 사례로서 지역 금융감독 체계를 분석한다. 아시아 국가들은 1997년 금융위기를 계기로 보다 적극적인 금융협력을 통해 역내 금융시장을 안정시키고 금융위기의 재발을 방지하려고 노력했다(이승주 2011: 11-44). 특히 2008년 글로벌 금융위기 이후 금융규제 개혁 및 감독체계 개편이 추진되면서 기존의 미시건전성 감독 외에 거시건전성 감독의 중요성이 크게 부각되었다.[1] 기존의 미시적 감독체계는 위기발생 전에 시스템 리스크를 선제적으로 인지하여 이에 적절히 대응하지 못했다는 지적이 대두되었다. 이에 거시건전성 감독을 강화하기 위한 일환으로 국제통화기금(IMF)과 금융안정기구(FSB) 등과 같은 국제금융기구의 아시아판 메커니즘을 신설하자는 제안이 봇물을 이뤘다. 아시

---

[1]   본 연구는 금융감독(financial supervision)과 금융감시(financial surveillance)를 혼용한다. 전자는 자기자본비율, 경영 투명성 등 금융회사의 건전성을 제고하기 위한 활동이라는 점에서 미시건전성 감독에 가깝고, 후자는 금융시장 내에서 자본의 흐름을 주시하고 금융 시스템 내 리스크를 평가하여 금융위기를 예방하려는 활동이라는 점에서 거시건전성 감독에 가깝다. 아울러 이 장의 내용은 김치욱(2013)에서 인용한 것임을 밝힌다.

아통화기금(AMF)이나 아시아금융안정기구(AFSB) 구상이 그 대표적인 예다. 하지만 미국 등 주요국 간의 입장 차이와 역내 리더십의 부재로 인해 아시아의 공식적인 금융감독기구를 창설하려는 구상들이 구체화될 가능성은 그리 높지 않다.

그런데 아시아의 금융감독이 이 지역을 포괄하는 단일한 기구나 제도에 의해 이뤄지고 있지 않다고 해서 금융감독 메커니즘 자체가 존재하지 않는 것은 아니다. 이에 본 연구는 역내 금융시장에 대한 감독에 있어서 각국 정부, 준정부기관, 비정부 행위자, 여타 지역·글로벌 국제기구들이 중층적으로 또 네트워크 형태로 참여하는 다층적 거버넌스의 구조를 드러내고자 한다.[2] 사실 1990년대에 지역통합 논의가 무역자유화를 중심으로 이뤄졌다면, 2000년대에는 통화와 금융의 통합으로 초점이 점차 이동했다(Dieter 2000; Grimes 2009). 금융과 리스크에 대한 규제가 지역경제 관리의 핵심 사안으로 부상했으며, 다양한 형식과 성격의 행위자들이 일정한 네트워크 속에서 금융감독 기능을 맡아왔다. 그럼에도 불구하고 많은 연구들은 아직까지 아시아 금융감독의 거버넌스가 어떤 행위자에 의해 이뤄지고 있는지, 이들 행위자들의 관계가 어떠한 구조적 특징을 갖고 있는지 본격적으로 탐구하지 않았다.[3]

본 연구는 아시아 금융감독 거버넌스의 구조를 복합네트워크(complex network) 시각에서 조명한다. 이러한 접근법은 느슨한 네트워크로 연결된 다양한 행위자들에 의해 금융 거버넌스가 이뤄진다는

---

2   거버넌스와 네트워크 간의 연관성에 대해서는 민병원(2008) 참조.

3   아시아 금융협력에 관한 Amyx(2008), De Brouwer(1999), Wang(2004) 등의 연구는 예외적이다. 다만, 이들은 역내 금융통합에 초점을 맞추고 있다는 점에서 금융감독 거버넌스에 관심을 두고 있는 본 연구와는 약간 다르다.

데 주목한다. 따라서 관건은 국가 및 비정부 행위자들이 얼마나 다양한 형식으로 또 어떻게 중층적으로 연계되어 있는지를 드러내느냐다. 여기에서는 국가 행위자가 허브의 역할을 담당하고 여타 비정부 행위자들이 보조적 행위자로 기능하면서 전체적으로 하나의 네트워크를 형성하는 모습을 포착하고자 한다.

아시아 금융 거버넌스에서 복합 네트워크가 부상하게 된 배경은 역내 경제통합이 심화되면서 일종의 규제지역주의(regulatory regionalism)에 대한 필요성이 증대했기 때문이다.[4] 단순히 주권국가를 대표하는 정부간 협의체만으로는 초국경 금융활동의 부작용을 완화하는데 한계가 있었다. 이에 따라 아시아의 금융감독 거버넌스는 후술하는 바와 같이 아세안(ASEAN), 아세안+3(ATP), 아태경제협력체(APEC), 아시아개발은행(ADB), 동아태중앙은행협의체(EMEAP), APEC비즈니스자문회의(ABAC), 태평양경제협력협의회(PECC) 등 공식 국제기구, 비공식 정부협의체, 다국적 기업, 정책 네트워크 등을 중심으로 이뤄지고 있다.

요컨대, 이 연구는 아시아의 금융감독 기제로서 국가-비정부 행위자 간 네트워크를 분석한다. II절에서는 복합네트워크의 개념을 밝히면서 기존 국제정치이론들과 어떤 차별성을 띠는지 논한다. III절은 아시아 금융감독 거버넌스에 참여하는 다양한 형식과 성격의 행위자들을 검토한다. IV절은 앞서 논의된 여러 행위자들이 역내 혹은 역외의 다른 거버넌스 행위자들과 맺고 있는 네트워크 구조를 포착한다. V절은 네트워크에 기반한 거버넌스가 역내 국가들의 행태와 보다 큰 틀의 지역통합에 주는 함의를 논함으로써 결론을 대신한다.

---

4   규제지역주의에 대한 자세한 논의는 Jayasuriya(2008, 2009, 2010) 참조.

II. 복합네트워크의 이론적 이해

이 연구는 아시아 금융감독 거버넌스의 구조를 파악하는 수단으로 복합네트워크 개념에 의존한다. 여기에서 복합(complex)의 의미는 서로 다른 성격과 형식을 띤 국제정치 행위자들이 거버넌스에 참여한다는 뜻이다. 수직적인 수준에서 주권국가가 중심적인 위치를 차지하면서 위로는 초국가기구, 정부협의체 및 지역기구, 아래로는 지방정부와 시민단체 등이 동참한다. 수평적인 차원에서 행위자들은 공식적인 조직의 형태를 띠기도 하고, 비공식적이고 느슨한 포럼이나 단순 협의체의 모습을 갖기도 한다.

또한 네트워크는 행위자로서의 네트워크뿐만 아니라 거버넌스 양식으로서의 네트워크를 의미하기도 한다(Kahler 2009). 네트워크 거버넌스에서 행위자 간의 조정은 비위계적인 방식으로 이뤄진다. 독립적인 행위자들이 특정한 목적 또는 문제해결을 위해 자발적으로 상호 조정하는 과정에서 구성원에 대한 사회적 구속력을 창출한다. 무정부적인 조정양식이 지배적인 시장질서나 명령과 통제에 의존하는 위계질서와는 구별되는 부분이다. 복합네트워크는 국가 행위자가 중심부를 점하고 여타 국제기구, 비정부기구 등 비국가 행위자들이 주변부를 형성하면서 전체적으로 하나의 네트워크 모습을 띤다(김상배 2010; 민병원 2008: 113-139). 복합네트워크는 성격과 형식이 다른 장치들이 한데 모아진 그릇인 셈이다(Raustiala and Victor 2004: 277-309).

하나의 사회현상으로서 네트워크에 대한 연구는 일찍이 1930년대에 시작되었다. 그럼에도 불구하고 기본적으로 서로 다른 정치단위체 간의 관계를 연구하는 국제정치학에서 네트워크에 대한 분석은 다른 사회과학 분야에 비해 뒤떨어져 있었다(Jonsson 1986: 39-57; Lazer

2011: 61-68). 일부에서 기존의 당구공과 같은 고립된 행위자로서 국가 간의 관계가 아닌 복합네트워크 관점에서 국제관계를 이해하려는 새로운 접근법이 모색되었다(하영선·김상배 엮음 2012, 2010, 2006). 이들은 이질적 행위자와 이들 간의 촘촘한 네트워크가 부상함에 따라 세계정치에 대한 새로운 인식과 접근법이 요구된다고 강조한다. 최근에는 미국 국제정치학계에서도 국제 레짐복합체(regime complex) 논의를 통해서 분석대상으로서 네트워크에 대한 관심이 환기되었다(Keohane and Victor 2011: 7-23).

분석 개념으로서 복합네트워크는 종속변수로도 또 독립변수로도 설정될 수 있다. 특히 후자의 경우에 복합네트워크는 국제협력에 중요한 함의를 갖는다. 국제제도가 서로 중첩될수록 이슈연계가 촉진되고 거래비용이 감소하여 국가 간의 협력이 촉진된다(Keohane 1984). 이처럼 복합네트워크도 네트워크에 참여하는 행위자들의 행태를 제약하는 힘을 발휘하게 된다. 행위자 간의 중첩적 연계성은 협력의 이득을 증가시키고 합의를 준수할 인센티브를 강화시킨다(Davis 2009: 25-31). 네트워크가 합의의 구속력과 실행력을 보강해주기 때문이다. 예를 들어, 법적 구속력을 결여한 비공식 정부협의체의 공약이라 하더라도, 그 정부협의체를 포함하는 네트워크는 해당 공약의 비가역성을 강화하고 실행 장치를 외부에서 동원함으로써 공약의 준수를 촉진할 수 있다(김치욱 2012: 115-134).

이 점에서 아시아 금융감독 거버넌스의 구조적 속성을 밝히는 일은 지역금융질서의 미래에 중대한 시사점을 준다. 비록 단일한 지역금융기구가 존재하지 않는다 하더라도 거버넌스에서 복합네트워크의 요소가 증가할 경우 행위자들의 실질적인 협력이 증진되고 역내 금융의 위험성을 보다 효과적으로 감시·통제할 수 있을 것이다. 그 이유는 첫째, 복합네트워크는 비공식적인 합의에 사실상의 구속력을 부여할 수 있기 때문이다. 복합네트워크 하에서 국가 간의 상호작용은 일회성에 그치지 않는다. 거버넌스 행위자가 금융감독에 관한 합의를 내부적으로 반복하고, 또 네트워크상의 다른 행위자를 통해 간접적으로 재확인하게 된다. 이 과정에서 당초의 합의를 파기하는 데 따르는 비용이 크게 받아들여진다(Alter and Meunier 2009: 13-24). 결국 네트워크 하에서 행위자들은 이중삼중의 제약을 받게 되고, 그만큼 합의의 비가역성과 구속력은 증가한다.

둘째, 복합네트워크 내에서 공식 행위자와 비공식 행위자 간의 노동분업을 통해 합의의 실행력을 뒷받침할 수 있다. 정상회의, 재무장관회의 등 같은 비공식 협의체에서 의제설정 및 의사결정 기능을 수행하고, 그 집행은 정보·조직·기술을 갖춘 공식 국제기구에게 위임하는 것이다. 공식 기구들은 다른 행위자들의 의제와 합의 사항에 관해 검토·제안·모니터링하는 과정을 통해서 합의의 실천력을 제고한다. 무정부상태에서 위계적 의사결정에 대한 주권국가들의 거부감을 덜어주면서도 실질적인 양보와 협력을 이끌어낼 수 있다.

이처럼 복합네트워크는 행위자의 다층성과 연계성을 특징으로 한다는 점에서 아시아 금융감독 거버넌스의 구조를 드러내는 유용한 개념이다. 그뿐만 아니라 하나의 분석개념으로서 복합네트워크는 국가 간 합의에 구속력과 실행력을 더한다는 점에서 지역 금융협력의 미래를 내다볼 수 있는 가늠자라고 할 수 있다.

III. 아시아 금융감독의 거버넌스 행위자

여기에서는 아시아 금융감독 거버넌스에서 어떠한 행위자, 즉 공식 정부간기구, 비공식 정부협의체, 준정부협의체, 비정부 행위자 등이 참여하고 있는지 밝혀낸다. 일반적으로 금융감독 이슈는 금융협력의 한 부분으로 취급된다. 이때 금융협력은 치앙마이이니셔티브와 같은 유동성 공급 제도, 상호 감시메커니즘, 환율과 통화 부문에서 이뤄지는 정책 조정을 말한다(Grimes 2009). 이 장은 일차적으로 역내 금융 시장과 정책에 관한 다자 감시(multilateral surveillance) 메커니즘에 관심을 둔다.[5] 감시체제는 경제 내의 약점과 취약성을 감지해내고 정책 목표와 대안을 제시하며 이러한 정책을 이행하도록 하는 일련의 과정을 뜻한다(Girardin 2004: 53-95). 따라서 금융감독 거버넌스 행위자들은 아시아 금융시장의 동향을 점검하고, 금융시장의 취약성에 대한 정책 대안을 논의하며, 서로의 정책 행태를 감시하고 모니터하는 행위자들이다. 아래에서는 이들을 정부간(inter-governmental)·초정부(trans-governmental)·비정부(non-governmental) 행위자로 구분하여 살펴본다.

1. 정부간 협의체

아시아 금융감독 거버넌스에서 가장 큰 비중을 차지하는 정부간 행위

---

5   국제통화체제에 대한 감시 활동으로 간주될만한 일들은 이미 국제연맹(League of Nations) 시절부터 있었다. 하지만 '감시'라는 단어가 오늘날과 같은 의미로 처음 등장한 것은 1970년대 초 IMF의 내부문서에서였다. 특히 1978년에 발효된 IMF규약 2차 개정안의 제4조에 국제통화체제에 대한 감독 및 회원국의 환율정책에 대한 감시가 명문화되었다(James 1995).

자로는 아세안+3(ATP), 아세안(ASEAN), 아시아개발은행(ADB), 아태경제협력체(APEC), 아시아-유럽정상회의(ASEM) 등을 꼽을 수 있다. 이들은 ADB를 제외하면 비공식적인 장차관급 회의체의 성격을 띠고 있다.

우선, 아세안+3의 금융감독 활동은 두 차원에서 이뤄져왔다. 하나는 13개 회원국 정부대표들로 구성된 협의체가 주도하는 '경제동향검토정책대화'(ERPD) 프로세스다. ERPD는 2000년 5월 아세안+3 재무장관회의에서 일종의 정책 대화 및 조정 기제로서 수립되었다. 역내의 경제적 불규칙성과 취약성을 조기에 감지하고 금융위기에 선제적으로 대응하는 데에 목적을 뒀다. 이후에는 역내 금융감시 시스템으로서 ERPD의 기능을 강화하려는 움직임이 본격화되었다.[6] 그 일환으로 2002년부터 매년 두 차례 열리는 비공식 회의체로서 아세안+3 재무차관·중앙은행부총재회의가 출범했다. 정식 사무국이 없이 의장국이 사무국 업무를 대행하며, 감시보고서는 미리 정해진 템플릿에 따라 회원국들이 작성하여 제출한다. 그러나 ERPD는 효과적인 아시아 금융감시 체제로서 아직 미흡한데, 정보공유나 낮은 수준의 상호평가를 수행하는 데 그치고 있기 때문이다. 또한 권고사항에 대한 이행의무를 부과하거나 이행 성과에 대한 실사 기능을 갖추고 있지 않다(Kawai and Houser 2008).

이러한 ERPD를 보완해주고 있는 장치가 보다 공식성을 띤 경제

---

[6] 2001년 5월 ASEAN+3 재무장관회의에서 역내 경제동향 점검(economic review) 및 정책협의(policy dialogue) 강화방안 검토를 위한 스터디그룹을 구성하고, 역내 자본이동에 대한 적시성 있고 일관성 있는 정보를 희망하는 국가 간에 교환하기로 합의했다. "The Joint Ministerial Statement of the ASEAN+3 Finance Ministers Meeting"(May 9, 2001). http://www.amro-asia.org/wp-content/uploads/2011/11/AFMM3_Honolulu20010905.pdf(검색일: 2013.1.7.).

조사국(AMRO)이다. AMRO는 2010년 3월에 발효된 1,200억 달러 규모의 다자통화스왑체제(CMIM)에 연계되어 있는 역내 거시경제 감시기구로 창설되었다.[7] 경제조사국의 집행위원회는 회원국 재무차관으로 구성되어 있으며, 정기적으로 회원국의 '경제감시보고서'를 작성하고 8개국에 대해서는 개별적인 협의(consultation) 절차를 진행한다. AMRO의 분기별 보고서는 아세안+3 재무차관·중앙은행부총재회의의 ERPD 프로세스에서 논의된다. 또 AMRO의 전문가 자문그룹은 ADB와 아세안 사무국과 긴밀한 협조체제를 구축함으로써 기존의 감시 메커니즘을 강화하고 있다. 그런데 AMRO는 아직 정부간 공식 국제기구가 아니라 싱가포르 국내법에 따라 설립된 민간 법인이다. 아직도 AMRO의 감시절차는 여전히 초보적인 단계에 머물러 있다.[8] AMRO의 대체 감시체제가 회원국의 자발적인 참여에 의존하기 때문에 회원국들이 금융시장에 대한 충실한 데이터를 제공하지 않음으로써 한계점을 노출하고 있다. 그럼에도 불구하고 아세안+3는 국가별 협의절차를 운영하고 있을 뿐만 아니라 감시보고서를 발행함으로써 아시아의 중요한 금융감독 기제라고 할 수 있다.

둘째, 아세안 차원의 금융감독 거버넌스는 1998년 12월 아세안 재무장관회의에서 승인된 '아세안감시프로세스'(ASP: ASEAN Surveil-

---

7 아세안+3 재무장관회의는 2009년 5월 독립적인 감시기구를 만들어 지역경제를 모니터 링하고 CMIM의 의사결정을 지원하도록 하기로 합의했다. "The Joint Media Statement of The 12th ASEAN+3 Finance Ministers' Meeting"(May 3, 2009). http://www. amro-asia.org/wp-content/uploads/2011/11/AFMM3_Bali20090503.pdf(검색일: 2013.1.7.).

8 Joel Rathus, "ASEAN's Macroeconomic Research Office: Open for Business," East Asia Forum(May 23, 2012). http://www.eastasiaforum.org/2012/05/23/ aseans-macroeconomic-research-office-open-for-business/#more-26529(검색일: 2013.1.5.).

lance Process)를 중심으로 이뤄졌다. ASP는 회원국의 경제와 금융 여건에 관한 정보를 공유하며, 상호검토 과정을 통해 거시경제와 금융시스템의 위험요소에 대해 조기경보를 발령한다.[9] 무엇보다 회원국들에게 국제적 표준·코드를 수용하도록 장려함으로써 금융시스템의 안정성을 꾀한다. 이 표준코드는 통화 및 금융정책의 투명성에 관한 IMF 코드와 기업지배구조에 관한 OECD 원칙 등이다(Manupipatpong 2002: 111-123).

ASP의 제도적 핵심은 아세안재무장관회의와 아세안특별위원회(고위재무관료회의, 중앙은행포럼)이며,[10] 그 대표적 지원기관으로 아세안 사무국 산하에 아세안감시조정기관(ASCU)을 두고 있다. ASCU는 재무장관회의와 특별위원회의 집행기관으로 기능하고 있다. 모든 회원국들은 아세안감시조정기관에게 IMF규약 IV조에 의거하여 IMF에 제공되는 자료와 동일한 데이터를 제공해야 한다. 이를 토대로 ASCU는 아세안 감시보고서(Surveillance Report)를 작성하여 재무장관회의와 재무차관회의에 제출한다.[11] 감시보고서는 지역 금융과 경제 여건에 관해 정책 권고를 포함한다. 아세안 재무장관들은 상호 검토를 통해 의견과 정보를 교환하며, 잠재적인 위험요인을 해결하기 위한 조치를 토의한다.

셋째, 아시아 금융감독 거버넌스에는 범지역적(trans-regional)

---

9 "1998 Terms of Understanding on the Establishment of the ASEAN Surveillance Process"(December 15, 1998). http://www.aseansec.org/739.htm(검색일: 2013.1.5.).

10 아세안중앙은행포럼은 아세안특별위원회를 경유하여 ASP에 통화문제에 관한 자신의 분석과 연구결과를 제공한다. 아세안특별위원회는 아세안재무장관회의에 직접 보고해야 한다.

11 아세안감시보고서는 통상 재무차관·중앙은행부총재회의에서 최종적으로 검토된 다음 재무장관회의로 넘겨진다.

행위자들도 비중 있게 참여하고 있다. 이들은 지역적으로 동아시아와 환태평양을 아우르고 있다. 이 중 가장 공식적인 국제기구의 모습을 띠고 있는 행위자는 ADB이다. ADB는 1999년에 수립된 지역경제 모니터링센터(REMU)를 중심으로 역내 경제 감시활동을 지원해왔다. REMU는 당초 아세안감시프로세스(ASP)를 기술적으로 지원하는 방안으로 아세안 재무장관들의 요청에 따라 만들어졌다. 하지만 ADB는 REMU를 보다 큰 틀의 아시아 금융·통화협력의 한 부분으로 여겨왔다. 따라서 비단 정보 교환과 감시 메커니즘뿐 아니라, 역내 자원 및 외환보유고의 비축, 환율 조정, 국내적 금융개혁 등의 이슈를 포괄했다. REMU는 아세안감시프로세스(ASP), 아세안+3 ERPD 등 여러 지역 금융감독 행위자들에게 각종 보고서와 연구결과를 제공한다. 또한 회원국의 경제정책과 금융제도를 모니터링하여 그 결과를 다양한 회의와 포럼에 제공한다. 그뿐만 아니라 각국의 경제 모니터링 역량을 강화하기 위해 기술적 지원과 자문 서비스를 제공한다. 2005년 4월에는 지역경제통합국(OREI)이 신설되어 기존 REMU의 감시 활동이 더욱 확대되었다.[12] OREI는 아세안+3, 아세안감시프로세스, APEC재무장관회의, ASEM재무장관회의 등 아시아 정부협의체에게 행정적·기술적 지원을 제공하는 역할을 담당하고 있다.

APEC은 1994년에 출범한 재무장관회의를 중심으로 아태지역 금융시장의 감독과 감시 활동을 수행해왔다. 그러나 지역감시체제라는 언급이 APEC정상회의선언문에 나타난 것은 1997년이었다. 이때 정상들은 아시아 금융위기와 같은 위기를 예방하기 위해서는, 글로벌 차

12　"ADB Establishes Office for Regional Economic Integration"(April 1, 2005). http://www.adb.org/news/adb -establishes-office-regional-economic-integration(검색일: 2013.1.8.).

원의 IMF와는 별도의 조치들이 강구되어야 한다고 강조했다.[13] 그 일환으로 APEC재무차관회의를 신설하여 아태지역에서 초국경 자본이동을 더 자유롭고 안정되게 촉진하는 방안을 마련토록 했다. 자발적행동계획(VAP)에 포함된 정책대화 프로세스에서는 회원국의 재무차관과 중앙은행부총재가 모여 은행산업과 증권시장에 대한 감독과 규제를 위해 지역적인 차원에서 협의를 진행한다. 1998년에는 '금융규제기관훈련계획'을 승인하여 회원국의 금융감독 역량을 제고하고자했다. 이후에도 과잉 차입과 그로 인한 금융시장의 불안정을 방지하기위해 거시 건정성 규제정책을 수행하는 금융감독을 강화하기로 공약했다.[14]

2. 초정부 협의체

21세기 글로벌 거버넌스에서 관찰되는 중요한 변화 중의 하나는 초정부 네트워크(trans-governmental network)의 급부상이라고 할 수 있다. 초정부 네트워크는 규제기관, 입법부, 사법부 등에 속한 관리들이 전통적인 외교부서의 감독을 받지 않고 다른 국가의 상대 관리들과직접적으로 느슨하고 비공식인 형태로 협력하는 행위자다(Raustiala 2002: 1-92; Slaughter 2004). 아시아의 금융감독 거버넌스에서도 중앙

---

13 "APEC Economic Leaders Declaration: Connecting the APEC Community" (November 25, 1997). http://www.apec.org/Meeting-Papers/Leaders-Declarations/1997/~/media/Files/LeadersDeclarations/1997/ 1997_LeadersDeclaration. ashx(검색일: 2013.1.12.).

14 "The Joint Ministerial Statement of 16th APEC Finance Ministers Meeting"(November 12, 2009). http://www.apec.org/Meeting-Papers/Ministerial-Statements/Finance/2009_finance.aspx(검색일: 2013.1.11.).

은행과 금융당국 등을 대표로 하는 초정부 네트워크의 활동이 활발하다(Valdepenas *et al*. 2007).

첫째, 동아태중앙은행임원회의(EMEAP)는 일본과 호주의 주도로 1991년에 수립된 중앙은행 및 금융당국 협력체다.[15] 일차적으로 회원국 중앙은행 고위관리들이 매년 두 차례 모여 역내 경제 및 금융 문제에 관해 정보를 교환하고 정책을 협의하는 데 목적을 뒀다. 초기에는 비공식적인 협의체로서의 성격이 강했으나, 점차 상설 보조·지원 그룹이 만들어지면서 제도화되었다. 그러나 여전히 사무국을 두지 않은 채 회원 중앙은행이 순번제로 사무국 임무를 수행하는 네트워크 형태로 운영되고 있다. EMEAP 활동은 크게 세 가지인데, 총재회의, 부총재회의 및 통화금융안정위원회, 그리고 작업그룹으로 구성되어 있다.[16] 이 중 총재회의는 1996년 이후 매년 한차례 모임을 갖고 작업그룹(금융시장발전, 중앙은행운영)과 연구그룹(은행감독)을 통해 중앙은행의 기능에 관한 이해를 도모한다.[17] EMEAP는 2007년 4월에 부총재급 회의체로서 '통화·금융안정위원회'를 설치했다.[18] 이 위원회는 EMEAP의 거시 모니터링과 위기관리 메커니즘으로 활용되었다. 2007년 5월에 '지역 통화·금융 모니터링 시스템'을 출범시켰고, 그 일환으로 회원 중앙은행이 주도하는 거시 모니터링, 3개 작업그룹에

---

15 회원은 호주, 중국, 홍콩, 인도네시아, 일본, 한국, 말레이시아, 뉴질랜드, 싱가포르, 태국 등 11개국의 중앙은행이다.

16 작업그룹에는 지급결제시스템, 금융시장, 은행감독 그룹 등이 있다.

17 "Regional Central Banks Take Major Step Toward Closer Cooperation: Press Release of the First EMEAP Governors' Meeting"(July 19, 1996). http://www.emeap.org/emeapdb/upload/Press/19jul96.pdf(검색일: 2013.1.12.). 은행감독 연구그룹은 1998년에 작업그룹으로 개칭되어 보다 상설기관으로서의 성격이 강화되었다.

18 "12th Executives' Meeting of East Asia-Pacific Central Banks(EMEAP) Governors' Meeting"(June 1-3, 2007). http://www.bsp.gov.ph/publications/media.asp?id=1582(검색일: 2013.1.12.).

의한 모니터링, IMF-BIS-EMEAP 중앙은행을 연결하는 딜링룸이 구비되었다.

둘째, 아세안중앙은행포럼(ACBF)은 아세안 10개국의 중앙은행 및 금융당국을 회원으로 1997년에 설립되었다. 기존의 중앙은행 간 비공식 협의와 협력을 공식화함으로써 회원국 간 정책대화 채널을 제도화한 것이다.[19] 이 포럼은 금융정책의 수행과 일반적인 경제·금융 이슈에 관해 의견을 교환한다. 또 여타 지역기구 및 글로벌 기구와의 관계에 있어서 아세안의 공동입장을 도출하는 것도 중요한 목적이다. 특히 경제 및 금융 부문의 위험요소를 미리 예측해내고 위기를 예방할 수 있는 기술적 지원과 정책 자문을 서로 제공한다. ACBF 산하에는 아세안중앙은행총재회의(ACGM)와 아세안중앙은행부총재회의(ACDM)라는 고위급협의체가 설치되어 있다. 총재회의는 금융위기 이후 세계 및 지역 경제의 전망과 과제, 아세안 금융통화통합 로드맵 및 아세안–한중일 간의 협력 방안의 실행을 논의한다. ACBF는 아세안 재무장관회의의 주의를 환기할 필요가 있는 경우에는 아세안특별위원회에 관련 이슈를 제기할 수 있다.

셋째, 동남아중앙은행기구(SEACEN)는 1982년에 기존의 SEA-CEN 센터를 공식화한 것이다.[20] 1965년부터 8개국 중앙은행총재들이 모여 경제 및 금융 문제를 협의하던 비공식 협의체였으나,[21] 2012년 말 현재 16개국의 중앙은행이 참여하고 있다. 이 기구는 훈련과 연

---

19   "Inaugural Meeting of the ASEAN Central Bank Forum"(November 5, 1997). http://
      www.bnm.gov.my/index.php?ch=en_press&pg=en_press_all&ac=454&lang=en
      (검색일: 2013.1.9.).
20   SEACEN센터는 1982년 1월에 말레이시아 회사법에 근거하여 세워진 회사였다.
21   출범 당시의 회원국은 인도네시아, 말레이시아, 미얀마, 네팔, 필리핀, 싱가포르, 스리랑
      카, 태국 등 8개국이었다.

구 분야에서 협력을 촉진하고, 금융·통화·은행·개발 등의 이슈에 대한 공동의 이해를 도모한다. SEACEN은 동남아시아 지역에서 선구적인 지역감시 협의체 중의 하나다(Kaur 2001). IMF, ADB, BIS 등 국제기구 대표뿐만 아니라 아시아 내 비회원국 중앙은행 총재들도 초청된다. 이러한 연례회의 이외에도 중앙은행 직원들을 교육하기 위한 다양한 훈련프로그램이 운영되고 있다. 특히 1997년부터는 SEACEN센터가 APEC 회원국의 훈련 수요를 충족시키기 위해 지역 센터로 지정되었다. 이 센터는 SEG의 사무국 역할을 수행하며, 데이터 제공, 자본이동 정보 및 그 위험성 분석, 회의 조직 등 SEG의 결정사항에 관한 실행프로그램을 준비한다.

넷째, 동남아·뉴질랜드·호주중앙은행기구(SEANZA)는 1957년에 20개국의 중앙은행과 금융당국이 참여하여 서로의 금융감독 역량을 강화하기 위해 수립되었다. SEANZA는 매년 중앙은행 고위관리를 위한 훈련과정을 조직하며, 기타 은행감독협력체와 같은 이슈에 관해 교육 기회를 마련한다. 상설 사무국을 두고 있지 않고, 회원 중앙은행들이 훈련과정을 주관한다. 2년마다 중앙은행 총재를 대상으로 하는 단기 세미나와 회의가 개최된다. 중앙은행총재회의가 2년마다 1회 열리는 것과는 대조적으로 중앙은행부총재회의는 자문회의 성격을 띠기 때문에 매년 열린다. 역내의 다른 중앙은행협의체와의 네트워킹도 활발한데, 한 예로 2005년 2월에 SEANZA 이사회는 SEACEN센터에서 주관하는 훈련 프로그램에 SEANZA 회원국을 참여시켜 줄 것을 요청, SEACEN이사회의 승인을 받았다.

이상의 중앙은행협의체들은 금융과 통화의 안정 문제에 관해 서로 의견을 교환하고, 네트워킹과 공조를 통해서 연구 및 훈련 분야에서 협력을 증진한다. 회원국들은 또한 정기적인 고위급 회의와 포럼을

통해서 경험과 전략을 공유한다.[22]

3. 비정부 행위자

이상의 논의는 아시아에서 금융 감독·감시 활동에 참여하고 있는 정부간 행위자와 초정부 네트워크에 초점을 맞췄다. 하지만 비정부 행위자들도 금융시장에 관한 정보와 자원을 보유하고 있을 뿐만 아니라 지역 금융 거버넌스 안에서 국가 행위자에게 정당성을 부여하는 기능을 담당한다(Gilson 2011; Risse-Kappen 1995).

첫째, 아시아 금융감독 거버넌스에서 다른 정부협의체에 공식적으로 참여하는 비정부 행위자들이 있다. 가장 대표적인 예로 APEC비즈니스자문회의(ABAC)를 들 수 있다. 정부간기구로서 APEC의 특징 중 하나는 오래전부터 민간부문의 직접적인 역할을 허용했다는 사실이다. 재계의 참여는 APEC 프로세스의 성공적인 활동을 촉진하는 원동력이었으며(Mullen 2003), 이 중에서 ABAC는 APEC 내에서 유일한 재계 의사소통 기제다. 1993년 APEC정상선언문은 재계에 대해 향후 아태지역 차원에서 비즈니스 네트워크를 수립하는 방안을 토의할 일종의 '태평양비즈니스포럼'(Pacific Business Forum)을 신설하도록 요구했다.[23] 금융감독 영역에서 ABAC는 APEC의 위임과 요청에 따라 자

---

22 이밖에도 소지역적 차원에서 한국, 중국, 일본 3국은 중앙은행총재회의, 금융감독협력 세미나, 금융규제당국고위급회의 등을 통해 금융감독 협력을 증진하고 있다. "Results and Summary from the 4th Trilateral Financial Supervisory Cooperation Seminar & the 2nd Trilateral High-Level Meeting"(April 13, 2009). http://www.fsc.go.kr/down Manager?bbsid=BBS0048&no=14948(검색일: 2013.1.12.).

23 "1993 APEC Economic Leaders' Declaration"(November 20, 1993). http://www.apec.org/Meeting-Papers/Leaders-Declarations/1993/1993_aelm.aspx(검색일: 2013.1.14.).

문과 정책 제안 역할을 적극적으로 수행했다.[24] 무엇보다 국제적으로 통용되는 단일한 회계표준을 채택할 것과 기업의 윤리적 행태에 관한 최고수준의 기준을 설정해야 한다고 주장했다.[25] 2008년 글로벌 금융위기 이후에는 금융감시 문제가 본격적으로 취급되었다. 2009년 보고서는 적절한 시장 감시는 신용평가기관, 채권 관련 회사 등과 같은 시장 참여자와 중개자들의 규칙 준수를 확립하고 이들의 남용과 비행을 적발하는 데 필요하다고 지적했다.[26] 2010년에도 AMRO의 거시경제 감시기능을 강화해야 하며, 국제금융공시기준(IFRS)의 원활한 도입을 위해 IASB, APEC, ABAC 간의 커뮤니케이션을 담당하는 태스크포스를 신설할 것을 요구했다.[27]

둘째, APEC 프로세스에게 정보, 기술적 지원, 정책제언 등을 제공하는 비정부 포럼들이 있다. APEC재무장관회의는 AFG, ABAC뿐 아니라 태평양경제협력회의(PECC)와도 활발하게 접촉해 왔다. PECC는 1980년 9월에 열린 태평양공동체세미나(Pacific Community Seminar)가 모태가 되었다.[28] 이후 태평양협력위원회(PCC)가 재계, 학계, 정부부문을 대표하는 25개 회원으로 3자 협의체로 수립되어 정보교

24   APEC Business Advisory Council, "APEC Means Business: APEC Business Advisory Council Call to Action"(1997). http://publications.apec.org/publication-detail.php?pub_id=772(검색일: 2013.1.12.).

25   APEC Business Advisory Council, "Sharing Development to Reinforce Global Security: Report to APEC Economic Leaders"(2002). http://www.keidanren.or.jp/abac/report/2002e.pdf(검색일: 2013.1.14.).

26   "2009 ABAC Report to APEC Finance Ministers"(November 12, 2009). http://aimp.apec.org/Documents/2009/MM/ FMM/09_fmm_007.pdf(검색일: 2013.1.14.).

27   "2010 ABAC Report to APEC Finance Ministers"(November 5-6, 2010). http://aimp.apec.org/Documents/2010/MM/FMM/10_fmm_014.pdf(검색일: 2013.1.14.).

28   당시 참여국은 호주, 캐나다, 인도네시아, 말레이시아, 일본, 한국, 뉴질랜드, 필리핀, 싱가포르, 태국, 미국 등 총 11개국이었다.

환 창구로서 기능했다. PECC는 당초 아태 무역과 개방적 지역주의에 중점을 두었다. 그러다가 1997년부터 금융시스템의 안정성이 부각되자 금융시장에 관한 내용이 선언문에 언급되기 시작했다.[29] 예를 들면 1999년 선언문은 아태지역의 금융시장 발전에 관한 이슈로서 거시경제 위험의 관리, 아태 금융회사들에 대한 투명하고 안정된 레짐의 창출 등 금융감시 이슈를 제기했다.[30] 2000년에는 PECC의 양대 주제로서 '새천년무역의제'와 '금융시장 및 기업지배구조 강화'를 선정하고 APEC프로세스에서 적극적으로 의견을 개진했다.[31]

셋째, 금융감독의 직접적인 대상이 되는 시장참여자들도 중요한 비정부 행위자다. 아시아신용평가기관협회(ACRAA)는 2001년 9월 ADB 본부에서 조직되어 2011년 말 현재 28개 신용평가기관들이 참여하고 있다. ACRAA는 신뢰할 만한 시장 정보를 제공하기 위해 역내 신용평가기관 간에 아이디어와 경험 및 정보를 교환한다. 신용평가가 채권시장이 제대로 작동하기 위해서 중요한 인프라라는 점에서 아세안+3와 긴밀한 협력관계를 구축하고 있다. 아세안+3 정책담당자들은 2002년부터 ADB, ACRAA와 공조하여 역내 채권발행 정보의 신뢰성을 제고하기 위한 노력을 경주해왔다. ACRAA는 2011년 출범 10주년을 맞아 신용평가기관의 행동준칙을 발간했다.[32] 이 준칙은 회원 기

29 "PECC XII General Meeting: Santiago Statement"(October2, 1997). http://www.pecc.org/resources/ cat_view/49-statements?start=40(검색일: 2013.1.14.).

30 "PECC XIII: Manila Statement"(October 23, 1999). http://www.pecc.org/resources/cat_view/49-statements?start=40(검색일: 2013.1.14.).

31 "PECC Statement to First Senior Officials' Meeting for the Twelfth APEC Ministerial Meeting"(February 12-20, 2000): "PECC Statement to APEC Finance Ministers"(August 25, 2000): "PECC Statement to APEC Joint Ministerial Meeting"(November 12, 2000). http://www.pecc.org/resources/cat_view/49-statements?start=40(검색일: 2013.1.14.).

32 "ACRAA Code of Conduct Fundamentals for Domestic Credit Rating Agencies"(April 2011). http://acraa.com/images/pdf/DCRA.pdf(검색일: 2013.1.12.).

관의 신용평가 실용지침서로서 IOSCO 코드와 ADB 신용평가국제모범사례집(2008)을 기본 내용으로 삼았다.

아시아 은행산업을 대표하는 행위자로는 아시아은행정상회의(Asian Banker Summit)와 아세안금융인협회(ASEAN Bankers Association)를 꼽을 수 있다. 아시아은행정상회의는 2000년에 만들어진 아태지역 금융서비스산업 지도자들의 모임이다. 매년 1천명 내외의 전문가, 은행가, 규제당국자, 금융서비스회사, 미국과 남미 등 주요 금융회사의 고위급이 참여한다. 주로 G20, FSB, IMF, BIS 등 글로벌 금융기구에서 다뤄지는 이슈에 관해 공동 입장을 마련한다. 아세안금융인협회는 1976년에 수립된 아세안 금융인 포럼이다. 그 취지는 아세안 내에서 은행체제 및 금융시스템의 발전을 도모하기 위해 다른 아세안 기관과의 공조를 활성화하고 필요한 경우 기술적인 지원을 제공하는데 있다. 산하에 아세안은행컨퍼런스(ASEAN Banking Conference)와 아세안은행협의회(ASEAN Banking Council)를 두고 금융 관련 교육 및 정책 개발 등을 담당한다.

이처럼 비정부 행위자들은 정부간 또는 초정부 행위자들에게 중요한 정보원이자 전문지식의 공급처다. 하지만 정부 행위자들이 아시아 금융감독 거버넌스에서 중심적인 위치를 차지해감에 따라 비정부 행위자들의 입지는 상대적으로 약하다(Komori 2009: 321-341). 그 결과 이들은 정부 행위자들이 갖지 못하는 정보와 기술적 전문성을 보완해주고 있지만, 국가 행위자들과의 관계가 수평적이기보다는 수직적인 모습을 띠게 되었다.

IV. 아시아 금융감독의 거버넌스 네트워크

여기에서는 아시아 금융감독 거버넌스에 참여하는 다양한 행위자들이 형성하는 네트워크의 모습을 밝혀낸다. 상이한 금융감독 행위자들이 연결되는 방식은 기능적 네트워킹과 멤버십 네트워킹으로 구분될 수 있다. 전자는 특정 행위자가 다른 행위자에게 사전 조사, 사후 모니터링, 정책 제안 등의 일정한 기능을 요구하는 형식을 띤다. 후자는 두 행위자의 회원국이 서로 중복되는 경우에 나타난다.

우선, 아세안+3 프로세스는 정상회의, 재무장관·중앙은행총재회의, 비공식 재무차관·중앙은행부총재회의, AMRO, 아세안+3연구그룹으로 구성되어 있다. 이 중에서 금융감시 활동은 재무장관·중앙은행총재회의를 중심으로 논의되었다. 아세안+3와 가장 밀접한 기능적 네트워크를 구축하고 있는 기관은 AMRO와 ADB이다. 재무차관 및 중앙은행부총재회의는 AMRO를 국제기구로 제도화하는 방안을 강구하는 임무를 부여받았다.[33] 통상 ADB총재로부터 아시아 경제의 현황과 전망에 대해 브리핑을 듣는 것은 물론, 여러 기술적인 지원을 ADB에 의존하고 있다.[34] 또 재무장관 및 중앙은행총재회의는 AMRO에게 ADB, IMF, World Bank 등 국제금융기구등과 밀접한 공조체제를 강화하도록 주문했다. 실제로 아세안+3는 감시, 금융안전망, 역

33   "The Joint Statement of the 15th ASEAN+3 Finance Ministers and Central Bank Governors' Meeting"(May 3, 2012). http://english.mosf.go.kr/upload/mini/2012/05/FILE_6B0EE9_20120503182819_2.pdf(검색일: 2013.1.14.).

34   "The Joint Ministerial Statement of the ASEAN+3 Finance Ministers Meeting"(August 7, 2003). http://www.asean.org/asean/external-relations/asean-3/item/the-joint-ministerial-statement-of-the-asean-3- finance-ministers-meeting-7-august-2003-makati-philippines(검색일: 2013.1.14.).

량개발 등의 영역에서는 IMF, World Bank 등과 협력해 왔다.[35] 특히 CMIM체제 하에서 20퍼센트를 초과하는 유동성의 경우 IMF 규정을 준수하도록 규정함으로써 보다 직접적인 연결고리를 만들어놓았다. 아세안+3연구그룹이 마련한 보고서는 아세안 사무국과 ADB를 통해 배포되고 있으며, ADB와 IMF의 지속적인 지원을 통해 지역감시 체제를 운영하고 있다. ADB총재로부터 지역경제의 현황과 전망 및 채권시장의 발전 상태에 대한 발표를 청취했다.[36] 멤버십 측면에서는 ADB, AMRO, 아세안 등의 고위급 대표가 아세안+3 장차관급 회의에 정례적으로 참석한다.

아세안 감시프로세스(ASP)도 수많은 국가 기관 및 행위자들과 기능적 네트워크를 구축하고 있다. 이 프로세스는 회원국과 지역의 경제 상황을 모니터하고 보고서를 준비하는 과정에서 아세안 재무차관·중앙은행부총재회의, 또 아세안 사무국의 감독조정기관, 아시아개발은행(ADB) 등으로부터 도움을 받는다.[37] 출범 당시에는 ADB가 아세안 사무국에게 제공한 기술적 지원에 의존했다. 현재 ASP의 두 지원기관으로, 아세안 사무국 산하의 아세안감시조정기관(ASCU)과 ADB에 본부를 둔 아세안감시기술지원기관(ASTSU)을 두고 있다. 특히 ADB는 아세안의 특별 요청에 의해서 ASP 감시기관 인력의 훈련과 역량강화

---

35   "The Joint Statement of the 15th ASEAN+3 Finance Ministers and Central Bank Governors' Meeting"(May 3, 2012). http://www.amro-asia.org/wp-content/uploads/2012/05/120503AFMGM+3-JS.pdf(검색일: 2012.1.7.).

36   "The Joint Ministerial Statement of the 9th ASEAN+3 Finance Ministers' Meeting"(May 4, 2006). http://www.mof.go.jp/english/international_policy/convention/asean_plus_3/as3_060504.htm(검색일: 2013.1.14.).

37   ADB는 2000년부터 '지역경제모니터링'에 관한 훈련 프로그램을 통해 ASP의 기술적 역량강화를 도왔다.

프로그램을 주도적으로 지원하고 있다.[38] 이 때 지원대상은 아세안 사무국, 아세안감시조정기관, 그리고 아세안 회원국의 재무부, 중앙은행 및 기타 관련 부처의 공무원 등을 포함한다. 또한 IMF 등 글로벌 금융기구와도 연결망을 형성하고 있다. 아세안재무장관회의는 IMF에게 글로벌 금융시장과 단기 자본의 이동에 관한 정보 수집, 국제금융시장의 투명성과 효율성 및 안정성을 제고하는 장치를 마련하도록 요청하기도 했다.[39] 또한 멤버십 네트워킹도 구조화되어 있는데, ASP가 아세안재무장관회의와 아세안특별위원회(Select Committee)로 이뤄져 있어 그 구성 자체가 컨소시엄 형식을 띠고 있기 때문이다. 이 특별위원회에는 아세안고위급재무관료회의(ASFOM)와 아세안중앙은행포럼(ASEAN Central Bank Forum)의 구성원이 참여한다.[40]

APEC재무장관회의는 출범 당시부터 국제금융기구와의 긴밀한 업무 네트워킹을 강조했다. 한 예로 1994년에 IMF, World Bank, 국제금융공사(IFC), ADB 등이 아태 금융시장을 발전시키는 데 필요한 지원을 제공하도록 촉구했다. 아태지역에서 초국경 포트폴리오 투자의 유출입에 관한 연구를 요청했다.[41] IMF, ADB, OECD 등의 고위급

---

38 "1998 Terms of Understanding on the Establishment of the ASEAN Surveillance Process"(December 15, 1998). http://www. aseansec.org/739.htm(검색일: 2013.1.5.).

39 "Joint Ministerial Statement of the Special ASEAN Finance Ministers Meeting"(December 1, 1997). http://www.asean.org/news/item/joint-ministerial-statement-of-the-special-asean-finance-ministers-meeting-kuala- lumpur-malaysia-1-december-1997(검색일: 2013.1.14.).

40 "Joint Press Communique of the First ASEAN Finance Ministers Meeting"(March 1, 1997). http://www.asean.org/ communities/asean-economic-community/item/joint-press-communique-of-the-first-asean-finance-ministers-meeting-phuket-thailand-1-march-1997(검색일: 2013.1.14.).

41 "The Joint Ministerial Statement of First APEC Finance Ministers Meeting"(March 18-19, 1994). http://apec.org/Meeting-Papers/Ministerial-Statements/Finance/1994_finance.aspx(검색일: 2013.1.14.).

대표가 거시경제, 자본이동 및 자본시장 인프라 등의 이슈에 관해 직접 토론에 참여한다. APEC은 비정부 행위자에 대해 보다 공식화된 네트워크를 형성했다. APEC재무장관회의에게 바젤은행감독위원회 (BCBS), 국제증권감독기구(IOSCO), 국제보험감독협회(IAIS) 등 글로벌 금융감독 기구들도 국제금융시장의 위험 요소를 감지하고 글로벌 금융회사들에 대한 감독과 규제를 강화하는 데 있어서 중요한 파트너다. 관례적으로 APEC금융인그룹(AFG), APEC비즈니스자문회의 (ABAC), 태평양경제협력회의(PECC) 등과 대화와 협의가 진행되었다.[42] 특히 ABAC의 경우 APEC정상회의에서 재계의 정책 요구를 투입하는 공식 통로로 지정되었다.

한편, 글로벌 금융감독 행위자들의 아시아 네트워크도 간과할 수 없다. 물론 BCBS, IOSCO, IAIS, IASC 등은 금융 코드나 표준을 설정하는 기관으로서 그 자체로 감시 업무를 수행하는 것은 아니다. 하지만, 이들에 의해 주관되는 논의나 표준은 국제금융회사에 대한 감시활동에 있어서 매우 중요하다. 예를 들면, 멕시코 페소위기나 아시아금융위기는 은행 자본 기준의 미비가 은행 감독의 실패로 이어지고 은행위기와 외환위기로 번질 수 있음을 잘 보여준다. 이 점에서 글로벌 금융표준설정기구들의 아시아 지부가 행하는 역할을 검토할 필요가 있다.

우선, 국제중앙은행협력의 중심체라고 할 수 있는 BIS(국제결제은행)는 2000년 9월에 BIS 회원인 아시아중앙은행들과 BIS 본부 간의 의사소통 수단으로서 아시아지역협의회(ACC: Asian Consultative Council)의 설립을 제안했다. 아시아 회원중앙은행들은 BIS 내에서

---

42   "The Joint Ministerial Statement of 4th APEC Finance Ministerial Meeting"(April 5-6, 1997). http://apec.org/ Meeting-Papers/Ministerial-Statements/Finance/1997_ finance.aspx(검색일: 2013.1.10.).

발언권을 강화할 수 있다는 기대감으로 적극적으로 호응했고, 2001년 3월 ACC가 출범했다. ACC는 BIS 아시아 회원중앙은행 총재들로 구성되며, 회의는 연 2회 개최되는데, 아시아중앙은행의 의견을 수렴하여 BIS에 전달하는 공식적인 조직인 셈이다. 2002년 2월 ACC 회의에서는 EMEAP, SEACEN, SEANZA 등과 연계한 신BIS협약 교육 프로그램을 실시하기로 합의했다.

이밖에 금융안정기구(FSB)는 2010년 아웃리치의 일환으로 아시아자문그룹(RCA: Regional Consultative Group for Asia)을 신설했다.[43] 여기에서는 경제적 취약성과 지역의 금융안정성에 관련된 문제를 토의하고 FSB의 활동에 관해 검토한다. 구체적으로 '체계적으로 중요한 국제금융회사'(SIFIs)에 관한 이슈, 그림자은행(shadow banking)의 감시,[44] 장외파생상품에 대한 감독 등이 논의된다. 국제증권감독기구(IOSCO)도 아시아 금융감독 네트워크에 연계되어 있는데, 바로 아태지역위원회(APRC: Asia Pacific Regional Committee)를 통해서다. 이 위원회는 역내 증권감독 당국 간의 협력을 촉진하며, IOSCO 원칙과 양해각서의 지역적 확산을 도모한다.

이상에서 아시아 금융감독 거버넌스 행위자들이 기능을 매개로 형성하고 있는 네트워크의 구조를 서술했다. 이러한 행위자들의 멤버십을 기준으로 한 거버넌스의 네트워크는 〈그림 1〉과 같이 나타낼 수 있다. 연결선의 굵기가 굵을수록 두 기관의 멤버십이 중복되어 있다는 뜻이다. 이 네트워크에서 가장 중심적인 위치를 점하고 있는 행위자

---

43 Financial Stability Board, "Second Meeting of the Financial Stability Board Regional Consultative Group for Asia"(May 14, 2012). http://www.financialstabilityboard. org/press/pr_120514.pdf(검색일: 2013.1.10.).

44 그림자은행은 일반적인 은행과 비슷한 신용중개 기능을 하면서도 은행처럼 엄격하게 건전성 규제를 받지 않는 금융기관을 이른다.

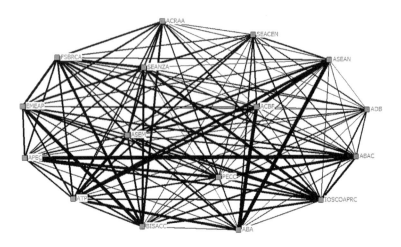

그림 1. 아시아 금융감독 거버넌스의 구조

는 아세안+3(ATP)였으며, FSBRCA, ASEM, IOSCOAPRC, BISACC 등이 그 뒤를 이었다. 반면, ADB, SEACEN, ACRAA 등은 상대적으로 중심성이 낮은 것으로 조사됐다. 이들 행위자들을 동류 그룹으로 분류해보면, 동아시아 그룹(ASEAN, ATP, ACBF, IOSCOAPRC, ABA)과 아태 그룹(APEC, ASEM, EMEAP, SEANZA, BISACC, ACRAA, PECC, ABAC) 등으로 대별되었다.

V. 결론

이 연구는 아시아 금융감독 거버넌스의 구조를 네트워크 시각을 원용하여 분석했다. 아시아 금융위기 이후 역내 국가들은 금융시장의 안정과 위기의 재발방지를 위해 적극적으로 협력해왔다. 글로벌 금융위기를 계기로 금융시스템의 리스크에 선제적으로 대응하는 데 필요한 금융감독 메커니즘이 부각되었다. 하지만 아시아통화기금이나 아시아금융안정기구와 같은 '구상'만 있을 뿐 공식적인 금융감독 '기구'는 아직 설자리를 찾지 못하고 있다.

그 결과 아시아에서 금융감독 활동은 다양한 형식의 행위자들이 느슨한 네트워크를 형성하면서 수행되고 있다는 게 본 연구가 관찰한 바다. 각국 정부, 준정부기관, 비정부 행위자, 여타 지역·글로벌 국제 기구들이 멤버십과 기능 면에서 중층적으로 참여하는 다층적 거버넌스의 모습을 띠고 있다. 1990년대의 지역통합 논의는 무역을 중심으로 이뤄졌지만, 21세기에는 금융과 통화 문제로 화두가 이동했다. 금융 리스크에 대한 규제가 어느 때보다 중요한 이슈로 부상했기 때문이다. 그럼에도 불구하고 아시아의 금융감독 이슈는 본격적으로 조명되지 못했다. 구체적으로 이 지역의 금융감독 거버넌스에 어떤 행위자들이 참여하고 있으며, 이들의 관계는 어떻게 구조화되어 있는지에 관한 탐구가 본격적으로 이뤄지지 않았다.

이러한 문제의식 하에 이 연구는 우선 행위자 측면에서 금융감독 거버넌스에 간여하고 있는 정부간협의체, 초정부협의체, 비정부행위자를 규명했다. 정부간 행위자 중에서는 아세안+3, 아세안, 아태경제협력체, 아시아-유럽정상회의, 아시아개발은행 등이 역내 금융감시 거버넌스에서 큰 비중을 차지했다. 그 형식면에서는 대부분 비공식적인 장차관급 포럼의 성격을 띠고 있었다. 초정부 네트워크는 금융감시에 관한 국제공조를 추진하되 통상적인 외교 채널을 거치지 않고 다른 국가의 해당 기관과 직접 소통하는 행위자이다. 주로 아시아의 중앙은행 및 금융당국들로 구성되는 협의체들로서 동아태중앙은행임원회의, 아세안중앙은행포럼, 동남아중앙은행기구 등의 역할이 상대적으로 두드러졌다.

비정부 행위자들로는 역내 정부협의체에 공식적으로 참여할 수 있는 APEC비즈니스자문회의, APEC CEO Summit 등이 있다. 정부 간협의체의 구성원은 아니지만 금융감시에 관한 기술적 지원이나 정책제언을 투입할 수 있는 포럼으로는 태평양경제협력회의를 꼽을 수 있다. 또 금융감독의 직접적인 대상이 되는 비정부 행위자로서 아시아 신용평가기관협회, 아시아은행정상회의, 아세안금융인협회 등의 참여가 비교적 활발한 것으로 나타났다.

그런데 이상의 행위자들은 독립적으로 금융 감독·감시 기능을 수행하기보다는 내부적으로 또는 외부적으로 일정한 네트워크를 구축하고 있다. 첫째, 기능적인 네트워킹 차원을 살펴보면, 아세안+3는 정상회의, 재무장관·중앙은행총재회의, 비공식 재무차관·중앙은행부총재회의, AMRO, 연구그룹 등으로 내부 네트워크를, ADB, IMF, World Bank 등과 외부적 네트워크를 형성하고 있다. 아세안도 IMF, ADB, 아세안중앙은행포럼 등으로부터 기술적인 지원을 받고 있다. 아태경제협력체는 글로벌 경제기구와 비정부행위자와의 네트워킹에 매우 적극적이다. 브레턴우즈제도(BWIs), OECD, BCBS, IOSCO, IAIS 등 국제금융기구는 물론, ABAC, CEO Summit, PECC 등 비정부 행위자를 상대로 한 아웃리치가 활성화되어 있다. 여기에 FSB, BIS 등과 같은 글로벌 금융감독 기구의 아시아 지부들도 역내 감시체제의 중요한 축을 이루고 있다. 둘째, 여러 행위자의 멤버십을 기준으로 아시아 금융 감독 거버넌스의 구조를 보면, 아세안+3가 가장 큰 위치권력을 행사하는 것으로 나타났다. 반면, ADB는 제도화의 정도가 고도화된 국제기구임에도 불구하고 그 중심성은 가장 낮게 나왔다. 이들 행위자들의 유사성을 감안해보면, 아세안·아세안+3를 중심으로 하는 동아시아 그룹과 APEC·ASEM을 중심으로 하는 아태그룹으로 구분되었다.

　이상으로부터 우리는 두 가지의 시사점을 얻을 수 있다고 본다. 하나는 여러 행위자들이 중첩적인 기능과 멤버십의 네트워크를 형성함으로써 아시아에서 금융감독 협력의 실질적인 증진을 가져올 수 있다는 점이다. 반복적인 상호작용을 통해 비구속적인 약속의 구속성이 더해질 수 있기 때문이다. 다른 하나는 자유무역협정(FTA)의 경우처럼, 아시아의 금융감독 거버넌스도 이질적인 네트워크 간의 경쟁 구도를 형성할 수 있다는 사실이다. 동아시아 대 아시아태평양 네트워크가 서로 구분되어가는 상태에서 각자 상이한 금융감독 규범을 표방할 경우 이들의 경쟁이 심화될 것으로 전망된다. 향후 한국의 금융외교는 역내 금융안정을 꾀하고 진영 간 경쟁 구도를 회피하기 위해 다양한 거버넌스 행위자 간의 원활한 상호작용을 매개하는 네트워크 전략을 갖출 필요가 있다.

참고문헌

김상배. 2010. "네트워크로 보는 동아시아 세계정치." 『네트워크 세계정치: 은유에서 분석으로』. 서울대학교 출판문화원.

_____. 2012. "세계경제의 네트워크 거버넌스와 국가 행태." 『21세기정치학회보』 21(1), pp.115-134.

_____. 2013. "아시아 금융감독 거버넌스의 구조와 함의." 『국제문제연구』 1(1), pp.73-104.

민병원. 2008. "네트워크 국가의 거버넌스 실험: 유럽연합의 개방형 조정방식(OMC)을 중심으로." 『국가전략』 14(3), pp.113-139.

이승주. 2011. "글로벌 금융위기와 동아시아의 대응." 『세계정치』 32(1) pp.11-44.

하영선 · 김상배 엮음. 2006. 『네트워크 지식국가: 21세기 세계정치의 변환』. 을유문화사.

하영선 · 김상배 엮음. 『네트워크 세계정치: 은유에서 분석으로』. 서울대학교 출판문화원.

_____. 2012. 『복합세계정치론: 전략과 원리, 그리고 새로운 질서』. 한울아카데미.

Alter, Karen J. and Sophie Meunier. 2009. "The Politics of International Regime Complexity." *Perspectives on Politics*. 7(1), pp.13-24.

Amyx, Jennifer. 2008. "Regional Financial Cooperation in East Asia Since the Asian Financial Crisis." In Andrew J. Macintyre, T.J. Pempel and John Ravenhill (eds.). *Crisis as Catalyst: Asia's Dynamic Political Economy*. Ithaca: Cornell University Press.

ASEAN(Association of Southeast Asian Nations). 2005. "Economic Surveillance and Policy Dialogue in East Asia." Institute for International Monetary Affairs(2005). http://www.mof.go.jp/english/ international_policy/convention/asean_plus_3/ ASEAN_plus_3research04-1-2.pdf(검색일: 2013.1.8.).

Davis, Christina L. 2009. "Overlapping Institutions in Trade Policy." *Perspectives on Politics*. 7(1), pp.25-31.

de Brouwer, Gordon. 1999. *Financial Integration in East Asia*. New York: Cambridge University Press.

_____. 2004. "IMF and ADB Perspectives on Regional Surveillance in East Asia." In Gordon de Brouwer and Yunjong Wang (eds.). *Financial Governance in East Asia: Policy Dialogue, Surveillance and Cooperation*. New York: Routledge.

Dieter, Heribert. 2000. "Monetary Regionalism: Regional Integration without Financial Crises." CSGR Working Paper No. 52/00.

Gilson, Julie. 2011. "Governance and Non-Governmental Organizations in East Asia: Building Region-wide Coalitions." In David Amstrong, Valeria Bello, Julie Gilson, and Debora Spini (eds.). *Civil Society and International Governance: The Role of Non-State Actors in Global and Regional Regulatory Frameworks*. New York:

Routledge.

Girardin, Eric. 2004. "Information Exchange, Surveillance Systems, and Regional Institutions in East Asia." In ADB (ed.). *Asian Cooperation and Integration: Progress, Prospects, Challenges.* Manila: Asian Development Bank.

Grimes, William W. 2009. *Currency and Contest in East Asia: The Great Power Politics of Financial Regionalism.* Ithaca: Cornell University Press.

James, Harold. 1995. "The Historical Development of the Principles of Surveillance." *International Monetary Fund Staff Papers.* 42(4), pp.762-791.

Jayasuriya, Kanishka. 2008. "Regionalizing the State: Political Topography of Regulatory Regionalism." *Third World Quarterly.* 24(2), pp.199-215.

_____. 2009. "Regulatory Regionalism in the Asia-Pacific: Drivers, Instruments and Actors." *Australian Journal of International Affairs.* 63(3), pp.335-347.

_____. 2010. "The Emergence of Regulatory Regionalism." *Global Asia.* 4(4), pp.102-107.

Jonsson, Christer. 1986. "Interorganization Theory and International Organization." *International Studies Quarterly.* 30(1), pp.9-57.

Kahler, Miles. 2009. "Networked Politics: Agency, Power and Governance." In Miles Kahler (ed.). *Networked Politics: Agency, Power and Governance.* Ithaca: Cornell University Press.

Kaur, Parminder. 2001. *Scope for Cooperation in Currency Stability Measures among Asian Countries.* Kuala Lumpur: The SEACEN Centre.

Kawai, Masahiro and Cindy Houser. 2008. "Evolving ASEAN+3 ERPD: Towards Peer Reviews or Due Diligence?" In OECD (ed.). *Shaping Policy Reform and Peer Review in Southeast Asia: Integrating Economies amid Diversity.* Paris: OECD.

Keohane, Robert O. 1984. *After Hegemony: Cooperation and Discord in the World Political Economy.* Princeton: Princeton University Press.

Keohane, Robert O. and David G. Victor. 2011. "The Regime Complex for Climate Change." *Perspectives on Politics.* 9(1), pp.7-23.

Komori, Yasumasa. 2009. "Regional Governance in East Asia and the Asia-Pacific." *East Asia.* 26, pp.321-341.

Lazer, David. 2011. "Networks in Political Science: Back to the Future." *PS: Politics and Political Science.* 44(1), pp.61-68.

Manupipatpong, Worapot. 2002. "The ASEAN Surveillance Process and the East Asian Monetary Fund." *ASEAN Economic Bulletin.* 19(1), pp.111-123.

Mullen, Michael C. 2003. "Business Involvement in APEC." In Richard E. Feinberg (ed.). *APEC as an Institution: Multilateral Governance in the Asia-Pacific.* Singapore: Institute of Southeast Asian Studies.

PECC(Pacific Economic Cooperation Council). 2005. *The Evolution of PECC: The First 25 Years.* Singapore: PECC International Secretariat.

Rathus, Joel. 2012. "ASEAN's Macroeconomic Research Office: Open for Business."
    East Asia Forum (May 23, 2012). http://www.eastasiaforum.org/2012/05/23/
    aseans-macroeconomic- research-office-open-for-business/#more-26529(검색일:
    2013.1.5.).
Raustiala, Kal. 2002. "The Architecture of International Cooperation: Transgovernmental
    Networks and the Future of International Law." *Virginia Journal of International
    Law.* 43, pp.1-92.
Raustiala, Kal and David G. Victor. 2004. "The Regime Complex for Plant Genetic
    Resources." *International Organization.* 58(2), pp.277-309.
Risse-Kappen, Thomas. 1995. *Bringing Transnational Relations Back In: Non-State
    Actors, Domestic Structures, and International Relations.* New York: Cambridge
    University Press.
Slaughter, Anne-Marie. 2004. *A New World Order.* Princeton: Princeton University Press.
Valdepenas, Vicente B., Subarjo Joyosumarto, and Adrianus Mooy. 2007. *The Road to
    Excellence in Central Banking in the Asia Pacific: The Role of The SEACEN Centre.*
    Kuala Lumpur: The South East Asian Central Banks (SEACEN) Research and
    Training Centre.
Wang, Yunjong. 2004. "Financial Cooperation and Integration in East Asia." *Journal of
    Asian Economics.* 15(5), pp.939-955.

제3장

정부 네트워크와 지식 네트워크: G8의 사례[*]

조동준

[*] 이 글은 2008년 『세계정치』 29집 1호에 게재되었는데, 이 책의 각주와 내주 방식에 따라 일부 수정되었다.

1970년대 석유파동과 브레턴우즈 체제의 붕괴 이후 세계경제의 혼란은 세계경제의 운영과 관련하여 두 가지 현상을 초래했다. 첫째, 케인즈 학파의 영향력이 쇠퇴하고, 통화량 조정을 중시하는 시카고 학파가 부상하게 되었다. 케인즈 학파의 정책 제안은 스태그플레이션으로 귀결된 반면, 통화론자들은 1970년대 세계경제의 향방을 정확히 예측하는 모형을 제시하였기 때문이다. 둘째, 세계경제를 운영하는 기제로서 G6/G7의 등장이었다. 지식체계 간 경쟁과 G6/G7 출범이 동시대에 발생했기 때문에 G6/G7는 자연스럽게 지식체계 간 경쟁의 장소가 되었다.

1970년대 G6/G7에서 주요 쟁점은 성장/고용과 물가안정이었다. 케인즈 학파는 유효수요 창출을 통한 불황 탈피를 권고했고, 시카고 학파는 통화량 조정을 통한 물가안정에 초점을 맞추었다. 미국, 일본, 이탈리아는 케인즈 학파의 권고를 수용한 반면, 프랑스는 1960년대부터 고전적 통화론자의 권고를 수용하면서 미국을 압박했다. G6/G7내부에서 쟁점간 경쟁과 지식체계 간 경쟁은 1980년대 초반까지 이어지다가 통화주의가 G6/G7에서 수용되면서 해소되었다. 통화주의와 G6/G7의 결합이 현재까지 이어져 G8 네트워크는 신자유주의 지식체계와 연관되어 있다.

I. 들어가며

G8은 세계경제와 정치를 운영하는 주요 8개국으로 구성된 집단이다.[1] G8 회원국은 세계 총생산의 62.9%를 차지한다(World Bank Group 2008). G8 회원국은 세계 군비의 67.6%를 차지하며, G8 회원국에는 평균 145개국의 상사사절이 파견되어 있다(Bayer 2006; The Stockholm International Peace Research Institute 2007). 현재 G8은 1970년대 세계경제의 혼란에 대응하는 과정에서 형성된 G6/G7이 확대된 결과이다. 프랑스, 미국, 영국, 독일, 일본, 그리고 이탈리아의 정상은 세계경제의 현안을 논의하기 위하여 기획된 정상회담을 통하여 의견과

---

1   현재 G8은 1970년대 초반 프랑스, 미국, 독일, 영국, 그리고 일본의 재무장관 회의에서 시작되었다. 1975년 G5 재무장관회의가 정상회담으로 격상될 때, 이탈리아가 참여하여 G6가 되었다. 1976년 캐나다가 초청국 자격으로 참여했다가 정식 회원이 되어 G7으로 확대되었다. 1998년 러시아가 정식 회원국으로 인정을 받아 G8이 확정되었다. 러시아는 G8 회원국이지만, 러시아를 배제한 G7 재무장관 회의가 지금도 작동되는 점을 고려하면 G8 회원국의 지위가 동일하다고 볼 수 없다.

처방을 공유하며 느슨한 모임을 만들었다. 이 모임의 의제는 1970년대 후반 환율조정, 무역수지 적자, 환투기 등 세계 경제의 주요 쟁점에 국한되었으나, 1980년대 핵무기 등 세계정치까지 포함하였고, 냉전 이후 핵무기 확산/통제와 지구화까지 포함하였다. G8은 세계경제와 정치를 운영하는 주요 행위자들의 모임인 동시에 세계경제와 정치를 운영하는 네트워크로 발전하였다.

G6/G7과 통화주의의 결합은 세계경제의 주요국 정상간 모임이 정체성을 갖춘 네트워크로 발전하는 데 중요한 계기였다. 1970년대 초반 세계경제의 혼란에 대한 케인즈 학파의 처방은 저성장과 물가상승이 결합된 스태그플레이션으로 이어졌다. 케인즈 학파의 정책 처방이 실패로 나타나자, 통화량 조절로 물가상승을 억제할 수 있다는 통화주의의 처방이 새로운 정책 대안으로 부상하였다(De Long 2000: 91-92; Hafer 2001: 18-20). 통화주의 정책 제안과 케인즈 학파의 정책 제안간 대결은 주요 선진국 내부는 물론 G6/G7에서도 발생하였다. G6/G7 회원국 정상들은 세계경제 현안에 관하여 의견을 교환하다가 서서히 통화주의 정책 제안을 수용하게 되었다. 이들은 회원국간 긴밀한 정책협의를 통하여 통화주의 정책제안을 국내정책에 반영하였다. G6/G7가 통화주의와 결합하면서 네트워크로 성장하였다.

이 연구는 1970년대 G6/G7과 통화주의의 결합을 분석한다. 이 연구는 두 현상에 초점을 맞춘다. 첫째, 1970년대 G6/G7 네트워크의 형성 과정을 "행위자-네트워크" 분석틀을 사용하여 분석적으로 기술한다. 둘째, 지식 네트워크로서 통화주의 성장을 기술하고, G6/G7에서 통화주의 정책 대안이 수용되는 과정을 분석한다. 특히 고용회복과 물가안정간 정책 목표의 충돌에서 물가안정이 우선 순위를 가지게 되는 과정을 G6/G7 정상회담의 선언문을 분석하면서 제시한다.

II. G6/G7 네트워크

G6/G7 네트워크는 세계 경제에서 중요한 비중을 차지하는 국가의 재무장관들이 상호작용을 하는 과정에서 기인한다. 2차대전 이후 형성된 브레턴우즈 체제의 단점을 대처하는 과정에서 주요국 재무장관 모임이 형성되었고, 주요국 재무장관 회의가 정상회담으로 격상되었다. 정상회담을 통한 토론과 의견조율은 단순한 정책 조율을 넘어 정체성 형성으로 이어져 네트워크로 이어졌다. 이후 G6/G7 네트워크는 세계 경제를 운영하는 규칙과 세계 경제의 환경까지 구성하는 행위자가 되었다. 이 장은 "행위자-네트워크" 분석틀로 G6/G7 네트워크 형성을 기술한다.

1. "행위자-네트워크" 분석틀

"행위자-네트워크" 분석틀은 관찰 대상으로서 자연과 인간이 만들어내는 사회간 구별을 비판하며, 행위자간 상호작용이 자연과 사회를 구성한다고 가정한다. 따라서 현실(reality)은 "자연과 같이 실존하며, 담론과 같이 구술되며, 사회와 같이 축적(collective)된다."(Latour 1993: 6) 자연, 사회, 언어간 엄격한 구별이 없고, 자연현상과 사회현상은 모두 주어진 대상이 아니라 사회적으로 구성된 결과이다. 사람과 비인격 행위자간 상호작용의 결과는 과학적 사실로 수용되는 자연이거나(Latour 1991: 103-131; Latour and Wooglar 1986), 과학기술이거나(Bijker 199 2a: 75-102; Law and Callon 1992: 20-52; Latour 1991), 사회일 수 있다(Woolgar 1991: 20-50). 자연, 과학기술, 사회는 주어진 현실과 사회적으로 구성된 결과를 모두 반영한다.

네트워크는 행위자의 집합과 행위자간 상호작용을 포함한다 (Wasserman and Faust 1994: 20). 네트워크 안에 있는 행위자는 특정한 쟁점, 사물, 현상 등에 의하여 특정 모임에 들어 온다. 이들은 상호작용을 하면서 특정한 관계를 맺게 된다. 행위자간 상호작용이 지속되면, 행위자간 상호작용을 중개하는 "매개물"(intermediary)이 나타날 수 있다.[2] "매개물"을 통하여 행위자는 상호 의견교환을 한다. 행위자와 "매개물"을 통한 행위자간 상호작용이 네트워크를 구성한다. 일단 네트워크가 형성되면, 네트워크 안에 있는 행위자는 "매개물"과 이미 만들어진 행위자간 상호작용에 의하여 영향을 받는다. 따라서 네트워크와 행위자는 서로를 구성한다.

새로운 네트워크는 기존 네트워크로부터 만들어진다.[3] 새로운 네트워크의 형성 순서를 다음과 같이 두 단계로 나누어 볼 수 있다. 첫째, "암상자"(black box)의 형성이다. 네트워크 안에 있는 행위자들의 상호작용으로 네트워크 안에 있는 행위자들은 특정 현상이나 사물에 관하여 가정, 인과관계, 처방 등을 포함한 공유된 지식을 가지며, 행위자간 상호작용을 규율하는 규칙을 가진다. "암상자"는 "더 이상 고려할 필요가 없거나 이미 무관심의 대상이 된 것들을 포함하고 있다." (Callon Latour 1981: 285) "암상자"는 투입과 산출을 연결시키는 역할을 담당한다. "암상자"가 안정적일수록 네트워크의 안정성이 높다.

둘째, "번역"(translation)이다. 네트워크 안에 있는 행위자들이 기존 "암상자"에 부합하지 않은 현상 혹은 생각을 인지하게 되면, 기존

---

2 "매개물"은 "상대적으로 안정적 상호작용을 하는 행위가 사이에서 통하는 모든 것"을 포함한다(Law and Callon 1992: 25).

3 "행위자-네트워크" 분석틀은 세상(네트워크)이 행위자보다 먼저 존재한다는 가정에 기반하고 있다.

"암상자"를 열어 새롭게 해석할 필요 혹은 가능성을 고려한다. 기존 "암상자"에 대한 도전으로 인하여 발생하는 비용은 행위자들이 기존 "암상자"를 열지 여부를 결정하는 데 영향을 미친다. 기존 "암상자"를 열기로 결정한 행위자는 자신들의 생각과 목표를 다른 행위자에게 투영하고 다른 행위자들을 자신들의 영역으로 끌어 들이려 한다. 이 과정이 "번역"이다. "번역"은 기존 "암상자"에 도전하기로 결정한 행위자들이 취하는 "모든 협상, 모략, 계산, 설득, 그리고 폭력"을 모두 지칭한다(Callon and Latour 1981: 279). "번역"이 성공적으로 진행되면, 새로운 네트워크가 탄생한다. 따라서 네트워크는 "번역"의 논리에 따라 구성된다(Callon 1992: 84).

새롭게 형성된 네트워크의 안정화(stabilization)는 "해석의 유연성 상실"을 의미한다(Bijiker 1992: 86). 네트워크 안에 있는 행위자들은 네트워크로 인하여 형성된 관계에 존재함으로써 새로운 "번역"에 저항하며, 향후 새로운 "번역" 가능성에도 저항한다(Callon 1992: 91). 이러한 저항 노력이 성공하면, 즉 네트워크가 만들어낸 산물(artifact)에 대한 합의가 커지면, 네트워크는 안정화된다. 행위자들은 더 이상 새로운 가능성을 고려하지 않고, 이상 사례에 대하여 관심을 기울이지 않는다. "암상자"가 닫혀진 상태이다. 네트워크의 안정화는 분화(diversification)에 따른 이질성으로 더욱 강화된다. 네트워크의 "암상자"를 공유하는 다양한 행위자가 유입되고 다른 영역으로 확산되면, 네트워크는 분화되며 그 영향력은 증가한다.

2. G6/G7 네트워크의 형성

G6/G7은 국제사회가 1970년대 세계경제의 위기를 대처하는 과정에

서 발생되었다. 2차대전 이후 세계경제질서의 근간이었던 브레턴우즈
체제가 붕괴하면서, 세계경제를 규율하는 새로운 기제와 방식이 필요
해졌다. 당시 자유진영 선진국가들은 공통 관심사를 토의하는 공간으
로 G6를 출범시켰다. 이후 G6는 세계경제와 정치 상황의 변화를 반영
하여 회원국을 추가시켰고, 관할 쟁점을 확대시켰다. 이 절은 1970년
대 세계경제의 위기와 G6/G7 형성을 "행위자-네트워크" 분석틀로 기
술한다.

1) 닉슨 충격과 석유파동: G6/G7 네트워크의 등장 계기

G6 네트워크에 참여했던 행위자를 불러 모은 계기는 둘로 나눌 수 있
다. 첫째, 브레턴우즈 체제의 붕괴이다. 브레턴우즈 체제의 붕괴는 기
축통화로서 달러화의 특별한 지위와 국제 유동성 공급간 상충관계를
묘사하는 '트리핀 딜레마'에 기인하였다. 달러화는 금과 함께 통화가
치를 평가하는 기준이었고, 대외준비를 위한 통화였고, 고정환율을 유
지하기 위한 개입통화였다. 금의 공급이 안정적이지 못한 상황에서는
미국의 국제수지 적자가 국제유동성 공급의 원천이 되었다. 미국은 달
러화의 특별한 지위를 활용하여 국제수지 적자를 지속하였다. 미국의
국제수지 적자가 과도하게 누적되자 달러화에 대한 신뢰도가 떨어지
기 시작하였다.

미국은 세계금융질서의 안정을 선택하기보다는 국제수지 적자를
선택했다. 1960년대 미국의 국제수지 적자가 지속되어 미국의 대외
준비(금준비) 사정이 악화되자 세계금융시장의 불안정성이 높아졌다.
미국은 1960년대부터 달러화에 대한 방어조치를 강구하였고, 존슨
대통령은 1965년 미국의 국제수지 적자가 종결되었다고 선언하였다
(Johnson 1965: 1-5). 하지만 미국은 국내적으로 "위대한 사회"와 연

관된 사회적 사업을 실시했고, 월남전에서 전쟁을 수행하는 수단으로 재정적자와 국제수지 적자를 선택하였다. 미국의 국제수지 적자는 세계금융질서의 안정을 깨트렸다. "트리핀 딜레마"가 현실화되었다.

프랑스는 미국의 국제수지 적자로 유동성 공급이 이루어진다는 주장을 비판하며, "현재(1966년 당시) 그리고 근접한 미래에도 국제유동성의 양은 생산과 교역의 성장을 제어할 만한 영향을 미칠 수 없다"라고 주장하였다(Debre 1966: 37-48). 더 나아가 프랑스는 미국이 국내외 정책목표를 달성하기 위하여 국제수지 적자를 이용한다고 명확하게 지적하였다(De Gaulle 1970: 330-332). 프랑스는 브레턴우즈 체제의 통화안정 기제가 미국에게만 적용되지 않는다고 하면서, 보유한 달러화를 금으로 바꾸기 시작하였다. 미국과 무역에서 국제수지 흑자를 기록했던 국가들이 1960년대 중반 달러화를 금으로 바꾸기 시작하였다. 미국은 서방 선진국과 협의를 통하여 1960년대 후반 달러화의 금태환을 중단시켰지만, 다른 국가들의 금태환 요구를 거절할 수 없었다. 미국의 금준비는 1970년 22% 수준까지 떨어졌다.

1971년 8월 15일 미국 닉슨 대통령은 달러화의 금태환을 중단시켰다. 기축통화로서 달러화의 금태환이 무너지자 세계경제는 큰 혼란에 빠졌다. 주요국은 변동환율제를 채택하게 되었고, "근린궁핍화" 정책의 조짐이 나타났다. 서방 경제선진국은 협의를 통하여 1971년 12월 미국 달러화를 금 1 온스당 35달러에서 38달러로 평가절하고, 변동환율의 폭을 2.25퍼센트로 정하는 스미소니언 합의를 도출하였다. 하지만 1973년 1월 미국은 달러화 투매 현상에 대항하여 다시 달러화의 가치를 금 1 온스당 42.22달러로 평가절하를 감행하였다. 미국의 조치는 세계금융시장을 마비시켜 1973년 3월 외환시장이 열리지도 못할 정도였다.

둘째, 1차 석유파동이었다. 2차대전 이후 신생 독립국은 국내 자원을 통제하기 위하여 국유화 조치 등을 취하면서 동시에 국내 자원에 대한 배타적 관할권을 정당화시키기 위한 규범 창출을 위하여 노력하였다. 이들의 노력은 "인민과 국가는 국내 자연자원에 대한 항구적 주권을 가지며, 이들의 권리는 해당 국가 국민의 복지와 국가 발전을 위하여 이용되어야 한다"는 국제연합총회 결의안 1803(1962년 12월 14일)과 같은 형태로 나타났다. "자원 민족주의"는 자연 자원에 대한 자유로운 접근을 주장하는 선진국의 이해와 충돌할 수밖에 없었다.

산유국도 "자원 민족주의"를 주장하기 위한 준비를 하였다. 1949년 베네수엘라는 석유 생산과 판매 과정에서 공동 이익을 협의하기 위한 통로로 산유국간 협의체를 제의하였다. 이런 노력은 1960년 석유수출국기구(OPEC) 창설로 이어졌다. 창립 회원국은 베네수엘라, 사우디 아라비아, 이란, 이라크, 쿠웨이트였다.[4] 카타르가 1961년, 인도네시아와 리비아가 1962년, 아랍에미리트 연합이 1967년, 알제리가 1969년, 나이지리아가 1971년 OPEC에 가입하였다.[5] OPEC은 1960년대 내부적으로 공동 견해를 도출하기 위한 노력을 하였다. OPEC이 세계석유시장에서 차지하는 비중으로 말미암아 공급자 카르텔로 작동할 수 있었지만, 내부 의견 조율의 어려움으로 인하여 1960년대 OPEC은 중요한 움직임을 보이지 못했다.

---

4   아이젠하워 대통령은 베네수엘라로부터 수입되는 석유를 줄이는 대신 멕시코와 캐나다로부터 수입되는 석유를 늘여, OPEC 창설에 주도적 역할을 담당한 베네수엘라에 경제적 보복 조치를 취하였다.

5   1971년 이후 OPEC에 가입한 국가는 에콰도르(1973년 가입, 1992년부터 2007년 10월까지 회원권 정지), 앙골라(2007년 가입), 그리고 가봉(1975년 가입, 1995년 탈퇴)이다. OPEC 사무국은 1960년부터 1965년까지 스위스 제네바에 있다가 1965년 오스트리아 비엔나로 이전되었다.

1973년 "10월 전쟁"은 OPEC을 움직였다. 1973년 이스라엘에 대한 이집트와 시리아의 선제공격이 실패한 이유가 이스라엘에 대한 서방 선진국의 지원이라고 주장한 아랍 국가들은 OPEC을 이용하여 정치적 목표와 경제적 이익을 동시에 추구하기 시작하였다. OPEC 국가들은 원유 수출가격을 배럴당 2.59달러에서 4.065달러로 인상하였다(57% 인상). 1974년 1월 OPEC 국가들의 원유 수출가격은 배럴당 11.65달러까지 상승하였다(350% 상승). 아랍 국가들은 이스라엘과 친소관계를 근거로 원유 수출가격과 수출물량을 결정하였다. 원유 수입국은 아랍 국가의 정치적 요구를 수용하거나, 값비싼 원유를 수입할 수밖에 없었다.

원유가격 상승은 세계경제성장의 둔화로 이어졌다. 석유 수입국은 정도의 차이가 있지만 모두 경기 후퇴를 경험했다. 경기 후퇴는 실업 증가로 이어졌다. 〈그림 1〉은 1차 석유파동이 미국의 실업률 증가로 이어진 사실을 보여준다. 이는 미국만이 겪었던 현상이 아니라 선진국 모두가 경험하였다.

2) Library Group: G6/G7 네트워크의 모태

1962년 형성된 G10은 G6 네트워크의 시발점이었다. G10은 국제통화기금의 인출금액 확대를 위하여 국제통화기금과 함께 출연금 증액을 약속한 국가들의 모임으로 미국, 영국, 프랑스, 독일, 이탈리아, 일본, 캐나다, 네덜란드, 벨기에, 스웨덴으로 구성되었다. 원래 G10은 국제통화기금의 단기유동성 공급을 원활하게 하여 브레턴우즈 체제를 안정화시키기 위하여 조직되었다. 이 네트워크는 공식적 기구/제도는 아니었지만, 국제통화기금의 공식행사를 전후로 선진 10개국 재무장관/중앙은행장 회동을 통하여 세계금융의 주요 쟁점을 해결하는 관행

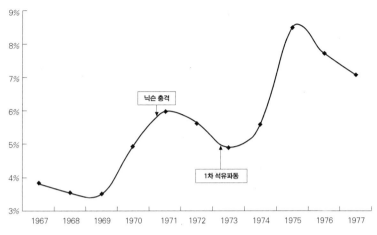

출처: International Monetary Fund 2008

그림 1. 미국 실업률 통계

을 가졌다.[6]

G10 재무장관/중앙은행장은 1971년 8월 15일 미국의 금태환 중지 선언 이후 세계경제를 안정화시키기 위하여 1971년 12월 미국 워싱턴에서 회동하였다. G10은 1971년 12월 미국 달러화의 평가절하(금 1 온스당 35달러에서 38달러), 2.25퍼센트 변동환율폭에 합의하였다. 스미소니언 합의를 도출하는 과정에서 미국 재무장관 슐츠(George Shultz)는 프랑스 데스뗑(Valery Giscard d'Esting) 재무장관과 독일 슈미트(Helmut Schmidt) 재무장관에게 영국과 일본 대표와 함께 백악관 도서관에서 만나자고 제의하였다. 5개국 재무장관은 비공개로 만나 세

6   G10은 막후 협상을 통하여 1968년 특별인출권 창설과 1969년 독일 마르크화 위기 해결에 기여하였다. G6/G7이 만들어진 후에도 G10 재무장관/중앙은행장 모임은 2000년 5월까지 간헐적으로 열렸다. 스위스는 1964년부터 참관국 자격으로 참여한다. 국제결제은행(BIS), 유럽연합 집행위원회, 국제통화기금, OECD도 참관자 자격으로 참여했다.

계금융에 관한 쟁점을 검토하기로 합의하였다(D'Estaing 1988: 125). 미국, 영국, 프랑스, 독일 재무장관은 1973년 백악관 도서관에서 만나 Library Group을 형성하였다. 일본 재무장관은 1975년 9월부터 Library Group에 참여하였다(Bayne and Putnam 2000: 34; Putnam and Bayne 1987: 29). 이후 G5 회원국은 국제통화기금과 세계은행 이사회에서 별도 회동을 가지거나, 특별 사안을 해결하기 위하여 회동하였다.[7]

　　Library Group이 형성되는 과정에서 네 가지 사항에 주목할 필요가 있다. 첫째, Library Group은 세계총생산의 4% 이상을 차지하는 국가로 구성되었다(〈표 1〉 참조). 일본은 초기 Library Group에 참여하지 못했지만, 거대한 경제규모로 인하여 Library Group에 참여하게 되었다. 이는 경제규모가 네트워크에 참여하는 행위자를 선별하는 기준임을 알 수 있다. 둘째, 인적 유대감이 중요한 요인이었다. 일본은 경제규모에서 보면 당연히 Library Group에 처음부터 가입되어야 당연하지만, 1971년 워싱턴 회동 이후 1973년 9월까지 참여하지 못했다. 1971년부터 1973년까지 일본에서는 재무장관이 세 번씩이나 바뀐 반면, 나머지 국가에서는 장관 교체가 없었다. 셋째, 공식 기구보다는 비공식 네트워크가 세계경제를 운영하는데 효율적일 수 있음을 보여준다. 세계경제의 위기를 대처하기 위하여 국제통화기금 이사국으로 구성된 C20가 1972년에 결성되었지만,[8] 의전형식 등의 문제로 제대로 작동하지 못했다. 반면, 비공식 모임인 Library Group은 세계경제 운영의 핵심 기제가 되었다.

7　　G5 재무장관회의는 여론의 관심을 피하기 위하여 비공개로 진행되었고 경제문제에만 집중하였다(Putnam and Bayne 1987: 233-259).

8　　C20는 1974년 '임시위원회'(Interim Committee)로 명명되었고, '국제재무금융위원회'(International Monetary and Financial Committee)로 공식화된 제도가 되었다 (Hajnal 2007: 12).

표 1. 국내총생산 순위

순위	1969년			1973년		
	국가	백분율	민주주의	국가	백분율	민주주의
1	미국*	31.83%	10	미국*	30.28%	10
2	일본*	13.64%	10	일본*	15.28%	10
3	독일*	7.98%	10	독일*	7.67%	10
4	영국*	5.94%	10	영국*	5.70%	10
5	프랑스*	4.91%	6	프랑스*	4.94%	8
6	이탈리아*	4.13%	10	이탈리아*	4.02%	10
7	캐나다*	2.27%	10	캐나다*	2.27%	10
8	스페인	1.85%	0	스페인	1.94%	0
9	러시아	1.83%	0	브라질	1.88%	0
10	브라질	1.48%	4	러시아	1.70%	0
11	멕시코	1.44%	0	멕시코	1.53%	0
12	네덜란드*	1.34%	10	네덜란드*	1.31%	10
13	스위스	1.26%	10	스위스	1.23%	10
14	아르헨티나	1.25%	3	아르헨티나	1.22%	6
15	호주	1.22%	10	호주	1.17%	10
16	스웨덴*	1.01%	10	스웨덴*	0.95%	10
17	인도	0.91%	9	벨기에*	0.87%	10
18	벨기에*	0.86%	1	중국	0.84%	0
19	덴마크	0.76%	10	인도	0.83%	9
20	중국	0.71%	0	덴마크	0.71%	10

* G10 회원국을 뜻함
출처: International Monetary Fund 2008; Marshall and Jagger 2008

넷째, 국내정치 지향이 참여자 선정에 있어 중요한 요인이었다. 이탈리아 기독민주당(Christian Democracy)은 1962년부터 이탈리아 사회당(Italian Socialist Party)과 연립정부를 구성하여 집권하였다. 이탈리아 사회당은 자본주의를 부정하는 이탈리아 공산당(Italian Communist Party)과 달리 사회민주주의를 추구하였지만, 서유럽의 사회민주주의 정당보다는 좌파적 성격을 강하게 가지고 있었다. G5 회원국은 좌파적 성향을 가진 이탈리아 중도좌파 연립정부의 참여가 내부 결속을 약화시킬 우려를 하였다(Hajnal 2007: 12-16).[9]

3) G6/G7 네트워크

프랑스 데스뗑 대통령과 독일 슈미트 총리는 G5 정상회담을 추진하였다. 데스뗑 대통령은 1969년부터 1974년까지 재경부장관으로, 슈미트 총리는 1972년부터 1974년까지 재무장관을 역임하였기 때문에, 1972년부터 1974년까지 G5 재무장관 회의를 통하여 의견을 교환할 수 있었다. 두 정치인은 비슷한 시기 대통령과 총리가 되었고, G5 재무장관 회담을 정상회담 수준으로 격상시키는 데 공감하였다. 데스뗑 대통령이 공식회담을 미국 포드 대통령에게 제안하였고, 포드 대통령도 찬성하였다. 미국, 영국, 프랑스, 독일 정상은 1971년 7월 31일 유럽안보협력회의(CSCE)에 참석하면서 별도 회동을 가져 정상회담에 관한 의견 교환을 하였다. 의제는 세계경제상황과 세계금융체제로 정해졌고, 4개국 외에 일본의 참여를 확정하였다(Schmidt 1989: 173-174).

이탈리아와 캐나다는 초청국 형태로 G5 네트워크에 참여하게 되었다. 이탈리아의 경제규모는 프랑스와 비슷했지만, 이탈리아의 참여는 G5 정상회담이 열리기 두 달 전까지 확정되지 않았다. 이탈리아는 G5 국가의 공동 초청 형식으로 1차 G5 정상회담에 참여하였다

9 　이탈리아는 1974년 1월 로마에서 재무장관 회의를 개최하여 G5 회원국과 유대를 강화하려고 하였지만, 1974년과 1975년 G5 재무장관 회의에서 배제되었다. 첫 G6 정상회담에서도 이탈리아가 배제된 G5 정상회담이 있었으며, 1975년 이후에도 G5 회원국은 이탈리아를 배제한 채 G5 재무장관회의를 1987년까지 지속하였다.

(Putnam and Bayne 1987: 25).[10] 캐나다는 2차 G6 정상회담 의장국인 미국의 초청으로 G6 정상회담에 참여하였다. 캐나다의 참여에 관하여 G5 국가는 상이한 입장을 보였다. 프랑스는 G5 정상간 소규모 회합이 이미 합의되었음을 강조하며, 캐나다의 참여를 반대하였다. 반면, 캐나다와 지리적으로 근접하여 경제적으로 통합되어 있는 미국은 캐나다의 참가를 강력히 희망하였다.[11] 2차 주요국 정상회담 의장국으로 미국은 G6 정상회담을 공표하면서 "미국과의 긴밀한 경제적 유대와 정상회담이 서반구에서 열린다는 점을 고려하여 미국은 캐나다를 (정상회담에) 초청하였다."라고 밝혔다(Ford 1976). 양국은 초청국으로 참여하였지만, 미국의 강력한 후원으로 정식 회원국이 되었다.

1970년대 G6/G7 네트워크에 참여한 행위자는 세 층위(정상급, 각료급, 실무급)로 구분될 수 있다. 첫째, G6/G7 정상들이다. G6/G7 정상들은 연례 회동을 통하여 의견 교환을 하였다. 첫 정상회담은 프랑스 대통령의 초청 형태로 이루어졌다. 이 회담 이후 G6/G7 정상들은 협의를 통하여 차기 G6/G7 정상회담 의장국을 정하였고, G6/G7 의장국 정상은 다른 회원국 정상을 초청하는 형식을 취하였다. G6/G7 의장국 순번은 프랑스, 미국, 영국, 독일, 일본, 이탈리아, 그리고 캐나다 순이었다.

10   이탈리아의 참여는 1975년 9월 25일에 결정되었는데, 이는 유럽국가의 반발을 무마하는 성격을 가졌다. 당시 이탈리아가 유럽각료이사회(European Council of Ministers) 의장국이었기 때문에, 이탈리아의 참석으로 유럽공동체를 배제시키기 용이하였다. 1975년 첫 G6 정상회담에서 이탈리아는 동등한 대우를 받지 못하였다. 1975년 첫 G6 정상회담에서 G5 정상은 별도 모임을 가졌고, 이탈리아 연립정부에서 사회당을 배제하는 조건으로 이탈리아에 대한 차관제공을 결정하였다.

11   1975년 캐나다가 미국으로 수출한 상품 총액은 전체 수출의 63%, 미국으로부터 수입한 상품 총액은 전체 수입의 72.5%를 차지했다. 반면, 미국이 캐나다로 수출한 상품 총액은 전체 수출의 21.4%, 캐나다로부터 수입한 상품 총액은 전체 수입의 21.5%를 차지했다(Gleditsch 2004).

둘째, 각료급 행위자로 재무장관과 외무장관들이다.[12] G6/G7 재무장관은 G6/G7 정상회담에 배석하면서 자연스럽게 접촉하였다. 또한 G5 재무장관은 G6/G7 재무장관 회담과 별도로 비공개 회동을 통하여 세계경제의 운영에 관한 의견교환을 하였다. 외무장관도 G6/G7 정상회담에 배석하면서 자연스럽게 접촉하였다. G6/G7 정상회담이 세계정치의 현안을 의제로 포함하면서 외무장관이 G6/G7 네트워크에 참여하였다. G6/G7 외무장관 네트워크는 G6/G7 정상회담과 함께 시작되었기 때문에 회원국간 차별이 없었다. G6/G7 외무장관은 G6/G7 정상회담과 별도로 국제연합총회 개막식과 같은 국제사회의 큰 모임에 참여하면서 별도로 회동하는 관행을 가지고 있었다.[13]

셋째, G8 정상의 대리인(sherpa)로 형성된 연결망이다. G8 회원국 정상은 대리인을 통하여 정상회담을 사전 준비해 왔다. G8 회원국 정상의 대리인은 통상적으로 두 명의 부대리인(sous-sherpa)과 함께 활동한다. 한 부대리인은 재무담당 부처에서 다른 한 부대리인은 외무담당 부처에서 임명되는 관행이 있다. 대리인들이 정상회담과 부속 각료급회담의 의제를 조율하고, 정상회담에 배석하면서 기록을 담당하고, 정상회의에서 도출된 결과를 전달하는 역할을 담당한다. 대리인 네트워크를 통하여 G8 정상회담의 큰 그림이 확정된다(Fowler 2003: 221).

G6/G7 네트워크는 1년 단위로 보면 방사형(hub-and-spoke)으로

---

12   무역장관들은 1978년 G7 정상회담에 처음으로 배석하여 1980년대까지 배석했다. 하지만 Tokyo Round가 종결되면서 무역장관의 역할이 급속히 감소하여, 1980년대 초반 무역장관의 배석이 중단되었다.

13   1998년 이후 각료회의는 정상회담의 사전 준비용으로 변경되었다. 1990년대 G7/G8의 의제영역이 넓어짐에 따라 참석하는 각료들의 숫자도 늘어나, 효과적인 의사결정이 어려웠다. 각료회담을 사전 준비용으로 전진 배치시키고, 정상회담을 최종 의견조율용으로 후진 배치시킴으로써 정상들은 개인적 유대 형성과 현안에 대한 의견교환에 더 많은 시간을 사용할 수 있게 되었다.

조직되어 있다. G6/G7 의장국이 1년 동안 중심 역할을 담당하고, 의장국이 아닌 다른 회원국은 의장국을 중심으로 연결된다. 하지만 G6/G7 네트워크의 중심이 매년 순환된다는 점에서 G6/G7 네트워크에는 고정 중심이 없다. G6/G7 네트워크는 1976년 캐나다의 가입 이후 1989년까지 외부 행위자의 참여가 없었다는 점에서 닫힌 네트워크였다. 벨기에, 네덜란드, 호주는 G6/G7 네트워크에 가입하려 하였으나 거부당했다. 벨기에와 네덜란드는 G10 국가였고 경제발전 수준도 취약할 정도는 아니었지만, 경제규모가 세계경제생산량의 1% 남짓했다. 벨기에와 네덜란드는 G5 재무장관회의로부터 배제된 이후, 세계경제를 운영하는 주요 기제로부터 멀어졌다. 1970년대 후반 호주도 G6/G7에 참여를 시도하였다(Kirton 1995: 65). 호주는 지역대표성을 주장할 수 있었지만, 경제규모와 발전수준에서 약했기 때문에 참여를 거부당했다.

III. G6/G7 네트워크와 통화주의

G6/G7 네트워크는 G5 재무장관 네트워크에서 시작되었지만, 내부적으로 이질성을 가지고 있었다. 국내경제의 운영에 관하여 기본적으로 상이한 시각을 가지고 있었고, 1970년대 세계경제의 현안에 대하여 상이한 처방을 가지고 있었다. 즉, 네트워크 내부에 튼튼한 "암상자"(black box)가 존재하지 않았다. 첫 G6 정상회담은 일회성 행사로 기획되었고, 이후 일정에 대한 합의가 없었다. G6 정상회담이 몇 차례 진행되면서 행위자간 연결이 강해지고, 통화주의에 기반한 정책으로 국내 정책이 수렴되면서 G6/G7 네트워크는 안정화되었다. 1980년대 초반 통화주의는 G6/G7 네트워크를 연결하는 "매개물"이 되었다.

1. 통화주의

통화량이 경제현상을 설명한다는 가정은 오랜 지적 전통을 가지고 있다.[14] 유럽에서 통화주의는 전후 브레턴우즈 체제 개혁 논쟁에서 부상하였다. 자크 뢰프는 브레턴우즈 체제의 금환본위제가 인플레이션을 유발하고 국제수지불균형을 해소하는 데 취약하다고 주장하였다(Reuff 1963, 1966, 1972). 금본위제에서는 국제수지 적자가 국내 통화량 감소로 이어지고, 국내 통화량 감소는 구매력 감소와 초과 공급을 의미한다. 이는 다시 국내 가격 하락과 국제 경쟁력 강화로 이어져, 결국 국제수지 적자가 해소된다. 반면, 금환본위제에서는 대외준비만 유지하면 국제수지 적자를 통한 조정 효과가 사라지고, 국제수지 적자국이 유발한 인플레이션은 국내 인플레이션은 물론 다른 나라의 인플레이션으로 이어지는 '인플레이션 수출' 효과가 나타날 수 있다. 뢰프의 논리를 드골 행정부가 수용하면서, 통화주의는 유럽에서 공식적 후원국을 보유하게 되었다.

어빙 피셔는 통화량이 경제현상을 설명한다는 가정에 기반을 두고, 통화량이 가격 수준, 인플레이션, 이자율에 미치는 영향을 예측할 수 있는 모형을 제시하였다(Fisher 1912, 1908). 양차대전 사이 시카고 대학에서 제이콥 바이너(Jacob Viner, 1892-1970), 프랭크 나이트(Frank H. Knight, 1885-1972), 로이드 민츠(Lloyd W. Mints, 1888-1989), 헨리 시몬스(Henry C. Simons, 1899-1946), 오스카르 랑게(Oscar Lange, 1904-1965), 헨리 슐츠(Henry C. Shultz, 1893-1938)로

14　경제현상을 예측하는 변수로서 통화량을 강조하는 전통은 데이비드 흄까지 거슬러 올라갈 수 있다. 흄은 국제수지 적자가 초래하는 부정적 경제현상을 언급하면서 국제수지 균형의 필요성을 역설하였다(Hume 1985: 311).

구성된 구 시카고 학파(Old Chicago School)는 통화량과 인플레이션
의 상관관계에 주목했으며, 급작스런 통화량 축소를 대공황의 원인으
로 지목하였다(De Long 2000: 76-88). 하지만 통화주의의 정책 대안은
양차대전 사이 수요 관리를 중시하는 케인즈 학파의 정책 대안에 밀려
일부 경제학자들에게만 통용되었다.

　통화주의는 1950년대 시카고 대학에서 밀턴 프리드먼(Milton
Friedman)과 그의 동료, 그리고 그의 제자들에 의하여 급속하게 성장
하였다.[15] 이들은 시카고 학파(Chicago School) 혹은 고전 통화주의
(Classic Monetarism)라고 지칭된다.[16] 시카고 학파는 '구 시카고 통화
주의 학파'의 지적 전통 아래서 통화량을 예측변수로 삼는 통화주의를
발전시켰다. 구체적으로 통화량과 인플레이션의 관계, 경제 안정화를
위한 정책 수단의 한계, 자연 실업의 존재, 통화정책의 강력한 효과, 통
화정책의 단기적 효과, 승수 효과의 한계 등이 수학적으로 계산되었다.

　1960년대 시카고 학파는 통화주의가 경제 현실을 설명할 수 있
음을 경험적으로 증명하였다. 프리드먼과 데이비드 마이셀먼(David
Meiselman)은 통화량(money stock)이 통화공급(money supply)에
의하여 영향을 받으며, 케인즈 학파의 주장과 다르게 통화유통속도가
안정적임을 보였다. 이들은 명목 수입이 통화량에 의하여 영향을 받고
있음을 단일방정식(명목 수입을 종속변수로, 통화량을 원인변수로 설정)
을 통하여 증명하였다(Friedman and Meiselman 1963: 165-268). 이들
의 경험적 연구는 소득승수효과가 안정적이라는 케인즈 학파의 주장

15　프리드먼의 지적 성장 경로와 경제학에 미친 영향에 대하여 Heztel 2007: 1-30 참조.
16　시카고 학파는 Milton Friedman, George J. Stigler, Ronad H. Coase, Lester G. Telser,
　　Arnold C. Harberger, Harry G. Johnson, Garry S. Becker, Sherwin Rosen, James M.
　　Buchanan, Robert E. Lucas, Robert Fogel, Garry Becker, Richard Posner 등으로 구
　　성된다.

과 상치되었다.[17] 프리드먼과 안나 슈워츠는 통화공급이 가격과 소득을 설명할 수 있다는 주장을 미국 경제 자료를 활용하여 증명하였다 (Friedman and Schwartz 1963).

시카고 학파의 '세인트 루이스 지부'(the province of an obscure sect with headquarters in Chicago)는 통화주의가 현실 경제를 설명할 수 있음을 경험적으로 증명하였다(Davis 1969: 119). 레오널 앤더센 (Leonall C. Andersen)과 제리 조던(Jerry Jordan)은 통화주의가 케인즈 학파보다 명목 국민소득을 더 효과적으로 설명할 수 있다는 경험적 연구 결과를 발표하였다(Andersen and Jordan 1968: 11-24). 이들은 명목 국민소득을 예측하는 독립변수로 통화량과 재정정책을 설정한 후 통계적 분석을 시도하였다. 두 변수는 모두 통계적으로 유의미한 계수를 가졌는데, 통화량이 상대적으로 더 높은 설명력을 가진 것으로 드러났다. 이들의 연구 결과는 통화주의가 단순히 설명력을 가진다는 수준을 넘어 케인즈 학파보다 우월하다는 함의를 가졌다. 연방준비제도에 소속되어 있던 경제학자들이 방법론적 문제점을 지적하였지만,[18] 학계에서는 통화주의가 현실 경제를 설명할 수 있다는 생각이 확산되었다.

레오널 앤더센과 케이드 칼슨(Keith M. Carlson)은 통화주의에 기반한 경제안정 모형을 제시하였다(Andersen and Carlson 1970: 7-25). 이들은 통화 공급이 명목 지출, 가격 수준의 변화, 실질 생산, 장기 이자율, 실업에 영향을 미친다는 경험적 연구 결과를 발표하였다. 이들은 통화주의를 검증하기 위한 연구가 아니라 통화 공급이 초래하는 영

---

17   케인즈 학파는 Friedman과 Meiselman이 사용한 단일방정식 기법의 문제점을 지적하면서 통화주의의 경험적 연구의 신뢰성에 의문을 제기하였다(Brunner 1986: 41).

18   미국 연방준비제도는 Andersen과 Jordan의 연구 결과에 회의적 시각을 드러냈다(Davis 1968: 63-73; Deleeuw and Kalchbrenner 1969: 6-11).

표 2. G6/G7 회원국의 경제성장

	캐나다	미국	프랑스	독일	영국	이탈리아	일본
1970	3.03%	0.17%	5.73%	3.63%	2.36%	5.31%	10.71%
1971	4.12%	3.36%	4.78%	3.63%	2.12%	1.89%	4.70%
1972	5.45%	5.29%	4.43%	3.63%	3.63%	3.15%	8.41%
1973	6.97%	5.76%	5.44%	4.77%	7.31%	6.55%	8.03%
1974	3.69%	-0.50%	3.11%	0.19%	-1.68%	5.28%	-1.23%
1975	1.82%	-0.19%	-0.28%	-1.25%	-0.68%	-2.05%	3.09%

출처: World Bank Group 2008

향을 경험적으로 분석한다고 밝혔다(Andersen and Carlson 1970: 10-11). 이들에게 통화주의는 검증 대상이 아니라 이미 엄격한 검증을 통과한 이론으로 현실 경제를 설명하기 위하여 적용되어야만 하는 이론이었다. "세인트 루이스 지부"의 경험적 연구 결과는 인플레이션과 실업이 상쇄관계를 가진다는 케인즈 학파의 가정을 부정하였다. 또한 통화주의 정책 대안이 단기 경제안정을 위하여 사용될 수 있으며, 정책 대안으로써 통화정책이 재정정책보다 우월하다는 믿음을 전파하였다.

1970년대 초반 세계적 인플레이션과 저성장의 결합은 통화주의가 정책 대안으로 사용되게 된 계기였다. 1973년 제1차 석유파동 이후 서방 선진국은 경기 둔화를 경험하였다(〈표 2〉 참조). 캐나다를 제외한 6개국은 경기 후퇴를 최소 한 차례 경험하였고, 캐나다도 경기 둔화를 경험했다. 서방 선진국은 유효 수요창출을 통하여 경기침체에서 탈출하는 케인즈 학파의 정책 대안에 따라 재정적자와 공공사업 확대 등 조치를 취하였다. 유효 수요를 늘리려는 조치는 경기 부양 효과를 거두지 못하고, 통화량 증가와 인플레이션으로 귀결되었다(〈그림 2〉 참조).

반면, 1970년대 통화주의는 효과적 정책 대안으로 인정받았다. 통화주의자의 예측이 1970년대 적중했고, 경제 안정화의 수단으로 통

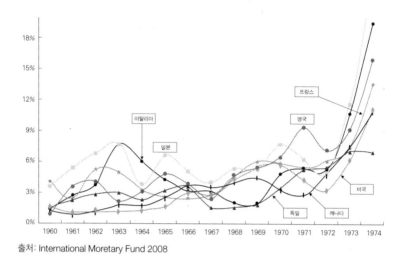

출처: International Moretary Fund 2008

그림 2. 소비자물가지수 상승률 ((금년 소비자 물가지수 - 전년 지수)/전년 지수)

화정책이 사용될 수 있다는 경험적 연구 결과가 나왔기 때문이다. 통
화주의 정책 제안은 세 가지로 나눌 수 있다. 첫째, 통화량 조절을 통
하여 인플레이션을 통제하자는 제안이다. 통화주의자들은 1970년대
인플레이션이 통화량 증가에서 기인한다고 주장하면서 통화량 감소를
제안하였다. 둘째, 통화 안정성을 저해하는 요인을 제거하기 위한 대
안을 제시하였다. 은행으로 하여금 예치금 인출에 대비한 준비가 예치
금의 100% 수준에 이르도록 하고, 통화 공급량을 고정하고, 투자금과
단순 예치금을 엄격하게 구분하자는 제안 등이 있었다. 셋째, 국가가
통화량 공급에 영향을 미칠 수 없도록 하자는 제안을 하였다. 통화주
의는 시장에 대한 국가의 자의적 개입을 반대하는 자유주의를 계승하
기 때문에 국가의 시장 개입에 대하여 반대 입장을 취했다. 구체적으
로 정치 주기로부터 중앙은행을 절연시키기 위한 조치를 제안하였다
(De Long 2000: 88-91; Haffer 2001: 15-17).

2. G6/G7 정상회담: 시카고 학파와 케인즈 학파의 경쟁 공간

통화주의와 케인즈 학파의 경쟁은 이미 1960년대 표면화되었다. 고전적 통화주의를 수용한 드골 행정부는 금태환제도로 인하여 금준비보다 많은 통화량이 공급됨을 지적하였다. 금준비보다 많은 통화량 공급은 통화 가치에 대한 신뢰를 약화시키고, 인플레이션으로 귀착된다고 주장하였다. 따라서 금태환제도를 폐지하고 금본위제도로 복귀하거나, 금태환제도를 보완하는 집합준비단위(collective reserve unit)를 창설해야 한다는 입장을 보였다(De Gaulle 1965). 프랑스의 도전은 1968년 학생소요와 드골 대통령의 하야 이후 정치적 혼란을 거치면서 잠잠해졌다.

1) 성장과 인플레이션의 분리: 케인즈 학파와 고전적 통화주의의 타협

1975년 G6 정상회담에서 통화주의와 케인즈 학파간 경쟁이 다시 수면 위로 올라왔다. 프랑스 데스땡 대통령은 포드 대통령의 낙관론에 회의적 견해를 밝힌 후, 케인즈 학파의 처방에 대하여 근본적 회의를 다음과 같이 표현했다.

> (G6) 정부들은 재정수지 적자를 기록하고 있지만, 경제성장은 뒷걸음치고 있다. 경제학자들은 틀렸다. 경제학자들이 계속 팽창주의 경제 정책을 추구하고 있는데, 팽창주의 정책은 두 가지 위험에 처해 있다. 첫째, 팽창주의 정책을 추구하는 국가로부터 수입을 했던 국가들의 경제 상황이 너무 나쁘고 더 나빠질 것이다. 둘째, 재정수지 적자다. 재정수지 적자를 그렇게 계속할 수 없다. 재정수지 적자를 늘려 경기가 좋아진다면, 재정수지 적자를 지속해야 한다. 반면 상황이 좋아진다면, 재

정수지 적자를 줄여야 하는데, 이는 경제성장을 막는다.[19]

실업과 인플레이션의 관계에 대해서도 상이한 의견이 표출되었다. 독일 슈미트 수상은 프랑스 데스땡 대통령의 분석에 동의하면서 미국의 인플레이션이 세계경제를 혼란에 빠뜨린 원인이라고 암시하였다. 인플레이션 때문에 브레턴우즈 체제가 붕괴되었고, 이는 통화가치에 대한 신뢰도 저하로 이어져 인플레이션을 부추겼다고 하였다. 세계경제의 혼란은 실업 증가로 이어지고 결국 정치적 소요 사태로 악화될 가능성을 언급하였다(U.S. Department of State Office of the Historian 2009: 387). 반면, 미국은 인플레이션이 경제성장을 통하여 해소되며, 실업도 심각한 정치적 영향을 초래하지 않는다는 입장을 견지했다(U.S. Department of State Office of the Historian 2009: 388-391). 1960년대 미국과 프랑스 간 견해 차이가 G6 정상회담에서도 계속되었다.

이탈리아는 프랑스의 견해에 동조한다는 의견을 피력하였다. 재정수지 적자를 지속할 수 없을 만큼 자국 사정이 어렵고, 실업이 정치쟁점화될 수 있다고 하였다. 영국과 일본은 상황이 나쁘지만, 재정수지 적자를 통한 경기부양을 지속할 의사임을 밝혔다. 특히 영국은 경제사정이 좋은 국가에게 재정수지 적자를 줄이지 말라고 부탁할 정도였다. 이는 당시 상황이 좋았던 미국의 재정수지 적자가 지속되어야

---

19   "Note of the First Session of the Conference of Heads of Government of France, Germany, Italy, Japan, the United Kingdom and the United States at the Chateau de Rambouillet on Saturday, 15 November 1975 at 6:00 P.M," G6 Summit(session 1), Margaret Thatcher Foundation Archive. http://www.margaretthatcher.org/document/F6E55D646BF5404188AC6841F557805B.pdf(검색일: 2008.4.21).
G7: Rambouillet Summit (Session 1, 15 November 1975) in Margaret Thatcher Foundation.

한다는 뜻이었다. 독일은 인플레이션의 심각성을 인정하면서도 실업 문제에 집중할 필요성을 피력하였다.

1975년 G6 회원국의 정상들이 모였지만 합의에 이르지는 못했다. 프랑스는 공식 성명서(communiqué) 채택보다는 모호한 선언문 (declaration) 채택을 제안하였다. G6 선언문은 "산업 민주국(industrial democracies)은 높은 실업률, 지속적 인플레이션, 그리고 에너지 문제를 극복하기로 결정했다."라고 밝혔다(4항). 가장 중요한 과제는 경기 회복과 실업으로 인한 인적 손실을 감소시키는 것이라고 하였다 (5항). 인플레이션은 우선 순위에서 밀렸다(G6 Summit 1975).

통화안정과 외환시장의 안정을 중시하는 고전적 통화주의는 1차 G6 정상회담에서 중요한 교두보를 마련하였다. 인플레이션 감소가 두 번째로 중요한 쟁점임을 확인받았고, 외환시장의 안정성도 언급되었다. 국제통화체제 개혁을 둘러싼 프랑스와 미국 간 갈등이 화해 국면 으로 들어서 국제통화기금을 통한 개혁이 지속될 것임이 명시되었다 (12항). 이처럼 고전적 통화주의가 프랑스의 지원 아래서 G6 네트워크 안으로 유입되었다.

1976년 G7 정상회담에서도 경제성장을 위한 재정정책의 필요성이 언급되었다. 경제회복이 가장 중요한 정책 목표로 제시되었다. "신중하고, 질서정연하며 지속적인 팽창"(deliberate, orderly and sustained expansion)이 세계경제 안정의 기반이 된다고 하며, 재정수지 적자를 통한 경기회복의 의지를 표명하였다. 반면, 인플레이션 억제는 부차적 정책목표였고, 과도한 추가 인플레이션 방지만이 언급되었다 (G7 Summit 1976). 2차 정상회담의 합의는 1차 정상회담에서의 합의 보다도 더 케인즈 학파에 가까웠다고 평가할 수 있다.

1977년 G7 정상회담 선언문은 인플레이션과 실업의 인과관계를 명확히 하였다. 인플레이션은 실업의 원인으로 명시되었다. 하지만, 인플레이션을 억제하여 고용을 안정화시키기보다는 여전히 고용 창출이 최우선 과제로 설정되었다. 고용 촉진을 최우선으로 추구하면서 인플레이션 감소를 동시에 추구해야 한다고 하였다.

2) "견인 전략"(locomotive strategy): 외형적 케인즈 학파의 압도 vs. 통화주의 후원국 확대

1978년 G7 정상회담에서 케인즈 학파의 정책 대안이 통화주의 정책 대안을 압도하였다. 성장과 고용이 최우선 정책목표로 설정되었고, 인플레이션 감소는 정책 목표가 아니라 성장을 통하여 얻어질 수 있는 결과로 설정되었다. G7 정상회담 선언문은 경제현상의 인과관계를 다음과 같이 묘사하였다.

> 우리는 성장을 확실하게 얻을 수 있는 조치를 취하고 필요한 정책 수단을 발전시켜 고용을 확대하겠다. 우리는 이와 같은 정책을 인플레이션과의 전쟁에서 이미 이룩한 성과에 기반하여 발전시키고, 인플레이션과의 전쟁에서 **새롭게 승리**할 수 있도록 하겠다(저자 강조). 하지만, 극심한 국제수지 불균형을 줄이기 위하여, 인플레이션을 재발시키지 않는 성장이 필요하다. 이는 외환시장의 불안정성을 감소시킬 것이다(G7 Summit 1978).

위 선언문에서 나타난 경제현상 간 인과관계는 경제성장 → 고용 증대 → 국제수지 불균형 감소 → 국제통화 안정으로 도식화될 수 있다. 경제성장이 인플레이션으로 가는 경로는 필연이 아닐 수 있기에 인플레이션을 재발시키지 않은 경제성장의 여지가 있다. 이와 같은 인과관계가 설정되면, 통화량 감소를 통한 인플레이션 억제를 추구하는 통화주의의 정책 제안과 다르게 성장을 통한 인플레이션 억제를 추구하는 케인즈 학파의 정책 제안이 채택될 수 있다. 고용 확대와 인플레이션 억제가 병립적 정책 목표가 아니라 인과관계로 연결됨에 따라 고용 확대를 위한 정책 대안을 제시하는 케인즈 학파가 G7에서 정책 대안으로 통화주의를 압도하게 되었다.

G7 정상회담 선언문은 국제수지 적자와 인플레이션을 심각하게 경험하지 않는 국가가 국내수요 창출에 적극적이어야 한다고 명시하였다. 반면, 인플레이션으로 심각한 압박을 받는 국가는 인플레이션을 억제하기 위한 새로운 대책을 강구해야 한다고 하였다. G7 정상회담 선언문은 개별 국가의 정책 목표를 명시하였다. 개별 국가의 정책 목표는 아래와 같이 요약될 수 있다.

캐나다는 인플레이션을 억제하면서 고용을 증대하고 5% 경제성장을 이룬다. 독일은 국민총생산의 1%에 해당하는 추가경정예산(적자)을 활용하여 수요창출과 고용 확대에 나선다. 예산집행은 인플레이션 압력과 자금 시장의 능력을 고려한다. 프랑스는 인플레이션 억제책을 지속하지만, (성장과 고용확대를 위한) 공동 노력에 기여하기 위하여 국민총생산의 0.5%에 해당하는 재정수지 적자를 감수한다. 이탈리아는 재정수지 적자를 줄이면서 동시에 투자확대를 증대시키는 방법을 동원하여 1.5% 경제성장을 이룬다. 일본은 국내수요 창출을 통하여 전년 경제성장률보다 1.5% 올라간 경제성장을 추구한다. 영국은 이미 인플레이션과 국제수지불균형을 감소하는 성과를 거뒀고, 경기부양을 위하여 국내총생산의 1%에 해당하는 부양책을 사용하였다. 영국은 성장과 고용 확대를 위하여 인플레이션 억제를 지속한다. 미국은 인플레이션 억제책으로 감세, 긴축예산, 규제완화 등을 사용한다(G7 Summit 1978).

1978년 G7 정상회담 선언문을 분석하면, 프랑스, 미국, 그리고 부분적으로 이탈리아가 통화주의 정책 제안을 수용한 반면, 독일, 일본, 캐나다, 그리고 영국이 케인즈 학파의 정책 제안을 수용하였다고 볼 수 있다. 통화주의 정책 제안을 수용한 국가는 증가했지만, 성장과 고용이 최우선 과제로 설정된 이유는 당시 급증한 실업률 때문이었다. 특히 서유럽 국가들의 실업이 심각하여 단순 경제 쟁점이 아니라 정치 쟁점으로 바뀌었다.

3) 인플레이션이 최대 쟁점으로: 통화주의 압도

1979년 2차 석유파동으로 에너지 위기가 G7 정상회담의 주요 의제가 되었고, G7 정상들은 석유소비감축을 최우선 경제 목표로 설정하였다. 인플레이션이 두 번째로 중요한 현안이 되었다(〈그림 3〉 참조, G7 Summit 1979). 하지만 1979년 G7 정상회담에서는 인플레이션과 다른 경제 현상 간 인과관계 설정이 바뀌는 조짐이 명확하지는 않았다.[20] 인플레이션은 에너지 위기와 함께 "새로운 과제"로 설정되었을 뿐이었다.

1980년 G7 정상회담에서 인플레이션이 최우선 과제였다. 1980년 G7 정상회담 선언문은 경제 현상간 인과관계에 대하여 새로운 해석을 보여주었다. 인플레이션이 원인으로, 성장과 고용이 결과로 설정되었다. 인플레이션을 억제하기 위한 수단으로 재정 억제와 통화 억제(fiscal and monetary restraints)가 언급되었다. 통화 팽창 → 인플레

---

20 미국에서는 1979년 통화주의로 선회하는 움직임이 있었다. 통화론자인 Pual Volcker가 1979년 8월 연방준비제도 이사장으로 취임하였고, 연방준비제도는 동년 10월 은행 준비금에 대한 통제를 정책수단으로 우선시한다고 하였다.

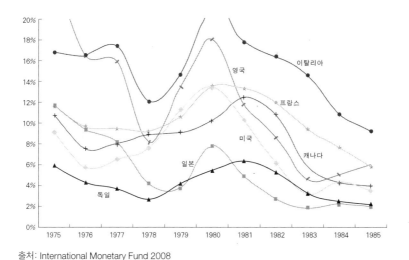

출처: International Monetary Fund 2008

그림 3. 소비자물가지수 증가율 〔(금년 소비자물가지수 − 전년 지수)/전년 지수〕

이션 → 성장 저하와 실업으로 이어지는 구체적 경로를 밝히지 않았지
만, G7 정상회담 선언문은 통화주의에 가정하고 있음이 분명해졌다
(G7 Summit 1980). 이로써 통화량으로 경제현상을 설명하는 통화주의
의 가정이 G7 네트워크에 정착되었다. 또한 1980년 G7 정상회담 선
언문은 기술혁신과 투자가 고용 확대로 이어지는 새로운 경로를 언급
하였다. G7 네트워크에서는 재정수지 적자가 더 이상 고용 창출을 위
한 수단으로써 고려되지 않게 되었다.

1981년 G7 정상회담에서 통화주의의 입지는 더욱 강화되었다.
"낮고 안정적인 통화 증가가 인플레이션 감소에 핵심적"이라는 문구
가 나타났고, 인플레이션 감소가 투자와 지속가능한 성장의 조건임이
명시되었다. 재정수지 적자 축소의 필요성, 시장의 기능 강화, 규제완
화, 회원국간 이자율 책정을 위한 조정 등이 명시되었다. 재정정책 수
단보다는 통화정책 수단이 문제해결의 도구로 언급되었다(G7 Summit

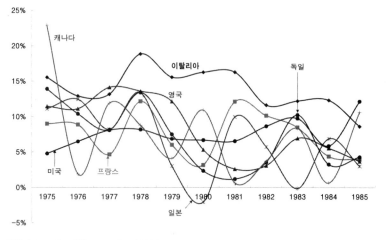

출처: International Monetary Fund 2008

그림 4. 통화 증가율[21]

1981). G7 네트워크 내부에서 발생했던 케인즈 학파와 시카고 학파의
경쟁에서 시카고 학파의 우세가 명확해졌다.

 G7 정상회담은 통화주의 정책을 확산시키는 효과를 가졌다. G7
회원국이 정책 조율을 하게 됨에 따라 일국의 통화주의 정책이 다른
국가의 정책에 의하여 상쇄되지 않을 가능성이 커졌다. G7 회원국은
1980년대 초반 통화량 감소, 재정수지 적자, 이자율 인상, 규제 완화
등 조치를 취하였다. 〈그림 4〉에서 보듯이, 대부분 G7 회원국의 통화
공급은 1980년대 상대적으로 안정화되었다.

---

21   이탈리아, 프랑스, 영국은 시장통화유통량(M0)의 증가율. 미국, 독일, 일본, 캐나다는
    협의통화(M1)의 증가율.

IV. 나오며

G7은 "신자유주의의 패권적 합의"(neoliberal hegemonic consensus)에 바탕을 두었고, 그 전통은 현재까지 지속되고 있다(Gill 1999: 113-165). 1990년대 G7과 신자유주의의 결합은 1970년대 후반으로 거슬러 올라갈 수 있다. 세계경제의 혼란에 대처하기 위하여 G5 재무장관 네트워크가 정상회담급으로 격상하면서 G6/G7 네트워크가 만들어졌지만, 회원국들은 경제현상에 대하여 근본적으로 상이한 가정을 가지고 있었다. 프랑스는 통화주의 가정을 수용했던 반면, 다수 회원국은 케인즈 학파의 가정을 가지고 있었다. G6/G7 네트워크에서 두 학파 간 경쟁은 1980년대 초반 통화주의의 우세로 종결되었다.

1980년대 G7 네트워크에서 우위를 차지한 통화주의는 바로 변모 과정을 거쳤다. 통화유통속도가 안정적이라는 통화주의의 근본 주장이 경험적으로 틀렸음이 1980년대 초반 드러났다. 1970년대 후반부터 지속된 은행에 대한 규제완화, 1970년대 인플레이션 때문에 발생했던 예금인출, 금융기술혁신 등으로 인하여 통화유통속도가 불안정해졌다. 1960년까지 안정적인 통화유통속도는 금융제도와 관행의 결과였지, 통화유통속도가 근원적으로는 안정적이지 않다는 사실이 드러났다. 통화주의의 가장 중요한 주장이 오류로 판명되었다. 금융당국은 통화량 조정을 통한 경제개입을 포기하였다(Haffer 2001: 19-20).

통화주의는 G7 네트워크에서 두 가지 측면에서 살아 남았다. 첫째, 재정정책보다는 통화정책이 경제개입 수단으로 더 효과적이라는 믿음과 관행이다. G7 금융당국은 이자율을 통한 경제개입을 재정정책을 통한 경제개입보다 선호한다. 둘째, 통화주의의 철학적 기반인 경제적 자유주의의 확산이다. 정부의 지나친 경제 개입 반대, 탈규제, 자유화는 G7 네트워크에서 유효한 정책 제안이 되었다(De Long 2000: 91-92). G7에서 생존한 통화주의 정책 제안으로 인하여 G7은 냉전 종식 이후 신자유주의의 확산에 기여하게 되었다.

1970년대 G6/G7은 아직 네트워크가 아니었다. 1975년 G6 정상회담은 후속 일정이 결정되지 않은 상태로 끝났다. 1980년까지 정상회담의 지속 여부는 불투명했다. 미국과 프랑스간 의견차이는 1975년 정상회담 선언문에 드러날 정도로 심각했다. 양국의 의견차이는 (고전적) 통화주의와 케인즈 학파의 대결이었다. 1979년 정상회담과 1980년 정상회담은 후속 정상회담에 대하여 언급하지 않았다. 1970년대 세계경제의 혼란을 대처하기 위하여 주요국의 정상, 재무장관, 그리고 외무장관이 만났지만, 이들을 유기적으로 연결시킬 "매개물"에 대한 합의가 없었다. 케인즈 경제학과 통화주의가 "매개물" 후보였지만, G6/G7 회원국은 상이한 선호를 가지고 있었다.

통화주의와 G6/G7의 결합으로 명시적 합의에 기반하지 않았던 G6/G7이 네트워크로 성장할 수 있었다. 1981년 정상회담은 차기 정상회담의 장소와 시간까지 명시하였다. 또한 회원국간 긴밀한 협의와 협력할 의사를 밝혔다. 이는 G7이 단순한 모임이 아니라 네트워크로 바뀌었음을 의미하였다. 1981년 G7 정상회담에서 통화주의 정책제안이 우세를 점했다. 정기적 회동과 행위자간 유기적 협조를 처음으로 명시한 시점과 통화주의의 우세가 동시에 발생하였다. 이제 G7이 행위자를 유기적으로 연결시킬 수 있는 "매개물"을 구비하게 되면서 네트워크로 성장하게 되었다.

참고문헌

Andersen, Leonall C. and Jerry L. Jordan. 1968. "Monetary and Fiscal Action: A Test of Their Relative Importance in Economic Stabilization." *Federal Reserve Bank of St.Louis Review.* 50, pp.11-24.

Andersen, Leonall C. and Keith M. Carlson. 1970. "A Monetarist Model for Economic Stabilization." *Federal Reserve Bank of St.Louis Review.* 52(4), pp.7-25.

Bayer, Resat. 2006. Diplomatic Exchange Dataset (v.2006.1). URL: http://correlatesofwar. org/(검색일: 2007.11.20).

Bayne, Nicholas and Robert D. Putnam. 2000. *Hangingin There: The G7 and G8 Summit in Maturity and Renewal.* Burlington, VT: Ashgate.

Bijiker, Wiebe. 1992a. "The Social Construction of Flurescent Light, or How an Artifact was Invented in its Diffusion Stage." Wieber Bijker and John Law Latour (eds.). *Shaping Technology/Building Society Studies in Sociotechnological Change.* Cambridge, MA: MIT Press, pp.75-102.

_____. 1992b. *Of Bicycles, Bakelites, and Bulbs: Toward a Theory of Sociotechnical Change.* Cambridge, MA: MIT Press.

Brunner, Karl. 1986. "Fiscal Policy in Macro Theory: A Survey and Evaluation." In R. W. Hafer (ed.). *The Monetary versus Fiscal Policy Debate: Lessons from Decades.* Totowa, NJ: Rowman and Allanheld.

Callon, Michel. 1992. "The Dynamics of Techno-Economic Networks." In Rod Coombs and Paolo Saviotti (eds.). *Technological Change and Company Strategy: Economic and Social Perspectives.* London, UK: Academic Press.

Callon, Michel and Bruno Latour. 1981. "Unscrewing the Big Leviathan: How Actors Macro-Structure Reality and How Sociologists Help Them to Do So." K. Knorr Cetina and A. V. Cicouvel (eds.). *Advances in Social Theory and Methodology: Towards an Integration of Micro and Macro-Sociology.* Boston, MA: Routledge.

D'Estaing, Giscard Valery. 1988. *Le Pourvoiret La Vie*, p.25. Paris: Compagnie12.

Davis, Richard G. 1968. "The Role of the Money Supply in Business Cycles." *Federal Reserve Bank of New York Monthly Review.* 50(3), pp.63-73.

_____. 1969. "How Much Does Money Matter?" *Federal Reserve Bank of New York Monthly Review.* 51(4), pp.119-131.

De Gaulle, Charles. 1970. "Conference de Presse Tenue au Palais de L'Elysee." (4 Fevier 1965). Charles de Gualle, *Discours et Message* IV. Paris: Plon.

De Long, J. Bradford. 2000. "The Triumph of Monetarism?" *Journal of Economic Perspecctives.* 14(1), pp.83-94.

Debre, Michel. 1966. "Statement by the Governor of the Bank for France in International

Monetary Fund." In International Monetary Fund. *Summary Proceedings of the 21st Annual Meeting of the Board of Governors.* Washington, D.C.: IMF.

Deleeuw, Frank and John Kalchbrenner. 1969. "Monetary and Fiscal Action: A Test of Their Relative Importance in Economic Stabilization - Comment." *Federal Reserve Bank of St.Louis Review.* 51(4), pp.6-11.

Fisher, Irving. 1908. *The Rate of Interest.* New York, NY: Macmillan.

_____. 1912. *The Purchasing Power of Money.* New York, NY: Macmillan.

Fowler, Robert. 2003. "Canadian Leadership and the Kananaski G-8 Summit: Toward a Less Self-Centered Foreign Policy." David Carment *et al.* (eds.). *Coping with the American Colossus: Canada among Nations.* Toronto: Oxford University Press.

Friedman, Milton and Anna J. Schwartz. *A Monetary History of the United States: 1867-1960.* Princeton, NJ: Princeton University Press.

Friedman, Milton and David Meiselman. 1963. "The Relative Stability of Monetary Velocity and the Investment Multiplier in the United States, 1897-1958." In Commission on Money and Credit (ed.). *Stabilization Policies.* New York, NY: Prentice-Hall.

G6 Summit, "Declaration of Rambouillet" (17 November 1975) http://www.g7.utoronto. ca/summit/1975rambouillet/communique.html(검색일: 2008.4.21.).

G7 Summit, "Joint Declaration of the International Conference" (28 June 1976) http:// www.g7.utoronto.ca/summit/1976sanjuan/communique.html(검색일: 2008.4.21.).

G7 Summit, "Declaration"(17 July 1978).http://www.g7.utoronto.ca/summit/1978bonn/ communique/index.html(검색일: 2008.4.21.).

G7 Summit, "Declaration"(29 June 1979).http://www.g7.utoronto.ca/summit/1979tokyo/ communique.html(검색일: 2008.4.21.).

G7 Summit, "Declaration"(June 23, 1980).http://www.g7.utoronto.ca/ summit/1980venice/communique/index.html(검색일: 2008.4.21.).

G7 Summit, "DeclarationoftheOttawaSummit"(21 July 1981).http://www.g7.utoronto.ca/ summit/1981ottawa/communique/index.html(검색일: 2008.4.21.).

Gill, Stephen. 1999. "Structural Changes in Multilateralism: The G7 Nexus and the Global Crisis," In M. Schechter (ed.). *Innovation in Multilateralism.* New York, NY: St.Martins.

Gleditsch, Kristian S. 2004. "Expanded Trade and GDP dataset." http://privatewww. essex.ac.uk/~ksg/exptradegdp.html(검색일: 2005.10.23.).

Hafer, R. W. 2001. "What Remains of Monetarims?" *Economic Review.* 86(4), pp.13-33.

Hafer, R. W. and David C. Wheelock. 2001. "The Rise and Fall of a Policy Rule: Monetarism at the St. Louis Fed, 1968-1986." *Federal Reserve Bank of St.Louis Review.* 83(1), pp.1-24.

Hajnal, Peter I. 2007. *The G8 System and the G20: Evolution, Roleand Documentation.* Burlington, VT: Ashgate.

Heztel, Robert L. 2007. "The Contributions of Milton Friedman to Economics." *Economic*

Quarterly. 93(1)(Winter), pp.1–30.

Hume, David. 1985. "Of the Balance of Trade." In Eugene F. Miller (ed.). *Essays: Moral, Political and Liberty.* Indianapolis, IN: Liberty Fund.

International Monetary Fund. 2008. *International Financial Statistics* (cd-rom). Washington, D.C.: International Monetary Fund.

President Ford, Gerald. 1976. "Press Conference." White House Press Release (June 3 1976).

President Johnson, Lyndon B. 1965. "Address by the President of the United States of America in the 20th Annual Meeting of the Board of Governors." In International Monetary Fund. *Summary Proceedings of the 20th Annual Meetings of the Board of Governors(September 27-October 1, 1965).* Washington D.C.: International Monetary Fund.

Kirton, John J. 1995. "The Diplomacy of Concert: Canada, the G7 and the Halifax Summit." *Canadian Foreign Policy.* 3(1), pp.63–80.

Latour, Bruno. 1991. "Technology is Society Made Durable." In John Law (ed.). *A Sociology of Monsters.* New York, NY: Routledge.

_____. 1993. *We Have Never Been Modern.* New York, NY: Harvester Wheatsheaf.

Latour, Bruno and Steve Wooglar. 1986. *Laboratory Life :The (Social) Construction of Scientific Facts.* Princeton, NJ: Princeton University Press.

Law, John and Michel Callon. 1992. "The Life and Death of an Aircraft: A Network Analysis of Technological Change." In Wieber Bijker and John Law Latour (eds.). *Shaping Technology/Building Society Studies in Sociotechnological Change.* Cambridge, MA: MIT Press.

Margaret Thatcher Foundation. Archives. http://www.magaretthatcher.org/(검색일: 2008.4.21.)

Marshall, Monty G. and Keith Jaggers. 2008. "Polity IV Project: Political Regime Characteristics and Transitions, 1800–2006." http://www.systemicpeace.org/polity/polity4.htm(검색일: 2008.4.18.).

Putnam, Robert D. and Nicholas Bayne. 1987. *Hanging Together: The Seven-Power Summits.* Cambridge, MA: Harvard University Press.

Reuff, Jacque. 1963. *L'Agede Inflation.* Paris, France: Payot.

_____. 1966. *Le Lancinant Probleme des Balances de Paiement.* Paris, France: Payot.

_____. 1972. *Balance of Payments: Proposals for the Resolution of the Most Pressing World Economic Problem of Ourtime.* New York, NY: Macmillan.

Schmidt, Helmut. 1989. *Men and Power: A Political Retrospective.* New York, NY: Random House.

The Stockholm International Peace Research Institute. 2007. "The SIPRI Military Expenditure Database." http://www.sipri.org/(검색일: 2008.4.20.).

U.S. Department of State Office of the Historian. 2009. *Foreign Relations of the United*

States, 1969, Volume XXXI, Foreign Economic Policy, 1973-1976. Washington D.C.: United States Government Printing Office.

Wasserman, Stanley and Katherine Faust. 1994. *Social Network Analysis: Methods and Applications.* Cambridge, MA: University of Cambridge Press.

Woolgar, Steve. 1991. "The Turn to Technology in Social Studies of Science." *Science, Technology & Human Values.* 16(1), pp.20-50.

World Bank Group. 2008. "World Development Indicators Online." http://www.worldbank.org/(검색일: 2008.3.14.).

제4장

다자협상에서 중개자의 역할: 중국, 대만, 홍콩의 APEC 가입 과정에서 이시영 전 외무차관의 구술 증언을 중심으로[*]

조동준

[*] 이 글은 2013년 『정치·정보연구』 16집 2호에 게재되었는데, 이 책의 각주와 내주 방식 따라 일부 수정되었다.

이 장은 이시영 전 외무차관이 APEC 고위실무대표회의 의장으로서 1991년 중국, 대만, 홍콩의 APEC 동시 가입을 위하여 조율하는 과정을 공간이론 관점에서 분석한다. 이시영은 APEC 2차 각료급회의와 고위실무대표회의의 위임을 받아 중국, 대만, 홍콩의 APEC 동시 가입을 위하여, 순방 외교를 여러 차례 전개하였다. 그는 중국과 대만의 입장이 상충되는 두 협상공간(APEC 회원의 성격과 국호 쟁점)에서 쟁점 간 연계를 통하여 절충점을 찾은 후, 실질적 이득, 감정 이입, 시간 압박을 통하여 중국, 대만, 홍콩이 APEC에 동시 가입할 수 있는 여건을 마련하였다.

이 사례에서는 다자외교와 양자외교가 협상공간에서 동시에 작동하는 특이한 현상이 나타났다. 이 사례에 직접 참여했던 이시영은 '협상 시한과 조건을 명시한 APEC의 위임'과 '천안문 사태 후 외교적 고립을 타개하려던 중국의 입장 변화'를 3자 APEC 동시 가입이 가능했던 중요한 요인으로 꼽는다. 또한, 협상 과정에서 동아시아권 공통 문명의 유산이 협상의 유효한 수단이었다고 증언한다.

I. 들어가며

1991년 아시아태평양경제협력체(이하 APEC)의 1차 확대 과정에서 중국, 대만, 홍콩이 정회원이 되었다. 1991년 당시 역내경제에서 중요한 역할을 담당하던 중국과 대만이 APEC에 가입해야 APEC이 실질적으로 역내 경제협력체의 위상을 갖출 수 있다는 점에는 APEC 가입국 모두가 창립 초기부터 의견이 일치했으나,[1] "하나의 중국" 원칙과 중국, 대만의 동시가입을 동시 해결하는 묘수를 찾지 못하고 있었다.[2] 중국

---

[1] APEC 창립 회원국은 호주, 브루나이, 캐나다, 인도네시아, 일본, 한국, 말레이시아, 뉴질랜드, 필리핀, 싱가포르, 태국, 미국이다. 1989년 창립 이후 APEC은 총 4회에 걸쳐 회원을 확대하였는데, 1991년 중국, 대만, 홍콩이, 1993년 멕시코와 파푸아 뉴기니가, 1994년 칠레가, 1998년 페루, 러시아, 베트남이 회원이 되었다.

[2] 중화인민공화국 헌법 전문은 "대만이 중화인민공화국의 신성한 영토"이며 전체 중국인은 조국 통일의 위업을 달성해야 할 의무를 규정한다. 중국 국무원은 "중국은 세상에서 하나만 존재하며, 대만도 중국의 부분이다"라고 하며, "중화인민공화국이 전체 중국인을 대표하는 유일한 합법적 정부로 국제연합과 세계로부터 인정을 받고 있다"고 밝혔다 (State Council, People's Republic of China 1996[1993], 275). "하나의 중국" 원칙에 따라 중화인민공화국은 대만을 주권을 가진 정치단위체로 인정하지 않는다. 따라서 중화인민공화국은 대만이 국제기구의 회원이 될 수 없다는 입장을 견지한다. 2013년 현재 대만과 외교관계를 맺고 있는 국가는 총 23개국(바티칸 포함)이며, 중화인민공화국과 외교관계를 맺고 있는 국가는 총 172개국이다.

은 1971년 국제연합에서 중국을 대표하는 정치 주체로 대만을 대체한 후, 지금까지도 국제기구에서 주권국가로서 대만과 공존을 거부하고 있다. 중국은 대만이 중국의 일부분으로 표기되는 경우에만 국제기구 에서의 명맥을 유지하는 것을 허용한다.[3] 국제기구 또는 국제회합에서 중국의 대표권을 둘러싼 중국과 대만의 관계를 고려한다면, 1991년 중국, 대만, 홍콩의 APEC 동시 가입은 이상 현상이었다.

중국, 대만, 홍콩의 APEC 동시 가입 과정을 둘러싼 다자외교가 어떻게 이루어졌는지에 대해서는 알려진 바가 거의 없었다. 다만 1991 년 한국이 3차 APEC 각료급회의 의장국으로서 교섭 당사국이었다는 사실과 협상의 결과만은 이미 널리 알려져 있다(정은성 1993: 67; 유현 석 1998: 217). 또한, 당시 사안에 직접 관여했던 첸치천(錢其琛) 전 외 교부장과 이상옥 전 외무장관도 각자 회고록에서 한국이 교섭을 진행 한 사실을 "한바탕 곡절"과 한국 외교의 "주도적 역할"로 간략하게 기 술하였다(이상옥 2002: 884-893; 첸지첸 2004: 47-150). 협상의 결과는 이미 알려져 있지만, "하나의 중국" 원칙과 중국, 대만, 홍콩의 APEC 동시 가입을 성사시킨 현장 경험자의 상세한 증언은 알려지지 않았다.

이 글은 중국, 대만, 홍콩의 APEC 동시 가입을 위한 교섭을 담당 했던 이시영 전 외무차관(이하 이시영)의 경험을 공간이론 시각에서 분석한다.[4] 이 글은 크게 세 부분으로 나뉜다. 첫째, 중국, 대만, 홍콩

---

3 국제기구에서 대만의 명칭은 "Republic of China," "Taiwan," "Taiwan, Province of China," "Separate Customs Territory of Taiwan, Penghu, Kinmen, and Matsu," "Chinese Taipei," "Taipei, China" 등이 병존한다. 그 가운데, "Republic of China"와 "Taiwan"이 독립국가의 인상을 준다. 반면, "Taiwan, Province of China," "Separate Customs Territory of Taiwan, Penghu, Kinmen, and Matsu," "Taipei, China"는 대만 이 중국의 일부분임을 암시한다.

4 이시영은 한국 외교관 중 국제연합에서 가장 오래 근무하였으며, 외무부 본부에서도 6 년간 국제연합 관련 업무를 수행하였다. 이시영의 다자외교 경력은 비동맹, 국제원자력

의 APEC 동시 가입이 다자협상의 쟁점으로 대두하게 된 상황을 정리한다. APEC 출범을 위한 물밑 교섭이 진행될 당시 중국은 대만을 주권국가로 인정하는 국제기구에 동시에 가입할 수 없다는 이유로 참여를 거부하였지만, APEC의 입장에서는 역내 경제에서 중요한 역할을 담당하는 중국, 대만, 홍콩을 APEC으로 끌어들여야만 했다. 이 사안은 APEC의 미래는 물론 동아시아 국제질서의 미래에 영향을 미칠 수 있는 중요한 사안이었기 때문에, 출범 초기부터 APEC의 최대 현안이었다. 둘째, 중국, 대만, 홍콩의 APEC 동시 가입을 위한 협상이 진행되는 과정을 정리한다. 협상 과정에 이미 이상옥 전 외무장관과 첸치천 전 외교부장이 각자 한국의 시각과 중국의 시각에서 간략하게 기록을 남겼지만, 이시영의 구술 증언은 사건 흐름을 미시적으로 조망할 수 있도록 한다. 셋째, 중국, 대만, 홍콩의 APEC 동시 가입이 가능했던 원인에 대한 이시영의 분석을 정리하며, 이시영의 분석을 공간이론적 시각에서 조명한다.[5] 이시영의 원인 분석은 현장 경험자의 직관과 경륜을 중시하는 델파이 방법에 부합하는데,[6] 공간이론은 이를 명료하게 이해하는 데 도움을 준다.

기구(IAEA), Group 77, 그리고 아시아·태평양경제협력체, 6자회담의 전신인 4자회담 등에 걸쳐있다(경향신문 1995; 동아일보 1995; 시사인코리아 2013).

5 협상공간(negotiation space) 개념은 복수 행위자 사이에서 이익을 나누어 가지는 조합의 총합으로 투표자의 행위 또는 의원들의 선택을 설명하기 위하여 개발되었다(e.g., Black 1958; Downs 1957). 협상공간 개념은 국제정치학으로 유입되어 다양한 협상 사례를 분석하기 위한 도구로 사용된다(e.g., 이정우 2008; Hug 1999; Morgan 1984; Morrow 1986).

6 현장 경험자는 현장을 경험하지 못한 사람이 관찰할 수 없는 사건의 흐름을 관찰할 수 있다(Dalkey and Helmer 1963: 458-467; Evera 1997: 42-43, 71-72).

II. 중국, 대만, 홍콩의 APEC 창립 불참

1989년 1월 노태우 대통령-호크 수상(Robert Hawke, 1983-1991 재임) 회담은 아시아·태평양 지역의 경제협력체 구상을 수면 위로 나타낸 사건이다. 이 회담은 당시 아시아·태평양 지역의 경제협력을 위한 여러 움직임 중의 하나였지만, 호주가 가진 특별한 위치로 인하여 APEC 출범과 직접적으로 연결될 수밖에 없었다. 이 절은 아시아 태평양 지역에서 경제협력을 위한 움직임과 APEC 출범 과정에서 중국, 대만, 홍콩이 참여하지 못하게 된 과정을 정리한다.

1. 아시아·태평양 경제협력 연결망

APEC의 출범 이전 민간 차원에서 존재했던 아시아·태평양 지역의 경제협력을 위한 연결망을 세 가지로 꼽을 수 있다. 제일 처음 등장한 연결망은 태평양경제인협의회(Pacific Basin Economic Council)이다. 이 협의회는 1967년 일본과 호주의 실업인들이 주축이 되어 결성되었으나, 태평양 지역에서 시장경제를 운영하는 모든 국가의 실업인에게 문호를 개방하여 역내 경제인 간 상호 친선과 역내 경제환경 개선을 모색한다(PBEC 2013). 두 번째로 등장한 연결망은 태평양무역개발(PAFTAD: Pacific Trade and Development) 회의다. 1968년 일본 정부는 역내 경제협력과 무역환경 개선을 위하여 경제학자로 구성된 국제회의를 조직하였다. 이 회의를 모태로 경제학자들이 역내 경제협력을 위한 연결망으로 조직한 것이 태평양무역개발회의였다. 이 연결망은 경제학자와 경제연구기관을 대상으로 한다(PAFTAD Conference 2013). 세 번째로 등장한 연결망은 태평양경제협력위원회(PECC: The

Pacific Economic Cooperation Council)인데, 아시아·태평양 지역의 경제협력을 촉진하기 위한 연결망으로 23개 국가에 지부를 두고 있다. 1978년 일본 오히라(大平) 수상이 환태평양연대의 필요성을 언급한 후, 환태평향연대연구그룹이 1980년 호주 캔버라에서 태평양공동체 세미나를 개최하였다. 이 세미나에는 정부, 실업계, 학계의 대표가 참가하였으며, 참가자들이 태평양경제협력회의(PECC: Pacific Economic Cooperation Conference)를 결성하였다(PECC 2013).

　　정부 차원에서의 아시아·태평양 지역 경제협력을 촉구하는 목소리는 1982년 한국으로부터 나왔다. 전두환 전 대통령은 1982년 5월 방한한 프레이저(Malcom Fraser, 1975-1983 재임) 호주 수상에게 태평양 연안국 정상회담을 제의하였다.[7] 더 나아가 1982년 7월 31일 전두환 전 대통령은 진해 휴양지에서 기자회견을 통하여 태평양연안 정상회담을 공식 천명하였다. 전두환 전 대통령은 (1)연안국에 문호 개방, (2)주권과 독립의 존중, (3)호혜평등, (4)내정불간섭, (5)특정 국가의 패권 불인정에 기반을 둔 경제협력체를 제안하였다. 아시아·태평양 경제 정상회담의 의제는 경제개발, 역내 무역증대, 경제기술협력의 강화, 인력개발, 교통통신망 확충, 교육문화교류의 증대 등을 포함하며, 정상회담을 정례화 하는 방안을 언급하였다(박기정 1982). 그러나 한국의 제안은 1983년 9월 1일 소련의 KAL 007기 격추 사건, 10월

7　전두환 前대통령은 호주 프레이저 수상에게 한국, 미국, 일본, 캐나다, 호주, 뉴질랜드, 말레이시아, 인도네시아, 필리핀, 태국, 싱가포르가 참여하는 정상회담을 제의하였다. 프레이저 수상은 "태평양지역 연안국가의 협력증진을 위한 태평양국가 연례정상회담이 이 지역의 기존 우호협력 체제를 존중하고 도움이 되는 방향에서 고려되어야 한다는 데 유의했다."고 밝혔다(매일경제 1982). 전두환 前대통령의 제안은 1981년 아세안 공식방문과 관련이 있다. 전두환 前대통령은 1981년 6월 25일부터 7월 9일까지 인도네시아, 말레이시아, 싱가포르, 태국, 필리핀을 공식 방문하였고, 아세안 5개국 "정상과 맺은 우의와 이해"를 태평양연안 정상회담 제안 과정에서 언급하였다(박기정 1982).

9일 버마 아웅산 테러 사건이 연이어 일어나면서 자연스럽게 동력을 잃었다.[8]

　이듬해인 1984년 아시아·태평양 지역의 경제협력을 위한 움직임은 미국과 아세안에서 나타났다. 먼저 미국 외교의 중심이 대서양에서 아시아로 이동하는 움직임이 있었다. 이글버거(Lawrence Eagleburger) 미국 국무부 정무담당차관은 미국 외교의 중심이 대서양에서 태평양으로 옮겨져야 한다는 의견을 개진하였다(Eagleburger 1987: 8-14). 아시아 경제에 익숙한 슐츠(George Shultz) 국무장관이 등장하면서 미국 외교의 균형이 아시아로 조금씩 움직였다(Borthwick 1987: 134). 그해 11월 미국 대통령과 부통령이 참여하는 태평양경제협력위원회(the United States National Committee for Pacific Economic Cooperation)도 설립되었다. 1984년 7월 아세안 장관회의에서도 아세안과 태평양 연안국 간 경제협력의 필요성이 강조되었다. 아세안의 정체성을 잃을 수 있다는 일부 회원국의 우려가 있었지만, 지역 협력을 향한 움직임이 표출되었다(Wanandi 1990: 13). 1985년부터 시작된 우루과이라운드에서 농산물 협상이 실패할 경우에 대비해, 역내 경제협력이 필요하다는 점을 아세안 국가들이 인지하였기 때문이다.

　1989년 호주가 아시아·태평양 지역의 경제협력을 공식적으로 표명하였다.[9] 호주는 일본과 긴밀한 협의를 거치면서 역내 경제협력을 위한 각료급 협의체 안을 만들었고, 1989년 1월 29일부터 2월 1일 한

8　전두환 前대통령이 1984년 2월 26일 호크 수상과 회담을 할 때, 태평양정상회담은 의제 가운데 가장 뒤로 밀려났다(경향신문 1984).

9　1983년 호크 수상은 "호주의 미래가 아시아와 태평양에 있다"는 생각으로 호주의 외교 방향을 옮겼다(Hawke 1994, 30). 오랫동안 역내 지역협력방안을 모색하던 호주는 PECC 호주 지부와 협의하면서 PECC 호주 지부로 하여금 역내 경제협력을 위한 각료급 회담을 1987년 제안하도록 막후에서 움직였다(Australia-Japan Research Centre 1999: 11).

국을 방문한 호크 호주 수상이 이를 공식화하였다(Australia –Japan Research Centre 1999: 7-21).[10] 호크 수상은 세계경제의 블록화 현상에 아시아·태평양 지역 국가들이 대처하는 방안으로 역내 경제협의체 구성을 명확히 하였고, 노태우 전 대통령이 이 제안에 동의하여 양국은 아태지역경제협의회(가칭)를 구성키로 합의하였다(경향신문 1989).[11] 1982년부터 한국, 일본, 호주에서 경쟁적으로 제기되던 아시아·태평양 지역의 경제협력 구상이 이를 계기로 호주가 매개가 되어 구체화된 셈이다. 한국의 공식적 지지를 얻은 호주는 1987년 4월 울콧(Richard Woolcott) 외교무역차관의 순방외교를 통하여 역내 잠재 회원국의 의견을 청취하였다(Australia –Japan Research Centre 1999: 28; 동아일보 1989). 그러나 1989년 4월까지만 해도 아시아·태평양 경제협력체의 성격에 대하여 명확한 안이 마련되어 있지 않았다.[12]

2. 3자 APEC 동시 가입을 거부한 중국

아시아·태평양 지역 경제협력체의 참석 범위를 둘러싸고, 두 측면에서 이견이 있었다. 첫째, 미국과 캐나다의 참여 여부를 둘러싼 이견이

10 일본은 전통적으로 아세안과 협력에 초점을 맞추었으나, 1982년 나카소네 수상의 집권 이후 태평양 연안국과 협력에 관심을 가지기 시작하였다(Moertopo 1984: 70; Takashi 2001: 208-213).

11 호주의 제안 이면에는 일본의 노력이 있었다. 호크 수상과 노태우 前대통령의 합의 이후, 일본 무라오카 외상은 아세안의 반발을 무마하기 위하여 1989년 3월 7일부터 21일 사이 싱가포르, 말레이시아, 태국, 인도네시아를 방문하였다. 아세안 방문을 마친 후, 홍콩과 한국을 방문하여 막후 의견 조율을 시도했다(Takashi 2001: 211-212).

12 한국은 정상간 협의체를 선호했고, 호주는 OECD 모형을 아시아·태평양에 도입하려고 하였고, 일본과 일부 아세안 국가는 각료급 협의체를 선호했었다. 아세안 국가는 경제발전 수준이 낮았기 때문에 호주의 OECD 모형에 대하여 의구심을 가졌다(Wanandi 1989: 6).

다. 동남아시아국가연합은 아세안 중심의 경제 블록에 일부 아시아 국가가 참여하는 형태를 선호했다. 특히 인도네시아와 말레이시아는 미국의 참여에 대하여 매우 부정적 의견을 가지고 있었다(이상옥 2002: 873; Takashi 2001: 211).[13] 동남아시아국가연합은 1967년 반공 연합체로 시작하였지만, 1980년대 이미 경제협력체의 맹아가 움트고 있었다. 반면, 일본, 호주, 한국은 태평양 연안국의 참여를 선호했다. 북미 시장을 수출기지로 활용하는 한국과 일본은 북미의 경제 블록화 정도와 속도를 늦추기 위하여 미국을 아시아로 끌어들이려는 생각을 가지고 있었고, 호주는 농산물 수출에 있어서 비슷한 이해관계를 가진 미국을 잠재적 동맹국으로 선호했다. 미국과 캐나다의 참여를 둘러싼 이견은 일본의 막후 외교활동으로 일부 해소되었다. 호크 수상과 노태우 전 대통령의 합의 이후, 일본 통상산업성 고위 관리들이 1989년 2-3월 싱가포르, 말레이시아, 태국, 인도네시아를 방문하여, 북미 국가의 참여 필요성을 설득하였다(Takashi 2001: 211-212)

둘째, 중국의 참여 여부를 둘러싼 이견이다. 일본과 인도네시아는 중국의 참여에 대하여 부정적 의견을 가지고 있었다. 일본은 중국에서 시장경제가 작동하지 않는다는 이유로 중국과 대만의 참석에 대하여 유보적 입장을 취했고, 인도네시아는 안보 불안을 우려하여 중국의 참여에 대하여 부정적이었다(Takashi 2001: 217; Smith, 2003).[14] 반면, 호주와 한국은 중국의 참여를 적극적으로 모색하였다. 한국은 중국과의 접촉을 북방정책의 한 부분으로 여겼다. 호주는 역내 경제협력

---

13   말레이시아는 아세안 안의 경제협력에 초점을 맞추고 있었고, 이는 1990년 12월 동아시아경제그룹(East Asia Economic Caucus) 제안으로 이어졌다(Prime Minister Mohamad Mahathir 1991). 말레이시아의 제안은 당시 미국의 강력한 반대로 무산되었지만(변진석 1995: 626), 후일 ASEAN +3의 모태가 되었다(Siau 2011).
14   인도네시아는 1967년에 끊어졌던 중국과의 외교관계를 1989년 2월에야 복원하였다.

에 중국이 참여함으로써 중국의 경제개혁이 이루어지는 데 도움이 된
다고 보았으며, 또한 향후 중국 시장에 참여하기 위하여 중국을 끌어
들이길 원했다(Australia –Japan Research Centre 1999: 10-11).

두 경제 강국의 참여 여부를 둘러싼 이견을 해소하기 위하여, 울
콧 차관이 1989년 4월 아세안, 한국, 일본을 순방하였다. 순방 결과,
미국, 캐나다, 중국의 참여에 관하여 부정적 의견보다는 긍정적 의사
가 확인되었다. 인도네시아와 말레이시아가 중국과 미국의 참여에 대
하여 유보적 입장을 취하기는 했으나, 다른 아세안 4개국과 한국은 적
극적으로 두 경제 강국의 참여를 원했다. 핵심국의 의사를 확인한 후,
울콧 차관은 1989년 5월 미국, 캐나다, 중국을 순방하면서 APEC 참여
의사를 타진하였다. 미국과 캐나다는 적극적 참여 의사를 밝혔다.

반면, 중국은 참여를 거부했다. 중국이 APEC 창립에 참여하지 않
은 이유는 '하나의 중국' 원칙과 관련되어 있다. 1989년 5월 리펑(李
鵬) 총리는 울콧 차관과 면담하면서, "오직 주권국가에만 각료가 존재
하기 때문에 홍콩과 대만은 제외되어야 한다."는 입장을 밝혔다(Funa-
bashi 1995: 57). "하나의 중국" 원칙을 오랫동안 고수한 중국은 대만
을 주권국가로 간주한다는 암시를 주는 "각료"(minister)라는 용어에
민감하게 반응하며, 대만과 홍콩이 회원으로 참여하는 경제협력체의
창립에 반대한다는 입장을 분명히 밝혔다. 대만이 중국의 일부분이라
는 명칭을 사용한다고 하더라도, APEC이 역내 경제각료 간 회합이 될
경우 중국은 참여할 수 없다고 하였다.

중국의 반대를 확인한 호주는 APEC 창립을 준비하면서, 중국과
대만의 APEC 참가를 위해 두 가지 사전 작업을 벌였다. 첫째, APEC
의 회원을 주권국가가 아니라 "주요 경제"(major economies)로 변경
하였다. 아시아·태평양 지역에는 강대국, 중진국, 약소국, 비자치지

역, 조차지 등이 혼재되어 있다. APEC의 회원을 국가로 할 경우, 역내 주요 경제행위자인 대만과 홍콩에게는 APEC 참여의 길이 막히는 반면, 역내 경제교류에 무의미한 약소국에게는 참여할 길이 열린다. 거꾸로 APEC의 회원을 "주요 경제"로 할 경우, 역내 약소국이 배제되지만 중국이 대만과 홍콩의 APEC 참여를 허용할 수 있는 여지가 생기기 때문이다. 둘째, APEC에 참여하는 회원의 직위를 "각료급"(minister-level)으로 변경하였다. 주권국가의 공직자를 암시하는 "각료"보다는 "각료급"으로 표현하여 APEC 회원이 주권국가가 아님을 드러내고자 하였다. 이로써 APEC의 성격이 "국가의 각료회의"(ministerial meeting of countries)에서 "주요 경제의 각료급 회의"(ministerial-level meeting of major economies)로 변경되었다.

그럼에도 불구하고 중국, 대만, 홍콩은 APEC 창립에 동참하지 못했다. 천안문 사태가 1989년 6월 4일 무력진압으로 귀결되면서, 중국은 외부 문제에 관심을 돌릴 여력이 없었다. 또한 천안문 무력진압에 대하여 국제사회가 비판적 입장을 취함에 따라, 호주가 중국에게 APEC 창립을 위한 초청장을 보내기 어려웠다. 중국이 빠진 상태에서 대만과 홍콩만 초청할 수 없었기 때문에, 대만과 홍콩 또한 자연스럽게 초청 대상에서 제외되었다.

1989년 5월 중국과 호주의 물밑 접촉 과정을 통하여 드러난 중국의 입장은 중국과 대만 사이의 협상공간에서 중국의 이상점에 근접했다. 중국과 대만이 APEC 창립에 참여하기 위한 협상공간은 중국의 이상점과 대만의 이상점 사이에 존재한다. 중국의 이상점은 중국만이 APEC 정회원으로 가입하는 반면, 대만이 APEC 창립에 참여하지 못하는 조합이다. 대만의 이상점은 대만이 중화민국의 이름으로 APEC 창립에 단독 참여하는 반면, 중국이 APEC 창립에서 배제되는 조합이

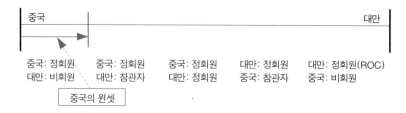

그림 1. APEC 창립 참여를 둘러싼 중국과 대만 간 협상공간에서 중국 윈셋(win-set), 1991

다. 두 이상점 사이의 협상 공간이 중국과 대만에게 놓여 있는데, 1989
년 5월 중국은 중국만이 APEC 창립의 회원이 되어야 한다는 입장을
취했다. 중국의 윈셋(win-set)[15]이 중국의 이상점에 근접하였기 때문
에 중국과 대만이 APEC 창립에 동시에 참여하기 위한 협상이 있었다
고 하더라도 협상이 타결될 가능성이 매우 낮았다.

1989년 5월 중국과 호주 사이에 물밑 협상이 진행된 이후, 호주가
회원 조건을 "주요 경제"로 하고, 참가자를 "각료급"으로 하여 중국이
수용할 수 있는 윈셋을 넓힐 수 있는 환경을 조성했지만, 중국의 선호
가 변화하지 않는 한 협상의 여지가 크지 않았다. 이 사안을 두고 호주
는 대만과 접촉도 하지 않았는데, 이는 호주와 대만 간 국교가 없는 상
황적 요인을 일부 반영하기도 하지만 중국의 선호가 대만의 윈셋과 겹
칠 가능성이 없었기 때문이다. 양측의 윈셋이 겹치지 않으면 원천적으
로 협상 타결의 가능성이 없다고 판단하여, 호주는 중국, 대만, 홍콩이
APEC에 동시 가입하는 안을 포기하였다. 결국, APEC은 아시아·태평
양 지역의 주요 경제 일부를 포함하지 못한 상태에서 출범하였다.

---

15   윈셋(win-set)은 협상 당사자가 협상공간 중 수용할 수 있는 조합의 총합이다(Putnam
      1988: 347).

III. 난제: 중국, 대만, 홍콩의 APEC 동시가입

1990년 7월 31일 APEC 2차 각료급회의는 APEC 3차 각료급회의에서 중국, 대만, 홍콩이 가입할 수 있도록 협의를 진행하라는 임무를 내렸다(1ˢᵗ APEC Ministerial Meeting, Joint Statement 1990: para.27). 당시 한국 고위실무대표(senior official)로 APEC에 관여하던 이시영에게는 이 임무가 불가능해보였다.[16] 이시영은 APEC 3차 각료급회의를 준비하는 고위실무대표회의 의장으로서 이 임무를 완수하여 중국, 대만, 홍콩이 동시 가입하는 데 기여하였다. 이 절은 이시영의 활동을 구술기록에 기반을 두어 정리한다.

1. 이시영과 APEC의 인연

이시영이 APEC에 관여하게 된 계기는 1982년 전두환 전 대통령의 태평양정상회담 제안으로 거슬러 올라간다. 1983년 아웅산테러와 KAL 007기 격추 사건, 1984년 이후 국내민주화 운동의 격화 등으로 전두환 대통령의 제안이 동력을 잃었지만, 외무부는 '태평양 협력 특별반'이라는 임시 조직을 운영했다. 이 임시 조직이 '외교정책 특별 대책반'으로 개칭되었는데, 여전히 아시아·태평양 연안국 간 경제협력을 주로 맡고 있었다. 이시영이 '외교정책 특별 대책반'에 가게 된 계기와 활동은 아래와 같다.

---

16 이시영은 이를 "mission impossible"로 묘사하였다. APEC 2차 각료급회의에 배석하였던 고위급실무대표들이 이시영에게 "mission impossible"을 맡았다며 농담을 했다고 구술했다(이시영과의 면담, 국립외교원, 2012.8.20, 이하 "이시영 2012a").

저는 1988년 '외교정책 특별 대책반' 반장이라는 보직을 맡았습니다. 정특반은 1982년 전두환 전 대통령의 태평양정상회담 제안에서 시작 되었습니다. 국제사회로부터 호의적 반응이 없었지만, 대통령께서〔태 평양정상회담〕추진을 명하셨기 때문에 외무부는 이를 담당할 부서를 만들었습니다. 저는 국제연합과 비동맹에서 다자외교를 담당했지만, 정특반 반장으로서 아시아·태평양 지역에서 일어나는 경제협력의 움 직임에 관심을 가지게 되었습니다. 정특반 반장으로 PECC 연차회의, PECC가 관여하는 여러 학술회의 등에 참석하였습니다(이시영 2012a).

이시영은 외무부의 순환보직제로 APEC과 인연을 맺게 되었다. 1988년 이시영이 외교부로 복귀할 무렵, 이시영의 전문성이 발휘될 수 있었던 보직이 마련되지 않았기 때문에 정특반 반장에 임명되었다. 정특반 반장에 임명된 후, 이시영은 지역 통합에 대한 연구를 처음부 터 시작해야만 했다. 당시 정특반이 관성처럼 아시아·태평양 지역의 경제협력에 관여했기 때문이다. 그러나 1989년 2월부터 아시아·태평 양 지역을 포괄하는 경제협력체를 만들기 위한 움직임이 본격화되자, 외무부에서 인기가 없던 정특반이 활기를 띠기 시작하였다.

이시영은 정특반 반장으로 재직하면서 APEC 출범을 협의하기 위 한 고위실무대표로 임명되어 APEC에 관여하게 되었다. 1989년 1월 호 크 수상과 노태우 전 대통령 사이의 합의, 1989년 2-3월 일본 통상산 업성 고위관리의 ASEAN 순방외교, 1989년 4-5월 호주 울콧 차관의 순방외교 등을 통하여 아시아·태평양 지역의 경제협력을 위한 각료급 협의체 구성에 합의하였다. 호주는 역내 경제협의체를 구성하기 위한 실무회의를 1989년 8월 제안하였고, APEC 창립 12개 회원국으로부터 고위실무대표가 호주 시드니에 집결하였다. 원래 회의 장소는 호주 캔버라였지만, 국내 비행기 파업으로 시드니에서 회의가 개최되었다.

2. APEC 3차 각료급회의 한국 유치

1차 고위실무대표회의가 열리기 전까지, 한국 정부는 아시아·태평양 지역의 경제협력의 방향성을 명확하게 설정하지 못했다. 한국 정부에게 익숙한 정상급 경제 협의체가 아니었고, 단발성 행사가 될지 정례적 회의가 될지 모르는 상황이었다. 또한, 창립 회원 12개국이 확인되었지만 참석 범위가 모호하였다. 고위실무대표회의가 APEC의 미래에 큰 영향을 미칠 수밖에 없는 유동적 상황이었다. 이시영은 1차 고위실무대표회의에 참가했던 당시 상황을 아래와 같이 증언하였다.

> 제가 1차 고위실무대표회의에 참석할 때, APEC의 창립에 관하여 지지한다는 일반적 훈령만을 받았습니다. APEC의 미래를 전망하기 어려웠기 때문에 구체적 훈령이 없었습니다. 당시 APEC의 미래는 아세안에 달려 있었습니다. 아세안은 APEC이 아세안의 정체성을 희석시킬까 우려했습니다. 1차 각료급회의를 열지 여부가 고위실무대표회의의 첫 번째 의제였습니다. … 호주는 모임을 발기한 국가로 최소한 1차 각료급회의를 원했습니다.

> 고위실무대표회의에서 1차 각료급회의를 호주에서 열기로 의견이 모아지던 시점에서 아세안이 자체 협의에 기반하여 2차 각료급회의를 아세안 국가에서 열자고 제안하였습니다. 구체적으로 싱가포르가 2차 각료급회의를 주최하겠다고 했습니다. 통상 국제회의 주최국이 의제를 설정할 수 있기 때문에, 아세안 국가가 2차 각료급회의를 개최하면 APEC

의 미래에 아세안의 선호를 투사할 수 있다고 생각했다고 추정합니다.
아세안의 색깔이 흐려지는 것을 막고 싶어 했다고 생각합니다(이시영
2012a).

1차 고위실무대표회의에서 1차 각료급회의와 2차 각료급회의의 개
최지가 제안되는 상황을 지켜보던 이시영은 훈령도 받지 않은 채, 한
국이 3차 각료급회의를 개최할 용의가 있다고 발표하였다. 이시영의
즉흥적 제안은 몇 가지에 기반을 두었다. 첫째, 12개 창립회원국 가운
데 6개국이 아세안, 나머지 6개국이 태평양 연안국으로 구성되어 있었
기 때문에, 각료급회의 주최를 아세안과 비아세안 국가가 번갈아 가며
개최하는 관행이 만들어질 수 있겠다는 느낌을 현장에서 받았기 때문
이다. 만약 이번 기회를 놓치면 최소 2년을 기다려야만 했다. 둘째, 국
제기구의 창립 초기 관행이 이후 의사진행과정을 규정하기 때문이다.
가능한 한 일찍 국제회의를 주최해야 주최국의 선호를 투영할 수 있
다. 셋째, 아시아·태평양 경제협력은 노태우 전 대통령도 적극적으로
지지하였기 때문에, 정치적 부담을 질 위험이 적었다고 판단했기 때문
이다.[17]

이시영의 즉흥적 제안은 현장에서 지지를 받았다. 비아세안 국가

[17]　청훈 절차를 거치지 않고 APEC 3차 각료급회의를 유치한 행위에 대하여 귀국 후 상급
자에게 어떻게 보고했는가라는 질문에 대하여 이시영은 아래와 같이 답변하였다.
APEC 3차 각료급회의 유치는 대환영을 받았습니다. APEC 창립은 한국 대통령과 호주
수상이 합의한 사항입니다. 제가 호주로 가기 전 "아시아·태평양 지역의 경제협력을 위
한 협의체의 창립 과정에서 적극적으로 임하고, 한국이 중요한 역할을 맡도록 노력하
라"는 일반적 훈령을 받은 상태였습니다. … 그래도 구체적 훈령을 청하지 않았기 때문
에 마음에 걸리기는 했습니다. 걱정이 되었기 때문에, APEC 3차 각료급 회의의 한국 유
치가 결정된 날, 숙소에 도착하자마자 신동원 외무차관께 전화로 경과를 보고했습니다.
신동원 차관께서 "잘 되었네, 잘 되었네."라고 하셨습니다. 청훈을 거치지 않은 이유로
책망을 받지 않았습니다(이시영과의 면담, 국립외교원, 2012.9.5, 이하 2012b).

들 역시 만약 3차 각료급회의가 열린다면, 비아세안 국가에서 열려야한다는 생각을 공유하고 있었다. 또한, 당시 고위실무대표회의에 참석한 아세안 대표들이 국제연합 또는 비동맹에서 근무할 당시 이시영과 알고 지냈기 때문에 동료로서 유대감을 가지고 있었다. 마부바니(Kishore Mahbubani) 싱가포르 외무차관만이 3차 각료급회의 개최지를 정할 필요가 없다는 입장을 밝혔지만, 이시영의 오랜 지인인 포버(Robert Fauver, 당시 미국 국무부 동아태 경제문제 담당 부차관보) 미국대표가 3차 각료급회의의 한국 개최를 지지하면서 논란이 정리되었다. 이로써 1차 고위실무대표회의에서 아세안과 비아세안을 번갈아가며 회의를 개최하는 관행이 마련되었고, 1-3차 각료급 회의의 개최지 선정에 관한 논의가 1차 각료급회의의 의제로 채택되었다.[18]

3. 미션 임파서블

1989년 11월 호주 캔버라에서 열린 1차 각료급회의는 APEC의 미래에 관하여 몇 가지 의미 있는 결정에 도달했다. 첫째, 경제 현안에 대하여 아시아·태평양 국가 간 논의가 필요하다는 점과, 이에 따라 최소 2차 각료급회의가 열릴 것임을 확인하였다. 둘째, 고위실무대표회의에 역내 경제협력을 위한 다양한 의제를 검토하라는 임무를 부여했다. 각료급회의가 연례적으로 열리지만 고위실무대표회의가 현안을 따라가도록 함으로써 각료급회의가 단발성 회합이 아니라 연속성을 가진

18 APEC 고위실무대표회의 결과는 각료급회의에 건의자료로 제출될 뿐이지만, 각료급회의는 고위실무대표회의 결과를 확인하고 덧붙이는 역할을 감당한다. 12개 경제주체의 각료급 인사가 참가하는 공식 회의에서 사전에 조율되지 않는 의제가 논의되고 채택되기에는 시간적 제약이 있기 때문에, 수면 위로 드러나지 않은 고위실무대표회의가 공식적 각료급회의보다 더 중요한 의미를 가진다.

표 1. 경제총생산의 비중(1989년 기준)

非아세안			아세안			중화권		
국가	GDP 비중	순위	국가	GDP 비중	순위	경제실체	GDP 비중	순위
미국	26.77%	1	인도네시아	0.47%	31	중국	1.72%	12
일본	12.21%	2	태국	0.27%	41	대만	0.52%	28
캐나다	2.54%	8	필리핀	0.20%	46	홍콩	0.32%	36
호주	1.55%	13	말레이시아	0.17%	51			
한국	1.17%	15	싱가포르	0.15%	57			
뉴질랜드	0.23%	43	브루나이	0.02%	101			

자료: Feenstra, Inklaar and Timmer 2013

협의체로 성장할 수 있는 기틀을 마련하였다. 셋째, 중국, 대만, 홍콩
을 끌어들일 제도적 장치를 마련하였다. APEC을 "아시아·태평양 지
역의 주요 경제 실체를 대표하는 고위급/비공식 협의체"로 규정하고,
중국, 대만, 홍콩의 APEC 참여가 바람직(desired)하다는 입장을 표명
함으로써, 중국, 대만, 홍콩이 가입할 수 있는 명분을 만들었다(Evans
1989). 이제 남은 과제는 중국, 대만, 홍콩을 동시에 가입시킬 묘수를
찾는 것이었다.

중국, 대만, 홍콩이 아시아·태평양 지역에서 차지하는 비중은 매
우 컸다. 중국의 개방개혁이 본격적 궤도에 들어서면서, 중국은 1989
년 당시 세계 경제총생산의 1.72퍼센트를 차지하게 되었다. 대만은
0.52퍼센트를 차지하였고, 홍콩은 주권국가가 아니었지만 0.32퍼센
트를 차지하였다. 중국의 경제성장이 매년 7퍼센트 이상 지속되면서,
중국 경제의 비중은 더욱 커질 것으로 예상되었다. 반면, APEC에서
지분을 50퍼센트는 가진 것처럼 움직이는 아세안 6개국의 국내총생산
을 모두 합하면 1.28퍼센트로, 중국에 훨씬 뒤처졌다. 아시아·태평양
경제의 중심은 동아시아와 북미에 있었지, 아세안에 있지 않았다. 중

국을 배제한 상태에서 아시아·태평양 지역에서 역내 협력을 논의할
수 없는 상황이었다.

그러다 보니 APEC 2차 각료급회의에서 중국, 대만, 홍콩의 동시
가입이 중요 의제였다. 2차 각료급회의는 중국, 대만, 홍콩이 현재 아
시아·태평양 지역경제에서 중요한 역할을 담당하고 있으며 미래의 역
내 번영에 중요한 요소임을 인정하고, 중국, 대만, 홍콩의 APEC 참여
가 바람직하다는 의견을 재확인하였다(2nd APEC Ministerial Meeting
1990, para.27). 더 나아가 중국, 대만, 홍콩이 "서울 (APEC) 각료급회
의 개최에 맞추어 또는 3차 APEC 각료급회의 이후 가능한 빨리(either
at the Seoul meeting or as soon as possible thereafter) 동시 가입할 수
있도록" 협의를 진행하는 임무를 고위실무대표회의에 맡겼다(Ibid.,
para.28). "서울 APEC 각료급회의 이후 가능한 빠르게"라는 구절이 있
었지만, 중국, 대만, 홍콩의 APEC 동시가입 임무가 고위실무대표회의
에 떨어졌다. 각료급회의 주최국이 고위실무대표회의 의장을 맡은 관
행에 따라, 이 임무가 이시영에게 떨어질 공산이 컸다.

이시영은 당시 분위기를 이렇게 증언하였다.

제가 1971년 駐국제연합 한국대표부에서 3등서기관으로 근무할 때, 대
만이 차지했던 자리를 중화인민공화국에게 뺏기는 장면을 직접 목격했
습니다. … 충격적 사건이었습니다. 그 후로 20년 동안 대만은 국제무대
에서 완전히 고립되었습니다. 그런데 이렇게 국제사회에서 고립된 대만
을 APEC에 등장시킨다? 상식적으로 이해가 되지 않은 임무였습니다.

3차 각료급회의를 준비하기 위하여 고위실무대표회의가 서울에서 열
렸을 때, 실무진이 회의 결과를 정리하는 사이, 고위실무대표는 골프를

쳤습니다. 여러 차례 고위실무대표회의를 진행하다보니 참석자가 매우 친해졌고, 골프를 치곤 했었습니다. 서울에서 골프를 칠 때, 동료들이 농담을 했습니다. "이시영. 큰일을 치르게 되었네요. 이 임무는 불가능해 보입니다. 당신이 제임스 본드가 아닌 이상 이 일을 해결하기 어렵네요. 한국이 감당해야 할 핸디캡이 너무 커요. 한국만 중국과 수교를 맺지 않고 대만과 수교를 했는데, 어떻게 중국을 끌어들일 수 있겠어요!"(이시영 2012a).

3차 서울 APEC 회의를 준비하기 위한 고위실무대표회의가 1990년 10월 22-23일 열렸는데, 이 자리에서 이시영은 중국, 대만, 홍콩의 APEC 동시가입을 위한 협의를 진행하라는 위임을 받았다. 1990년 7월 2차 APEC 각료회담 이후 한국 외교부 안에서는 비관적 입장이 우세했다. 임무를 맡은 이시영조차도 성공 확률을 20퍼센트 정도로 낮게 평가했다. 중국과의 교섭 통로를 확보하는 일조차 버겁게 보였기 때문이다.

IV. 순방 외교의 성공

1990년 10월 고위실무대표회의의 위임에 따라 이시영은 중국, 대만, 홍콩이 APEC에 동시 가입할 수 있는 묘수를 찾는 작업을 시작하였다. 이시영은 먼저 3자의 입장을 청취한 후, 중국과 대만의 입장을 절충시키는 중개인 역할을 담당하였다. 중국과 대만의 최적 절충점을 확인한 후, 이시영은 중국과 대만에게 최종안을 짧은 시한 안에 검토하라고 주문하였다. 이 절은 이시영이 중국, 대만, 홍콩의 APEC 동시가입이 이루어질 수 있도록 환경을 조성하는 과정을 기술한다.

1. 중국으로 가는 길

이시영은 중국으로 가기 위하여 세 통로를 모색하였다. 첫째, 주 국제연합 한국대표부와 주 국제연합 중국대표부의 연결망이다. 당시 아직 한국은 국제연합의 회원국으로 승인을 받지 못했지만, 1951년부터 참관자로 인정을 받았기 때문에 주 국제연합 한국대표부(Permanent Observer of the Republic of Korea to the United Nations)를 뉴욕에 두고 있었다. 이시영은 주 국제연합 한국대표부로 하여금 주 국제연합 중국대표부에 방중 의사를 타진할 수 있었다. 둘째, 호주의 지원을 받는 방안이다. APEC 출범에서 호주가 중요한 역할을 담당하였고 APEC의 활동을 적극 지지하는 상황에서, 이시영은 호주 외교통상부의 지원을 받기가 용이하다고 판단했었다. 셋째, 홍콩에 있는 중국 언론매체 신화사(新華社)의 지국을 활용하는 방안이다. 중국은 신화사 홍콩 지국을 활용하여 비수교국과 협상을 하는 관행을 가지고 있는데, 당시 주 홍콩 한국총영사관과 신화사 홍콩 지부가 경제교류와 관련된 업무를 수행하는 연결망을 가지고 있었다. 이시영은 세 통로를 모두 활용하여 고위실무대표회의 의장으로서 방중할 수 있는지 여부를 타진하였다.

　　결과적으로 이시영은 방중 창구를 중국 신화사로 단일화하였다. 주 국제연합 한국대표가 주 국제연합 중국대표부에 접촉하여 방중 의사를 타진한 결과, 주 국제연합 중국대표부는 본부에 건의를 하겠다는 입장만 밝혔다. 이어 호주 외교통상부를 통해 진행한 우회 접촉에서는 고위실무대표회의 의장으로서 방중을 받겠다는 의사를 확인하였다. 마침내 신화사 홍콩 지부와 접촉한 주 홍콩 한국총영사관 편에 중국 외교부가 구체적 일정을 알려왔다. 입국사증을 신화사 홍콩 지부에서 발급받고, 숙소 경비를 감당하라는 조건이 붙었다.

1차 중국 방문(1991년 2월 24-27일)에서 이시영은 중국이 APEC 가입을 매우 중요한 쟁점으로 고려하고 있음을 추정할 수 있었다. 추이텐카이(崔天凱) 국제기구 과장이 영접을 담당했고, 친화쑨(秦華孫) 국제기구국 국장이 협상 상대자였다. 숙소는 외국 귀빈을 모시는 댜오위타이(北京 釣魚臺)였고, 큰 방을 마련해주었다. 중국 측 협상 상대자의 직급과 숙소로 중국은 APEC을 중시하고 있다는 신호를 보낸 셈이다. 이시영은 중국의 입장을 청취하고, 중국 상대자로부터 신뢰를 얻고, 다른 분야에서도 협상을 할 수 있다는 인상을 주자는 목표를 정했다. 협상은 총 4회에 걸쳐 진행되었다.

대만, 홍콩과의 협상 창구는 이미 확보되었기 때문에, 이시영은 어렵지 않게 대만과 홍콩의 입장을 청취할 수 있었다. 이시영은 중국을 방문한 후, 대만과 중국을 순차적으로 방문하여 APEC 가입에 관한 의견을 듣고 중국의 의견을 전달하였다. 이 과정을 통하여 이시영은 APEC 가입과 관련하여 중국이 대만과 직접 교섭할 의사가 있다는 소식을 대만에 전달하는 역할을 수행하였다.

2. 최적 절충점을 찾아서

APEC 가입에 관하여 중국과 대만의 입장 차이는 선명했다. 중국은 APEC에서 중화인민공화국이 중국 대표권을 가지며 대만과 홍콩은 차등 지위로 중국 다음에 APEC에 가입할 수 있다는 입장이었다. 중국은 '하나의 중국' 원칙을 지키면서 '한 중국 두 체제'를 조화시키려고 하였다. 1990년 첸지천 외교부장이 아시아협회(Asia Society)에서 APEC

가입에 관하여 밝혔던 원칙을 고수했다. 반면, 대만은 동등한 자격으로 APEC에 가입해야 한다는 입장을 밝혔다. 대만은 중국 대표권을 주장하지는 않았지만, 중화민국(Republic of China)이 1949년 이후에도 계속하여 존재하고 있다는 입장을 고수하였다. 즉, 중화민국(Republic of China)이 전체 중국을 대표한다는 주장은 포기할 수 있지만, 대만이 독립된 정치체로 실재한다는 입장이었다. 대만은 사실상 두 개의 중국을 인정해 달라고 요구했다.[19] 양국의 입장 차이는 1949년부터 지속된 양안갈등을 그대로 드러냈다.

이시영이 중국과 대만 사이의 간극을 줄이는 과정은 세 영역으로 나눌 수 있다. 첫째, 중국이 APEC에 가입한다면, 대만, 홍콩과 동시 가입할 수밖에 없다는 점을 중국에게 설명했다. 중국은 중국이 APEC 정회원으로 먼저 가입하고, 차후 대만과 홍콩이 참관자 또는 준회원으로 가입해야 한다는 입장이었다. 그러나 이시영은 2차 각료급회의의 합의와 고위실무대표회의의 위임에서 중국, 대만, 홍콩의 동시가입이 포함되었음을 강조하며, 이 위임을 변경시킬 수 없다는 입장을 밝혔다. 만약, 중국이 먼저 가입을 추진한다면, (1) 당시 고위실무대표회의의 위임에 부합하지 않기 때문에 협상을 더 이상 진행할 수 없으며, (2) 각료급회의의 합의를 변경하기 위하여 오랜 시간이 필요하다고 하였다. 시간의 압박 아래서 APEC에 가입하고 싶었던 중국은 대만, 홍콩과 동시에 가입할 수 있다는 의사를 4차 순방(1991년 6월 28일-7월 3일)을 하던 이시영에게 알렸다.[20]

---

19   홍콩은 영국의 통치권 아래 있었지만 1984년 홍콩의 반환이 합의되었기 때문에, 홍콩은 차등적 지위를 가지더라도 APEC에 가입하려고 하였다. 1997년 홍콩이 반환된 후, 홍콩은 특별행정지구의 지위를 가지고 있다.

20   중국이 대만, 홍콩과 APEC 동시가입을 수용하게 되는 수순에 대하여 이상옥 장관과 이시영이 상이한 입장을 가지는 것처럼 보인다. 이상옥 장관은 대만이 차등지위 원칙을 수

둘째, 중국의 차등지위 주장과 대만의 동등지위 주장으로부터 절충점을 찾았다. 외형상 회원으로서 대만과 중국의 권리와 의무에 차등을 두지 않음으로써, 대만의 동등지위 주장을 수용하였다. APEC은 본래 경제문제를 협의하는 모임으로, 경제협력과 관련된 쟁점에서 중국과 대만은 동일한 자격을 가진다. 반면, 실질적으로 대만과 중국의 권리에 차등을 둠으로써 중국의 차등지위 주장을 수용하였다. APEC 각료급회의에서 대만 외교장관의 참석을 제한하여 대만이 외교를 수행하는 주권국가라는 인상을 주지 않도록 하였다. 즉, 중국과 대만이 경제영역에서는 동등지위, 정치와 외교 영역에서는 차등지위를 점하도록 하였다.

셋째, 호칭에 관한 입장 차이에서도 중국과 대만의 주장 사이에서 절충점을 찾았다. 중국은 자신만이 중국을 대표하기 때문에, 대만이 중화민국을 사용할 수 없으며 대만이 중국의 일부분임을 나타내는 "Taipei, China" 또는 "Taiwan, China"로 표기되어야 한다고 주장하였다. 반면 대만은 대만의 중국 대표성을 의미하는 중화민국을 가장 선호했다. 최소한 대만의 정치적 독립성을 암시하는 "Taiwan"을 사용하고자 했다. 이시영은 중국의 입장에 상대적으로 더 부합하지만, 대만의 주장을 일부 수용하는 안으로 "Chinese Taipei"를 제안하였다. 이 용어는 국제올림픽위원회에서 1979년부터 사용해왔고 대만 대표단이 이 명칭 아래서 올림픽에 참가했기 때문에, 대만 국민들이 수용할 수 있는 범위 안에 있었다.[21] 1991년 7월 12-13일 우쯔단(吳子丹) 대만 외

용하지 않을 경우, "중국과 홍콩이 우선 참가"한다는 입장을 밝혔다고 하여, 이시영 대사가 대만을 압박했다는 측면을 강조한다(이상옥 2002: 887). 반면, 이시영은 대만이 차등지위 원칙을 수용한다면, 중국, 대만, 홍콩이 동시에 APEC에 가입한다는 점에 초점을 맞추어, 중국과 홍콩의 APEC 가입이 대만의 입장에 따라 결정된다는 점을 강조한다.

21   대만과 중국 올림픽팀의 명칭은 중국 대표권과 직결된다. 1910년 중국 올림픽 위원회

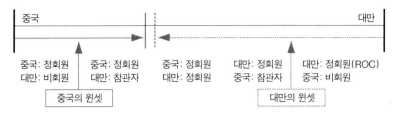

그림 2. APEC 가입을 둘러싼 중국과 대만 간 협상 공간에서 양국의 윈셋, 1990-1991

교부 국제조직국 국장이 방한하여 이시영과 면담을 하면서 "Chinese Taipei"를 수용할 의사를 밝힘으로써, 명칭 문제가 해소되는 쪽으로 방향을 잡았다.

공간이론은 이시영의 순방 외교를 이해하는 데 도움을 준다. 이시영의 순방 외교를 통하여 확인한 중국과 대만의 윈셋은 아래와 같이 표시될 수 있다. 중국은 대만이 정회원이 아니며, 대만이 중국의 일부분이라는 호칭을 사용한다면, APEC에 가입할 수 있다는 입장이었다. 대만은 중국과 대만이 APEC 정회원으로 가입한다면, 중화민국의 호칭을 버릴 수 있다는 입장이었다. 아직 양국의 윈셋이 겹쳐지지 않아 협상이 타결되지는 않았지만, 양측 윈셋 간 거리가 좁아졌다. 즉, 협상을 시작할 수 있는 여건이 조성되었다.

협상 타결의 가능성이 보이는 상황에서, 이시영은 중국과 대만

(中國奧林匹克委員會, The Chinese National Olympic Committee)가 결성되었고 내전 기간 중 대만으로 이전하였다. 대만 올림픽위원회의 명칭 문제가 1952년부터 불거졌다. 1952년 국제올림픽위원회가 대만을 "China(Formosa)"라고 표기하자, 대만은 국제올림픽위원회로부터 탈퇴하였다. 1954년 국제올림픽위원회는 중국 올림픽위원회(中国奧林匹克委员会, Chinese Olympics Committee)를 승인하였다. 1956년 호주 멜버른 올림픽에서 대만이 중화민국의 이름으로 참가하도록 허용되자, 중국은 1958년 국제올림픽위원회에서 탈퇴하였다. 대만에게 유리했던 환경은 1976년 또 다시 역전되었다. 1976년부터 대만은 중화민국의 이름을 사용할 수 없게 되었고, 1979년 국제올림픽위원회는 대만의 명칭을 "Chinese Taipei"로 정하는 결의안을 만들었다. 대만은 1984년부터 "Chinese Taipei"라는 명칭으로 국제올림픽위원회가 조직하는 경기에 참가하였다.

의 윈셋이 겹쳐지도록 쟁점 간 연계를 추진하였다. 중국, 대만, 홍콩의 APEC 가입을 둘러싼 쟁점 영역은 회원의 성격과 대만의 호칭이었다. 국호 영역에서는 대만에게 중화민국 대신 "Chinese Taipei"를 수용하도록 제안하여, 중국이 대만, 홍콩과 동시가입을 수용할 수 있는 환경을 마련하였다. 반면, APEC 회원권의 성격에 관해서는 중국이 대만, 홍콩과 동시가입을 수용하도록 설득하면서, 동시에 대만과 홍콩에게 실질적 차등 지위를 부여하는 안을 제시하였다. 개별적으로 APEC 회원 성격과 국호 영역에서 양국 간 윈셋이 중첩하지 않았지만, 두 개 영역 사이에서 양국이 양보를 주고받을 수 있는 안이 마련되면서, APEC 가입 조건을 둘러싼 협상에서 양국의 윈셋이 겹쳐지게 되었다.

3. 설득 방법[22]

이시영이 중국과 대만으로 하여금 절충점을 수용하도록 하는 설득 기제는 셋으로 나누어 볼 수 있다. 첫째, 실질적 이익이다. 대만에게는 20년간 국제사회로부터 고립된 상황을 타개할 수 있는 기회를 잡으라

---

22   이시영의 역할은 '정직한 중개인'을 연상한다. 첫째, 이시영은 APEC 2차 각료급회의와 고위실무회의의 위임 사항을 중국, 대만, 홍콩에게 전달하였다. 이는 정보 부족이 협상의 걸림돌이 될 상황을 사전에 제거하는 긍정적 효과를 불러왔다. 둘째, 이시영은 수차례 순방외교를 통하여 중국, 대만, 홍콩으로부터 의견을 청취하고, 이를 각국에 알리는 역할을 수행하였다. 이는 세 행위자가 공개할 수 있는 정보를 모으고 공유하는 작업에 해당한다. 셋째, 이시영은 두 쟁점영역 간 주고받기를 통해 협상을 타결하는 데 도움을 주었다. 각 쟁점영역에서는 중국과 대만이 합의에 도달할 수는 없지만, 두 영역 간 주고받기를 시도함으로써 양국 간 합의가 도달할 수 있는 지점을 찾았다. '정직한 중개인' 개념은 일상적 용어로 사회현상의 다양한 영역에서 사용되고 있다. 협상 당사자가 정보를 공개하지 않기 때문에, 정직한 중개자가 존재할 수 없다는 반론이 있지만(Moravcsik 1999), '정직한 중개인' 개념은 국제정치 여러 현상에서 언급되고 있다(e.g., Burke 2009; Sethi 2000; Young 1967).

고 권하였다. 비록 국호와 참가 자격에서 대만의 요구사항이 모두 충족되지는 않았지만, APEC 가입으로 인한 실질적 이익이 있음을 강조하였다. 대만은 결국 경제적 이익을 고려하여 국호 영역에서 양보하고 APEC에 가입했다(이상옥 2002: 888). 중국에게도 APEC 가입이 천안문 사태 이후 외교적 고립을 벗어날 수 있는 기회이며 동시에 역내 경제협력에 동참할 수 있는 기회임을 설명하였다. 민주화를 요구하는 시위를 탱크로 진압한 사건은 국제사회의 공분을 불러 일으켰고, 국제사회에서 중국의 평판이 심각히 손상된 상태였다. 이처럼 APEC 가입으로 인한 경제적, 정치적 이익을 중국과 대만에게 설명함으로써, 양국이 절충점을 수용하는 데 도움을 주었다.

둘째, 동양의 전통적 덕목이다. 이시영은 중국과 4차 협상을 진행하면서, 중국, 대만, 홍콩이 APEC에 동시 가입할 때, 우쯔단 대만 국제조직국 국장의 참여를 예외적으로 인정해 달라는 요청을 하였다. 대만 외교부 관계자의 참석이 불가하다는 데 의견을 모았지만, 오랫동안 협상을 진행하면서 구축한 인간적 관계를 저버리지 않기 위함이었다. 이시영은 이 상황을 아래와 같이 설명하였다.

> 저는 우쯔단 대만 국제조직국 국장을 APEC 3차 각료급회의에 초청하였습니다. 우쯔단 국장의 초청을 중국 측에 공식적으로 요청하지는 않았습니다. 중국과 4차 협상을 진행하면서, "대만의 우쯔단 국장과 몇 년 동안 함께 고위실무대표회의에서 일해 왔기 때문에, 만약 중국, 대만, 홍콩이 APEC 3차 서울 각료급회의에 맞추어 동시 가입할 때, 우쯔단 국장을 오지 말라고 말하기 곤란하다"고 하였습니다. 당시 중국 측과 영어로 의사소통을 했었는데, 저는 한자로 '의리'(義理)를 써서 보였습니다. 의리를 영어로 번역하기 무척 어렵지만, 한국, 중국, 일본은 의리

개념을 공유하고 있다고 했습니다. 법적으로 따져가지고는 도저히 안 될 것을 알기 때문에, 의리를 내세워 예외를 인정해 달라는 포석이었습니다. 우쯔단 국장의 초청이 선례로서 차기 APEC 각료급회의에 영향을 줄 수 없다는 조건을 덧붙였습니다.[23]

중국, 대만, 홍콩의 APEC 동시 가입이 확정된 후, 중국 친화쑨 국제기구국 국장에게 우쯔단 대만 국제조직국 국장의 서울 APEC 각료급회의 참석을 묵인해 달라고 비공식적으로 요청했습니다. 4차 협상 과정을 회상시키면서, 선례를 구성하지 않는다는 조건을 첨부했습니다. 우쯔단 국장의 공식 직함(Director, Bureau of International Organization, Ministry of Foreign Affairs)을 그대로 가지고 올 수 있도록 요청했습니다. 우쯔단 국장은 APEC 3차 각료급회의에 참석했습니다(이시영 2012a).

셋째, 시간의 압박이다. 중국과는 1991년 6월 27-28일 4차 협상을 통하여 대만이 실질적 차등회원이 된다는 조건 아래서 동시 가입을 중국이 수용할 의사가 있음을 확인했다. 대만과는 7월 12-13일 최종 협상을 통하여 대만이 국호와 회원권에서 양보할 의사를 확인할 수 있었다. 이후 이시영은 중국과 대만에게 아래와 같은 최후통첩을 하였다.

① APEC이 경제 실체간의 비공식적 협의체이므로, 중국, 대만, 홍콩 등

23　이시영의 의리론은 효과를 거두었다고 평가된다. 중국, 대만, 홍콩은 1992년 퇴오스트리아 대사로 부임하는 이시영을 환대하였다. 중국은 APEC 가입 10주년을 맞이하여 이시영을 다시 초청하여 환대하였다(이시영과의 면담, 국립외교원, 2012.9.18, 이하 "이시영 2012b").

3자 공히 경제 실체(economic entity)로서 완전한 참가자(full participant)로 APEC에 참가함.

② 호칭은 PRC(중화인민공화국), Chinese Taipei, Hong Kong으로 함.

③ 원칙적으로 3자 공히 대표 선정의 권한을 보유하나, 대만의 외교부장 및 차장은 자발적으로 불참. 다만, 여타 참가 외교부 직원은 공식직책 사용(이상옥 2002, 889).

이시영은 당시 상황을 아래와 같이 묘사한다.

저는 8월 26일을 최종 시한으로 정했습니다. 최종 시한을 알리면서, 서부극에서 총잡이들이 사용하는 구절을 인용했습니다. "Take it or leave it." … 8월 23일 친화쑨 국장으로부터 중국이 최종안을 수용하겠다는 통지가 전해졌습니다. 8월 26일 고위실무대표회의를 하기 위하여 경주에 모였는데, 그때까지도 대만에서 연락이 없었습니다. 대만이 수락을 하지 않으면, APEC 3차 각료급회의는 실패작이 될 수밖에 없다는 의견을 미국 포버 대표와 나누고 있었습니다. 고위실무대표회의 개최 직전, 우쯔단 국장이 전화로 최종안을 수용하겠다고 했습니다(이시영 2012a).

4. 공식화 작업

이시영은 고위실무대표회의 의장으로 중국, 대만, 홍콩과 협의한 내용을 공식화하는 작업을 시작하였다. 1991년 8월 27~29일 경주에서 열린 고위실무대표회의에서 3개 항이 마련되었다. 첫째, 중국은 PRC, 대만은 "Chinese Taipei," 홍콩은 "Hong Kong"으로 APEC에 정회원으로 동시 가입한다. 둘째, 참가자 선정은 대외적으로 회원에게 일임하지만, 내부적으로 중국은 외교부장과 경제 각료가 참가하는 반면, 대만은 경제 각료만 공식직책을 사용하여 참가하고, 홍콩은 상공장관이 참가한다. 셋째, 한국 외교부는 3자 합의 사항을 양해 각서로 만든다 (이상옥 2002: 889). 고위실무대표회의의 결정에 따라 한국 외교부는 APEC 고위실무대표회의 사무국으로서 양해각서를 각각 만들어 9월 13일 해당국에 발송하였다.

1991년 10월 2일 APEC 고위실무대표회의, 중국, 대만, 홍콩은 상기 내용을 일부 수정한 양해각서에 서명하였다. 그 내용은 다음과 같다. 첫째, 중국만이 주권국이며, 대만과 홍콩은 지역 경제체로 APEC에 참여한다. 둘째, 대만은 APEC 관련 경제 장관 및 차관만 각료급 회의에 참석한다. 셋째, APEC의 업무를 원활하게 수행하고, 회원에게 편의를 제공하기 위하여, APEC 각료급 회의는 대만에서 개최되지 않는다. 이 조항은 대만으로 하여금 APEC에서 외교의 지평을 넓힐 기회를 차단하였다(People's Daily 2001).[24]

V. 나가며

이시영의 구술은 중국, 대만, 홍콩의 APEC 동시가입에 관한 이해를 넓히는데 큰 도움을 준다. 당시 이 사건을 경험했던 한국 외무장관과

---

24 이 양해각서는 APEC이 각료급협의체에서 정상급협의체로 격상된 상태에서도 유효하게 적용되어, 대만 총통은 APEC 정상회의에 참석하지 않는다. 대만에서 일부 사회세력은 1991년 양해각서가 APEC 정상급 회담에는 적용되지 않는다고 해석하며, 대만 총통이 APEC 정상회담에 참여해야 한다고 주장한다.

중국 외교부장이 관련 기록을 남겼지만, 이시영은 수면 아래서 전개되었던 교섭 과정을 상세히 설명함으로써, 당시 상황을 폭넓게 이해할 수 있도록 한다. 이 절은 구술 작업을 마치면서 가졌던 몇 가지 생각을 정리한다.

첫째, 구술자료의 신뢰성이 상대적으로 높다고 평가한다. 명망가의 구술 작업이 종종 자기자랑 또는 자기변명으로 그치는데, 이시영의 구술은 두 회고록, APEC의 공식 기록과 높은 조응도를 보인다. 이시영이 이미 두 회고록을 읽은 상태에서 구술에 임했기 때문에 이시영의 기억이 재구성되었을 수도 있으나, 현재 접근 가능한 자료와 구술 자료 간 일치성이 존재함은 확실하다. 구술 자료의 신뢰성은 궁극적으로 문서 공개까지 기다려야 판명되겠지만, 현재 상황에서는 높은 신뢰성을 가지고 있다고 잠정적으로 결론을 내린다.

둘째, 중국, 대만, 홍콩의 APEC 동시가입 과정에서 이시영의 기여를 평가하기 위해서는 당시 상황의 특수성을 먼저 지적할 필요가 있다. 1989년 천안문 사태 이후 중국의 외교적 고립, 1971년 국제연합에서 쫓겨난 이후 지속된 대만의 외교적 고립, 비정치 분야에서의 협력이라는 세 가지 우호적 조건이 마련되어 있었다. 만약 세 조건이 구비되지 않았더라면, 이시영의 활동 공간이 상대적으로 협소했을 것으로 추정된다. 이시영도 당시 상황적 특성으로 말미암아 3자 APEC 동시가입이 가능했었다는 입장을 취했다.[25]

---

25 중국의 입장 변화가 천안문 사태 후 외교적 고립과 연결되어 있다는 이시영의 주장은 중국의 본심을 확인해야만 검증 가능하다. 그러나 중국의 APEC 가입에 관한 기존 문헌은 중국 내부의 정보를 전달하는 데에 한계를 가지고 있다. 중국 전문가에 의하여 중국의 본심을 드러내는 작업을 기대한다.

중국은 처음부터 참여하고 싶었지만, 중국만 주권국가로 대만과 홍콩이 참관자로 참여할 수 있다는 고압적 태도를 취했었습니다. 중국의 어려운 요구로 중국, 대만, 홍콩이 APEC 창립에 참여할 수 없었습니다. … 천안문 사건으로 세계가 비난의 화살을 퍼붓기 시작했습니다. 중국으로서는 천안문 사태 이후 외교적 고립을 탈피하고 아시아·태평양 지역의 경제협력에 참여할 필요성이 더욱 커졌습니다. 경제협력의 필요성은 커져만 가는 상황에서 외교적 고립을 경험한 중국은 중국, 대만, 홍콩의 APEC 동시 가입을 수용하는 편이 좋다고 판단했다고 생각합니다(이시영 2012a).

셋째, 협상을 두 행위자가 공간을 나누어 가지는 과정으로 이해하는 공간이론은 이 사례를 이해하는 데 도움을 준다. 중국과 대만은 APEC 참여를 둘러싼 협상공간에서 양국은 상이한 선호를 가지고 있었다. 1989년 5월 호주와 중국이 APEC 창설에 참여할 것을 두고 물밑 협상을 벌일 때, 중국은 대만 배제를 강력히 주장하였다. 중국을 만족시킬 수 있는 선택지가 거의 없었기 때문에, 호주는 대만과의 협상을 벌이지도 않았다. 반면, 1990-91 중국의 천안문 사태 후 외교적 고립을 극복하려고 노력하는 과정에서 중국의 선호가 바뀌었다. 몇 가지 전제조건 아래서 중국이 대만의 APEC 참여를 수용함으로써 협상이 시작될 계기가 마련되었다. 1991년 3자 협상은 양국의 윈셋이 근접한 지점에서 이시영의 노력으로 국가 호칭과 APEC 회원권 성격 간 제한적 주고받기를 거치면서 양국의 윈셋이 만나게 했다.

넷째, 이시영의 외교 기법은 현장을 직접 경험한 전문가로서 세 가지 측면의 중요성을 보여준다고 생각된다. 첫째, 인간관계의 중요성이다. 국제연합에서 같이 활동하면서 맺어둔 인간관계가 APEC 3

차 각료급회의를 유치하는 데 큰 자산이 되었다. 외교관 사이에 존재하는 연결망이 여러 쟁점에서 작동하고 있음을 이해하는 데 큰 도움을 준다. 둘째, 외교에서 문화적 유산의 중요성이다. 동아시아의 의리 개념으로 중국을 설득하여 대만 외교부 인사의 참여를 얻어내는 과정이 매우 설득력 있다. 이는 외교관 교육에서 현지 문화 이해의 중요성을 보여준다. 셋째, 외교에 있어 공감의 힘이다(Dohonue and Roberto 1993: 41; Crawford 2009: 115). 1971년 대만이 국제연합에서 쫓겨나는 과정을 목격했다는 점을 밝히면서, 대만으로부터 공감대를 형성하는 모습은 외교에서 감성의 중요성을 보여준다. 외교가 단발성 행사에서 이익을 최대로 확보하기 위한 노력이 아니라 장기간 감성에 기반을 둔 인간관계를 반영하고 있음을 이해할 수 있다.

다섯째, 이 사례는 국제기구 및 국제제도 창립에 있어 몇 가지 중요한 점을 보여준다. 첫째, 국제기구가 문제해결을 위한 비정치적 공간으로 고안되더라도 그 안에서의 국가 간 갈등이 정치적 영역으로 전이될 수 있다. APEC 출범 초기 경제협력을 표방했지만, 실제 각국의 협상은 회원국 선정, 국호 논쟁 등에 집중되었다. 둘째, 국제기구에서 초기 관행의 중요성이다(David 1994: 213-215). 현재 APEC 21개 회원 중 7개국만이 아세안에 속해 있지만, 아세안은 여전히 APEC에서 중요한 블록이다. 경제규모를 고려할 때, 아세안은 여전히 중요한 행위자가 아니다. 그럼에도 불구하고 APEC 회원의 분포와 회원국 간 역학관계가 불일치하는 현상은 국제기구의 한계를 이해하는 데 도움을 준다. 셋째, 국제기구가 탄생하는 수면 아래 과정을 상세히 보여준다. 1980년대 아시아·태평양 지역의 중층적 경제협력망이 국제기구로 진화하는 과정은 국제기구 출범에서 환경의 중요성을 드러낸다.

이 글은 구술작업의 한계를 완전히 극복하지 못했다. 구술 작업은 구술자들과 연구자가 "공동으로 만들어낸 과거에 대한 해석" 또는 구술자의 경험에 대한 연구자의 "해석"이다(이용기 2001: 12). 연구자가 현재 접근 가능한 문서자료를 검토한 상태에서 구술자의 증언을 얻고 해석하는 과정을 거친다고 하더라도, 구술작업을 얼마만큼 신뢰할 수 있는지는 여전히 명확하지 않다. 이 사안에 관한 문서자료가 모두 공개된 후에야 구술자료와 문서자료의 교차 검증을 통하여 구술증언의 신뢰성과 구술증언에 대한 해석의 타당성이 일부 검증될 수 있다. 이런 한계에도 불구하고 사료에 대한 접근이 차단된 상태에서 구술작업은 현장의 경험을 전달하는 데 장점을 가지고 있다고 판단된다.

참고문헌

경향신문. 1984. "전대통령-호크 호수상 청화대서 정상회담, 한반도 긴장완화 중점 논의."
 1984.2.26.
_____. 1989. "아태경제협 구성 합의." 1989.1.30.
_____. 1995. "이시영 외무차관 국제연합 업무 등 다자외교 전문가." 1995.1.21.
동아일보. 1989. "아태 협의체 구체화." 1989.4.22.
_____. 1998. "20여년 국제연합업무 맡아 이시영 주국제연합대사." 1998.3.25.
매일경제. 1982. "전대통령 호 수상과 회담서 제의, 태평양정상회담 합의." 1982.5.25.
박기정. 1982. "전두환 대통령 진해 휴양지서 회견, 태평양정상 회담 모든 연안국에 문호
 개방." 1982.8.2.
시사인코리아. 2013. "오준 UN 대사를 만나다." 2013.9.17.
유현석. 1998. "APEC을 중심으로 하는 아태지역경제협력의 가능성: 제도주의적 접근."
 『한국과 국제정치』 14(1), pp.211-236.
이상옥. 2002. 『전환기의 한국외교: 이상옥 전 외무장관 회고록』. 삶과 꿈.
이용기. 2001. "마을에서의 한국전쟁 경험과 그 기억: 경기도의 한 '모스크바' 마을 사례를
 중심으로." 『역사문제연구』 6, pp.11-55.
이정우. 2008. "북핵 협상의 공간이론적 해석과 한국의 선택." 『국방연구』 51(3), pp.93-121.
정은성. 1993. "협상이론을 통해서 본 아ㆍ태지역 다자협력." 『한국지역연구논총』 5(1),
 pp.63-98.
趙麗雲. 2001. 「「中華台北」會籍名稱使用事略.」 『國政研究報告』. 教文(研)090-017號 http://old.
 npf.org.tw/PUBLICATION/EC/090/EC-R-090-017.html(검색일: 2013.10.2).
첸치천. 2004. 『열 가지 외교 이야기: 중국 외교의 대부 첸치천 국제정치 비망록』.
 랜덤하우스.
1ˢᵗ APEC Ministerial Meeting. 1990. "Joint Statement." http://www.apec.org(검색일:
 2013.10.2).
2ⁿᵈ APEC Ministerial Meeting. 1990. "Joint Statement." http://www.apec.org(검색일:
 2013.10.2.)
Australia-Japan Research Centre. 1999. "The Genesis of APEC: Australian-Japan
 Political Initiatives." *Pacific Economic Papers 298*. Canberra, Australia: Publication
 Department of Australia-Japan Research Centre.
Black, Duncan. 1958. *The Theory of Committees and Elections*. New York, NY:
 Cambridge University Press.
Borthwick, Mark. 1987. "United States Policies toward Pacific Cooperation." In Roy Kim
 and Hilary Conroy (eds.). *New Tides in the Pacific: Pacific Basin Cooperation and
 the Big Four(Japan, PRC, USA, USSR)*. West Port, CT: Greenwood Press.
Crawford, Neta C. 2009. "Homo Politicus and Argument (Nearly) All the Way down:

Persuasion in Politics." *Perspectives on Politics.* 7(1), pp.103-124.

Dalkey, Norman and Olaf Helmer. 1963. "An Experimental Application of the Delphi Method to the Use of Experts." *Management Science.* 9(3), pp.458-467.

David, Paul A. 1994. "Why Are Institutions the 'Carriers of History'?: Path Dependence and the Evolution of Conventions, Organizations, and Institutions." *Structural Change and Economic Dynamics.* 5(2), pp.205-220.

Dohonue, William A. and Anthony J. Roberto. 1993. "Relational Development as Negotiated Order in Hostage Negotiation." *Human Communication Research.* 20(2), pp.175-198.

Downs, Anthony. 1957. *An Economic Theory of Democracy.* New York, NY: Harper and Row.

Eagleburger, Lawrence. 1987. "The Trans-Atlantic Relationship: A Long Perspective." *NATO Review.* 2, pp.1-3.

Evans, Gareth. 1989. "Chairman's Summary Statement." http://www.apec.org(검색일: 2013.10.2).

Evera, Stephan Van. 1997. *Guide to Methods for Students of Political Science.* Ithaca, NY: Cornell University.

Feenstra, Robert C., Robert Inklaar and Marcel P. Timmer. 2013. "The Next Generation of the Penn World Table." www.ggdc.net/pwt(검색일: 2013.10.2).

Funabashi, Yoichi. 1995. *Asia Pacific Fusion: Japan's Role in APEC.* Washington, DC.: Institute for International Economics.

Hawke, Robert. 1994. *The Hawke Memoirs.* Melbourne, Australia: William Heinemann.

Hopmann, Terrence. 1995. "Two Paradigms of Negotiation: Bargaining and Problem Solving." *Annals of the American Academy of Political and Social Science.* 542, pp.24-47.

Hug, Simon. 1999. "Non-Unitary Actors in Spatial Models. How Far Is Far in Foreign Policy?" *Journal of Conflict Resolution.* 43(3), pp.479-500.

Mahathir, Mohamad. 1991. "Speech(delivered at International Conference on the ASEAN Countries and World Economy: Challenge and Change, Bali, 3 April 1991)." http://www.pmo.gov.my/ucapan/(검색일: 2013.10.2).

Moertopo, Ali. 1984. "A Reflection on Pacific Economic Cooperation." In Centre for Strategic and International Studies(CSIS). (eds.). *Regional Dimensions of Indonesia–Australia Relations.* Jakarta, Indonesia: CSIS.

Moravcsik, Andrew. 1999. "Theory and Method in the Study of International Negotiation: A Rejoinder to Oran Young." *International Organization.* 53(4), pp.811-814.

Morgan, T. Clifton. 1984. "A Spatial Model of Crisis Bargaining." *International Studies Quarterly.* 28(4), pp.407-426.

Morrow, James D. 1986. "A Spatial Model of International Conflict." *American Political Science Review.* 80(4), pp.1131-1150.

Pacific Basin Economic Council(PBEC). "Mission & Vision." http://www.pbec. org/(검색일: 2013.10.2).

The Pacific Economic Cooperation Council(PECC). "Introduction & History." https:// www.pecc.org/about-us/about-us(검색일: 2013.10.2).

The Pacific Trade and Development(PAFTAD) Conference. "About PAFTAD." http:// paftad.org/(검색일: 2013.10.2).

People's Daily. 2001. "Taiwan Plays Little Tricks in APEC History." 2001.8.3.

Pielke, Jr., Roger S. 2007. *The Honest Broker: Making Sense of Science in Policy and Politics*. Cambridge: Cambridge University Press.

Sethi, Harsh. 2000. "Need for an Honest Broker." *Economic and Political Weekly*. 35(18), pp.1505-1506.

Smith, Anthony L. 2003. *From Latent Threat to Possible Partner: Indonesia's China Debate*. Honolulu, Hawaii: Asia-Pacific Center for Security Studies.

State Council, People's Republic of China. 1993. "The Taiwan Question and Reunification of China." In Jean-Marie Henckaerts (ed.). *The International Status of Taiwan in the New World Order: Legal And Political Considerations*. Boston, MA: Martinus Nijhoff Publishers.

Takashi, Terada. 2001. "Directional Leadership In Institution-Building: Japan's Approaches to ASEAN in the Establishment of PECC and APEC." *The Pacific Review*. 14(2), pp.195-220.

Wanandi, Jusef. 1990. "The role of PECC in the 1990s and Pacific institutions." *Occasional Papers M6/89*. Jakarta, Indonesia: Center for Strategic and International Studies.

Young, Oran R. 1967. *The Intermediaries: Third Parties in International Crises*. Princeton, NJ: Princeton University Press.

제2부

표준경쟁과 국제규범

제5장

사이버 안보의 표준경쟁: 미국과 중국의 사례[*]

김상배

[*]   이 글은 2014년 『국가정책연구』 28(3), pp.237-263을 수정·보완하였음.

이 장은 최근 동아시아 지역뿐만 아니라 글로벌 차원에서 쟁점이 되고 있는 미국과 중국의 패권경쟁을 사이버 안보의 문제에 초점을 맞추어 탐구하였다. 이 글이 사이버 안보의 미ㆍ중 패권경쟁을 이해하기 위해서 원용한 분석틀은 표준경쟁을 둘러싼 네트워크 세계정치학의 논의이다. 표준경쟁은, 기술과 산업의 문제일 뿐만 아니라, 관련 정책과 제도 및 해당 분야의 질서와 담론 형성의 문제로서 국제정치학의 시각에서 볼 때도 중요한 연구 어젠다 중의 하나이다. 최근 21세기의 패권국과 도전국인 미국과 중국 사이에서 중견국으로서 외교전략을 모색하고 있는 한국의 입장에서 볼 때, 사이버 안보 분야에서 벌어지는 표준경쟁은 핵안보와 같은 전통안보의 문제에 못지않게 중요한 21세기 국가전략의 사안으로 부상하고 있다. 이 글은 기술, 제도, 담론의 세 가지 차원에서 벌어지는 '3차원 표준경쟁'의 시각에서 사이버 안보 분야의 미ㆍ중 표준경쟁을 이론적ㆍ경험적으로 조명하고, 그러한 미ㆍ중 경쟁의 틈바구니에서 한국이 취할 표준전략의 방향을 가늠해 보았다. 이 글이 밝혀 낸 미국과 중국의 표준경쟁의 양상은 인터넷 보안 기술 분야의 패권을 바탕으로 사이버 공간의 자유로운 활동을 보장하는 네트워크 인프라의 보호를 강조하는 미국의 입장에 대해서, 정권안보와 국가주권의 차원에서 인터넷에 대한 검열과 규제를 정당화하는 중국의 입장이 대립하는 양상으로 나타난다. 이렇게 사이버 안보 분야에서 벌어지는 미국과 중국의 표준경쟁의 양상은 향후 한국의 표준전략과 외교전략이 심각하게 고민해야 하는 구조적 환경의 변화이다.

I. 머리말

지구화와 정보화 시대를 맞이하여 표준의 중요성에 대한 인식이 높아지고 있다. 표준의 중요성이 커가는 만큼 공식적인 절차와 기관을 통한 표준화의 메커니즘 이외에도 시장에서 벌어지는 사실상의 표준경쟁이 치열해 지고 있다. 여기서 말하는 표준은 좁은 의미에서 보면 전통산업이나 정보기술 분야의 기술표준을 지칭하지만, 넓은 의미에서 보면 그러한 기술표준을 다루는 관리양식, 즉 '표준 거버넌스'의 문제도 포함한다. 다시 말해, 기술표준을 넘어서 정책과 제도, 더 나아가 생각과 가치관의 표준까지도 표준화와 표준경쟁의 대상이 되고 있다. 이러한 양상은 최근 국가 간에 벌어지는 표준경쟁에서도 발견된다. 이 글은 이러한 국가 간 표준경쟁의 시각에서 21세기 세계정치의 주도권을 놓고 경합을 벌이는 두 나라, 즉 미국과 중국의 패권경쟁에 담겨 있는 표준경쟁의 내용을 분석 및 해석하고, 이를 통해서 한국의 표준전략과 좀 더 넓게는 외교전략에 주는 함의를 도출하는 것을 목적으로 한다.

이 글에서 미·중 표준경쟁의 사례로서 주목하는 분야는 사이버 안보이다. 최근 북한의 소행으로 추정되는 사이버 공격이 빈번해지면서 국내에서도 사이버 테러와 공격, 그리고 좀 더 포괄적인 의미에서 본 사이버 안보에 대한 관심이 커지고 있다. 사이버 안보의 문제는 이제는 더 이상 해커들의 장난이나 테러리스트들의 저항수단에 머물지 않고 국가 간의 분쟁으로 확대되고 있다. 최근 미국·이스라엘과 이란 간에 벌어진 사이버 전쟁의 사례나 에스토니아, 그루지야 등에서 발생한 사이버 공격의 배후에서 활약했던 러시아의 역할 등은 사이버 안보의 문제가 매우 중요한 국가안보의 대상이 되었음을 보여준다. 이러한 맥락에서 볼 때, 지난 2013년 6월 미국과 중국의 두 정상인 오바마 대통령과 시진핑 주석이 만나 북한 핵개발 문제와 더불어 사이버 안보 문제를 양국이 당면한 현안으로 거론하면서 사이버 안보는 그야말로 21세기 미중관계의 전면에 부상했다.

그 후 사이버 안보는 미·중 양국 간에 진행된 전략경제대화의 현안 중의 하나로서 다루어졌으며, 좀 더 구체적으로는 미·중 사이버 보안 실무그룹의 협의가 진행되기도 했다. 그러나 이러한 협력의 제스처에도 불구하고 물 밑에서는 사이버 안보 분야의 미·중 갈등은 계속 진행되었다. 미·중 사이버 갈등은 2014년 5월 미 법무부가 미국 내 기관들에 대해서 해킹을 감행한 것으로 지목한 중국군 61398부대 장교 5인을 기소하면서 정점에 달했다. 중국은 이에 즉각 반발하며 미중 대화를 중단하는 동시에 중국 시장에 진출한 미국 IT기업들에 대한 규제의 고삐를 죄기도 했다. 사실 사이버 안보 분야에서 벌어진 미중관계의 이면을 보면, 미국도 중국을 상대로 비밀스러운 정보작전을 벌인 것은 마찬가지여서 2013년 6월 미국 중앙정보국(CIA) 전 직원인 에드

워드 스노든(Edward Snowden)은 미국이 장기간에 걸쳐 중국을 포함한 세계 각국의 각종 데이터를 감청해 왔다고 폭로한 바 있었다. 미국과 중국 간에 벌어지는 해킹과 사이버 공격에 대한 정보와 자료가 극히 제한적인 현재의 상황을 염두에 두더라도, 두 강대국 간에는 이미 수년째 치열한 '사이버 전쟁'이 벌어지고 있음을 미루어 짐작할 수 있다.

국제정치학의 분야에서 미국과 중국의 경쟁을 표준경쟁의 시각에서 다룬 연구는 매우 드물다.[1] 그러나 표준경쟁보다는 좀 더 넓은 의미에서 본 미·중 세계패권 경쟁은 최근 국내외 국제정치학의 핵심 주제 중의 하나이다. 이러한 미·중 패권경쟁 전반의 향배를 읽는 데 있어서 사이버 안보나 인터넷, 좀 더 포괄적으로 IT분야에서 벌어질 양국의 경쟁은 중요한 잣대가 될 것이다. 실제로 첨단기술 분야에서 벌어지는 강대국들의 패권경쟁은 국제정치 구조의 변동을 극명하게 보여주는 사례라는 점에서 국제정치학의 오래된 관심사 중의 하나였다. 역사적으로 세계경제의 선도부문, 즉 해당 시기 첨단산업의 향배는 세계패권의 부침과 밀접히 관련된 것으로 알려져 있다(Gilpin 1987; Modelski and Thompson 1996). 이러한 맥락에서 볼 때, IT분야, 좀 더 구체적으로는 인터넷과 사이버 안보의 분야는 국제정치학적 함의를 갖는 21세기 선도부문의 대표적인 사례이다. 이 글에서 초점을 두는 '표준'이란 바로 이러한 선도부분의 '게임의 규칙'에 해당된다. 좀 더 넓게 보면 '표준'이란 기술과 산업의 영역을 넘어서 세계패권이 세계정치 분야의 질서를 규정하는 '게임의 규칙'이기도 하다.[2]

---

1   표준경쟁의 시각에서 정보화 시대의 미·중 경쟁을 다룬 연구로는 김상배(2012)가 있다. 유사한 시각에서 1990년대 미국과 일본의 표준경쟁을 다룬 연구로는 김상배(2007)을 참조하기 바란다. IT분야의 미중경쟁을 다룬 연구로 배영자(2011)도 유용하다.

2   최근의 현상으로서 사이버 안보(또는 넓은 의미의 인터넷) 분야에서 벌어지는 미국과 중국의 경쟁에 대한 연구는 아직 많지 않은데, 몇 가지 사례로 Liberthal and Sing-

사이버 안보의 세계정치는 국가 간의 관계에 주목하는 기존의 전통적인 국제정치학의 안보이론이 제대로 설명하지 못하는 새로운 분야이다. 사이버 안보와 사이버 공간의 독특한 구조와 동학이 기존 이론의 분석의 칼날을 무디게 한다. 공격과 대상이 명확히 구분되는 전통 안보 영역과는 달리 사이버 테러와 공격은 공격의 주체와 보복의 대상을 명확히 판별할 수 없는 복잡계 환경을 배경으로 한다. 게다가 사이버 안보는 국가 행위자뿐만 아니라 비국가 행위자나 악성코드와 같은 소위 '비인간 행위자(non-human actor)'가 복합적으로 관여하는 분야이다. 따라서 만약에 범인을 찾는다고 하더라도 확증보다는 추정하는 경우가 많기 때문에 실제 범인을 색출하는 문제보다도 누가 범인인지에 대한 담론을 구성하는 것이 더 중요한, 일종의 '범죄의 재구성 게임'의 영역이다. 이러한 관점에서 볼 때, 사이버 안보의 세계정치는 전통적인 국제정치의 게임이라기보다는, 새로운 이론적 시각을 필요로 하는, 복합적인 네트워크 세계정치의 게임이다.

이 글은 복합적인 양상으로 전개되고 있는 사이버 안보의 세계정치를 분석 및 해석하기 위해서 최근 국내외 학계의 관심이 높아지고 있는 '네트워크 세계정치학'의 시각을 원용하였다(Hafner-Burton, Kahler, and Montgomery 2009; Kahler ed. 2009; Maoz 2010; 하영선·김상배 편 2010; 김상배 2014). 네트워크 세계정치학의 논의 중에서도 사이버 안보 분야에서 다양한 행위자들이 벌이는 새로운 권력게임의 양상을 분석하기 위한 분석틀로써 표준경쟁의 이론적 시각을 원용하였다. 사실 사이버 안보 분야에서 벌어지는 미·중 경쟁은 복합 네트워크의 시각에서 파악해야만 하는 중층적 표준경쟁이다. 이렇게 이해한

er(2012), 沈逸(2010), Manson(2011), 蔡翠红(2012), 김상배(2014, 특히 제11장) 등을 들 수 있다.

표준경쟁의 시각은 통상적으로 원용되는 표준경쟁에 대한 논의를 넘어선다. 기존에 경영학이나 경제학을 중심으로 진행된 표준경쟁에 대한 논의는 좁은 의미에서 기술과 시장 분야에만 초점을 맞추었던 것이 사실이다. 또는 부분적으로 기술표준의 경쟁을 뒷받침하는 표준 관련 제도나 표준 거버넌스로 관심의 범위를 넓히곤 했다. 그러나 네트워크 세계정치학의 시각에서 보면 표준경쟁은 기술표준의 논의를 포함하면서도, 좀 더 넓은 의미에서, 정책도입이나 제도조정, 규범전파의 과정에서 벌어지는 경쟁도 포함한다. 가장 추상적인 수준에서 표준경쟁의 논의는 현실을 관념적으로 구성 및 재구성하는 담론과 가치관의 경쟁에까지도 적용 가능하다.

이렇게 넓은 의미에서 파악한 표준경쟁의 시각에서 볼 때, 사이버 안보 분야의 미·중 경쟁은 단순히 해커들의 명시적인 공격과 네트워크 시스템의 물리적 교란, 상업적·군사적 정보의 절취와 도용, 그리고 여기서 파생되는 양국 간의 물리적 충돌의 가능성을 논하는 차원을 넘어선다. 게다가 사이버 공간의 미중관계는 단순히 갈등이냐 협력이냐, 아니면 누가 승자이고 패자이냐, 그리고 더 나아가 경쟁의 주체가 누구이냐를 묻기가 무색한 복합적인 성격을 지니고 있다. 사이버 안보 분야의 미·중 경쟁은 다차원적인 권력게임을 벌이는 다층적인 행위자들의 네트워크 게임으로 이해해야 한다. 이러한 맥락에서 볼 때 미국과 중국이 벌이는 경쟁은 다양한 행위자들이 벌이는 '네트워크들 간의 정치(inter-network politics),' 즉 망제정치(網際政治)이다. 이 글은 이러한 복합적인 양상으로 전개되는 사이버 안보 분야의 미·중 경쟁을 '3차원 표준경쟁', 즉 기술표준경쟁과 제도표준경쟁, 담론표준경쟁의 시각에서 분석하였다. 이러한 작업을 통해서 이 글이 목적하는 바는 미국과 중국이 벌이는 21세기 패권경쟁을 좀 더 체계적으로 이해하고 이를 바탕으로 향후 한국이 추구할 표준전략, 좀 더 넓은 의미에서는 외교전략의 방향을 가늠해보는 데 있다.

이 글은 크게 다음과 같은 네 부분으로 구성되었다. 제2절은 국제 정치학의 시각에서 이익-제도-관념의 차원에서 복합적으로 벌어지 는 3차원 표준경쟁, 즉 기술표준경쟁, 제도표준경쟁, 담론표준경쟁에 대한 이론적 분석틀을 제시하였다.[3] 제3절은 사이버 안보 분야에서 벌 어지는 미·중 기술표준경쟁의 성격을 정보산업과 인터넷 보안기술 분 야에서 중국이 추구해온, 미국의 기술패권에 대한 견제와 대항의 연 속선상에서 살펴보았다. 제4절은 미국과 중국이 구체적으로는 인터넷 검열 정책, 좀 더 넓은 의미로는 정치경제 모델의 차이에서 드러나는 제도표준경쟁의 양상을 분석하였다. 제5절은 사이버 안보의 정의와 대상, 주체 등과 관련된 안보담론을 둘러싸고 벌어지는 미국과 중국의 담론표준경쟁을 살펴보았다. 맺음말에서는 이 글의 주장을 요약·정리 하고, 미국과 중국이 벌이는 3차원 표준경쟁에 대비하는 한국 표준전 략에 대한 후속연구의 필요성을 지적하였다.

---

3   이 글에서 논지를 전개하는 과정에서 원용한 분석틀은 이익(interests), 제도(institu-tions), 관념(ideas) 변수의 복합성을 강조하는 사회학적 제도주의 또는 구성적 제도주 의의 논의이다(Leander 2000; 김상배 2007). 사회학적 구성주의 분석틀에 의하면, 이 익과 제도 및 관념의 변수는 그 선후가 고정적으로 정해져 있는 것은 아니고 연구대상의 성격에 따라서 유연하게 재구성하여 적용할 수 있다. 이 글에서는 사이버 안보 분야의 성격에 맞추어 이익(기술표준경쟁), 제도(제도표준경쟁), 관념(담론표준경쟁)의 순으로 논지를 전개하였다.

II. 네트워크로 보는 표준경쟁

이 글이 사이버 안보 분야에서 벌이는 미국과 중국의 경쟁을 이해하기 위해서 원용한 분석틀은 표준경쟁의 국제정치학적 논의이다(김상배 2007, 2012). 표준경쟁은 주로 기술과 시장에서 벌어지는 경쟁을 분석하기 위해서 원용된다. 기술의 관점에서 본 표준경쟁이란 시스템을 구성하는 단위들 간의 상호작동성과 호환성을 돕는 규칙이나 기준, 즉 표준을 선점하기 위해서 벌이는 경쟁이다. 역사적으로 표준설정은 공적인(de jure) '표준화'나 사실상(de facto) '표준경쟁'의 두 가지 형태로 진행되었는데, 최근에는 사실상 표준경쟁의 중요성이 더 주목받고 있다. 특히 가전, 컴퓨터, 이동통신, 디지털TV, 인터넷, 스마트폰 등과 같은 IT산업 분야에서 기술표준의 중요성이 커지면서 그 주도권을 놓고 시장에서 벌어지는 표준경쟁의 중요성이 증대되고 있다. 이러한 기술표준경쟁은 주로 민간 기업 차원에서 벌어지지만, 최근 그 중요성이 커지면서 국가 간 경쟁의 양상을 띠기도 한다. 사이버 안보 분야에서 벌어지는 미·중 경쟁도 이러한 IT분야 기술표준경쟁의 성격을 바탕에 깔고 있다.

이러한 표준경쟁을 기술과 산업 분야에서만 논하라는 법은 없다. 실제로 언어나 화폐, 정책과 제도, 규범, 법률과 문화적 관행에 이르기까지 다양한 분야에서 표준경쟁, 통칭해서 제도표준경쟁의 양상이 나타난다. 제도표준경쟁은 기술표준경쟁보다 한 층위 위에서 벌어지는 제도모델의 표준을 놓고 벌이는 경쟁이다. 새로운 기술과 표준의 개발이나 이전 및 확산은 그 자체만의 독립적인 과정이라기보다는 이를 뒷받침하는 제도환경의 변수가 관여하는 사회적 과정이다. 새로운 기술과 산업에서 효과적인 경쟁을 벌이기 위해서는 민간 행위자들의 혁신뿐만 아니라 국가의 규제나 육성정책의 역할, 과학기술과 교육의 인프라 등과 같은 제도환경의 조성, 즉 일종의 제도표준의 우위를 겨루는 보이지 않는 경쟁이 동시에 진행된다. 보통 국제정치학에서 제도표준에 대한 논의는 기업모델, 산업모델, 정책모델 등의 형태로 알려져 있다. 역사적으로 국가 차원에서는 영국 모델, 후발 자본국 모델, 포디즘 (Fordism), 냉전모델, 일본모델, 윈텔리즘(Wintelism) 등과 같은 정치경제 모델로 나타났다(김상배 2007). 최근 워싱턴 컨센서스와 베이징 컨센서스로 불리는 미국과 중국의 정치경제 모델의 경쟁에 주목하는 것도 바로 이러한 맥락이다.

사실 이렇게 넓은 의미에서 보면 국제정치 자체가 표준경쟁이다. 특히 네트워크 세계정치학의 시각에서 볼 때, 기술표준의 개발과 수용, 정책과 제도의 도입, 규범의 전파 등은 중립적으로 이루어지는 것이 아니고 권력현상을 수반한다. 표준설정의 권력은 어느 행위자가 물질적 자원을 많이 보유하고 있다고 해서 생겨나는 종류의 것이 아니다. 오히려 물질적 권력은 빈약하더라도 행위자 차원을 넘어서 작동하는 네트워크의 속성을 잘 이해하고 자신이 제시한 표준을 지지하는 세(勢)를 많이 모으는 것이 중요하다. 이렇게 많은 지지자를 끌어 모을 수 있는 자가 여타 표준과의 관계에서 유리한 위치를 차지하여 호환성을 제공하는 역할을 담당할 가능성이 높다. 또한 이러한 능력을 가지고 있으면 자신의 이해관계를 반영하여 네트워크상에서 게임의 규칙을 장악할 가능성도 높다. 일단 이렇게 설계된 네트워크는 지배표준으로 작동하면서 더 많은 세력을 결집하게 되는 구조적 강화의 고리를 형성한다. 국제정치학의 시각에서 볼 때 이러한 표준경쟁의 양상은 지구화와 정보화, 그리고 네트워크 시대로 대변되는 21세기 세계정치에서 더욱 두드러지게 나타나고 있다(김상배 2014).

가장 추상적인 의미에서 표준경쟁은, 기술과 제도의 차원을 넘어서, 생각과 담론, 더 나아가 이념과 가치관 등의 표준을 놓고 벌이는 경쟁, 통칭해서 담론표준경쟁으로 이해할 수 있다. 담론은 현실세계의 이익과 제도적 제약을 바탕으로 하여 출현하지만, 역으로 미래세계를 구성 및 재구성하는 방향으로 작동하기도 한다. 다시 말해, 담론은 현실을 바탕으로 하여 구성된 이익이나 제도의 비(非)물질적 반영이기도 하지만, 기존의 이익에 반하거나 제도적 제약을 뛰어 넘어 기성질서와는 다른 방향으로 현실의 변화를 꾀하는 계기를 제공하기도 한다. 이러한 과정에서 담론표준경쟁은 아직 구체화되지 않은 현실세계의 성격을 정의하며 그러한 과정에서 등장할 미래세계의 의미와 효과를 규정하는 경쟁을 뜻한다. 구체적으로 이러한 경쟁은 대상의 종류와 성격, 그리고 그 대상이 안고 있는 문제점과 이를 해결할 주체에 대한 담론을 누가 그리고 어떻게 규정하느냐의 양상으로 전개된다. 이러한 시각에서 볼 때, 담론표준경쟁은 단순히 추상적인 관념의 경쟁을 의미하는 것이 아니고, 앞서 언급한 기술표준경쟁이나 제도표준경쟁과 구체적으로 연계해서 이해할 수 있는데, 보통 새로운 담론의 제시를 통해서 기술혁신이나 제도조정의 방향이 설정되기 때문이다.

이상의 시각을 원용할 때, 미국과 중국이 사이버 안보 분야에서 벌이는 경쟁은 인터넷 기술의 혁신과 이를 뒷받침하는 인터넷 관련 정책과 제도의 성격, 그리고 21세기 패권을 노리는 두 나라의 비전 제시라는 세 가지 차원에서 파악된 표준경쟁이다. 기술과 제도, 담론이 복합적으로 작용하는 표준경쟁이라는 의미에서 '3차원 표준경쟁'이라고 명명할 수 있겠다. 물론 표준경쟁의 양상을 이렇게 세 가지 차원으로 구분한 것은 분석상의 편의에 의한 것이지 실제 현실이 이렇게 따로따로 움직이는 것은 아니다. 기술은 정치적인 것이고 기존의 제도적 조건에 영향을 받을 뿐만 아니라, 미래를 구성하는 담론의 구속을 받는다. 이 글이 인터넷 보안기술과 서비스 산업 분야에서 벌이는 기술표준경쟁의 양상을 넘어서 다층적으로 벌어지는 기술-제도-담론 표준경쟁의 시각을 취한 것은 이러한 이유 때문이다. 이하에서는 사이버 안보 분야의 미·중 표준경쟁에 담긴 3차원 표준경쟁의 복합적 동학을 살펴보겠다.

III. 사이버 안보의 기술표준경쟁

2013-14년 스노든 사건과 미 법무부의 중국군 기소 사건 등을 거치면서 미·중 사이버 갈등이 심해지고 있다. 사실 이 과정에서 거론된 문제들의 사실 여부를 객관적으로 규명하는 작업은 좀 더 시간이 걸릴 것 같다. 그럼에도 표준경쟁의 시각에서 볼 때 주목해야 할 점은 이러한 갈등의 이면에 사이버 공간에서의 미국의 기술패권과 이를 경계하는 중국의 의구심 어린 움직임이 치열하게 경합하고 있다는 사실이다. 특히 중국 정부는 미국 IT기업들이 제공하는 컴퓨터와 네트워크 장비의 보안문제를 우려한다. 인터넷 보안기술과 관련하여 중국이 미국 IT 기업들에게 너무 많이 의존하고 있으며, 혹시라도 양국 간에 문제가 발생할 경우, 이들 기업들이 미국 편을 들 것이라는 걱정이다. 사실 미국의 IT기업들은 사이버 공간의 중요한 기술과 산업을 거의 독점했다. 예를 들어, 시스코는 네트워크 장비 분야에서, 퀄컴은 칩 제조 분야에서, 마이크로소프트는 운영체계 분야에서, 구글은 검색엔진 분야에서, 페이스북은 SNS 분야에서 모두 독점적인 위치를 차지하고 있다. 중국은 일단 양국 간에 사이버 전쟁이 발발한다면 이들 기업들이 모두 미국 정부에 동원될 것이라고 보고 있다(鲁传颖, 2013).

이러한 문제의식을 바탕으로 중국 정부와 기업들은 1990년대 이래 미국의 IT기업에 대한 기술의존을 줄이고 중국의 독자표준을 모색하려는 노력을 펼쳐온 바 있다. 이러한 점에서 사이버 안보 분야의 미·중 경쟁은 기술표준경쟁의 성격을 띤다. 그런데 여기서 한 가지 유의할 점은 이 분야에서 벌어지는 미국과 중국의 경쟁이 새로운 대안표준을 제시해서 맞불작전을 하는 적극적인 형태의 전형적인 기술표준경쟁의 모습이라기보다는 지배표준을 회피하거나 또는 지배표준으로부터 자유로운 독자적 표준공간을 확보하려는 소극적인 형태로 진행됐다는 사실이다. 이러한 특징은 컴퓨터 및 인터넷 기술과 관련된 안보담론의 관점에서도 양국의 경쟁을 파악하려는 이 글의 시각과도 맥이 닿는다. 구체적으로 사이버 안보 분야 미·중 기술표준경쟁은 컴퓨터 운영체계, 대규모 서버, 네트워크 장비, 모바일 운영체계 등에 구축된 미국 IT기업들의 지배에 대한 중국의 우려에서 시작되었다.

역사를 거슬러 올라가 보면, 1990년대 말과 2000년대 초 컴퓨터 운영체계의 보안 문제를 우려한 중국 정부는 마이크로소프트의 지배표준에 대한 대항의 차원에서 오픈소스 소프트웨어인 리눅스 운영체계와 애플리케이션 개발을 지원하였다. 이러한 과정에서 중국의 리눅스 업체들은 정부의 강력한 지원에 힘입어 리눅스 보급의 선봉장 역할을 담당하였는데, 1999년 8월 중국과학원이 후원하여 설립된 '홍치(紅旗)리눅스'가 가장 대표적인 사례이다. 중국 정부가 리눅스 운영체계를 지원한 정책의 배경에는 경제적 동기 이외에도 마이크로소프트의 플랫폼 독점으로 인해 발생할 가능성이 있는 보안 문제에 대한 민족주의적 우려가 자리 잡고 있었다. 그러나 궁극적으로 중국의 리눅스 실험은 기대했던 것만큼의 큰 소득을 거두지는 못했다(김상배 2012).

중국 정부는 홍치리눅스의 설립과 더불어 민용 및 군용의 운영체계 개발에도 나섰는데, 2001년에 개발되어 2007년부터 사용된 '갤럭시기린'과 2003년 개발을 시작한 '차이나스탠다드리눅스' 운영체계가 그 사례들이다. 그러다가 2006년에 중국 정부의 체계적인 지원이 이루어지면서 2010년에는 '네오기린'이라는 이름으로 두 운영체계가 통합되었는데, 이는 '제2의 홍치리눅스'라고 불리면서 중국산 운영체계의 대표 브랜드로 발돋움했다(『中国电子报』 2010.12.21). 이에 대해서는 미국 정부도 특별한 관심을 보였는데, 2009년 국회청문회에서는 중국의 운영체계와 관련된 보안 문제가 제기되었다. 중국이 독자적인 운영체계를 개발하여 중국의 주요 기관에 보급한다면 이는 미국의 사이버 공격을 무력화시킬 수도 있다는 것이었다(『网易科技』 2009.5.13.). 한편 2014년 마이크로소프트의 윈도XP 서비스 종료를 계기로 중국 정부는 리눅스 배포판인 우분투 계열의 '기린'을 국가 운영체계로 발표하면서 공공기관을 중심으로 오픈소스 운영체계로의 전환을 추진하고 있다(『지디넷코리아』 2014.2.17.).

사이버 안보 표준과 관련된 중국의 독자표준 시도를 보여주는 다른 하나의 사례는 중국이 2003년 11월 발표한 무선랜 보안 프로토콜인 WAPI(Wireless Authentication and Privacy Infrastructure)이다. 당시에는 IEEE에 의해 개발된 802.11 Wi-Fi가 세계적으로 널리 사용되는 무선 LAN 보안 표준이었다. 그러나 Wi-Fi가 보안상 취약점을 가지고 있다는 사실이 알려지면서 중국은 Wi-Fi의 보안상 문제를 빌미로 WAPI를 국내표준으로 제정하려는 시도를 펼쳤다. WAPI는 Wi-Fi에 기반을 둔 칩과 호환되지 않는다는 점에서 독자적 기술표준의 성격을 지녔다. 중국 정부는 노트북과 PDA와 같은 무선장비에 대하여 중국산 장비뿐만 아니라 모든 수입 장비에 대해서도 WAPI 표준을 수용할 것을 요구했다. 만약에 WAPI 보안 표준이 채택됐더라면 미국 업체들은 중국과 기타 시장을 위해 각각 두 가지 종류의 칩을 생산해야만 했을 것이다(Lee and Oh 2006).

인텔을 비롯한 미국 IT기업들이 반대가 심했던 것은 당연했다. 인텔이 WAPI를 지원하지 않기로 발표하자 중국 정부는 WAPI 표준을 충족시키지 못할 경우 중국 내에서 영업을 할 수 없을 것이라고 경고하기도 했다. WAPI와 관련하여 더 문제가 된 것은 세계무역기구(WTO) 기술무역장벽(TBT: Technical Barriers to Trade) 조항의 위반 가능성이었다. 이러한 상황에서 미국의 칩 제조업체들은 미국 정부의 개입을 요구했고, 결국 미국 정부가 중재에 나섰다(이희진·오상조 2008). 한편 2004년부터 중국은 WAPI의 국제표준 채택을 위해서 나섰는데, 8년이 지난 2014년 1월에 이르러서야 WAPI의 핵심기술특허가 겨우 통과되었다. WAPI가 공식적인 국제표준으로서 인정받기는 했으나 소기의 성과를 거두었다고 보기는 어려운 상황이었다.

2014년 5월 미 법무부가 해킹 혐의로 중국군 장교 5인을 기소한 사건은 미국의 기술패권에 대한 중국의 우려에 불을 붙였다. 구체적으로 중국 정부의 반발은 시중에 판매되는 미국 기업들의 IT제품과 서비스에 대해 '인터넷 안전 검사'를 의무화하는 조치로 나타났다. 중국 정부의 보안 검사는 마이크로소프트와 IBM, 시스코, 애플 등에 집중되었다(『매일경제』2014.5.23.). 실제로 중국 정부는 보안강화 등을 이유로 공공기관용 PC에 마이크로소프트의 최신 윈도8 운영체계 사용을 금지시켰다. 당시 중국 언론은 외국산 운영체계를 사용하면 보안 문제가 발생할 수 있다는 우려 때문에 이런 결정이 내려졌다고 일제히 보도했다. 반면 당시 미국과 주요 외신들은 미국 정부가 중국군 현역 장교 5명을 사이버 스파이 혐의로 정식 기소한 것에 대한 보복이라는 해석을 내놓았다(『아시아경제』2014.7.29.).

비슷한 맥락에서 중국 정부는 중국내 은행의 IBM서버를 중국산 서버로 대체할 것을 추진하기로 했다. 이러한 중국의 조치는 IBM 이외에도 매킨지나 보스턴컨설팅 같은 미국 기업들에게도 영향을 미쳤는데, 무역기밀의 유출을 방지하기 위한 거래 단절 명령이 내려졌다(『环球网科技』2014.5.29.). 2014년 7월에는 중국 당국이 반독점법 위반 혐의로 마이크로소프트에 대한 조사에 돌입했는데, 이러한 행보는 중국산 소프트웨어 업체에 반사이득을 주는 효과를 낳았다. 특히 이 중 가장 주목받는 업체는 중국 최대의 서버 기업인 랑차오(浪潮)였다. 미국과의 사이버 갈등이 거세어지면서 중국 정부는 정부기관의 IBM 서버 의존도를 낮추기 위해 자국 브랜드인 랑차오 서버로 교체해서 사용하도록 지시하기도 했다(『아주경제』 2014.7.30.).

이러한 문제와 관련해서는 미국의 반응도 별반 다르지 않았다. 2014년 6월 미국 정부도 자국 기술이 중국으로 유출될 수 있다는 국가안보의 문제를 우려해서 중국 기업인 레노버가 IBM의 x86서버 사업을 인수하는 것을 지연시켰다. 레노버가 IBM서버 사업부를 인수할 경우 펜타곤이 중국 해커의 공격으로부터 취약해 질 수 있다는 이유였다. 사실 미국 정부가 IBM-레노버 간 거래에 대해 우려를 표명한 것은 이것이 처음이 아니었다. IBM은 2005년에 자사 PC 사업부를 레노버에 매각했는데, 당시 익명의 미국 군 사이버 책임자는 공군에 공급된 레노버 노트북이 중국의 해킹에 노출돼 있다는 의혹을 제기했다. 결국 해당 노트북들은 반품됐고, 미국 제품으로 교체됐다(『지디넷코리아』, 2014.6.27.).

가장 큰 쟁점은 역시 중국 내에서 60-80퍼센트의 점유율을 보이고 있는, 미국의 통신장비 업체 시스코였다. 2012년 말 현재 시스코는 금융업계에서 70퍼센트 이상의 점유율을 보이고 있으며, 해관, 공안,

무장경찰, 공상, 교육 등 정부기관들에서 50퍼센트의 점유율을 넘어섰고, 철도시스템에서 약 60퍼센트의 점유율을 차지했다. 민간항공, 공중 관제 백본 네트워크에서는 전부 시스코의 설비를 사용하고 있고, 공항, 부두, 항공에서 60퍼센트 이상을, 석유, 제조, 경공업, 담배 등 업계에서 60퍼센트 이상의 점유율을 차지하고 있다. 심지어 인터넷 업계에서도 중국 내 상위 20개 인터넷 기업들에서 시스코 제품이 차지하는 비율이 약 60퍼센트에 해당되고 방송국과 대중 매체 업계에서는 80퍼센트 이상이다. 인터넷랩의 창시자인 팡싱둥(方兴东)은, "시스코가 중국경제의 중추신경을 장악하고 있어 미국과 중국 간에 충돌이 발생하면 중국은 저항할 능력이 없을 것"이라고 지적했다(『新浪网』 2012.11.27.).

이러한 상황에서 '스노든 사건' 이후 시스코가 중국 정부의 견제를 더욱 많이 받게 되었다. 미국 국가안보국(NSA)이 중국에서 도·감청 프로그램을 운용하며 시스코의 설비를 활용했다는 사실이 폭로된 것이 화근이었다. 중국 내 유관기관의 검증결과 시스코의 라우터 제품에 히든백도어를 삽입한 문제가 밝혀졌다. 그 무렵 미국 정부가 ZTE와 화웨이의 설비 구매를 금지한다고 발표한 사건도 중국 정부와 기업들이 노골적으로 시스코 장비를 기피하는 경향을 부추겼다(『环球网科技』 2014.5.29.). 시스코 내부 사정에 정통한 인사에 의하면, "최근 상하이유니콤, 광둥모바일, 그리고 시스코와 오랫동안 거래한 차이나텔레콤이 잇달아 시스코의 설비를 다른 제품으로 교체하기 시작했다"고 한다(*Economy Insight* 2014.1.1.).

한편 중국 관영 CCTV는 2014년 7월 11일 애플의 모바일 운영체계 iOS-7의 '자주 가는 위치(frequent location)' 기능이 중국의 경제 상황이나 국가기밀정보에까지 접근할 수 있다며 "국가안보에 위협적 존재"라고 주장했다. 중국 공안부 직속 중국인민공안대의 마딩(馬丁)

인터넷보안연구소장에 의하면, "이 기능이 매우 민감한 정보를 모으는 데 쓰일 수 있으며 애플이 마음만 먹으면 주요 정치인이나 언론인 등의 위치와 소재를 파악할 수 있다"고 주장했다. 이러한 주장들은 중국이 미국 기업들의 중국시장 잠식을 견제하려 한다는 미국 측의 해석을 낳았다. 예를 들어, 월스트리트저널(WSJ)은 "사이버 해킹과 관련된 미국 정부의 문제 제기에 대한 중국 정부의 보복 신호"라고 보도했다(『서울경제』 2014.7.13.).

미 경제 주간지 블룸버그에 의하면, 중국 정부는 2014년 8월 해킹과 사이버 범죄를 둘러싼 중국과 미국 간 긴장이 고조되는 가운데 정부 조달 품목 목록에서 애플의 아이패드, 아이패드 미니, 맥북 에어, 맥북 프로 등 총 10개 모델을 제외했다. 중국 조달 당국은 최근 백신 소프트웨어 업체인 시만텍, 카스퍼스키 제품 구매도 중지했고, 마이크로소프트도 에너지 효율성이 있는 컴퓨터 제품군 정부 조달 목록에서 제외됐다. 블룸버그는 이와 같은 중국 정부의 해외 기업에 대한 견제가 스노든 사건과 미 법무부의 중국군 장교 5명 기소 사건 이후 가열된 중국과 미국의 사이버 갈등과 밀접히 연관된 것으로 해석했다(『뉴시스』 2014.8.7.).

이러한 일련의 사태에 대한 논평을 요청받은 중국 외교부 대변인 친강(秦剛)은 주장하길, "인터넷 정보화 시대에서 인터넷 안전, 정보안전은 국가안전의 중요한 구성부분이다. 최근 중국 정부의 유관 부처에서 관련된 정책은 연구 중에 있는 것인데 인터넷 정보안전을 보다 강화해 나갈 것이다. 우리는 대외개방정책을 고수하고 있고 계속하여 해외 기업들의 중국투자와 경영을 환영하며 앞으로도 적극적으로 해외와의 협력을 강화해 나갈 것이다. 그러나 그것이 외국기업 혹은 중외합자기업이라 할지라도 중국의 법률과 규정을 존중하는 것이 중요한 전제가

되어야 하고 중국의 국가이익과 국가안전에 부합되어야 한다"고 말했다
(『新华网』 2014.5.28.). 친 대변인의 이러한 언급은 컴퓨터와 사이버 보
안기술을 둘러싼 미·중 논란이 단순한 기술표준경쟁이 아니라 이 분야
의 정책과 제도의 표준으로 연결된다는 중국 정부의 인식을 보여준다.

IV. 사이버 안보의 제도표준경쟁

기술과 시장에서 나타난 미국 IT기업들과 중국 정부의 갈등은 중국의
인터넷 검열 정책과 법제도를 둘러싼 갈등으로도 나타났다. 미국 기
업들과의 갈등이 불거지는 와중에 중국 정부는 국가보안에 위해가 될
외래 기술들을 차단하고 인터넷상의 불건전하고 유해한 정보를 검열
하는 것은 주권국가의 정부가 취할 수 있는 법적 권리라는 태도를 취
했다. 이러한 맥락에서 중국 정부는 중국 내의 인터넷 서비스 제공자
들이 자체 검열을 수행하도록 요구했다. 예를 들어, 마이크로소프트
의 경우도 중국이 제시하는 인터넷과 관련된 정책이나 기타 제도의 표
준을 수용해야만 했다. 시스코, 야후 등과 같은 미국의 IT기업들은 중
국 정부가 시장접근을 위한 조건으로서 제시한 자체검열의 정책을 수
용하고 나서야 중국 시장에 진출할 수 있었다. 구글도 2006년에 중
국 시장에 진출할 당시 여타 미국의 IT기업들과 마찬가지로 정치적으
로 민감한 용어들을 자체 검열하라는 중국 정부의 요구를 수용하였다
(Hughes 2010).

　　이러한 중국의 인터넷 검열과 정치적 억압에 대한 반발이 없을 수
없었다. 2010년 1월 12일에 이르러 구글은 중국 시장에서 철수할 수
도 있다고 발표하였다. 그 이유는 크게 두 가지였다. 그 하나는 2009

년 12월 중국 해커들에 의해 구글 기반의 이메일 서비스를 사용하는 인권 운동가들의 계정이 해킹 당했다는 것이었고, 다른 하나는 구글의 지적재산권에 대한 심각한 침해가 있었다는 것이었다. 이러한 이유로 구글은 중국어판 검색의 결과를 내부검열하지 않기로 결정했다고 밝혔다. 마침내 2010년 4월에는 중국 본토의 사이트를 폐쇄하고 홍콩에 사이트를 개설하여 이를 통해 검색서비스를 우회적으로 제공하게 되었다. 중국 정부가 구글의 홍콩 우회 서비스를 완전 차단하지는 않았지만, 구글의 철수 결정은 중국과 미국뿐만 아니라 국제사회에서 많은 논란을 불러 일으켰다(Hughes 2010).

이러한 일련의 사태에 대해 중국 정부도 신속하게 대응했다. 구글의 철수 결정 발표 직후인 1월 13일 해킹과는 전혀 관련이 없다는 공식 입장을 밝히면서, 정부가 해커를 동원한다는 논리 자체가 성립되지 않는다고 주장했다. 중국은 다른 국가와 마찬가지로 법에 의거하여 인터넷을 관리하고 있으며 국제적인 인터넷 기업이 중국 내에서 기업 활동을 하려면 중국의 국내법을 따라야 하고, 정부는 당연히 중국 내에 만연하는 외설적 표현과 인터넷 사기의 폐해로부터 중국 인민을 보호해야 한다는 논리를 폈다. 중국 현실로 볼 때 중국에 악영향을 주는 인터넷 위협에 대한 정부의 대응은 오히려 부족하며 중국도 해커 공격의 피해자라는 논리로 구글의 주장에 정면으로 맞섰다. 중국 정부는 구글의 결정은 개별기업의 행위라고 의미를 축소하면서 이를 미중관계와 중국의 이미지 훼손 등과 결부시키는 것을 경계하였다.

양국의 정부까지 가세한 6개월여간의 논란 끝에 결국 2010년 6월 말 구글은 중국 시장에서의 인터넷영업면허(ICP)의 만료를 앞두고 홍콩을 통해서 제공하던 우회서비스를 중단하고 중국 본토로 복귀하는 결정을 내리게 되었다. 이러한 구글의 결정은 중국 내 검색 사업의 발판을 유지하기 위한 결정으로 중국 당국을 의식한 유화 제스처로 해석되었다. 구글이 결정을 번복한 이유는 아마도 커져만 가는 거대한 중국 시장의 매력을 떨쳐버릴 수 없었기 때문일 것이다. 이에 대해 중국 정부는 7월 20일 구글이 제출한 인터넷영업면허의 갱신을 허용했다고 발표했다. 지메일 해킹 사건으로 촉발된 구글과 중국 정부 사이의 갈등에서 결국 구글이 자존심을 접고 중국 정부에 '준법서약'을 하는 모양새가 되었다(김상배 2012).

2010년 구글 사건이 주는 의미는, 단순히 미국의 IT기업과 중국 정부의 갈등이라는 차원을 넘어서, 양국의 정치경제 모델의 차이를 보여주었다. 이 사건에서 나타난 구글의 행보가 미국 실리콘밸리에 기원을 두는 기업-정부 관계를 바탕에 깔고 있다면, 이를 견제한 중국 정부의 태도는 중국의 국가정책 모델에 기반을 둔다. 미국 내에서 IT기업들이 상대적으로 정부의 간섭을 받지 않고 사실상 표준을 장악하기 위한 경쟁을 벌인다면, 중국에서는 아무리 잘나가는 기업이라도 정부가 정하는 법률상 표준을 따르지 않을 수 없는 상황이었다. 이러한 점에서 구글 사건은 워싱턴 컨센서스와 베이징 컨센서스로 알려져 있는 미국과 중국의 정치경제 모델의 경쟁 또는 제도표준의 경쟁을 성격을 바탕에 깔고 있었다.

사실 당시 미국 정부가 가세하면서, 사태는 구글이라는 개별기업 차원을 넘어 미국이라는 국가의 외교 차원의 갈등으로 비화될 조짐을 보였다. 2010년 1월 15일 미국 정부는 구글의 입장에 대한 지지를 표명하였는데 중국 정부가 사이버 공격의 원인에 대한 구체적 정보를 밝혀야 한다는 것이었다. 1월 21일에는 힐러리 클린턴(Hillary Clinton) 미 국무장관은 구글의 결정을 언급하면서 인터넷과 정보 자유의 문제를 제기한 구글의 결정을 치켜세웠다(Clinton 2010). 여기에 더해 미상원은 구글 해킹 사건을 비난하고 중국 정부에 진상조사를 촉구하는 결의안을 채택하고 표현과 언론의 자유를 제한하는 중국의 정책을 비판했다. 또한 오바마 행정부는 미국의 대만 무기 수출 계획안을 발표한데 이어 달라이 라마를 접견하겠다고 발표하기도 했다. 중국 위안화의 환율 문제나 반덤핑 관세와 같은 무역장벽의 문제가 제기되기도 하였다. 구글 사건은 미중관계 전반으로 확대되는 듯이 보였다.

이렇듯 2010년의 구글 사건은 단순한 인터넷 비즈니스 분야의 소동이나 이를 대하는 해당 국가의 정부정책이라는 차원을 넘어서는 국가 간 제도표준경쟁의 면모를 지니고 있었다. 이 사건의 결말은 구글이 고개를 숙이고 다시 중국 시장으로 돌아감으로써 일단락된 것처럼 보이지만, '이미지의 세계정치'라는 시각에서 보면 권위주의적 인터넷 통제정책을 펴는 중국 정부에 대해서 일종의 '도덕적 십자군'으로서 구글의 이미지를 부각시킨 사례일 수 있다. 이렇게 보면 중국 정부가 거대한 국내시장을 무기로 구글을 굴복시켰다고 할지라도 실제로 누구의 승리였는지를 묻는 것이 간단하지 않게 된다. 왜냐하면 구글 사건은 양국의 정부와 기업(그리고 네티즌)들이 추구하는 정책과 제도의 표준을 놓고 벌인 경쟁이었기 때문이다(김상배 2012).

2010년 구글 사건에 표명된 중국 정부의 태도는 2013-14년 스노든 사건과 중국군 기소 사건을 거치면서 더욱 완강해졌다. 예를 들어, 시진핑 주석은 2014년 7월 16일 브라질 국회에서 행한 연설에서, 과거 러시아 방문 당시 제기했던 '신발론'도 재차 언급하며 말하길, "신발이 발에 맞는지 안 맞는지는 신발을 신은 사람만이 알 수 있는 것"이라고 말했다. 그는 "이는 곧 모두가 아는 상식을 의미한다"며 "세계에 그 어떤 만병통치약이 없고 어느 곳에서도 다 옳은 진리는 없으며, 각국은 자신의 국정 상황에 맞는 발전의 길을 걸어야 한다"고 강조했다.

이는 중국의 인권 문제나 주변국과의 영토분쟁 등과 관련한 미국이나 서방의 간섭에 대해 경고하고, 2013-14년에 걸쳐서 미국과 사이버 갈등을 겪고 있는 상황을 지적한 것으로 해석됐다(『아주경제』 2014.7.17.). 이러한 미국과 중국의 인식과 제도의 차이는 사이버 안보 분야에서 국제규범의 형성 과정에 대한 양국의 입장 차이로 표출되었다.

역사적으로 사이버 안보 분야의 국제규범 형성은 그 자체가 독립적 이슈로서 다루어졌다기보다는, 넓은 의미에서 본 인터넷 거버넌스의 일부로서 논의되어 왔다(Mueller 2010; DeNardis 2013). 이러한 인터넷 거버넌스를 지배한 것은 미국을 기반으로 하여 활동하는 인터넷 전문가들과 민간사업자들이 자율적으로 거버넌스의 체계였는데, 이는 소위 이해당사자주의(multistakeholderism)로 불린다. 이해당사자주의의 구상을 잘 보여주는 사례는 초창기부터 인터넷을 관리해온 미국 소재 민간기관인 ICANN(Internet Corporation for Assigned Names and Numbers)이다. 여러모로 보아 ICANN 모델은 개인, 전문가 그룹, 민간 기업, 시민사회, 국가 행위자 등이 다양하게 참여하는 모델의 실험대였다. 그런데 이러한 모델은 인터넷 전문가들이나 민간 행위자들이 전면에 나서는 모습으로 보이지만, 실상은 미국 정부가 뒤에서 사실상 패권을 발휘하고 있다는 비판으로부터 자유롭지 못했다(김상배 2010).

이러한 기존의 인터넷 거버넌스 모델에 대해서 최근 개도국들이 반론을 제기하고 있다. 개도국들은 인터넷 분야에서 이해당사자주의를 바탕으로 한 미국의 패권을 견제하기 위해서는 모든 국가들이 참여하는 전통적인 국제기구의 틀을 활용해야 한다고 주장한다. 인터넷 발전의 초기에는 선발주자로서 미국의 사실상 영향력을 인정할 수밖에 없었지만 인터넷이 지구적으로 확산되고 다양한 이해관계의 대립이 첨예해지면서 여태까지 용인되었던 관리방식의 정당성을 문제 삼을 수밖에 없다는 것이었다(Mueller 2010). 특히 이러한 움직임은 인터넷 초창기에는 상대적으로 뒤로 물러서 있던 국가 행위자들이 인터넷 거버넌스에서 고유한 활동영역(예를 들어 글로벌 정보격차나 사이버 안보)을 찾아가는 과정과 맞물렸다. 특히 인터넷 거버넌스의 운영 과정에 국가 행위자들의 영토주권이 좀 더 적극적으로 인정되어야 한다는 것이다(김의영·이영음 2008; Cowhey and Mueller 2009).

　이상의 인터넷 거버넌스의 구도를 염두에 두고 사이버 안보의 국제규범 형성을 둘러싸고 벌어지는 미국과 중국의 표준경쟁을 이해할 수 있다. 이러한 미·중 경쟁의 구도는, 좀 더 넓게 보면, 미국과 영국이 주도하는 서방 진영을 한편으로 하고, 러시아와 중국을 중심으로 한 개도국 진영을 다른 한편으로 하는 두 개의 진영 구도로 이해할 수 있다. 서방 진영은 사이버 공간에서 표현의 자유, 개방, 신뢰 등의 기본 원칙을 존중하면서 개인, 업계, 시민사회 및 정부기관 등과 같은 다양한 이해당사자들의 의견이 수렴되는 방향으로 국제규범을 모색해야 한다고 주장한다. 이에 대해 러시아와 중국으로 대변되는 진영은 사이버 공간은 국가주권의 공간이며 필요시 정보통제도 가능한 공간이므로 기존의 인터넷 거버넌스를 주도해 온 서방 진영의 주장처럼 민간 중심의 이해당사자주의에 의해서 사이버 공간을 관리할 수는 없다고 주장한다(강하연 2013; 장규현·임종인 2014).

　이러한 대립의 구도에서 볼 때, 사이버 안보 분야에서 벌어지는 미·중 경쟁은 국제규범의 미래를 놓고 벌이는 세 가지의 경합이 복합적으로 나타나는 국제적 차원의 제도표준경쟁으로 볼 수 있다. 먼저 눈에 띄는 것은 사이버 공간에서는 여전히 전통적인 국가 행위자들끼리의 경합이 발견되는데, 미국과 서방 선진국들이 주도하는 '패권의 표준'과 중국과 여타 개도국들이 제기하는 '대항의 표준'이 맞선다. 여기에 이해당사자들이 형성해온 '민간 표준'과 국가 행위자들이 주도하는 '국가 표준'의 경합이 중첩된다. 이러한 표준경쟁의 가장 상위에 겹쳐서 자리 잡은 것은 초국적으로 다양한 행위자가 참여하는 '거버넌스의 표준'과 정부 간 관계를 바탕으로 한 '국제기구의 표준'이 경합하는 양상이다. 이러한 세 층위의 제도표준경쟁의 구도에서 대체로 미국이 전자의 논리를 취한다면 중국은 후자의 논리에 기반을 두고 있다.

V. 사이버 안보의 담론표준경쟁

가장 추상적인 차원에서 볼 때 사이버 안보의 미·중 표준경쟁은 사이버 안보담론의 표준을 놓고 벌이는 경쟁이다. 사실 사이버 안보라는 현상은 아직까지도 그 위협의 실체와 효과가 명시적으로 입증되지 않았다(Rid 2013). 따라서 이 분야의 담론을 형성하는 과정이 중요할 수밖에 없다. 현재 미국과 중국 간에 벌어지는 논쟁점은 기본적으로 사이버 안보의 대상이 무엇이며 그 문제를 해결하는 주체가 누구인가를 규정하는 담론의 차이에서 비롯된다(Hansen and Nissenbaum 2009). 이렇게 보면 미국과 중국 사이에서 인터넷과 관련된 보안기술(또는 기술표준)이나 인터넷 정책과 규범 등과 관련하여 벌어지고 있는 경쟁은 모두 사이버 공간의 안보담론을 선점하려는 경쟁과 밀접히 관련된다. 이는 단순히 관념의 차이가 아니라 이를 통해서 구성될 미래의 방향을 놓고 벌이는 이익규정의 차이에 기반을 두고 있기 때문이다. 특히 '사이버'와 '안보'라는 말이 '국가'에 의해서 조합되는 과정에서 그러한 담론의 차이가 극명하게 드러난다. 미국과 중국의 사례만 보더라도, '사이버'와 '안보'는 세 가지 차원의 국가 개념, 즉 '정부(government),' '국가(state)', '네이션(nation)' 등과 만나서 다르게 구성된다.

　'사이버'라는 말이 인프라나 네트워크와 같은 물리적 층위나 논리적 층위를 지칭하면 컴퓨터 보안, 정보보호, 네트워크 보안 등에서 보이는 것처럼, 안전(安全, safety)이나 보호(保護, protection) 등과 같은 중립적인 뉘앙스를 갖는다. 지식, 이념, 정체성 등과 같은 콘텐츠 층위를 지칭하면, 경우에 따라서는 국내정치나 치안의 뉘앙스를 갖는 보안(保安)이라는 말로 번역되기도 하며, 대외적인 함의를 가질 때는 주로 안보(安保)라고 번역된다. 또한 '안보'가 '정부'와 만나면 다소 중립적인 '안전'이나 '보호'의 의미로, '사회(society)'와 대립되는 의미의 '국가'와 만나면 '보안'의 의미로, 대외적 차원의 '네이션'과 만나면 '안보'의 의미로 구성되곤 한다. 이러한 세 가지 조합은 객관적으로 존재하는 각기 다른 현실을 지칭하는 것이라기보다는, '국가' 행위자들의 의도에 따라 간주관적으로 구성되는 안보담론에 담긴 현실이다. 사이버 안보 분야에서 벌어지는 미·중 경쟁에는, 다음과 같은 세 가지 차원에서 구성되는 안보담론의 차이가 발견된다.

　첫째, '정부' 차원에서 본 미국의 사이버 안보담론은 중국의 해커들이 미국의 물리적 인프라와 지식정보 자산을 심각하게 침해하고 있다는 주장으로 나타난다. 2000년대 후반부터 미국 정부와 언론은 중국 해커들의 공격이 미국의 근간을 뒤흔드는 위협이라는, 소위 '중국 해커위협론'을 펼쳤다.[4] 중국의 해커들이 중국 정부와 군의 지원을 받

4　중국 해커에 의한 공격에 대한 미국의 '피해자 담론'은 2000년대 후반 본격적으로 제기되었다. 이러한 미국의 안보 담론에 대해서는 Dahong(2005), US-China Economic and Security Review Commission(2009), Barboza(2010), Hvistendahl(2010), Clark(2011) 등을 참조하기 바란다.

아서 미국 정부와 기업들의 컴퓨터 네트워크를 공격한다는 것이었다. 예를 들어 미국 정부가 소위 '오로라 공격(Aurora attack)'이라고 명명한 2009년의 해킹 사건은 구글뿐만 아니라 아도비나 시스코 등과 같은 미국의 IT기업들을 목표로 하여 중국 해커들이 벌인 일이라는 것이다(Clark 2011). 2010년 구글 사건 당시에도 중국의 해커들이 적극적인 역할을 한 것으로 알려졌다(Barboza 2010).

게다가 이들 사이버 공격이 노린 것이 미국 기업들의 지적재산권이라는 것을 심각하게 여겼다. 앞서 언급한 2013년 멘디언트의 보고서나 2014년 3월 미 법무부의 중국군 장교 기소도 중국의 해킹 공격이 정보통신, 항공우주, 행정, 위성, 통신, 과학연구, 컨설팅 분야에 집중해 있다고 지적했다. 2014년 7월 잭 루(Jack Lew) 미 재무장관도 중국의 해킹으로부터 헤지펀드와 투자자산회사의 사이버보안 대책 마련에 적극 나서야 할 것이라고 강조했다(『조선일보』 2014.7.30.). 이러한 안보담론은 자연스럽게 미국의 인권 단체, 정부관리, 각계 전문가 등을 중심으로 중국에 대해서 인터넷 검열기술을 제공하는 것을 금지하는 것이 필요하다는 문제제기를 하게 했다. 이러한 취지에서 중국의 영토 내에 서버를 설치하거나 또는 이메일 서비스를 제공하고 검열기술을 판매하는 것을 제한해야 한다는 주장도 제기되었다(USAID 2010).

이러한 '중국해커위협론'에 대해서 중국은, "미국이 스스로 해커의 공격으로부터 제일 피해를 보는 나라라는 인식을 조장하고 있다"는 논리로 맞섰다(蔡翠红 2012). 또한 "미국이 중국해커위협론을 조장하여 여론의 우위를 점해 중국의 사이버 군사기술의 발전을 압제하려 한다"고 했다. 또한 미국이 '중국해커위협론'을 유포하는 이면에는 경제무역 측면에서 중국 기업의 부상을 도전으로 인식하고 사이버 안보를 빌미로 하여 자기보호에 나선 미국 기업들과 미국 정부의 속내가 있다고 평가했다(周琪·汪晓风 2013: 46). 미국은 "국제사회에서 인터넷을 둘러싸고 진행되는 일련의 문제들에 대하여 냉전진영의 논리를 조장하고 있는데, 이를 통하여 중국 해커의 위협을 제기하고 인터넷 심사 등을 이용하여 중국의 이미지에 손상을 주어 인위적으로 중국과 러시아를 세계 대다수 국가들과 대조되게 하고 있다"는 것이었다(『参考消息网』2014.1.3.).

이에 비해 중국이 사이버 안보담론의 구성에서 중시하는 것은 소위 '정치안전'에 대한 위협이었다. 중국 인터넷정보판공실 부주임 왕슈쥔(王秀军)에 따르면, 현재 중국이 "관심을 가지고 있는 인터넷안전은 의식형태의 안전, 데이터안전, 기술안전, 응용안전, 자본안전, 루트안전 등이 포함되는데... 총괄적으로 보면 정치안전이 근본이 된다"고 하였다. 그에 의하면, "현재 외부세력들이 인터넷을 〔중국에〕 대한 침입과 파괴의 주요 루트로 삼는데 인터넷자유라는 미명으로 계속하여 〔중국에〕 대한 공격을 가하면서 〔중국의〕 사회안정과 국가안전을 파괴하려 시도하고 있다"는 것이다. 특히 "인터넷 신기술은 일부 인사들의 새로운 전파도구로 사용되어 불법정보와 유해정보"를 퍼뜨리게 하고 있으며, "인터넷상의 의식형태영역에 대한 침투와 반(反)침투의 투쟁에서 승리를 취득하느냐의 여부"는 많은 부분에서 중국의 미래에 중요하다는 것이다(『大公网』2014.5.18.).

둘째, 국내적인 의미의 '국가' 차원에서 본 미국의 사이버 안보담론은 개방된 공간으로서 인터넷 상에서의 개인의 권리와 표현의 자유 등의 가치를 표방하고 이에 대한 침해를 경계하는 내용을 담고 있다. 앞서 언급한 구글 사건이 터질 무렵인 2010년 1월 21일 행한 힐러리 클린턴 미 국무장관의 연설은 미국이 추구하는 인터넷 자유의 가치를 잘 설명했다. 클린턴 장관에 의하면, 미국은 정치적 동기에서 이루어지는 규제에 반대하고 인터넷을 통해서 시민들의 표현의 자유를 지원할 것이라고 밝혔다(Clinton 2010).

　이러한 주장의 연속선상에서 볼 때, 앞서 살펴본 2010년 구글 사건은 미국과 중국의 인터넷 정책의 차이를 넘어서 인터넷에 담긴 정치담론의 차이, 즉 자유롭고 개방된 인터넷의 담론과 통제되고 폐쇄된 인터넷의 담론을 놓고 벌어진 표준경쟁의 성격을 갖고 있었다. 당시 구글로 대변되는 미국의 IT기업들(그리고 미국 정부)이 중국 정부(또는 중국의 네티즌)를 상대로 해서 반론을 제기한 핵심 문제는 인터넷 자유라는 보편적 이념의 전파를 거스르는 중국 정치사회체제의 특성이었다. 이러한 점에서 구글 사건은 '정치이념의 표준경쟁'이기도 했다. 양국 간에 이러한 차이가 발생하는 것은, 일차적으로는 양국 국내체제의 제도와 정책, 그리고 역사문화적 전통과 연관되겠지만, 미국과 중국이 세계체제에서 각각 패권국과 개도국으로서 차지하고 있는 국가적 위상과도 관련이 있다(김상배 2012).

　이러한 미국의 사이버 담론에 대해서 중국은 인터넷을 검열하고 규제하는 정책적 자율성을 정당화하는 논리를 폈다. 중국이 중시하는 것은 '개인 차원의 인터넷 자유'라기보다는 '국가 차원의 인터넷 자유'이다. 왕정핑(王正平)과 쉬테광(徐铁光)의 설명에 의하면, "일개 국가의 사이버에 대한 기본요구에는 인터넷자유와 사이버안보가 포함되어 있다. 국가인터넷자유에는 자국 인터넷에 대한 자유적인 관리가 포함됨으로 타국의 간섭을 받으면 안 된다. 한 나라의 사이버안보를 수호하기 위해서는 그 나라는 인터넷심사를 진행할 필요가 있는 것이다. 중국과 일부 개도국의 인터넷심사정책을 서방국가들에서 지적하는 것은 그들 국가와 국민들의 기본수요를 침해하는 것"이라고 한다(王正平·徐铁光 2011: 107). 이러한 논리의 연속선상에서 보면, 2010년 구글 사건에 대한 중국 정부의 대처방식도 국가의 권리라는 차원에서 정당화된다.

이러한 중국의 눈으로 볼 때, 미국의 인터넷 자유에 대한 담론은 보편적 가치라기보다는 미국이 자국의 패권을 투영하는 수단에 불과하다. 중국의 유엔주재 특명전권군축대사 왕췬(王群)은 말하길, "인터넷은 이미 미국이 의식형태와 가치관 전파 및 정권교체를 실행하는 중요한 도구가 되었다. 특히 미국이 일부분의 반 중국세력과 중국의 민족분열세력들에 자금을 지원해주어 백도어프로그램을 개발하고 사용하게 하여 중국의 사회모순과 민족관계의 부정적 측면을 주객관적으로 확대 해석한 것은 중국의 국가안보에 위협으로 되고 있다. 미국과 중국이 '인터넷 자유'를 두고 벌이는 게임은 양국의 의식형태와 가치관의 분쟁이 사이버 공간으로 연장된 것이고 양국이 주권과 인권, 주권과 안보를 두고 벌이는 분쟁이 정보화 시대에 반영된 것"이라고 했다(奕文莉 2012: 30-31). 이러한 시각에서 볼 때, 미국은 "개도국 국가들의 인터넷규제에 대하여 비평을 할 뿐, 자신이나 동맹국들의 인터넷 규제에 대해서는 보고도 못 본 체"하고 있는데, 이는 인터넷 자유와 사이버 안보에서 이중표준을 구사함으로써 "자신과 동맹국들에게 하나의 표준, 개도국 국가들에게 또 다른 표준을 제시하고 있는 것"으로 인식되었다(王正平 · 徐铁光 2011: 106).

끝으로, 대외적인 의미의 '네이션'의 차원에서 본 미국의 사이버 안보담론은 글로벌 패권담론을 바탕에 깔고 있다. 인터넷이 발달하여 전세계적으로 확장되면서 미국은 사이버 공간을 정보의 흐름이 초국경적으로 이루어지는 글로벌 공간으로 상정하고 이러한 사이버 공간의 자유주의적 질서 구축에 방해가 되는 요인을 제거한다는 차원에서 사이버 안보의 담론을 제시하였다. 미국의 사이버 전략의 목표는 바로 이러한 글로벌 공간에서 패권질서를 수립하는 것이었는데, 선발자의 이득을 바탕으로 민간 이해당사자들이 주도하는 글로벌 거버넌스의 메커니즘의 이면에서 사실상의 패권을 행사하는 것이다. 이러한 미국의 글로벌 패권담론은 앞서 언급한 국제규범의 형성과정에서 나타나는 미국의 입장과 일맥상통하는 바가 크다.

이에 대해 중국은 반(反)패권주의적이고 민족주의적인 국가주권의 안보담론을 펼치고 있다. 특히 중국 정부는 국내 차원의 권위주의적 통치를 정당화하고 대외적 압력에 대항하는 과정에서 급속한 경제적 성장과 함께 형성된 중국 국민들의 자부심과 사이버 민족주의 담론을 결합시켰다(Chao 2005; Zakaria 2010). 이와 관련하여 앞서 언급한 2014년 7월 16일 브라질 국회에서 행한 시진핑 주석이 행한 연설이 주는 시사점이 큰데, 시 주석은, "비록 인터넷이 고도의 글로벌화라는 특징을 가지고 있지만 각 국가의 정보영역의 주권이익은 침범 당해서는 안 되며, 인터넷 기술이 발달하더라도 타국의 정보 주권을 침범해서는 안 된다"고 주장했다. 시 주석은 "각국은 모두 자국의 정보 안보를 지켜야 하며 어떤 국가는 안전하고 어떤 국가는 불안전하거나 심지어 타국 안보를 희생해 자국이 말하는 절대 안보를 지켜서는 안 된다"며 상호신뢰 원칙을 존중해야 한다고 말했다(『아주경제』 2014.7.17.).

이렇듯 중국에서 사이버 공간은 국가 차원의 네트워크 인프라 위에 구축된 것으로 국가주권의 관할권 하에 있는 것으로 간주된다. 다시 말해, 국가주권은 국가 고유의 권리로서 그 관할권의 범위는 인류 활동 공간의 확장과 함께 육지에서 해양으로, 그리고 하늘로 연장되었으며, 사이버 공간에까지 확장되어 사이버 주권을 논할 수 있게 되었다는 것이다. 중국의 담론체계 내에서 "주권국가는 사이버 공간의 발전을 추진하고 사이버 공간의 안정을 수호하며 사이버 공간의 안보를 보호할 책임이 있음은 물론 법에 근거하여 사이버 공간에 대한 관리를 행사하고 사이버 범죄를 단속하고 정보 프라이버시를 보호할 권력을 가진다. 따라서 사이버 공간은 '글로벌 공공영역'이 아닌 국가주권의 중요한 부분"이라는 것이다(魯传颖 2013: 49).

　요컨대, 미국과 중국은 사이버 안보담론의 구성과정에서도 세 가지 차원에서 표준경쟁을 벌이고 있는 것으로 파악된다. 미국의 담론이 주로 물리적 정보 인프라로서 컴퓨터 시스템과 네트워크 인프라, 지식정보 자산, 지적재산권의 안보를 유지하는 데 관심이 있다면, 중국의 담론은 인터넷 상에서 유통되는 콘텐츠, 즉 정치적 담론이나 이념의 내용에 주안점을 둔다. 미국의 담론이 민간의 프라이버시 보호, 보편적 인권과 표현의 자유에 관심이 있다면, 중국의 담론은 정권안보의 차원에서 인터넷에 대한 검열과 규제를 강조한다. 미국의 담론이 글로벌 패권의 자유주의적 담론을 강조하는 입장이라면, 중국의 담론은 반(反)패권주의적이고 민족주의적인 국가주권의 안보담론이다.

VI. 맺음말

이 글은 사이버 안보의 세계정치를 표준경쟁의 국제정치학이라는 시각에서 살펴보았다. 사이버 안보는 컴퓨터와 인터넷 분야 보안기술의 개발과 확산이 주요 관건이 되는 분야이다. 따라서 이 분야에서 기술표준을 장악한다는 것은 사이버 공간에서 벌어지는 활동의 안보 문제를 보장하는 것으로 직결된다. 이런 점에서 사이버 안보 분야에서 벌어지는 세계정치는 기본적으로 기업 간, 그리고 국가 간에 벌어지는 기술표준경쟁을 기본으로 한다. 그러나 사이버 안보는 사이버 공간의 국내외 규범과 질서 형성을 놓고 벌이는 담론과 법제도의 문제와도 밀접히 연결된다. 최근 미국과 중국 사이에서 중견국으로서 외교전략의 진로를 고민하고 있는 한국의 입장에서 볼 때도 이러한 중층적인 의미를 지니고 있는 사이버 안보의 문제는 북한의 핵무기 개발 문제를 둘러싼 전통안보의 문제에 못지않게 중요한 안보문제이다. 이러한 문제의식을 바탕으로 이 글은 기술, 제도, 담론의 세 가지 차원에서 벌어지는 3차원 표준경쟁의 시각에서 사이버 안보 분야에서 두 강대국인 미국과 중국이 벌이고 있는 패권경쟁을 이론적·경험적으로 조명하였다.

첫째, 사이버 안보 분야에서 벌어지는 미국과 중국의 기술표준경쟁은 미국이 주도하고 있는 인터넷과 사이버 안보 분야의 기술패권에 대항하는 중국의 독자적인 표준전략의 경합으로 이해된다. 사실 PC시대부터 정보산업 분야에서 미국의 IT기업들과 중국 정부(또는 중국 기업)와 벌인 기술표준에 대한 논란은·잘 알려져 있는 사실이다. 인터넷 시대의 사이버 안보 분야에서도 이러한 기술표준을 둘러싼 경쟁은 미국과 중국이 사이버 갈등을 벌이는 수면 아래에서 치열하게 전개되고 있다. 주로 미국의 IT기업들이 제공하는 컴퓨터 운영체계나 인터넷 시스템 장비에 대한 보안문제가 중국 정부의 큰 우려사항이다.

둘째, 사이버 안보 분야에서 벌어지는 미국과 중국의 표준경쟁은 사이버 안보와 관련된 인터넷 정책과 제도 및 글로벌 차원의 규범형성을 놓고 벌어지는 제도표준경쟁의 양상으로 나타나고 있다. 기술표준 분야의 도전에서는 중국이 미국 IT기업들의 벽을 쉽게 넘을 수 없었던 반면, 제도표준의 분야에서는 나름대로 효과적으로 미국의 공세를 견제하고 있다. 중국 시장에 진출하려는 기업은 누구라도 중국 정부의 규제지침을 따라야만 중국 시장에 진출할 수 있기 때문이다. 게다가 중국의 인구와 시장 규모의 힘은 일차적으로는 무역장벽으로 작동할 수 있으며 장기적으로는 독자표준을 추구할 배후지가 된다. 중국이 아직까지는 역부족이었지만 지속적으로 독자적인 기술표준을 모색하는 것은 바로 이러한 맥락에서 보아야 한다.

끝으로, 사이버 안보 분야의 미·중 표준경쟁은 사이버 안보의 개념이 무엇이고 그 내용이 무엇인지에 대한 담론을 둘러싸고 벌어지는 표준경쟁이다. 현재 미국과 중국 간에 벌어지는 사이버 안보와 관련된 논점의 차이는 문제 자체를 보는 시각의 차이에서 비롯된다. 미국이 주요 정보 인프라로서 컴퓨터 시스템의 네트워크 안보를 유지하는 데 관심이 있다면, 중국은 인프라 자체보다는 인터넷에 반영되는 정치안전에 주안점을 둔다. 이러한 차이는 민간을 중심으로 추구되는 인터넷 자유와 좀 더 넓게는 글로벌 안보를 강조하는 미국 정부의 입장과 정권안보 또는 국가주권의 차원에서 인터넷에 대한 검열과 규제를 정당화하는 중국 정부의 입장 간에 존재하는 차이로 드러난다.

요컨대, 이러한 3차원 표준경쟁의 시각에서 볼 때, 사이버 안보 분야에서 벌어지는 미국과 중국의 경쟁은, 예전에 국제정치에서 출현했던 패권경쟁과는 달리 복합적인 권력게임을 벌이는 다층적인 행위자들의 네트워크 게임으로 이해해야 한다. 이 글에서 '미국'과 '중국'이라고 통칭해서 지칭하기는 했지만, 엄밀히 따져보면 경쟁에 참여하는 행위자들의 성격 자체가 전형적인 국가 행위자라기보다는 정부와 다국적 기업뿐만 아니라 해커들의 네트워크까지도 관여하는 복합적인 모습이다. 게다가 이들이 사이버 안보 분야에서 벌이는 경쟁의 양상도, 적어도 현재까지는, 물리적이거나 물질적인 갈등과 경쟁을 보이기보다는 시장에서의 기술표준과 정책·제도의 우수성, 그리고 대상의 성격과 해결 주체에 대한 담론 형성을 놓고 벌이는 모습으로 나타나고 있다. 이런 점에서 사이버 안보의 세계정치는 물질적 권력의 행사를 통해서 나타나는 국가들 간의 정치, 즉 '국제정치(國際政治, international politics)'의 게임이라기보다는 국가 및 비국가의 복합 행위자들이 벌이는 표준경쟁의 네트워크 세계정치 게임이다. 서론에서 사이버 안보 분야의 미·중 표준경쟁을 '망제정치(網際政治, inter-network politics)'라고 명명한 것은 바로 이러한 이유 때문이다.

이렇게 사이버 안보 분야에서 복합적으로 벌어지는 미국과 중국의 표준경쟁은 단순히 두 나라의 관계에만 그치는 것이 아니라, 동아시아와 세계정치 전반에 광범위한 영향을 미친다. 21세기 세계패권을 놓고 자웅을 겨루는 두 나라의 경쟁이 야기하는 변화의 소용돌이로부터 한국도 자유로울 수는 없다. 특히 최근처럼 중견국으로서 한국이 새로운 외교의 방향을 모색하고 있는 시점에서 사이버 안보의 미·중 경쟁은 미래전략의 차원에서 고민해야 하는 중요한 구조적 환경의 변화이다. 이 글의 논의를 바탕으로 볼 때, 사이버 안보 분야에서 벌어지고 있는 미·중 3차원 표준경쟁은 한국의 표준전략, 또는 표준경쟁의 관점에서 본 외교전략에 적어도 다음과 같은 세 가지 묶음의 질문을 던지게 한다.

첫째, 만약에 사이버 안보 분야의 기술표준과 관련하여 미국과 중국의 사이에서 한국이 선택을 해야 한다면 어떻게 해야 할 것인가? 미국의 글로벌 지배표준을 계속 고수할 것인가, 중국이 독자적으로 추진하는 표준 진영에 편입할 것인가, 아니면 중견국으로서 한국의 독자표준을 개발할 것인가? 그리고 이러한 표준선택의 상황이 단순한 기술과 산업 분야가 아닌 한미동맹과 한중협력의 재조정 문제라는 외교문제로서 다가올 경우는 어떻게 할 것인가? 둘째, 인터넷과 사이버 안보 분야의 국내정책과 제도모델(좀 더 구체적으로는 표준 거버넌스 모델)을 모색함에 있어서 한국이 추구할 방향은 어디인가? 미국이 주창하는 민간 주도의 이해당사자주의 모델인가, 아니면 중국이 고수하려고 하는 국가 주도의 인터넷 통제 모델인가? 그리고 만약에 사이버 안보 분야에서 워싱턴 컨센서스나 베이징 컨센서스와 같은 정치경제 모델을 설정할 수 있다면, 그 사이에서 중견국으로서 한국이 추구할 사이버 안보 분야의 '서울 컨센서스'는 가능할까? 끝으로, 미국과 중국이 서로 상이한 사이버 공간의 안보담론을 모색하는 경쟁을 벌이는 와중에 한국이 제시하는 담론의 내용은 무엇인가? 미국이 전파하고 있는 인터넷 자유의 보편주의적 안보담론인가 아니면 중국이 지키려고 하는 사이버 주권의 민족주의적 안보담론인가? 그 사이에서 중견국으로서 한국이 새로운 안보담론의 생성할 여지는 없는가? 예를 들어, 강대국들이 추구하는 힘의 논리에 기반을 둔 안보담론이 아닌, 규범과 윤리를 강조하는 사이버 공간의 담론을 구성할 수는 없을까?

국제정치학의 시각에서 볼 때, 표준경쟁과 표준전략에 대한 논의는 중견국 외교전략 연구에 매우 유용한 이론적 자원을 제공하는 것이 사실이다. 그러나 현재 이용 가능한 자료의 성격이나 국내외 학계의 연구 실정을 고려할 때, 사이버 안보의 세계정치에 대한 실증적 연구가 그리 용이하지만은 않은 실정이다. 따라서 미국과 중국의 사이에서 헤쳐 나갈 한국의 표준전략의 내용을 탐구하는 작업도 쉽지 않다. 그럼에도 지금 이 시점에서 사이버 안보 분야, 그리고 좀 더 넓게는 21세기 세계정치 전반에서 미국과 중국이 벌이는 표준경쟁의 전개양상을 올바로 이해하고 이에 대응하는 표준전략 또는 외교전략의 방향을 수립하는 작업은 시급히 필요하다. 이 글에서 살펴본 사이버 안보 분야의 미·중 표준경쟁에 대한 논의가 이에 대응하는 한국의 표준전략에 대한 후속 정책연구를 유발하기를 기대해 본다.

참고문헌

강하연. 2013. "ICT교역의 글로벌 거버넌스."『세계정치』 33(2), pp.73-109.
_____. 2007.『정보화시대의 표준경쟁: 윈텔리즘과 일본의 컴퓨터산업』. 한울아카데미.
_____. 2010.『정보혁명과 권력변환: 네트워크 정치학의 시각』. 한울.
_____. 2012. "정보화시대의 미·중 표준경쟁: 네트워크 세계정치이론의 시각."
　　　『한국정치학회보』 46(1), pp.383-410.
_____. 2014.『아라크네의 국제정치학: 네트워크 세계정치이론의 도전』. 한울아카데미.
김의영·이영음. 2008. "인터넷과 거버넌스: ICANN의 ccNSO 형성과정에서 ccTLDs 세력의
　　　역할을 중심으로."『국제정치논총』 48(2), pp.173-196.
『뉴시스』. 2014. "중국 정부, 애플제품 정부 조달 품목서 제외." 8월 7일. 〈http://
　　　www.newsis.com/ar_detail/view.html?ar_id=NISX20140807_0013095370&cID=10
　　　808&pID=10800〉 (검색일: 2014.8.8.).
『매일경제』. 2014 "인민군 해킹혐의로 기소되자 중, 미 기업에 보복." 5월 23일. 〈http://
　　　news.mk.co.kr/newsRead.php?year=2014&no=800319〉 (검색일: 2014.5.25.).
배영자. 2011. "미국과 중국의 IT 협력과 갈등: 반도체 산업과 인터넷 규제 사례."
　　　『사이버커뮤니케이션학보』 28(1), pp.53-88.
『서울경제』. 2014. "'아이폰 마찰'까지… 골 깊어지는 미-중." 7월 13일. 〈http://economy.
　　　hankooki.com/lpage/worldecono/201407/e2014071318142069760.htm〉 (검색일:
　　　2014.7.14.).
『아시아경제』. 2014. "미 IT공룡들, 중국정부의 파상공세에 움찔." 7월 29일. 〈http://
　　　www.asiae.co.kr/news/view.htm?idxno=2014072908235745851〉 (검색일:
　　　2014.7.30.).
『아주경제』. 2014. "중국 시진핑 '미국 앞마당' 브라질 국회 연설 '무슨 말 했나'." 7월 17일.
　　　〈http://www.ajunews.com/view/20140717151605782〉 (검색일: 2014.7.18.).
_____. 2014. "MS 반독점법 조사설에 중국 국산 소프트웨어 '반사이득'." 7월 30일. 〈http://
　　　www.ajunews.com/view/20140730133939299〉 (검색일: 2014.7.31.).
이희진·오상조. 2008. "중국의 정보통신기술 표준 전략: 한국의 정보통신산업에 주는 함의."
　　　『정보화정책』 15(4), pp.55-68.
장규현·임종인. 2014. "국제 사이버보안 협력 현황과 함의: 국제안보와 UN GGE 권고안을
　　　중심으로."『정보통신방송정책』 26(5), pp.21-52.
『조선일보』. 2014. "중국 상하이 소재 61486부대 12국이 하는 일은…." 7월 30일. 〈http://
　　　news.chosun.com/site/data/html_dir/2014/07/30/2014073001530.html〉 (검색일:
　　　2014.7.31.).
『지디넷코리아』. 2014. "중국 정부판 리눅스, 130만 다운로드 돌파." 2월 17일. 〈http://
　　　www.zdnet.co.kr/news/news_view.asp?artice_id=20140217095449&type=det〉
　　　(검색일: 2014.8.11.).

하영선·김상배 편. 2010. 『네트워크 세계정치: 은유에서 분석으로』. 서울대학교출판문화원.

Economy Insight. 2014. "스노든 사태로 날벼락 맞은 시스코." 1월 1일〈http://www.economyinsight.co.kr/news/articleView.html?idxno=2123〉 (검색일: 2014.5.21.).

鲁传颖. 2013. "试析当前网络空间全球治理困境." 『现代国际关系』 2013年 第11期.

王正平·徐铁光. 2011. "西方网络霸权主义与发展中国家的网络权利." 『思想战线』 第2期 第37卷.

周琪·汪晓风. 2013. "美国缘何在网络安全上针对中国." 『时事报告』 第7期.

蔡翠红. 2012. "网络空间的中美关系竞争, 冲突与合作." 『美国研究』 第3期: 107-121.

沈逸. 2010. "数字空间的认知, 竞争与合作-中美战略关系框架下的网络安全关系." 『外交评论』 第2期: 38-47.

奕文莉. 2012. "中美在网络空间的分歧与合作路径." 『现代国际关系』 第7期.

『大公网』. 2014. "国信办副主任谈网络安全: 管理不好或致'国将不国'." 5月 18日. 〈http://news.takungpao.com/mainland/focus/2014-05/2481785. htm〉 (검색일: 2014.7.18.).

『网易科技』. 2009. "美称中国军用电脑装国产操作系统'麒麟'." 5月 13日. 〈http://tech. 163. com/09/0513/15/5971ICO9000915BD.html〉 (검색일: 2014.5.15.)

『环球网科技』. 2014. "中美网络安全战升级 中国科技企业或迎春天." 5月 29日. 〈http:// tech. huanqiu.com/it/2014-05/5007875.html〉 (검색일: 2014.7.18.).

『新浪网』. 2012. "数据称中国信息安全在思科等美企面前形同虚设." 11月 27日〈http://finance.sina.com.cn/china/20121127/064513805924.shtml〉 (검색일: 2014.7.25.).

『新华网』. 2014. "外交部: 中方正研究政策加强网络信息安全." 5月 28日. 〈http://news.xinhuanet. com/world/2014-05/28/c_1110904778.htm〉 (검색일: 2014.7.16.).

『中国电子报』. 2010. "中标软件与国防科大联手做强国产操作系统." 12月 21日 〈http://cyyw.cena.com.cn/a/2010-12-21/129291519751092.shtml〉 (검색일: 2014.5.15.)

『参考消息网』. 2014. "三大措施打造'网络国门'." 1月 3日. 〈http://ihl.cankaoxiaoxi.com/2014/0103/326499.shtml〉 (검색일: 2014.7.16.).

Barboza, David. 2010. "Hacking for Fun and Profit in China's Underworld." *New York Times*. February 2.

Chao, Leon. 2005. "The Red Hackers: Chinese Youth Infused with Nationalism." *Chinascope*. May, pp.8-13.

Clark, Richard. 2011. "China's Cyberassault on America." *Wall Street Journal,* June 15.

Clinton, Hillary. 2010. "Remarks on Internet Freedom, A Speech delivered at The Newseum, Washington, DC. January 21, 2010." 〈http://www.state.gov/secretary/20092013clinton/rm/2010/01/135519.htm〉 (검색일: 2014.8.12.).

Cowhey, Peter and Milton Mueller. 2009. "Delegation, Networks, and Internet Governance." In Miles Kahler (ed.). *Networked Politics: Agency, Power, and Governance*. Ithaca and London: Cornell University Press.

Dahong, Min. 2005. "The Passionate Time of Chinese Hackers." *Chinascope*. May, pp.14-25.

DeNardis, Laura. 2013. *The Global War for Internet Governance*. Yale University Press.

Gilpin, Robert. 1987. *The Political Economy of International Relations*. Princeton, NJ: Princeton University Press.

Hafner-Burton, Emilie M., Miles Kahler, and Alexander Montgomery. 2009. "Network Analysis for International Relations." *International Organization*. 63(3), pp.559-592.

Hansen, Lene and Helen Nissenbaum. 2009. "Digital Disaster, Cyber Security, and the Copenhagen School." *International Studies Quarterly*. 53(4), pp.1155-1175.

Hughes, Rex. 2010. "A Treaty for Cyberspace." *International Affairs*. 86(2), pp.523-541.

Hvistendahl, Mara. 2010. "China's Hacker Army." *Foreign Policy*. March 3, 2010.

Kahler, Miles (ed.). 2009. *Networked Politics: Agency, Power, and Governance*. Ithaca and London: Cornell University Press.

Lee, Heejin and Sangjo Oh. 2006. "A Standards War Waged by a Developing Country: Understanding International Standard Setting from the Actor-Network Perspective." *Journal of Strategic Information Systems*. 15, pp.177-195.

Leander, Anna. 2000. "A Nebbish Presence: Undervalued Contributions of Sociological Institutionalism to IPE." In Ronen Palan (ed.). Global Political Economy: Contemporary Theories. New York: Routledge, pp.184-196.

Lieberthal, Kenneth and Peter W. Singer. 2012. *Cybersecurity and U.S.-China Relations*. China Center at Brookings.

Manson, George Patterson. 2011. "Cyberwar: The United States and China Prepare For the Next Generation of Conflict." *Comparative Strategy*. 30(2), pp.121-133.

Maoz, Zeev. 2010. *Networks of Nations: The Evolution, Structure and Impact of International Networks, 1816-2001*. Cambridge and New York: Cambridge University Press.

Modelski, George and William R. Thompson. 1996. *Leading Sectors and World Powers: The Coevolution of Global Politics and Economics*. Columbia: University of South Carolina Press.

Mueller, Milton L. 2010. *Networks and States; The Global Politics of Internet Governance*. Cambridge and London: MIT Press.

Rid, Thomas. 2013. *Cyber War will not take place*. Oxford and New York: Oxford University Press.

US Department of State and US Agency of International Development(USAID). 2010. *Leading Through Civilian Power The First Quadrennial Diplomacy and Development Review*.

US-China Economic and Security Review Commission. 2009. *Capability of the People's Republic of China to Conduct Cyber Warfare and Computer Network Exploitation*. McLean, VA: Northrop Grumman Corporation Information Systems Sector.

Zakaria, Fareed. 2010. "Clash of the Titans." *Newsweek*. January 25, pp.34-36.

제6장

기술표준의 정치:
행위자-네트워크 이론과 중국 AVS 사례[*]

배영자

*   이 글은 2012년 『대한정치학회보』 19(2), pp.281-304에 실린 논문임.

이 장은 이제까지 기술표준 설정과정을 설명해 온 기술합리성, 권력정치, 제도·담론·문화 경쟁이론들이 현재 중국 독자표준기술 설정 과정과 결과를 충분히 설명하지 못함을 지적하고, 행위자－네트워크 이론(ANT: Actor-Network Theory)의 관점에서 중국 영상압축기술 AVS(Audio and Video Coding Standard) 기술표준설정 사례를 미시적으로 분석하였다.
본 연구를 통해 AVS 행위자－네트워크가 인간, 비인간 등 다양하고 이질적 행위자들로 구성되고 확장되어 왔음을 확인하였다. ANT 이론이 강조한 바와 같이 AVS 기술은 행위자－네트워크 밖에 중립적인 요소로서 존재한 것이 아니라 핵심행위자의 목적과 전략에 맞추어 기획되고 구성되었으며 진화하였음도 알 수 있었다. 아울러 AVS 행위자－네트워크가 구축되고 확산되는 과정을 ANT가 제시하는 번역 4단계－문제제기, 이해관계부여, 등록하기, 동원하기에 따라 서술하면서 AVS 기술표준 확산 성공 및 실패의 중요한 계기들을 설명하였다. 즉 문제제기 단계의 핵심행위자 AVS-WG의 등장 및 의무통과점 AVS 형성, 이해관계부여단계의 지적재산권 제도와 국내표준설정 전략, 등록하기 단계의 AVS-WG과 AVS 산업동맹의 확장, 특히 몇몇 외국기업들의 참여, ITU-T 선택 국제표준으로 인정, 중국내에서 AVS에 기반을 둔 디지털방송의 확대 등이 AVS 행위자－네트워크 확산에 중요한 계기가 되었음을 살펴보았다.
AVS의 사례에서 중국은 기존 기술표준 네트워크에 합류하기보다 독자적인 표준기술을 구축하는 선택을 하였다. 하지만 기존 기술을 적극적으로 공격하거나 이를 대체하겠다는 생각보다는 기존 기술의 약점을 강조하며 자국시장을 중심으로 우회적으로 AVS 행위자－네트워크를 확장하거나 혹은 기존 기술표준과 공존하는 소위 약자(underdog)의 전략을 취하였다. 세계 전자제품 생산에서 차지하는 중국의 위상과 막대한 국내시장 규모에 토대하여 중국기업들과 일부 외국기업들을 끌어들이고 자국내에서 네트워크를 구축하는 데 성공하였으나 AVS는 지배적인 네트워크에 비하면 그 범위가 제한적이고 안정성이 떨어지는 것으로 평가되고 있다.

I. 문제제기

중국이 지속적인 경제성장에 힘입어 21세기 명실상부한 패권국이 될 것이라는 예측이 제기되어 왔다. 빈부격차 해소, 민족통합 유지, 정치개혁 등과 함께 첨단기술력 확보는 중국의 성공적인 부상을 위해 중요한 조건으로 언급된다. 최근 중국 내에서 임금상승률이 연간 15-20퍼센트에 이르면서 저임금시대가 막을 내리고 본격적으로 기술혁신능력에 기반을 둔 경제성장모델로 변화되어야 한다는 인식이 증대되고 있다. 중국정부는 자원형(資源型) 국가발전전략에서 혁신형(創新型) 국가발전전략으로 나가가야 함을 강조하면서 '자주창신(自主創新)'에 토

대를 둔 혁신형 국가를 구축한다는 목표하에 '중장기 과학기술 발전계
획(2006~2020년)' '2050 과학기술발전 전략' 등을 통해 자주적 기술
혁신능력을 향상시키기 위한 방안을 모색하여 왔다(中国科技部 2006;
中国科学院 2009).

중국이 과기흥국(科技興國), 자주창신(自主創新) 전략을 내세우는
배경은 자명하다. 수출 규모의 지속적인 증대에도 불구하고 강화된 지
적재산권 제도로 인해 중국이 해외기업에 지급하는 로열티가 늘어나
면서 수익률이 정체되고 원천기술이나 핵심기술 등에 대한 본격적인
투자가 필요하다는 인식이 확대되어 왔다. 아울러 중국은 보안기술 등
국가안보와 관련된 기술을 외국에 의존할 수 없다는 입장이다. 중국이
막대한 로열티가 지출되거나 국가안보 및 정보보호와 관련된 기존 표
준기술을 수동적으로 받아들이기보다 독자적인 기술을 개발하고 이
를 새로운 기술표준으로 세우려 노력하는 것은 당연해 보인다. 중국은
이미 이동통신부문의 TD-SCDMA, 무선랜 기술 WAPI, DVD표준인
EVD, 영상음성 압축기술부문의 AVS 등 몇몇 부문에서 독자적인 기술
표준을 개발하고 시장을 확대하기 위해 노력하여 왔다.[1] 중국의 독자
표준기술 설정은 정부, 공공연구소, 기업 등 다양한 주체에 의해 다양
한 방법으로 시도되고 있으며 성공과 실패가 공존한다(Kennedy *et al.*
2008; Suttermeier *et al.* 2006).

영상음성 압축기술은 지상파, 케이블, 위성을 통한 디지털방송이
나 모바일 TV 시장의 급성장과 함께 핵심적인 기술로 주목받고 있다.[2]

---

1   TD-SCDMA(Time Division-Synchronous Code Division Multiple Access, 시분할 동
      기식 코드분할다중접속), WAPI(Wired Authentication and Privacy Infrastructure, 무
      선랜 암호화표준), EVD(Enhanced Versatile Disc, DVD 표준), AVS(Audio and Video
      Coding Standard, 영상음성 압축기술 표준)
2   영상음성 압축기술 발전을 주도해 온 MPEG 홈페이지 참조 http://mpeg.chiariglione.org/

현재 영상음성 압축기술 부문에서 H.264/MPEG-4 part10 AVC(이하 H.264) 기술이 지배적인 국제표준의 지위를 누리고 있다.[3] 이 기술은 활용이 개방되어 있지만, 핵심기술을 소유하고 있는 일본, 한국, 미국, 유럽 기업들에게 값비싼 로열티를 지불해야 하는 상황이다. 중국은 국내 디지털 방송 시장이 지속적으로 확장되는 상황에서 기존 국제표준에 성능이 뒤지지 않으면서 기술내용이 간단하고 로열티를 감소시킬 수 있는 대안적인 기술개발을 위해 노력해왔다. 중국 정부와 기업의 협력 하에 2000년대 초반부터 소위 AVS(Audio-Video Coding Standard)라는 기술을 개발하고 2006년 AVS를 중국 국가표준으로 설정하였으며 이후 상대적으로 값싼 로열티 정책에 토대하여 중국 내외 칩 및 전자제품 제조업체, 방송서비스업체, 콘텐츠업체 등을 동맹군으로 끌어들이면서 AVS 표준 확산 전략을 추진하여 왔다.

　현재 영미권이 주도하는 정보통신기술 표준에 도전하는 중국의 독자적인 기술표준 노력을 어떻게 이해할 수 있을까? 기술표준의 성패를 가르는 가장 핵심적인 계기는 무엇인가? 적절한 기술개발인가, 정치력인가, 우연적 요소인가? 현재까지 중국의 독자적 기술표준 수립노력은 어느 정도 성공하고 있는가? 이러한 질문들을 염두에 두고 본 연구는 행위자-네트워크 이론(ANT: Actor-Network Theory)의 관점에서 기술표준 설정을 위한 중국의 노력이 어떻게 진행되어 왔으며 현재까지 중국의 도전이 어떤 성과를 내고 있는지 고찰하고자 한다.

　기존 연구들은 기술표준이 기술 우위에 토대하여 합리적으로 결정

3　영상음성 압축기술은 정보기술분야 표준 국제기구인 ITU-T와 ISO/IEC에 의해 각각 개발되다가 2000년 이후 공동개발되기 시작하였다. 공동개발된 기술을 ITU-T는 H.264로 부르는 반면, ISO/IEC는 MPEG-4 Part 10/AVC로 명명하였으나 정식명칭은 양자를 혼합한 H.264/MPEG-4 part10 AVC이다. 본 연구는 통례에 따라 이를 줄여서 간단히 H.264로 쓴다.

되거나, 혹은 기술과는 무관한 정치적 과정을 통해 선정되거나, 국내 표준관련 제도, 인식, 문화의 차이에 기반을 둔 행위자들 간의 경쟁임을 각각 강조하였다(Egyedi 2003; Mattli and Buthe 2003; Meyer 2008 등). 특히 어떤 기술이 표준기술로 설정되는 것은 향후 시장지배력에서 압도적 우위에 서게 되는 것을 의미하기 때문에 표준경쟁을 행위자들 간 이해 및 전략 충돌 속에서 진행되는 정치적 과정으로 보는 견해가 압도적이었다. 이 과정에서 우세한 권력을 가진 국가나 기업이 자신의 이해를 극대화하기 위해 표준설정 아젠다, 과정, 결과를 주도하는 일종의 권력정치의 모습이 드러난다는 주장도 제기되었다(Drezner 2004).

기존의 이론들은 기술표준 경쟁을 관통하는 핵심 개념인 기술과 정치를 각각 독립적인 범주로 설정한다. 기술우위 주장은 기술이 정치적 과정으로부터 분리되어 합리적인 개발 및 표준선정 과정을 거치는 것으로 본 반면, 정치우위 관점은 기술표준경쟁에서 기술 자체는 크게 문제되지 않거나 중요하지 않고 이를 둘러싼 정치적 과정만을 중요하게 보고 있다. 반면, ANT의 관점에서는 기술에만 근거하여 기술표준이 설정된다는 주장과 기술을 행위자의 의도나 정치에 종속되는 수동적인 수단만으로 이해하는 것은 각각 잘못된 것이고 기술과 이해당사자의 의도 및 정치적 과정이 복합적으로 결합하여 기술표준이 설정되는 것임을 암시한다. 아울러 기존의 기술표준 설명이 기술력 혹은 정치력을 주어진 것으로 가정하고 이에 토대하여 기술표준경쟁을 분석하였음에 반해 ANT는 기술표준설정을 일종의 권력획득과정으로 인식하면서 행위자가 어떠한 과정을 거쳐 기술표준이라는 권력을 구축하는 데 성공하는지 혹은 실패하는지를 서술하는 데 관심을 보인다. 즉, 기술표준 설정과정을 행위자의 의도, 제도, 기술 등 다양하고 이질적인 요소들이 결합하여 복합적이며 이질적인 행위자-네트워크를 구성하고 확장하는 과정으로 해석하고 이를 분석하기 위한 이론 틀과 개념들을 제시한다(Latour 2005; 라투르 외 2010 등). ANT 이론에서 제시된 다양한 개념과 설명을 활용하면 이미 표준으로 설정된(혹은 실패한) 기술표준을 대상화하여 사후적으로 설명하기보다는 기술표준설정 과정 안으로 들어가 표준설정과정을 역동적으로 분석할 수 있게 된다.

본 연구는 중국이 기존 기술표준을 수용하지 않고 독자적인 기술 표준을 개발하고 확장하려는 노력을 ANT 관점에서 분석하고 이의 시사점을 생각해 보고자 한다. 다음 절에서는 기술표준 설정에 관한 기존 이론들을 비판적으로 검토한다. 이어서 ANT 이론 등장배경과 주요 개념들을 소개하고 이 이론이 기술표준 설정과정 이해에 새롭게 기여할 수 있는 부분을 논의한다. 이후 본문에서 ANT의 관점에서 중국이 주도한 영상음성 압축기술 AVS 표준설정 사례를 분석한다. 본문의 설명은 특히 기술과 이해당사자의 의도 등 다양하고 이질적인 요인이 결합된 AVS 행위자-네트워크의 구성과 확산 과정에 초점을 둔다. 결론에서는 ANT 이론으로 본 중국 기술표준 전략의 특징과 성과 및 한계를 평가한다.

II. 이론적 논의

영어로 표준 'Standard'는 전장에서 군대가 모이는 점을 표시하는 깃발을 의미하는 estaundart에서 유래하였다. 한자어로 標準 역시 물건의 높이를 재는 기구인 標와 수면을 재는 기구인 準이 합쳐져 이루어진 말로 영어의 깃발처럼 기준이라는 의미를 가진다. 기준점이 된다는 것은 이를 중심으로 분류하고 기준과 다른 것은 배제하는 행위이기 때문에 불가피하게 권력적 함의를 내포한다(김상배 2007). 본 논문의 관심 주제인 기술표준은 1980년대까지 대부분 국내 차원의 문제였다. 그러나 기술발전이 가속화되고 기술제품의 교역이 증가하면서 기술표준이 국제관계의 주요 문제로 불거지기 시작하였다. 현재 전체 교역품 가운데 80퍼센트가 기술표준에 영향을 받는 것으로 알려져 있다. 특히 기술표준의 경제적 효과가 인식되기 시작하면서 기술표준을 둘러싼 경쟁과 갈등이 심화되었다.

표준이 형성되는 과정은 전통적으로 공적표준(de-jure standard)과 사실표준(de-facto standard)으로 구분되었다(Greenstein 1992). 최근 사실표준의 성격을 가지면서도 공적표준의 효과를 내는 포럼/컨소시엄 표준(forum specification)이 증가하고 있는데, 이는 사실표준의 한 종류로 인식되거나 혹은 독자적인 제3의 표준제정 방식으로 분류되기도 한다(Keil 2002; Warner 2003). 공적표준은 제품의 규격이나 품질, 생산방식 등에 관해 ISO(International Organization for Standard, 국제표준기구), IEC(International Electrotechnical Commission, 국제전기기술협회), ITU(International Telecommunication Union, 국제전기통신연합) 등 공신력 있는 표준화기구에서 일정한 절차와 심의를 거쳐 제정하는 표준이다. 환경보호를 위해 제품생산과정에서 지켜야 하는 환경관리체제를 담은 ISO 14000 이 구체적인 예이다. 사실표준은 시장경쟁을 통하여 형성되는 표준으로(Wegberg 2004) PC 운영체제인 윈도우즈가 대표적 사례이다. 전자기기와 같이 기술과 시장 변화속도가 빠른 부문에서는 사실표준 방식이 압도적이다. 기술발전 속도가 증대되고 디지털 융합이 진행되는 한편, 표준의 경제적 효과가 막대하고 이를 둘러싼 경쟁이 매우 치열해지면서, 기업들은 독자적으로 표준을 제정하기보다 위험부담을 줄이고 비용을 절감하기 위해 포럼/컨소

시업을 구성하여 논의하고 협력하는 경우가 많아졌다(한국정보통신기
술협회 2006). 포럼/컨소시엄 표준은 시장에서 승리하여 사실표준이
되거나, 표준화 기구에 제안하여 공적표준이 되기도 하며, 공적표준과
사실표준이 결합된 형태로 볼 수 있다. 사실표준에서 낙오된 후발 주
자들이 연합하여 승자인 선두 기업에 대항하는 수단으로 포럼/컨소시
엄 표준을 활용하거나, 또는 특정 표준이 시장을 지배하지 못한 경우
복수의 포럼이 서로 경쟁하기도 한다. 본 연구가 분석하는 영상음향
압축 기술 부문은 포럼/컨소시엄 방식에 의해 표준이 제정되어 왔다.

　기술표준설정 과정에 관한 초기 연구들은 표준설정을 기술우위와
합리적 절차에 기반을 두고 이루어지는 단순한 조정과정으로 설명하
였다. 예컨대 공적 표준기구를 통해 이루어지는 기술표준 설정과정은
제시된 다양한 기술 후보군 가운데 과학적 진리와 전문성 등에 기반을
두고 선택이 이루어지는 합리적인 조정과정으로 인식되었다(Loya and
Boli 1999). 아울러 표준 결정과정에서 민주적 절차가 중요한 요소임
을 강조하는 연구도 있었다(Egyedi 2003). 그러나 다른 연구들은 표준
설정과정을 일종의 규칙제정 과정으로 이해하면서 권력배분양상에 토
대를 두고 이루어지는 정치적 게임으로 설명하였다. 즉 표준설정이 기
술합리성에 의해 진행되기보다는 우세한 권력을 가진 국가나 기업이
자신의 이해를 극대화하기 위해 표준설정 아젠다, 과정, 결과를 주도
한다고 보았다. 예컨대 현실주의자들은 기업 위주로 이루어지는 표준
설정 영역에서도 국익을 위해 국가가 적극적으로 표준설정과정에 참
여하며 강대국, 특히 미국이 표준설정 과정에서 압도적인 영향력을 행
사한다고 주장했다(Drezner 2004).

　다른 한편 몇몇 학자들은 현실주의 표준설정 이론을 반박하거나
이를 수정 보완하는 설명을 제시해 왔다. 예컨대 각 국가들이 발전시

켜온 상이한 국내표준제도에 따라 국제표준 설정시 국가의 역할이 달라진다는 주장이 제기되었다(Mattli and Buthe 2003). 미국에서는 주로 정부나 공공기관의 개입이 최소화되면서 시장경쟁에 의해 표준설정이 이루어져 왔음에 반해, 유럽에서는 정부나 공공기관이 표준설정 과정에 개입하여 조정하는 제도가 발전되어 왔기 때문에 국제표준 설정과정에서 미국 정부보다는 유럽국가 정부들의 개입과 영향력이 더 크게 작용해 왔다는 것이다. 표준설정을 국가간의 이해 충돌보다는 문화적 차이라는 시각에서 분석하는 연구도 있다(Meyer 2008). 미국의 시장경쟁 중심, 유럽의 협력과 조정 중심, 중국의 국가 중심 표준제도는 각 국가의 역사, 정치제도, 문화의 상이성을 반영한 것이며, 이러한 문화적 차이가 예컨대 미국, 유럽, 중국간 이동통신표준설정을 둘러싼 갈등의 핵심적인 내용이라는 것이다. 아울러 특정 기술개발과 활용은 이를 뒷받침하는 제도적, 문화적 요소들과 밀접한 관계를 맺고 있고 따라서 기술표준 경쟁은 단순한 기술경쟁을 넘어 특정 기술에 내재된 제도, 담론, 정체성의 표준 경쟁으로 이해해야 한다는 주장도 제기되어 왔다(김상배 2007).

기존의 이론들에 따르면 특정 기술표준의 채택이나 실패, 혹은 복수의 기술표준 존재, 특히 서구의 기술표준 주도와 이에 대한 중국의 도전은 다양한 시각, 즉 기술을 기반으로 한 합리적인 조정, 행위자들의 전략 및 권력정치, 중국과 서구의 표준제도 및 정치사회 및 문화 차이, 기술·제도·담론·문화 경쟁 등으로 이해할 수 있다. 예컨대 이동통신 부문에서 미국 퀄컴 CDMA, 유럽 GSM, 중국 TD-SCDMA 등 복수 표준의 공존을 각각 기술적 요인, 권력정치적 요인, 미국, 유럽, 중국의 제도·담론·문화경쟁의 시각에서 해석해 볼 수 있다(Gao 2010; Stewart 2009; Zhan and Tan 2010 등).

　　최근 중국의 표준정책에 대한 다양한 연구가 진행되고 있다. 중국은 부문에 따라 기존 표준 수용 혹은 도전이라는 복합적인 표준 전략을 구사하여 왔다(배영자 2011; Ernst 2011). 특히 2001년 WTO 가입 후 중국은 기술표준의 중요성을 인식하며 기존 기술표준을 수동적으로 수용하기보다 독자적인 기술표준 개발에 깊은 관심을 가져왔고(Suttmeier and Yao 2004) 현재까지 TD-SCDMA, WAPI, AVS, EVD 등 독자적 기술표준 수립을 위한 노력이 이루어져 왔다. 중국 정부는 다양한 인센티브 등을 제공하며 중국 기업들의 표준기술개발을 독려해 왔고 민간기업들이 이에 적극 호응하면서 정부주도형, 기업주도형, 민관협동형 등 다양한 방식의 기술표준개발 노력이 진행되었다(Kennedy *et al.* 2008). 중국 기술표준 설정 노력에 대한 평가는 다양하다. 정부의 적극적인 개입과 민간기업들의 노력으로 국제사회에서 관심을 받는 기술표준 사례들이 등장하고 이를 긍정적으로 평가하는 견해가 있는가 하면(Ernst 2011) 혹은 많은 조직이나 기업들이 다양한 기술표준개발에 몰두하고 때로는 서로 충돌하면서 오히려 비생산적이거나, 또 국내표준을 넘어 국제표준으로 설정되기 위해서는 넘어야 할 장벽이 매우 높다고 지적되기도 한다(Murphree and Breznitz 2011). 현재까지 진행된 중국의 독자적 기술표준 설정 노력들은 로열티 감소, 국가보안, 국가적 위신 확보 등 다양한 기술개발 동기에서 출발하였고 진행과정 및 결과는 상이했다. 즉 TD-SCDMA, AVS 처럼 공식적인 국제표준 가운데 하나로 인정받은 경우에서부터 WAPI와 같이 국내표준으로도 인정되지 못한 사례 등 다양하다. 문제는 기술합리성, 권력정치, 기술·제도·담론·문화 경쟁 등의 시각이 이제까지 진행되어 온 중국 독자표준 시도의 다양한 동기, 과정, 결과를 일관되게 설명하지 못한다는 것이다. TD-SCDMA, AVS, WAPI 등이 각각 기술적 완성도

가 결정적으로 달랐다거나, 혹은 이들을 주도한 중국정부 및 기업의
정치력이 크게 차이가 있었다고 보기 어렵기 때문이다.

　본 연구의 주요 관심인 AVS의 경우 경쟁기술인 H.264와의 기술
력 내지 정치력 차이로 기술표준설정 과정을 설명하기 어렵다. AVS
와 H.264의 기술적 우위에 대해서는 다양한 의견이 존재하지만 AVS
가 H.264의 기술수준에 근접하고 있다는 평가가 나오고 있어(Yu *et
al.* 2005) 기술력이 표준설정의 주요 근거라고 주장하는 입장은 비슷
한 기술수준에도 불구하고 왜 H.264가 압도적인 기술표준으로 채택
되고 있는지 설명하기 쉽지 않다. 반면 H.264에 도전하는 AVS의 시도
를 미국과 중국간 권력정치 틀에서 설명하는 것도 한계가 있다. H.264
는 미국의 기술이 아니다. 후술되지만 H.264는 미국, 일본, 한국, 유럽
기업들이 함께 개발한 기술이다. 아울러 미국, 일본, 한국 기업 가운
데 일부는 H.264와 AVS 양 진영에 동시에 속한 경우도 있다. 중국 정
부는 자국 기술표준 설정과정에 적극 개입하거나 지원하지만 미국, 일
본, 한국의 경우 정부보다는 기업들이 주도적으로 기술표준 설정과정
에 참여하고 있다. 즉 기술력의 차이나 권력정치의 틀로 H.264와 AVS
기술표준 경쟁을 설명하는 것은 명백히 한계를 가지며 이에 대한 정확
한 이해를 위해서는 내부 진행과정을 자세히 살펴보아야 한다.

　기술표준설정을 둘러싼 핵심적인 질문은 왜 어떤 기술은 기술표
준으로 받아들여지는 데 성공하고 다른 기술들은 실패하는가 하는 부
분이다. ANT는 이에 대해 기존 이론들과는 다소 다른 관점에서 접근
한다. ANT에 따르면 기술요인, 정치력, 제도·담론·문화 차이도 중요
하지만 궁극적으로는 핵심행위자가 다양하고 이질적인 다른 인간, 비
인간 행위자들과 성공적인 동맹관계를 맺으며 행위자-네트워크를 구
축할 수 있었는지가 관건이다. 표준설정은 일종의 네트워크 형성 과정

이고 다양한 이해를 가진 행위자들이 어떻게 네트워크를 형성하고 확산시켜 나가는지를 구체적으로 살펴보아야 한다고 강조하는 ANT 이론은 표준설정 진행과정을 서술하는 데 도움이 되는 이론적 틀과 개념들을 제공하고 있다. ANT가 강조하는 중요한 이론적 과제는 기술표준 설정과정에서 핵심적인 역할을 한 변수를 환원적으로 찾아내는 것이 아니라 행위자-네트워크가 구축되는 과정을 자세히 서술하면서 성공 혹은 실패가 자연스럽게 드러나도록 하는 것이다.

ANT는 본래 과학기술학(Science and Technology Studies) 분야에서 브루노 라투르(B. Latour), 미셸 깔롱(M. Callon), 존 로(J. Law) 등에 의해 발전되어 왔다(Callon 1986a; Callon 1986b; Callon and Law 1988; Latour 1983; Latour 1987; Latour 2005; 라투르 외 2010). ANT에 대한 다양한 논의 가운데 본 논문은 특히 두 가지 특징에 주목한다. 첫째, 행위자에 대한 새로운 이해 부분이다. ANT에서 행위자는 선험적으로 존재하는 것이 아니라 이질적 요소들이 결합하여 네트워크를 만들어가는 과정에서 역동적으로 구성된다. 행위자와 네트워크는 별개의 존재로 분리되지 않는다. 행위자는 다양한 요소들의 네트워크 자체이고 이런 의미에서 양자를 결합시켜 행위자-네트워크(actor-network)로 표현한다. ANT 이론의 특이한 점은 지금까지 인간만을 사회적 행위자로 인정해 온 것을 비판하면서 비인간도 행위자로 기능할 수 있다는 점을 지적하고, 인간에만 국한되는 행위자라는 용어 대신 행위소(actant)라는 용어를 제시한다는 것이다. 비인간행위자 가운데 특히 기술은 인간에게 영향을 미치고 행동을 바꿀 수 있다는 점에서 수동적인 존재가 아니라 능동성을 가지고 있는 존재로 인식된다. ANT 이론은 사회적(social)이라는 것이 인간, 자연, 기술, 텍스트, 지형 등 이질적인 요소들이 결합된 것이므로 이제까지 당연시되어온 기술/사회, 자연/문화, 인간/비인간 등의 엄격한 구분을 해체시키는 새로운 방식의 분석이 필요하다고 역설한다. 행위자-네트워크에는 다양한 요소가 공존하며 이들의 역동적인 참여와 탈퇴 속에서 각 요소들의 다양한 이해관계가 끊임없이 협상되고 절충되며 이러한 과정을 거쳐 행위자-네트워크가 확장되거나 소멸된다. 따라서 ANT는 사회현상을 정적인 질서나 구조로 이해하기보다 행위자들을 따라(follow the actors themselves) 형성되는 관계를 추적하는 데 관심을 보인다.

둘째, 행위자-네트워크의 확장과정이다. 어떻게 행위자-네트워크가 구성되고 확장되는지가 ANT의 핵심적인 관심사이며 이를 '번역' (translation)이라 부른다. ANT에 따르면 번역은 4단계 과정을 거쳐 이루어진다(Callon 1986b). 1단계는 '문제제기'(problematization)이다. 문제제기란 행위자가 담론 및 수사를 통해 문제를 지적하고 해결을 제안하는 것이다. 기존 네트워크를 교란시키고 다른 행위자들이 네트워크상에서 반드시 거쳐 가게 함으로서 자신의 편으로 끌어들이는 중심인 '의무통과점'(OPP: obligatory passage point)의 형성이 문제제기 단계 번역과정에서 중요하다. 2단계는 '이해관계 부여'(interesse-ment)이다. 문제제기를 통해 정체성이 규정되면, 해당 문제를 겪고 있는 행위자들이 잠재적 동맹자에 불과하기 때문에 다른 경쟁적 네트워크로부터 고립되어야 한다. 이해관계를 부여한다는 것은 행위자의 정체성을 다르게 규정할 수 있는 모든 다른 실체들과 행위자 사이를 가로막는 장치를 구축하는 것이다. 이는 OPP의 정당성에 도전할 수 있는 다른 동맹이나 간섭의 가능성을 막는 다양한 수단으로 이루어진다. 3단계는 '등록하기'(enrollment)이다. 등록하기란 상호 연관된 역할들이 규정되면서 행위자-네트워크에 귀속되는 과정을 의미한다. 이해관계 부여만으로 곧바로 동맹이 결성되는 것은 아니다. 네트워크 안에서 각 행위자에게 역할(role)이 부여되고 이를 각 행위자가 받아들여야 비로소 동맹이 실현된다. 이 단계가 성공적이면 협상과 양보의 과정을 통해 해당 동맹이 공고화된다. 4단계는 '동원하기'(mobilization)이다. 동원하기는 지속적인 조정과 보다 정교한 이해관계 및 역할 부여를 통해 이전에는 움직일(mobile) 수 없었던 실체들을 움직이게 하는 것이다. 이 과정을 통해 특정 행위자는 다른 행위자들을 네트워크로 끌어들이게 되며 동원된 다수의 행위자들을 대변하는 권리를 가지게 된다.

현재 과학기술학을 넘어 사회학, 지리학, 다양한 분야에서 ANT를 적용하는 시도가 이루어지고 있다. 기술표준을 정치경제적 동맹이나 ANT 관점으로 접근하는 시도도 최근 이루어지고 있다(Kenney 2007; Lee and Oh 2008). ANT의 관점에서 보면 새로운 기술이 표준으로 설정되기 위해서는 실험, 연구 및 개발, 논문 등을 통해 새로운 기술을 개발하면서 기존 기술에 비해 새 기술의 우위성을 널리 알리고 나아가 보다 많은 기업들이 기존 기술을 대체하여 새 기술을 채택하게 만들어야 한다. 이 과정에서 핵심행위자(focal actor)는 위에서 언급된 번역과정-문제제기, 이해관계부여, 등록하기, 동원하기 과정을 거치면서 다양한 인간 및 비인간 행위자들을 동맹으로 끌어들이고 행위자-네트워크를 확장해 나가야 한다.

ANT에 따르면 이질적인 요소가 더 많이 포함되어 있고 더 오래 지속되는 행위자-네트워크가 더 많은 권력을 가지게 된다. 성공적인 번역과정은 곧 권력을 획득하는 과정이다. 그렇다면 더 많은 이질적인 요소를 포함하며 오래 지속될 수 있는 행위자-네트워크는 어떻게 구축될 수 있는가? 이에 대해 ANT 이론은 모든 네트워크는 특이성을 가지며 일반적으로 예측 가능한 궤적을 따라 움직이지 않기 때문에 특정 행위자-네트워크의 구성과 확산 내지 소멸을 구체적으로 서술하는 과정에서 자연스럽게 드러나야 한다는 다소 모호한 대답을 내놓는 다. ANT는 기술, 권력정치, 제도·담론·문화 등이 기술표준설정의 성 공이나 실패를 일방적이고 선험적으로 결정하는 것이 아니며 관련 네 트워크가 구성되고 확장되는 과정을 자세히 보는 것이 중요함을 역설 한다. ANT를 활용하여 행위자-네트워크가 구성되고 확장되는 연속 적인 과정속에서 특히 중요한 순간, 계기, 요소 등을 포착하는 것이 의 미 있다고 본다. ANT의 핵심은 네트워크의 구성과 확산을 구체적으 로 분석할 수 있는 유용한 개념과 틀을 제공하는 것이다.

본 논문은 ANT의 관점을 중국 AVS 사례에 적용하여 다양하고 이 질적인 요소들이 결합하여 AVS 행위자-네트워크가 구성되고 이것이 '번역'을 거쳐 확산되는 과정을 기술해 본다. 특히 단계적으로 세분화 하여 네트워크 확산 과정을 재구성하면서 행위자-네트워크 구축의 중 요한 계기들을 상세하게 제시하고자 한다. 이러한 방식의 서술은 기술 합리성이나 권력정치의 틀에서 설명할 때 잘 드러나지 않는 기술표준 설정과정에서 동원되는 다양한 행위자들의 역동적인 상호작용을 볼 수 있어 유익하고 기술표준 설정에 대한 이해를 심화하는 데 기여할 것으로 기대한다.

III. AVS 행위자-네트워크의 구성과 확산

현재 빠르게 성장하고 있는 지상파, 케이블, 위성, 모바일 등을 아우 르는 디지털방송은 영상, 음성, 데이터 등 방대한 정보를 디지털로 압 축 처리하여 전송하기 때문에 효과적인 동영상 압축 기술의 뒷받침 이 필요하다. 이미 1980년대 후반 이후 ISO와 IEC 산하에 미국, 유럽,

일본, 한국 등 다양한 국가들이 참여하는 동영상 전문가 그룹(MPEG, Moving Picture Expert Group)이 구성되어 활동하면서 동영상 압축 기술개발을 주도하고 MPEG-1, MPEG-2, MPEG-4 등 관련 기술표준을 제정해 왔다.[4] 아울러 ITU의 통신표준화 부문 (ITU-T)[5] 역시 비디오코딩전문가 그룹(VCEG, Video Coding Experts Group)을 중심으로 동영상압축 기술 개발과 표준 제정에 중요한 역할을 담당해 왔다.[6] 현재 디지털 방송서비스를 상용화하고 있는 기업이 활용할 수 있는 영상 압축기술은 H.264, MPEG-2, AVS, VC-1 등 다양하다. 이 가운데 ISO/IEC 동영상 전문가 그룹(MPEG)과 ITU-T의 비디오 코딩 전문가 그룹(VCEG)의 공동프로젝트 성과물인 H.264이 세계적으로 디지털 방송 및 기기에 압도적으로 채택되고 있다.[7]

　H.264는 1990년대 후반부터 ISO/IEC와 ITU-T 양 진영에서 각각 개발이 이루어지던 것을 2001년에 공동 프로젝트로 진행하여 2003년 양 기관의 표준기술로 선정되었다. 기술개발과정에는 많은 기업이 참여하였다. 현재 H.264 관련 핵심 기술특허는 약 1,100여개로 파나소닉, LG, 삼성, 프라운호퍼, 마이크로소프트 등 26개 기업이 소유하고 있다(Bott 2010). 국가별 관련 기술 특허 출원 수는 일본이 226개, 미국이 169개, 한국이 130개, 중국이 54개, 유럽 국가들이 300여

4　MPEG 홈페이지 참조 (http://mpeg.chiariglione.org).

5　ITU-T의 임무는 전기통신 분야에 적용하는 표준을 효율적으로 만들어내는 것이다. 국제 전기통신 서비스를 위한 규정 요금과 회계 원칙을 정의하기도 한다. ITU-T가 만들어내는 국제 표준들은 "권고"(Recommendation)라고 불리며, 이것이 국제법의 일부로 채택되었을 경우에만 의무 사항이다. ITU-T 홈페이지 참조(http://www.itu.int/ITU-T/index.html).

6　VCEG 관련 자료는 ITU-T Q.6/SG 16 웹사이트 참조(http://www.itu.int/ITU-T/study-groups/com16/index.asp).

7　H.264에 대한 설명은 위키피디아 항목 참조(http://en.wikipedia.org/wiki/H.264/MPEG-4_AVC).

개 등으로 알려져 있다. H.264 사용은 비교적 개방적이지만, 그 이면에는 복잡하고 값비싼 기술 허가 장애 요소가 자리잡고 있다. MPEG LA(Licensing Association)라는 별도의 기관이 일괄적으로 특허료를 사용자로부터 징수하여 배분한다.[8] 본 기술을 장착한 하드웨어 생산자는 물론, 소프트웨어 이용자, 방송국과 같은 콘텐츠업체들도 핵심기술을 보유하고 있는 미국, 일본, 유럽 기업 등에 로열티를 지불해야 한다.

중국이 디지털 방송관련 하드웨어의 주요 생산자로 부상하고 중국내 디지털방송 서비스 시장이 빠르게 성장하면서 H.264을 표준기술로 수용하고 막대한 로열티를 지불하는 것에 대해 문제제기가 이루어지고 중국정부와 기업들은 독자적인 동영상 압축기술을 개발하는 것에 관심을 가지게 되었다. 2000년 이후 중국정부와 기업들의 노력 속에서 AVS가 개발되었고 2006년 중국정부는 AVS를 중국내 표준으로 설정하였다. 중국 정부와 기업은 AVS를 IPTV(Internet Protocol Television) 국제표준으로 인정받고자 ITU에 신청하였고 2007년 여러 선택기술 가운데 하나로 인정되었다. 그러나 경쟁 기술인 H.264가 IPTV의 기본기술로 인정되었고 다양한 기술영역에서 지배적인 표준기술로 채택되고 있어 상업화에 성공하였고 현재 H.264를 잇는 차세대동영상 압축기술인 HEVC(High Efficiency Video Coding)가 적극적으로 개발되고 있어 AVS가 중국 이외 국가에서 상업적으로 지속적으로 확산될 수 있을지에 대한 전망이 불투명한 상황이다. 현재 중국정부와 기업들은 AVS를 IPTV 이외 DVD, 모바일 방송 등 다양한 부문에서 확장하려는 노력을 지속하고 있다. 본 연구는 AVS 개발 및 표준설정과정을 다양한 자료들에 근거하여 ANT가 제시한 번역의 4단계, 즉 문제제기,

---

8   MPEG LA 홈페이지 참조(www.mpegla.com).

이해관계부여, 역할부여, 동원하기의 틀로 재구성하여 서술하면서 각 단계별로 AVS 행위자-네트워크 확장의 주요 계기들을 제시해 본다.

1. 문제제기

중국정부는 자원형(資源型) 국가발전전략에서 벗어나 혁신형(創新型) 국가발전전략으로 나아가야 함을 강조하면서 자주적 기술혁신능력을 향상시키기 위한 방안을 모색하여 왔고 이 가운데 독자 기술표준의 중요성을 강조해왔다. 이미 1990년대 후반 이동통신 분야에서 TD-SCDMA 기술개발을 시도하여 2000년 국제표준으로 인정받는 성과를 이루었고 2001년 중국의 WTO 가입 이후 낮아진 무역장벽으로부터 국내기업을 보호하기 위한 수단으로 독자 표준기술개발에 대한 관심이 더욱 증대되었다(Suttermeier and Yao 2004).

중국이 주도적으로 개발한 동영상 압축기술 AVS에 대한 논의도 이러한 분위기에서 시작되었다. 2001년 중국과학원(中國科學院) 및 칭화대(淸華大) 소속 중국 대표가 ITU의 MPEC 모임에 참여하면서 독자적인 동영상 압축기술에 대한 논의가 처음 시작되었다(이하 Ernst 2011; Fomin *et al.* 2011; Huang 2010; Suttermeier *et al.* 2006 등 참조). 중국 대표들은 기존 표준기술의 지적재산권과 과다한 라이센싱 비용에 대한 공감대를 확산시켜 나갔고 2002년 24개 중국기업과 7개 외국기업이 참여하여 새로운 기술을 개발하는 모임으로 발전되었다. MPEC-China와의 협력 속에 소위 AVS라는 새로운 기술개발계획이 구체화되었고 AVS-Working Group(이하 AVS-WG)이 출범한다.[9] 중국

---

9   AVS 기술 개발 과정의 자세한 경과에 대해서는 AVS-WG 홈페이지 참조(www.avs.org.cn).

과학원 컴퓨터기술연구소(計算技术研究所)가 AVS-WG의 핵심이 되었으며 중국 정보산업부(信息産業部)가 이를 지원하였다. AVS-WG은 중국 내외 대학, 연구소, 기업 등 회원을 늘려가면서 AVS 기술개발과 표준설정을 주도하였고 AVS 행위자 네트워크를 확장시키는 핵심행위자(focal actor)의 역할을 수행하게 된다.

중국 정부기관 중 표준설정과 관련된 중심기관은 국가표준관리위원회(国家标准化管理委员会, Standard Administration of China)이고 본 위원회는 WAPI와 같은 독자적인 기술표준 설립을 주도하기도 하였다(Lee *et al.* 2008). 하지만 AVS의 경우 첨단 정보기술개발이라는 맥락에서 접근되어 표준관리위원회보다는 정보산업부와 밀접한 관련을 유지하였다. 중국 정부는 AVS-WG에 관심을 가지고 지원했지만 특별한 우대 조치를 제공하지는 않은 것으로 알려져 있다(Suttermeier *et al.* 2006). AVS 기술 개발과정에서 가장 중요한 역할을 수행한 기관은 중국과학원과 대학 등 공공연구기관이었고 이는 AVS 관련 전체 특허의 10퍼센트를 중국과학원이 보유한 사실에서도 잘 드러난다.

기존 질서를 교란시키고 많은 행위자들을 자신의 네트워크로 끌어들이기 위해서는 다른 행위자들을 자신이 만든 어떤 것에 의존하게 끔 하는 것이 중요하다. 이렇게 다른 행위자들이 네트워크 상에서 반드시 거쳐 가게 함으로써 행위자들을 자신의 편으로 끌어들이는 존재를 ANT는 '의무통과점'(obligatory passage point)이라고 명명하였으며, 의무통과점을 만드는 것이 번역 초기 문제제기 단계에서 가장 중요한 과정이다(Callon 1986b). 본 사례에서는 AVS 기술 자체가 의무통과점이 되었다고 볼 수 있다.[10] 중국 연구소와 기업, 외국 기업들은

10 깔롱의 서술에 의하면 의무통과점은 초기에 동맹 후보군들의 관심을 끌어들이는 중심적인 기술이나 장치를 의미한다. 말 그대로 동맹군이 되기 위해서 반드시 통과해야 하는

H.264에 대항하여 중국과학원이 개발한 AVS 기술에 관심을 보이며 이를 중심으로 모였다. 심지어 H.264 개발에 관여한 기업들 중 일부도 AVS에 관심을 보였다. AVS는 네트워크 안에서 지속적으로 진화하면서 구심점이 되었다.

AVS는 어떤 과정을 통해 개발되었는가? 중국과학원 컴퓨터기술연구소와 대학연구자들이 주도한 기술개발과정의 초점은 경쟁력있고 값싼 새로운 기술을 내놓는 것이었다. 이들은 기술개발 모토를 기능 향상(advancement), 독립(independence), 그리고 공개(openness)로 내세웠다.[11] 처음에는 외국의 기술로부터 완전히 독립적인 기술을 개발하려 하였으나 그간의 기술성과를 활용해야 했기 때문에 이는 불가능했고 대신 라이센스가 부과되지 않는 공개기술이나 자체 개발된 기술을 활용하여 성능이 뒤지지 않는 새로운 동영상 압축기술을 개발하는 전략이 채택되었다. 2003년에서 시작하여 지속적이고 순차적인 개발과정을 거쳐 2004년 시험을 거쳐 2006년 AVS 비디오 파트가 국내 표준기술로 인정받게 된다.

AVS-WG은 한편으로는 경쟁력있고 값싼 기술개발을 주도하는 한편, AVS 기술에 호의적인 중국 내외 기업이나 기관들을 모아 동맹을 형성하고 AVS 행위자-네트워크를 확산하기 위해 노력하였다. AVS가 영향력있는 기술로 자리잡기 위해서는 다양한 동맹군을 모으는 전제작업인 행위자 정체성의 상호규정(interdefinition of identity) 과정이 진행된다. 동맹 후보군은 대내외 칩제조회사, DVD 등 하드웨어 생산

지점이다. 연구자는 AVS 사례의 경우 초기에 개발된 AVS 기술자체가 이러한 역할을 수행했다고 판단하여 AVS 기술을 의무통과점으로 설정하였다. 중국 연구소와 기업, 외국 기업들은 AVS 기술을 중심으로 모였고 이 기술은 네트워크 안에서 지속적으로 진화하면서 구심점이 되었다.

11   AVS-WG 홈페이지 참조.

업체, 방송서비스업체, 국제표준화기구 등이었다. 기존 H.264 기술을 사용하고 높은 로열티를 지불하는 중국내 칩제조업체나 하드웨어 생산업체들이 가장 유력한 후보들이었다. 외국 칩제조업체나 하드웨어 생산업체들의 경우 빠르게 성장하는 중국시장이라는 매력 때문에 AVS 동맹에 참여할 가능성이 있었다. 방송서비스업체의 경우 이해가 다소 복잡하게 설정될 수 있다. 예컨대 중국 방송서비스업체의 경우 중국시장 이외 해외시장 진출에 관심이 있는 경우 세계적으로 광범위하게 받아들여지는 H.264에 더 관심이 있을 수 있다. 중국 방송시장에 진출하고자 하는 외국 방송서비스업체는 당연히 AVS에 관심을 보일 것이었다. AVS가 국내표준을 넘어 국제표준으로 확대되기 위해서는 ITU나 ISO/IEC의 인정이 요구된다. 이렇게 다양한 동맹의 후보군들과 이들의 이해가 상호규정되는 가운데 AVS-WG의 주도하에 AVS가 개발되고 AVS 행위자-네트워크의 구체적인 모습이 형성되기 시작하였다.

2. 이해관계 부여

문제제기 단계에서 핵심행위자가 등장하며 의무통과점이 마련되고 구체적인 목표가 정해지며 각 행위자의 정체성이 정의된다. 이후 잠재적인 정체성을 현실화하고 안정화시키는 이해관계부여 단계가 진행된다. 문제제기 단계에서 동맹 후보자의 정체성은 통일되고 고정된 것이 아니라 유동적이다(Callon 1986b). 이해관계부여 단계에서 행위자의 정체성을 다른 방법으로 정의하고자 하는 고리들을 약화시키거나 잘라내야 한다. 명확한 이해관계 부여를 위해 다양한 조치가 동원된다. AVS 경우 이해관계부여와 정체성 안정화를 위해 활용된 수단은 지적재산권제도와 국내표준설정이었다.

중국과학원 및 중국정부의 AVS 개발 및 표준화 노력에도 불구하고 초기에는 중국 기업조차 AVS에 호의적이거나 자동적으로 이를 채택한 것은 아니었다. 예컨대 중국내 가장 영향력있는 방송사업자인 CCTV의 경우 고화질 디지털 방송을 시험하면서 영상 압축기술 표준을 AVS가 아닌 H.264 이전 세대 기술인 MPEG-2 코딩방식을 채용하여 AVS-WG을 실망시켰다. 또한 중국정부가 독자표준개발을 추진했음에도 불구하고 어떤 기술표준을 선택할 것인지, 혹은 표준개발을 위해 어떤 정책수단을 사용할 것인지에 대해 정부내 부처마다 입장이 조금씩 달랐다(Kennedy *et al.* 2008). 예컨대 정보산업부가 AVS를 전적으로 지원했음에 반해 방송서비스를 관장하는 국가광전총국(国家广播电影电视总局, State Administration of Radio, Film, and Television, SARFT)은 2003년 이후 디지털방송을 추진하면서 당시 중국에서 개발 중인 AVS보다 안정적이고 활용범위가 넓은 H.264를 선택하였다.[12] 아울러 해외에서도 AVS에 대한 관심이 크게 증대하지는 않았다. 새로 개발된 고화질 DVD 블루레이나 고화질 디지털 TV 등에서는 H.264, VC-1 등이 채택되어 AVS 개발 노력을 위축시켰다. 초창기 대내외적으로 열악한 환경에서도 AVS-WG과 중국정부는 AVS 행위자-네트워크를 확산시키기 위해 지속적으로 노력하였고 이는 지적재산권 정책과 국내표준설정 전략으로 나타났다.

　AVS-WG은 AVS가 기술적으로 단순하면서도 성능은 최고이며 아울러 공동 지적재산권 정책으로 매우 낮은 로열티를 요구하는 기술임을 강조하였다. 대개 기술이 개발된 이후 지적재산권 내용이 정해지는 일반적인 경우와 달리 AVS의 경우 기술이 개발되는 과정에서 지적재

12　국가광전총국은 디지털방송에 대한 정부 내 주도권을 유지하고 세계시장을 고려하여 H.264를 선택하였다고 알려졌다(Kennedy *et al.* 2008).

산권 정책이 동시에 논의되었다는 점이 특이하다(Huang and Reader 2011). 2003년 후반기에 AVS-WG은 전문가들을 소집하여 AVS 지적 재산권 제도를 논의하였다. AVS-WG 약관에 따르면 (1) 합리적이고 비차별적이며, (2) 단순하고 실용적인 라이센싱 구조하에서, (3) 경쟁 력있는 가격의 라이센싱 비용을 청구하는 것을 목적으로 명시하면서 특히 중국 국내법과 문화를 고려할 뿐 아니라 WTO 요구사항도 함께 고려하여 라이센싱 권리자와 사용자 간의 이해를 조화시키는 지적재 산권 정책의 중요성을 언급하고 있다. 실제로 이들은 권리자가 세 가 지 대안, 즉 무료(royalty free), 공동특허(avs patent pool), 합리적이 고 비차별적(reasonable and non discriminatory) 선택 가운데 고르 게 하는 등 합리적이고 공정한 지적재산권제도 운영을 통해 참여기 업의 범위를 넓히고 AVS 행위자-네트워크에 참여를 유도하였다(Li 2007). AVS-WG은 이미 오랫동안 MPEC에 참여해 왔던 미국인 전문 가 클리프리더(Cliff Reader)를 영입하여 외국기업들을 설득하기 위 해 노력하였다(Ernst 2011). 이러한 노력에 힘입어 많은 외국 기업들 (Broadcom, IBM, Intel, Microsoft, Nokia, Sun Microsystems 등)이 AVS 지적재산권 제도에 동참하게 된다. 2005년 AVS PPA(Patent Pool Administration)이라는 비영리기관이 설립되어 AVS 지적재산권을 공 동 관리하고 기기나 소프트웨어나 칩당 1위안(元)이라는 파격적으로 낮은 로열티를 부과하는 것으로, 콘텐츠제공자나 운영자에게는 로열 티를 부과하지 않는 것으로 결정되었다. 이것은 당시 기기당 2.5 US $ 씩 부과되던 H.264의 로열티에 비하면 매우 인상적인 조치였다(강만 석 2006). 이러한 지적재산권 정책은 로열티 부담으로 수익구조가 악 화되던 중국 하드웨어 생산업체는 물론 중국시장 진출을 염두에 둔 해 외업체들의 관심을 충분히 끌만한 조치였다. AVS 지적재산권 정책은

AVS 행위자-네트워크의 정체성을 명확히 하는 주요한 요소로 작용하였다. 다른 한편 AVS 개발 초기에 MPEC 그룹은 중국이 개발중인 AVS를 MPEC 내부로 끌어들이고자 제안하였으나 중국은 이를 거절하였고 AVS의 지적재산권 제도가 잠재적으로 위협적이라고 판단한 MPEC은 H.264의 로열티를 내리는 조치를 취했다(Murphree and Breznitz 2011).

중국정부는 2006년 AVS 비디오 파트를 IPTV 국내표준으로 발표하였다(Huang 2010). 중국정부는 AVS를 국내표준으로 설정하여 AVS 활용에 힘을 실어주는 한편, 유동적인 행위자들의 정체성을 AVS 지지 쪽으로 끌어 당겨 안정화시키고자 하였다. 중국 정부는 AVS를 국내 IPTV 표준으로 발표하였지만 이를 강제하기보다는 장려하고 지원하면서 시장의 검증을 거치게 하는 입장을 취하였다. AVS가 국가 표준으로 공식 발표되어 실행되면서 AVS 칩 제조업체, 관련 기기 및 장비 생산업체 등이 모여 AVS 산업군이 큰 규모로 발전하게 된다. 여러 종류의 AVS 칩이 시장에 출시되었고 신위엔(信源), 하이얼(海爾), 상광디엔(上廣電) 등 중국기업들은 'AVS 산업동맹(音視頻产业联盟)'을 결성하고 AVS 표준에 근거한 칩, 셋톱 박스, 샘플기 등 제품을 개발하며 AVS를 지원하였다.[13]

3. 등록하기

등록하기는 다른 행위자들이 핵심행위자의 이해를 받아들이고 이에 동조하는 단계이다(Callon 1986b). 이해관계부여 장치가 필연적으로

---

13   AVS 산업동맹 홈페이지 참조(http://www.avsa.org.cn).

사실상의 등록, 즉 동맹으로 이어지는 것은 아니다. 주장이 설득력 있고 조치들이 다소 강제적이어도 결코 성공이 보장되지 않는다. 행위자들이 등록되는 방법은 물리적 폭력, 유혹, 거래, 협상, 토론 없는 동의 등 다양하다.

유리한 지적재산권 정책과 중국 정부의 AVS 중국내 표준 선정 이후 이미 높은 로열티의 압박으로 수익구조가 악화되어 다른 선택을 할 수 없는 수많은 중국업체들, 그리고 중국 시장을 노리고 있는 해외 기업들이 토론 없는 동의, 혹은 거래의 형태로 AVS에 등록하기 시작한다. 중국 기업들 가운데 자사 디지털방송에 세계적 표준인 H.264를 채택하면서도 중국정부의 지원과 자국 시장을 고려하여 AVS를 시험적으로 도입하는 경우가 늘어났다. 아울러 기존에 H.264와 AVS 두 가지 기술을 동시에 채택하던 입장에서 H.264를 버리고 AVS 단독 방식으로 전환하는 경우도 발생한다. 중국내에서 빠르게 성장하고 있는 IPTV 분야에서 차이나넷콤(網通, CNC)이 다롄(大連)에서 AVS표준을 적용한 IPTV 시험 테스트를 성공한 후 자사가 운영하는 모든 IPTV에 H.264를 포기하고 대신 AVS 표준을 채용키로 결정하면서 IPTV에 AVS 표준을 채용하는 것이 기정사실화되고 AVS 표준 응용 및 상용화 추진이 활발하게 이루어지기 시작한다. 정부와 산업관련 전문가들은 독자기술표준을 지지한다는 슬로건으로 차이나넷콤이 H.264에 대한 미련을 떨쳐버리고 AVS를 채용토록 유도 및 압박하는 데 성공했다. AVS 표준 채택이 별다른 문제를 일으키지 않자 차이나텔레콤 역시 자사 IPTV에 AVS 표준 채택을 결정하게 된다. 2007년 차이나텔레콤은 H.264가 통신 및 미디어 산업에서 지배적으로 채택되고 있는 음성 및 영상 표준 기술이기 때문에 이를 도입했지만 동시에 디지털방송이 급성장하고 있는 상하이지역에서 AVS를 시험한다는 방침을 공표한다.

차이나넷콤과 차이나텔레콤의 디지털방송은 AVS 행위자-네트워크를 공고히 하고 확산하는 중요한 요소가 된다. 아울러 AVS 산업 동맹에 가입하는 업체들이 늘어나기 시작하였고 중국 정보산업부 역시 AVS 표준에 기반한 제품에 대한 연구 개발을 적극 지원하였다(Fomin *et al.* 2011).

AVS-WG은 특히 WAPI나 TD-SCDMA 등의 사례를 통해 외국기업들과 동맹의 중요성을 충분히 학습하였기 때문에 영향력 있는 외국기업들이 동맹에 참여하도록 독려하였다. AVS는 기존표준인 H.264에 적극적으로 도전하기보다는 H.264의 약점을 보완하는(under-dog) 전략을 취했기 때문에 H.264를 주도하는 기업이 크게 위기의식을 가지지 않았고 특히 중국시장에 관심을 가진 외국기업들은 H.264를 포기하지 않은 채 보완적으로 AVS에 공동 참여하기도 하였다(Ernst 2011). AVS-WG의 회원인 외국기업(Broadcom, Ericsson, Intel, Nokia, Sony, Fujitsu, LG 등)이 이러한 예이다.

2002년 20여개 기업을 회원으로 하여 출발했던 AVS-WG은 2003년에 80여개, 2004년 120개, 2005년 140개, 2006년 260개, 2007년 180개, 2008년 190개 업체로 지속적으로 증가세를 보였다(Huang 2010). 회원가입 업체는 다양하게 구성되었다. 예컨대 2008년 192개 가입업체 가운데 중국내 칩제조 및 하드웨어 업체가 약 45퍼센트를 차지하고 나머지는 대학을 포함한 중국내 연구기관이 25퍼센트, 외국 기업들이 약 30퍼센트를 차지하고 있다. AVS-WG의 적극적인 기술 홍보 및 지적재산권 정책에 힘입어 AVS 산업동맹에 가입하는 중국 기업도 증가하고 관련 산업군의 규모도 커지게 된다.[14]

14 본 자료는 IPTV Focus Group 웹사이트 참조(http://www.itu.int/en/ITU-T/focus-groups/iptv/Pages/default.aspx).

AVS 행위자-네트워크 확장에 가장 명백한 방해물은 H.264의 광범위한 채용이었다. AVS가 매력적인 지적재산권제도를 채택하고 있음에도 불구하고 세계적으로 더 많은 국가와 기업들이 H.264를 선택하였다. H.264는 ITU, ISO 및 IEC가 영상 압축기술을 위한 공통 국제표준에 공조한 최초의 사례로서 다양한 기기에 응용될 수 있는 유연성이 있었다. 예컨대 H.264는 고화질 TV, 유튜브(YouTube)는 물론 휴대폰, 고화질 DVD, 퀵타임(QuickTime), 애플컴퓨터사의 맥오에스(MacOS X), 플레이스테이션과 같은 가정용 비디오 게임 등 광범위한 영역에 적용되고 있었다. 2005년 10월 애플사가 아이튠즈 뮤직스토어에서 H.264로 압축된 비디오를 팔기 시작하고 2007년 유튜브도 모든 게시물들을 자동적으로 H.264로 코딩하면서 이의 입지는 더욱 공고해진다(Axis Com 2008).

H.264의 지배적 위상을 견제하고 AVS의 지위를 공고히 하기 위해 AVS-WG은 AVS를 국제표준으로 인정받기 위한 노력을 진행한다(Gao 2005). 중국은 2001년 WTO 가입 이후 국제표준기구 활동에 적극 참여해 왔다. 2008년 중국은 ISO이사회의 상임이사국이 되었고 2008년까지 ISO/IEC에 164개 표준안을 제안하여 이 가운데 64개가 국제표준으로 인정받았다(Ernst 2011). 또한 국제표준기구에 파견되는 중국 대표단의 수가 빠르게 증가하였으며 워킹 그룹은 물론 관련 회의에 다양하게 참여해 왔다. 예컨대 2008년에서 2009년 사이에 ITU 중국 대표 파견 79명에서 179명으로 2배로 증가하였고 워킹그룹의 의장, 부의장을 중국 출신이 맡는 경우도 많아졌다. 중국은 자국 기술의 국제표준 인정을 위해 국제표준기구에서의 활동을 전략적으로 활용하였다. 중국은 ITU-T 회의 참여를 통해 영상음성 압축 기술 발전 동향을 잘 파악하고 있었고 기존 H.264의 약점도 잘 알게 되었다. 실제

로 새로운 영상음성 압축 기술에 대한 필요성이 처음으로 논의된 곳도 ITU-T 워킹그룹 회의에서였다. 중국은 독자적으로 개발하게 될 새로운 기술이 상업화에 성공하기 위해서는 ITU-T에 의해 인정되어야 한다는 것을 알고 있었기 때문에 ITU IPTV 포커스그룹 회의(ITU-T FG IPTV)에 적극적으로 참여하였고 산하 6개 워킹그룹 중 2개에서 의장을 맡게 되었다. 중국은 2006년부터 AVS를 기술표준으로 신청한 후 공식 비공식적으로 표준 선정을 위해 노력하였고 표준화 회의에 대한 중국의 기여를 인정받아 2007년 5월 AVS가 IPTV의 선택 항목으로 결정되었다 (ITU FG IPTV 2007). IPTV의 기본 영상 압축 기술로는 H.264가 선정되었고 광범위한 영역에서 상업화에 성공하였기 때문에 AVS가 명실상부한 국제표준기술로 인정되었다고 보기는 어렵다. 그러나 중국 기업과 정부의 노력으로 개발된 기술이 IPTV에 사용될 수 있는 여러 기술 가운데 하나로 공인된 것은 중국에게 의미 있는 성공이었다. 이후 중국은 H.264와 함께 AVS가 필수 항목으로 포함되도록 하기 위한 노력을 진행해 왔다.

4. 동원하기

동원하기는 다른 행위자들이 핵심행위자가 원하는 대로 따라하고 배반하지 않는 단계이다. 핵심행위자는 자신이 대표하는 집단의 대변인이 된다. 처음에는 각각 떨어져 있고 쉽게 접근할 수 없었던 실체들이 대변인을 통해 무엇을 원하는지를 말하게 되고 특정한 장소와 시간에서 재조립되며 결속력을 가지게 된다(Callon 1986b).

    AVS는 현재도 개발과 확산이 진행 중인 기술이다. 즉 동원하기 단계가 진행 중이라고 볼 수 있다. AVS는 현재 중국 내에서 지상파,

케이블, 위성, 모바일 디지털방송, 고화질DVD 등에서 H.264, MPEC2 등과 함께 활용되고 있다. AVS-WG이 핵심이 되어 기술을 지속적으로 발전시키면서 차세대 기술에서 AVS 입지를 공고히 하기 위해 노력하고 있다. 대외적으로 AVS는 IPTV에서 선택 기술 사항으로 공인되었지만 상업화의 측면에서 중국 이외 지역에서는 성공을 거두지 못하고 있다. AVS가 중국내 디지털방송의 확대를 앞두고 급하게 개발된 기술이기 때문에 결점도 많고 안정적이지 못해 중국 내부에서만 부분적으로 채택될 뿐 더 이상 확대되지 못할 것으로 보는 견해가 있다.[15] 또 현재 지배적인 위치에 있는 H.264의 뒤를 이를 HEVC(High Efficiency Video Coding) 표준이 2013년 완료 예정으로 개발되고 있어 AVS의 확대가 쉽지 않을 것으로 보기도 한다. 반면 일단 선택적인 국제표준 기술로 인정된 것은 충분히 성공한 것이고 향후 중국시장을 기반으로 지속적으로 성장할 것으로 예측하는 견해도 있다(Ernst 2011; Fomin et al. 2011). 기준을 어떻게 설정하느냐에 따라 성공과 실패의 판단이 달라질 수 있다. 독자적인 기술개발, 참신한 지적재산권제도, 복수표준 인정이라는 관점에서 보면 동원하기에 성공한 것이고, 기존 표준을 대체하거나 명실상부한 국제표준으로 인정된 후 광범위한 상업화라는 관점에서 보면 동원하기 단계에 성공하지 못한 것으로 볼 수 있다.

현재 영상 압축기술은 빠르게 진보하고 있다. H.264의 성공에 힘입어 이를 개발했던 ISO/IEC의 MPEG과 ITU-T의 VCEG이 각각 차세대 영상 압축기술을 개발하다가 2010년에 다시 공동팀(JCT-VC: Joint Collaborative Team on Video Coding)을 결성하고 H.264에 비해 압축률을 2배로 증대시킨 HEVC 개발이 추진되고 있다. 여기에는 한국의

---

15 본 연구를 위해 MPEC Korea 전문가 2명을 인터뷰하였다. 전문가들은 AVS의 성공에 대해 매우 회의적이었다(인터뷰 2011년 7월 수행).

삼성, LG를 비롯하여 세계 주요 전자산업 기업들(Microsoft, Intel, TI, Fraunhofer, Qualcomm, Nokia, Tandberg, Sony, Mitsubishi, NHK, France Telecom 등등)이 참여하고 있다. 중국에서도 몇몇 기업 (Huawei나 ZTE 등)이 관심을 보이고 있으나 전반적으로 중국의 참여는 저조한 편이다. H.264에 이어 차세대 지배적인 영상압축기술로 HEVC의 등장이 주목받는 상황에서 AVS가 어떻게 대처해 나갈지 지켜보아야 한다.

IV. 결론

본 연구는 이제까지 기술표준 설정과정을 설명해 온 기술합리성, 권력정치, 제도·담론·문화 경쟁이 현재 다양하게 시도되는 중국 독자표준기술 설정 과정과 결과를 충분히 설명하지 못함을 지적하고 ANT의 관점에서 기술표준설정이 진행되는 과정을 자세하게 추적하는 것이 기술표준설정 과정을 새롭게 이해하는 데 기여한다고 판단하면서 중국 AVS 사례를 분석하였다.

ANT는 기술과 사회를 독립적 범주로 설정하는 기술결정론이나 사회구성론을 모두 반박하면서 사회적인 것 안에 자연, 기술, 제도, 인간 등 다양한 요소 등이 복합적으로 결합되어 있음을 주장한다. 본 연구에서 AVS 행위자-네트워크가 인간, 비인간 등 이질적 행위자들로 구성되어 있음을 확인해 보았다. AVS 행위자-네트워크는 AVS 기술을 의무통과점으로 형성되기 시작하였으며 이 과정에서 AVS-WG이 핵심 행위자 역할을 수행하였다. AVS-WG에는 중국내 공공연구기관, 대학, 기업, 외국기업들이 포진해 있고, 이와는 별도로 AVS 칩 및 하드웨어

제조업체들은 AVS 산업동맹을 구성하여 AVS-WG을 지원하였다. 중국 AVS 행위자-네트워크는 중국 정부, 연구기관, 대학, 기업, 그리고 외국기업들은 물론 ITU, ISO 등 국제기구, 공개된 기술과 자체적으로 개발된 기술을 활용한 AVS, AVS 칩 및 이를 내장한 다양한 전자제품, AVS를 통해 압축된 영상물과 디지털 방송채널, 지적재산권 정책 및 중국 표준제도 등 이질적이고 다양한 요소들을 포함하여 구성되었다. ANT 이론이 강조한 바와 같이 AVS 기술은 행위자-네트워크 밖에 중립적인 요소로서 존재한 것이 아니라 핵심행위자의 목적과 전략에 맞추어 기획되고 구성되었으며 진화하였다. 행위자-네트워크의 확산을 위해 지적재산권 정책이 매우 중요했기 때문에 이에 부응하여 기술이 기획되고 개발되었으며 이를 중심으로 AVS 행위자-네트워크가 구체화되었다.

AVS 행위자-네트워크가 확산되는 과정을 ANT가 제시하는 번역 4단계에 따라 서술하는 과정에서 AVS 기술표준 설정과정이 체계적으로 정리되고 확산 성공 및 실패의 중요한 계기들이 드러난다. 즉 문제제기 단계의 핵심행위자 AVS-WG의 등장 및 의무통과점 AVS 형성, 이해관계부여 단계의 지적재산권 제도와 국내표준설정 전략, 등록하기 단계의 AVS-WG과 AVS 산업 동맹의 확장, 특히 몇몇 외국기업들의 참여, ITU-T 선택 국제표준으로 인정, 중국내에서 AVS에 기반을 둔 디지털방송의 확대 등이 AVS 행위자-네트워크 확산에 중요한 계기가 되었음을 알 수 있다. 특히 TD-SCDMA 등의 사례를 통해 외국기업과의 동맹이나 국제표준인정의 중요성을 학습한 경험이 유익했던 것으로 지적되고 있다(Stewart *et al.* 2010).

AVS 행위자-네트워크는 기존의 지배적인 표준인 H.264에 필적하는 영향력은 구축하지 못하고 있다. H.264는 한 국가가 일방적으로 주도하는 표준이 아니고 전기전자 부문에서 영향력있는 국제표준기구인 ISO, IEC, ITU 가 공동팀을 구성하여 개발한 표준이고 미국, 유럽 국가는 물론 일본, 한국이 적극적으로 참여하고 있다. 중국은 기존 기술표준 네트워크에 합류하기보다 독자적인 표준기술을 구축하는 선택을 하였다. 하지만 기존 기술을 적극적으로 공격하거나 이를 대체하겠다는 생각보다는 기존 기술의 약점을 강조하며 자국시장을 중심으로 우회적으로 AVS 행위자-네트워크를 확장하거나 혹은 기존 기술표준과 공존하는 소위 약자(underdog)의 전략을 취하였다. 현재 AVS의 위상에는 이런 전략의 한계가 그대로 드러나고 있는 것으로 볼 수 있다.

AVS를 통해 본 중국의 네트워크 전략은 기존 지배적인 네트워크에 정면으로 도전하거나 편입하기를 거부하고 자신만의 독자적 네트워크를 구축하는 것이다. 세계 전자제품 생산에서 차지하는 중국의 위상과 막대한 국내시장 규모에 토대하여 중국기업들과 일부 외국기업들을 끌어들이고 자국내에서 네트워크를 구축하는 데 성공하였으나 여전히 지배적인 네트워크에 비하면 그 범위가 제한적이고 안정성이 떨어진다.

기술표준설정은 기술합리성, 권력정치, 제도·담론·문화 경쟁의 틀만으로 단순하게 설명되지 않는 경우가 있다. AVS의 경우 H.264와의 경쟁구도의 틀 속에서 양 진영의 기술력, 정치력, 제도·담론·문화 경쟁이라는 관점에서 분석하는 것이 적절하지 않다. 무엇보다도 AVS와 H.264는 국가별 대칭적인 경쟁구도를 형성하지 않았다. 양쪽이 상호작용하면서 경쟁한 것이 아니라 많은 국가들이 참여하고 있는 H.264의 지배적 위상에 대해 중국이 불만을 가지고 AVS를 중심으로 일방적으로 도전하였다. ANT는 중국의 도전이 어떤 과정을 거쳐 이루어졌고 이것이 영향력을 확산하는 데 중요한 계기들이 어떤 것들이었는지를 AVS 행위자-네트워크의 형성과 확산이라는 시각에서 체계적으로 이해하는 데 기여한다. AVS 측 입장에서 보면 현재까지 만족스럽지는 않지만 나름의 성과를 내고 있고, 반면 H.264는 이러한 AVS의 도전과 성과에 크게 영향받지 않으면서 차세대 영상음성 압축기술 개발을 주도해 나가고 있다. AVS 행위자-네트워크가 향후 어떤 모습으로 진화해 갈지는 계속 지켜보아야 한다.

참고문헌

강만석. 2006.『중국 디지털 뉴미디어 산업 연구』. 한국방송영상산업진흥원.
    http://www.kocca.kr/knowledge/report/kc44_1204770_0.pdf(검색일: 2011.8.).
김상배. 2007.『정보화시대 표준경쟁』. 한울아카데미.
라투르 외. 홍성욱 엮음. 2010.『인간·사물·동맹: 행위자네트워크 이론과 테크노사이언스』.
    이음.
배영자. 2011. "미국과 중국의 IT 협력과 갈등 : 반도체 산업과 인터넷 규제 사례."
    『사이버커뮤니케이션 학보』.
한국정보통신협회. 2006.『표준화백서』. http://www.tta.or.kr/data/reportlist.jsp?kind_num
    =2&order=hosu&by=desc&search=&data=&nowpage=9(검색일: 2011.8.).

中国科学院. 2009.『中国科学院中国至2050 年生物质资源科技发展路线图』.
中国科技部. 2006.『国家中长期科学和技术发展规划纲要(2006-2020年)』.
数字音视频编解码技术标准工作组. 2006. "数字音视频编解码技术标准AVS." http://www.avs.
    org.cn/(검색일: 2011.8.).
_____. 2008. "知识产权政策." http://www.avs.org.cn/(검색일: 2011.8.).
_____. 2010. "AVS进展." http://www.avs.org.cn/(검색일: 2011.8.).

Axis Communication. 2008. "H.264 영상 압축 표준백서" www.axis.co.kr/img/product/
    brochure/wp_h264_kor_lo.pdf(검색일: 2011.8.).
Bott, Ed. May 2010. "H.264 patents: how much do they really cost?" http://www.
    zdnet.com/blog/bott/h264-patents-how-much-do-they-really-cost/2122(검색일:
    2011.8.).
Callon, Michell and John Law. 1988. "Engineering and sociology in a military aircraft
    project: a network analysis of technological change." *Social problems.*
Callon, Michell. 1986a. "The Sociology of an Actor-Network: The Case of the Electric
    Vehicle." In Michel Callon, John Law and Arie Rip (eds.). *Mapping the Dynamics
    of Science and Technology.* Macmillan.
_____. 1986b. "Some Elements of a Sociology of Translation: Domestication of the
    Scallops and the Fisherman of St. Brieuc's Bay." In J. Law (ed.). *Power, Action and
    Belief: a New Sociology of Knowledge?* Routledge.
Drezner, Daniel. 2004. "The Global Governance of the Internet: Bringing the State Back
    In." *Political Science Quarterly.* 119(3).
Egyedi, Tineke M. 2003. "Consortium Problem Redefined: Negotiating Democracy in the
    Actor Network on Standardization." *International Journal of IT Standards and
    Standardization Research.*

Ernst, Dieter. 2011. *Indigenous Innovation and Globalization: The Challenge for China's Standardization Strategy.* Honolulu: East-West Center.

Fomin, Vladislav, Junbin Su, and Ping Gao. 2011. "Indigenous standard development in the presence of dominant international standards: the case of the AVS standard in China." *Technology Analysis & Strategic Management.*

Gao, Wen. 2011. "AVS from a idea to practices." cdn.nbr.org/downloads(검색일: 2011.8.).

_____. 2005. "AVS-a project towards to an open and cost efficient Chinese national standard." ITU-TVICA Workshop. ITU, Geneva.

Gao, Xudong. 2010. "Indigenous innovation, latecomer disadvantage and non-market strategy: Lessons from the development of TD-SCDMA in China." Conference on Chinese Approaches to National Innovation, University of California at San Diego.

Greenstein, S.M. 1992. "Invisible hands and visible advisors: an economic interpretation of standardization." *Journal of the American Society for Information Science.* 43.

Huang, T. and Cliff Reader. 2011. "China's AVS Intellectual Property Rights Policy – A New Approach for Developing Open Standards." cdn.nbr.org/downloads/CS09_HUANG_slides_EN.ppt(검색일: 2011.8.).

Huang, Tiejun. 2010. "AVS-Technology, IPR and Applications." Audio and Video Coding Standard Working Group of China.

ITU FG IPTV. 2007. "Report of the 2nd Focus Group on IPTelevision(IPTV) meeting." http://www.itu.int/md/T05-FG.IPTV-R-0014/en(검색일: 2011.8.).

Keil, T. 2002. "De-facto standardization through alliances – lessons from Bluetooth." *Telecommunications Policy* 26.

Kenney, Scott. 2007. "The Political Economy of Standards Coalitions: Explaining China's Involvement in High-Tech Standards Wars." *Asia Policy.* 2.

Kennedy, S., R. P. Suttmeier, and J. Sun. 2008. "Standards, Stakeholders, and Innovation: China's Evolving Role in Global Knowledge Economy." NBR Special Report 15.

Latour, Bruno. 2005. *Reassembling the Social : An Introduction to Actor-Network Theory.* Oxford University Press.

_____. 1987. *Science in Action: How to Follow Scientists and Engineers through Society.* Harvard University Press.

_____. 1983. "Give me a Laboratory, and I Will Raise the World." In K. D. Knorr-Cetina and M. Mulkay (eds.). *Science Observed.* Sage.

Lee, Heejin and Sangjo. 2008. "A standards war waged by a developing country: Understanding international standard setting from the actor-network perspective." *Journal of Strategic Information Systems.* 15.

Levin, Arthur. 2010. "Bridging the Standardization Gap: China and the ITU-T." ITU.

Li, Wenwen. 2007. "The Role of Standard-setting Organizations in Dealing with Intellectual Property Issues." *China Standardization.* 2.

Loya, Thomas and John Boli. 1999. "Standardization in the World Polity." In John
    Boli and George Thomas (eds.). *Constructing World Culture: International
    Nongovernmental Organizations since 1875.* Stanford University Press.

Mattli, Walter and Tim Buthe. 2003. "Setting International Standards: Technological
    Rationality or Primacy of Power?" *World Politics.*

Meyer, Niclas. 2008. "The Embeddedness of Technical Standardization: Mobile
    Telecommunications in the People's Republic of China, the United Sates and the
    European Union." Paper presented at the Global Public Policy Network (GPPN)
    collaborative research conference at Peking University.

Murphree, M. and D. Breznitz. 2011. "Standardized Confusion? The Political Logic of
    China's Technology Standards Policy." Industry Studies Association Conference.
    www.industrystudies.pitt.edu/pittsburgh11(검색일: 2011.8.).

SAC. 2004. "Study on the Construction of National Technology Standards System."
    Standards Administration of China, Beijing.

Stewart, J. 2009. "Final Report on Standards Dynamics in Domain of Mobile Telephony:
    Mobile Broadband from 3G to 4G." China EU Information Technology Standards
    Research Partnership http://www.china-eu-standards.org/index.html

Stewart, James, Xiaobai Shen, Robin Williams, and Kai Jacobs. 2010. "Report analysing
    implications for China and European policies." The China EU Information
    Technology Standards Research Partnership http://www.china-eu-standards.org/

Suttmeier, Richard P. and Xiangkui Yao. 2004. "China's Post-WTO Technology Policy:
    Standards, Software, and the Changing Nature of Techno-Nationalism." NBR
    Special report.

Suttmeier, R. P., X. Yao, and A. Zixiang Tan. 2006. "Standards of power? Technology,
    institutions, and politics in the development of China's National Standards Strategy."
    The National Bureau of Asian Research.

Yu, Lu, Feng Yi, Jie Dong, and Cixun Zhang. 2005. "Overview of AVS-video: tools,
    performance and complexity." In Shipeng Li *et al.* (eds.). *Visual Communications
    and Image Processing 2005.* Proceedings of the SPIE, Volume 5960.

Warner, A. 2003. "Block alliances in formal standards setting environments." *Journal of
    IT Standards and Standardization Research.*

Wegberg, M. 2004. "Standardization process of systems technologies: creating a balance
    between competition and cooperation."*Technology Analysis and Strategic
    Management.* 16.

Zhan, Ailan and Zixiang Tan. 2010. "Standardization and innovation in China: TD-
    SCDMA standard as a case." *International Journal of Technology Management.* 51.

AVS-WG 홈페이지 (www.avs.org.cn).

AVS 산업동맹 홈페이지 (http://www.avsa.org.cn)

IPTV Focus Group 웹사이트 (http://www.itu.int/en/ITU-T/focusgroups/iptv/Pages/

default.aspx)

ITU-T 홈페이지 (http://www.itu.int/ITU-T/index.html).

ITU-T Q.6/SG 16 웹사이트 (http://www.itu.int/ITU-T/studygroups/com16/index.asp)

MPEG 홈페이지 (http://mpeg.chiariglione.org)

MPEG LA 홈페이지 (www.mpegla.com)

위키피디아 (http://en.wikipedia.org/wiki/H.264/MPEG-4_AVC)

제7장

'인류공동의 유산'의 국제제도화 과정 : 심해저 관리의 사례*

조동준

* 이 글은 2010년 『국제정치논총』 50집 4호에 게재되었는데, 이 책의 각주와 내주 방식에 따라 일부 수정되었다.

이 장은 심해저 자원의 관리를 담당하는 국제해저기구(International Seabed Authority)의 형성 과정을 분석한다. 1967년 몰타는 심해저를 '인류공동의 유산'으로 정하고 국제기구를 통하여 관리하자는 안을 제출함으로써, 해양 선진국에게 유리한 '해양의 자유' 국제제도에 도전했다. 선진국은 발달된 과학기술을 활용하여 심해저에서 광물자원을 채취할 수 있었기 때문에 '해양의 자유'가 심해저에도 적용되어야 한다는 입장을 고수했다. 반면, 개발도상국은 심해저 광물자원의 채취와 이로 인한 이익이 국제기구에 의하여 관리되어야 한다는 입장을 가졌다.

선진국은 심해저를 관리하는 국제해저기구의 의결구조를 선진국의 이해에 유리하도록 만들었다. 심해저 관리에서 실질적 결정을 담당하는 이사회에서 개발도상국이 압도적 다수를 차지하지만, 집중화된 이익을 가진 소수 국가가 사실상 거부권에 근접한 의결권을 가지고 있다. 외향적으로 국제해저기구가 인류의 이익을 반영하는 것처럼 보이지만, 실질적으로 심해저 광물자원의 생산, 소비, 투자에 직접적이고 집중적인 이해관계를 가진 소수 국가의 이익을 반영하고 있다.

이 사례연구는 새로운 생각과 개인 행위자가 국제제도의 형성 초반에 상대적으로 중요한 역할을 담당하는 반면, 국제제도가 공식적 기구 또는 성문화되는 단계에서는 이익이 중요한 역할을 담당함을 보인다. 이 연구결과는 국제제도의 형성과정을 설명하는 국제정치이론의 적실성이 시점에 따라 상이함을 보인다. 즉, 구성주의가 국제제도의 형성 초반에 발생하는 현상을 설명하는 데 장점을 가지는 반면, 제도주의와 현실주의는 국제제도가 공식화되는 단계에서 발생하는 현상을 설명하는 데 장점을 가진다.

I. 서론

국제해저기구(International Seabed Authority)는 주권국가의 관할권이 미치지 않는 해저에서 자원 채취를 포함한 모든 활동을 규율하는 행위자로 1994년 출범했다. 이 국제기구는 2001년 7개 회사/연구기관과 계약을 체결하여 75,000㎢ 심해저에서 광물자원의 탐색 작업을 규율하고 있다(International Seabed Authority 2001). 주권 국가의 배타적 관할권이 땅에서 시작하여, 해양으로, 그리고 20세기에는 영공으로까지 확대되는 경향을 고려하면, 심해저를 '인류공동의 유산'으로 정하고 국제기구가 관할하는 현상은 예외적이다.[1] 즉, 이는 주권국가의

1 　남극, 심해저, 공해가 지구에서 주권국가의 배타적 관할권이 미치지 않는 지역이다. 20세기에도 Danzig와 같이 국제기구의 관할지가 있었지만, 이는 강대국의 역학관계에 따라 만들어졌고 오래 지속되지 못하였다.

배타적 관할권이 확장되는 경향과 상치한다.

이 글은 국제해저기구가 심해저를 관할하게 되는 현상이 '인류공동의 유산' 개념의 성장과 관련되어 있으며, 국제해저기구가 조직화된 소수 이익을 대표하고 있음을 밝힌다. 1967년 몰타가 심해저를 인류공동의 유산으로 규정하고 공동으로 관리하자는 제안을 한 후(United Nations General Assembly 1968a: 1-15; United Nations General Assembly 1986b: 1-3),[2] 국제사회는 심해저 관리방안을 두고 치열한 논쟁을 벌였다. (1)심해저의 자원을 채취하는 기술적 능력을 가진 선진국, (2)영해 개념을 확장시킬 수 있는 긴 해안선을 가진 연안국, (3)심해저 광물 채취로 경제적 손실을 입게 될 광물 생산국은 몰타 제안을 반대하였다. 반면, 해저 광물을 채취할 기술적 능력 또는 경제적 능력을 구비하지 못한 국가와 육지로 둘러싸인 국가는 몰타 제안을 환영하였다. 심해저의 광물 자원을 둘러싼 논쟁과 협상은 1982년 국제연합 해양법협약으로 종결되었는데, 심해저 자원과 직접적 이해관계를 가진 소수 국가의 이익이 국제해저기구의 창설구성에 상대적으로 많이 투영되었다.

이 글은 다음과 같이 구성된다. 첫째, 심해저 관리를 둘러싼 논쟁과 1967년 몰타 제안을 검토한다. 심해저 자원의 관리를 둘러싼 논쟁에서 '해양의 자유'와 해양에 대한 주권의 확장이 경쟁하고 있었는데, 1967년 몰타는 심해저를 '인류공동의 유산'으로 정하자는 제안을 했다. 몰타 제안은 심해저 관리를 둘러싼 논쟁의 향방을 바꾸었다. 둘째,

---

2   몰타 제안의 제목은 "Examination of the Question of the Reservation Exclusively for Peaceful Purpose of the Seabed and Ocean Floor, and the Subsoil thereof, Underlying the High Seas beyond the Limit of Present Jurisdiction, and the Use of Their Resources in the Interests of Mankind"이다(U.N.Doc. A/6695).

몰타의 제안 이후 심해저 관리에 관한 논쟁에서 나타났던 갈등선을 정리한다. 심해저 관리를 둘러싼 갈등선이 남북 간, 동서 간, 연안국과 내륙국 간 존재했다. 셋째, 심해저의 자원 관리를 둘러싼 입장 차이가 국제해저기구 의결구조에 반영된 결과를 분석한다. 특히 이사회의 선출과정과 의결구조에서 심해저 자원의 관리와 직접적 이해관계를 가진 소수 행위자가 과도한 영향력을 가지고 있다는 사실을 보인다. 넷째, 이 사례가 국제제도의 형성에 주는 이론적 함의를 검토한다.

II. 심해저 관리를 둘러싼 논쟁

해양을 주권국가의 배타적 관할지로 만들려는 노력은 이미 15세기 후반 시작되었다. 포르투갈과 스페인에게 선교 대상지를 정한 교황 알렉산더 3세의 칙령(1493), 해양 영향권을 나눈 스페인과 포르투갈간 Tordesillas 조약(1494)과 Zaragoz 조약(1529) 등이 해양에서의 자유항해와 자유이용을 근간으로 하는 '천년 해양제도'(regime of the ocean for millennia)를 약화시키기 시작하였다(Friedheim 1993: 11). 이런 추세가 지속되어 20세기 들어 '해양의 자유'에 기반한 국제제도는 거의 와해되었다. 영해의 확대, 대륙붕에 대한 배타적 관할권, 배타적 경제수역 선포 등으로 인하여 주권국가의 배타적 관할권이 미치지 않는 지역은 공해와 심해저밖에 남지 않았다. 1967년 몰타의 제안은 해양으로 주권이 확대되는 추세를 막는 계기였다. 이 절은 심해저 관리와 관련되어 있는 규범을 검토한다.

1. '해양의 자유' vs. 주권국의 배타적 관리

'해양의 자유'는 두 가지 개념을 포함한다. 첫째, 해양에서 자유항해이다. 유럽에서 자유 통행이 발전한 이유는 해로를 이용한 상업의 발전과 상업 세력이 패권을 차지하는 현상에 밀접한 관련을 가지고 있다(Gilpin 1978: 25). 고대 그리스와 로마는 해상 교역로를 통하여 번영을 이루었고, 패권국의 지위에 올랐다. 해상 수송 능력을 보유한 그리스 도시국가와 로마는 해양이 어느 특정 정치권력의 관할 대상이 아니기 때문에 해양에서 통행이 자유로워야 한다는 원칙을 국제관습법으로 만들었다. 이 관행은 중세 이탈리아 도시 국가와 한자 동맹의 도시국가로 이어졌고, 절대 왕정기 해양세력이 유럽에서 패권을 차지하면서 확립되었다. 이 관행은 휴고 그로티우스(Hugo Grotius)에 의하여 해양법으로 성문화되었다(Grotius 2000: 12-14).

둘째, 해양 자원의 자유로운 이용이다. 해양이 배타적으로 소유될 수 없다는 원칙은 해양 자원의 활용에 제한이 없어야 한다는 원칙으로 전개되었다.[3] 해양 자원의 자유로운 이용은 해양 자원이 항상 재생될 수 있다는 전제 아래서만 가능하다. 인류의 해양기술이 발달하기 전, 인류가 활용한 해양자원은 근해에 있는 어류와 해변에 있는 조개류에 불과했다. 인류의 어로 활동으로 어족자원이 멸절 상황에 이르는 현상은 드물었다. 이런 상황에서 모든 행위자가 해양 자원을 자유롭게 활용할 수 있다는 원칙이 확립되었다. 즉, 과학기술의 미발달 상황에서

---

3   Grotius는 (1) 자연 상태에서 해양에 대한 소유권이 없었고, (2) 특정 국가가 해양을 점유할 수 없으며, (3) 해양의 소유에 관한 국가 간 합의가 없다는 이유로 해양은 공동 이용(common use)의 대상이라는 입장을 가졌다(Grotius 2000: 21-25). 해양의 공동 이용이 해양 자원에 대한 공동 이용을 의미하는지는 여전히 논쟁의 대상이다.

'해양의 자유'가 국제제도로 정착될 수 있었다.

'해양의 자유'는 과학기술의 발달로 도전을 받게 되었다. 첫째, 국가안보를 우려했던 연안국은 영해 개념을 만들어 일부 해양을 배타적 관할지역으로 만들었다. 과학기술의 발달로 국가안보에 위해를 미칠 수 있는 사정거리가 늘어남에 따라 연안국은 영해를 점차 확대하였다. 20세기에 들어 영해의 무한정 확대를 막기 위한 국제사회의 노력은 1958년 '영해와 접속구역에 관한 협약'(Convention on the Territorial Sea and Contiguous Zone)으로 귀결되었다.[4] 이로써 자유항해의 원칙이 적용되지 않는 해양이 명확하게 구별되었다. 이후 배타적 경제수역까지 만들어져 자유항해의 원칙은 더욱 제한되었다.[5]

둘째, 해양 자원의 자유로운 이용이 불가능하게 되었다. 과학기술이 발달되자 인류는 과거 접근할 수 없었던 재생불가능한 자원을 활용할 수 있게 되었다. 재생속도보다 더 빠르게 재생가능한 해양자원이 소진됨에 따라 심지어 재생가능자원마저 사라질 위험에 빠졌다. 해양자원의 자유로운 이용과 접근이 보장된 상태에서 개별 행위자들의 이익추구를 규제하지 못하면, '공유지의 비극' 현상이 나타날 수밖에 없다(Hardin 1968: 1243-1244). 포경기술의 발전이 20세기 고래의 개체수 급감을 넘어 멸종 직전까지 갔던 상황이 대표적인 예이다(고재승 1972: 28-34; Oberthü 1999: 29-37; Simon 1965: 943-946).

---

4   상기 협약은 1964년 9월 10일 발효되었다. 영해 개념은 지중해에 대한 영유권을 주장한 로마로부터 시작되어 17-18세기 대포 사정거리로 영해의 경계를 정하는 관행으로 정착되었다(Littleton 1984: 2-7).

5   영해, 접속수역, 배타적 경제수역에서도 무해통항권이 보장되고 있고(UN Convention on the Law of Seas Section 3, Article 17-24), 공해에서 연안국에 의한 단속 금지, 상업 봉쇄, 적국 상선의 체포와 파괴 금지 등이 여전히 국제규범으로 효력을 가지고 있다(Hays 1918: 289-291).

국제사회는 1960년대까지 '해양의 자유'와 과학기술 간 갈등을 두 가지 방향으로 해결하려고 하였다. 첫째, 해양을 연안국의 관할영역으로 인정하는 방법이다. 연안국은 해저 지형이 해상 대지의 연장이라는 논리로 해양과 해저에 대한 관할권을 확대하려고 하였다(President Truman 1945). 국제사회는 연안국의 영해, 접속수역, 그리고 배타적 경제수역, 대륙붕의 경계를 정하는 합의를 도출하였다. 이로써 해양의 일부 지역을 연안국의 관할 아래에 두는 국제제도가 정착되었다. 1964년 발효된 '국제연합 대륙붕 협약'(Convention on the Continental Shelf)이 대표적 예이다.

둘째, 연안국의 관할에 속하지 않는 공해에서 해양 자원의 활용에 일정한 규제를 가하는 방법이다. 해양 선진국은 해양 자원의 활용을 규제하는 방법을 선호하지 않는 반면, 해양 자원을 취득할 기술을 구비하지 못한 국가는 해양 자원의 활용에 대한 규제를 선호한다. 상이한 두 이해관계는 1962년 발효된 '공해에 관한 협약'(Convention on the High Seas), 1966년 발효된 '공해에서 어업 및 생물자원보존에 관한 협약'(Convention on Fishing and Conservation of Living Resources of the High Seas)처럼 느슨한 자율규제만 언급하는 합의로 귀결되었다.

정리하면, 1960년대까지 국제사회가 해양을 관리하는 과정에서 주권국가의 배타적 관할이 '해양의 자유'를 점차 침해하였다. 해양 선진국은 '해양의 자유'를 내세웠지만, 연안국은 영토의 연장으로서 영해를 비롯하여 해양을 배타적 관할지역으로 만들려고 하였다. 특히 2차대전 이후 신생독립국이 자원 민족주의를 내세우면서 해양을 주권국가가 관할하려는 노력이 우세하게 되었다.

2. 심해저 관리에 원용될 수 있는 준거

1960년대 심해저 관리에 적용될 수 있는 몇 가지 준거가 있었다.[6] 첫째, 소유권이 적용되기 어려운 영역을 소유자가 없는 사물(*res nullius*)로 가정한 후, 이에 대한 발견과 점유가 소유권으로 이어진다는 국제관습법이다. 주권이 미치지 않는 영역이거나 주권이 명시적으로 포기한 영역을 발견하고 점유하는 자가 소유권을 가지는 관행이 오랫동안 국제법으로 인정을 받고 있었다(Boczek 2005: 252; Macdonell 1899: 276-277). 심해저 관리에서 핵심은 광물자원의 결정체인 망간괴이다.[7] 발견 후 실질적 점유가 무주 사물에 대한 소유권 확정으로 이어진다는 국제법을 적용하면, 심해저를 점유하는 실질적 행위로 심해저의 관리자가 정해질 수 있다.[8] 특정 심해저를 점유하는 실질적 행위를 하는 개인/법인이 속한 국가가 심해저 일부를 자국의 영토로 편입할 수 있다.

둘째, 소유권이 적용되기 어려운 영역을 공동체의 소유(*res com-*

---

6   1960년대 여러 국제법학회도 심해저 관리에 관한 안을 제출하였는데, 심해저를 관리하는 국제기구의 관할영역과 권한의 정도에서 차이를 보였다(유익수 1985: 156-162).

7   대서양에서의 해저 망간괴는 1872-76년 해저 탐사로 인하여 확인되었고, 심해저 전 지역에서 발견되었다. 2차대전 이후 잠수함 기술이 비약적으로 발전하면서, 해양 선진국은 심해저 망간괴(manganese nodules)를 채취할 수 있게 되었다. 망간괴는 심해저에서 철과 망간 등 광물자원이 옹결된 것으로 망간, 니켈, 구리, 코발트, 철, 실리콘, 알루미늄 등을 포함한다. 상업적 가치가 있는 망간괴는 북태평양 중간, 태평양 남동쪽 페루 분지, 북 인도양에 분포한다(이철태 외 1994: 387-388; Smale-Adams *et al.* 1978: 126-128) 당시 광물자원의 가격 상승을 우려하던 선진국은 심해저 망간괴를 채취하기 위하여 많은 투자를 진행하고 있었다.

8   1974년 Deepsea Venture사는 태평양 심해저에 있는 망간괴를 발견하였고 채취할 의사를 가졌다는 이유로 독점적 채취권을 주장했다(Venture 1975: 51-65). 만약 발견자에게 독점적 권리가 돌아가지 않으면, 탐사에 관여하지 않지만 발견된 자원을 채취하는 무임승차자 문제가 발생한다(Burton 1977: 1143-1145).

minis)로 규정하고 모든 행위자에게 자유로운 접근을 보장하는 국제법이다. '해양의 자유'와 공해에 관한 협약이 이에 해당한다. 이 국제법 전통은 해저가 단순히 공해의 바닥이기 때문에 공해에서의 자유가 적용되어야 한다는 입장을 취한다. 따라서 심해저 자원에 대한 배타적 독점권은 원칙적으로 인정을 받을 수 없으나, 일국의 장기적 점유 또는 타국의 장기적 묵인이 있을 경우 제한적으로 인정을 받을 수 있다 (Higgins and Colombos 1951: 53–54; Waldock 1950: 116–117). 공동체의 동의가 심해저 개발의 조건이 된다.

　셋째, 승전국이 패전국의 영토를 관리하는 신탁통치 관행이다. 1차대전 이후 승전국이 패전국의 식민지와 특정 영토의 관리를 국제기구 또는 특정 국가에게 위임하였다. 이 관행은 2차대전 이후에도 지속되었다(Wilde 2008: 104–108; Yannis 2002: 1038–1046).[9] 신탁통치의 정당성 원천으로 언급되는 '주권 정지'(sovereignty in abeyance; McNair 1950: 150)를 심해저 관리에 적용하면, 심해저 신탁통치안을 구상할 수 있었다. 심해저 신탁통치안은 심해저의 소유권을 미정 상태로 둔 상태에서 해양 자원을 관리하고 활용할 수 있는 능력을 가진 국가에게 심해저 구역을 위임할 수밖에 없기 때문에 해양 선진국에게 유리하다.

　넷째, 소유권이 적용되기 어려운 영역을 소유자가 없는 사물(*res nullius*)로 가정한 후, 국가 간 합의에 의하여 특정 국가의 영역으로 인정하는 관행이다. 19–20세기 무주지(*terra nulluis*)에 대한 소유권이 경합하는 경우, 경합하는 국가 간 합의에 의하여 소유권을 정하는 관행이 정착되었다. 스피츠베르겐(Spitzbergen) 섬에 대한 영유권 경

9　국제연합헌장 제77조는 신탁통치의 법원을 명시하지 않으면서, 신탁통치가 이루어지는 지역을 (1) 국제연맹에 의하여 신탁통치로 위임된 지역, (2) 2차대전 이후 '적국'으로부터 분리된 영토, (3) 자의로 신탁통치에 들어간 지역 등으로 구분한다.

쟁이 국가 간 합의에 의하여 이루어진 후(Brown 1919: 311-321), 스발바르(Svalbard) 조약(1920)은 무주지에 대한 영유권 경합이 합의에 의하여 이루어지는 선례가 되었다. 또한, 국제재판소의 판결을 수용하겠다는 국가 간 합의에 의하여 무주지에 대한 영유권이 해결되는 사례가 등장했다. 이 관행에 따르면, 국가 간 합의에 따라 심해저에 대한 영유권이 결정될 수 있다.

다섯째, 소유권이 경합되는 지역을 공동체의 소유로 규정하고 공동관리하는 남극조약이 심해저 관리에 원용될 수 있다. 남극 영유권을 주장하던 12개국은 1959년 남극을 '인류공동의 유산'으로 정하고, 남극에서의 탐사 활동과 남극 자원의 이용을 제한하는 합의를 이루어냈다. 남극조약의 당사자들은 연례 회동을 통하여 중요한 사항을 결정했지만, 조약 당사국의 합의에 기반한 국제기구 창립도 논의하였다.[10] 심해저 관리를 국제기구가 담당하게 된다는 합의는 (1)인류가 심해저를 소유하며, (2)인류의 대표자로서 국가가 국제기구에 심해저에 대한 관할권을 부여한다는 의미를 가지고 있다.

상기 준거 가운데, (1)무주지 선점과 점유 관행, '해양의 자유'에 기반한 국제제도, 신탁통치 관리안은 해양 선진국에게 유리하다. 해양 선진국만이 심해저 광물 자원을 탐사하고 점유할 수 있는 기술적 능력을 가지고 있기 때문에 무주지 선점과 점유의 관행, '해양의 자유'는 선진국의 일방적 탐사와 채취 활동을 정당화시킨다. 신탁통치 관리안은 해양 선진국에게 구역을 할당함으로써 해양 선진국간 과도한 경쟁을 방지하는 부수적 효과를 가질 뿐이다. 1960-70년대 무주지 선점과 점유의 관행, '해양의 자유'가 도전을 받고 있었기 때문에 해양 선

---

10   남극조약의 사무국은 2004년 작동하기 시작했다.

진국은 신탁통치안을 제시하였다.[11] (2) 공동관리안은 내륙국, 해안선이 짧은 개발도상국에게 유리하다. 심해저 자원이 공동 소유의 대상임을 정한 후, 해양 선진국의 자원 탐사와 채취 활동을 규제하거나 이익을 분할할 수 있기 때문이다. 다수 개발도상국은 공동관리안을 선호했다. (3) 합의에 의한 해양 분할안은 연안국에게 유리하다. 연안국은 심해저를 자국 영토의 연장으로 주장할 수 있는 지리적 근접성을 가지고 있기 때문이다. 일부 남미 연안국은 지리적 근접성에 기반한 해양 분할을 주장했다.

3. 1967년 몰타 제안

1967년 몰타는 '해양의 자유'와 주권 국가의 배타적 관할 간 갈등을 극복할 새로운 제안을 하였다. 몰타는 주권국가의 관할권이 미치는 않는 심해저를 '인류공동의 유산'으로 지정하자고 제안하였다. 몰타는 아래와 같은 논리로 심해저 개발이 위험에 처해 있다고 진단하였다.

> 몰타는 해양학과 심해저 (광물 추출) 능력에서 변화를 유심히 추적하고 있습니다. 과학 기술의 발달이 평화로운 분위기와 정당한 법의 체계 아래서 이루어진다면, 몰타와 다른 국가에게 긍정적 혜택을 준다고 예상하고 있습니다. 동시에, (해양) 기술을 가진 국가들이 주권국가의 관할권 밖에 있는 심해저를 경쟁적으로 점유하고, 착취하고, 군사적으로 이용하는 것이 인류에게 심대한 위험임을 인지하고 있습니다. 몰타는 국제연합이 이 문제를 고려하기를 바랍니다(UNGA 1968a: 1).

11 몰타 제안 이후 진행된 해양법 회의에서 미국, 영국, 일본이 심해저 신탁통치안을 추진했고, 개발도상국은 강하게 반대했다(Arnold 1976: 129-135; Li 1994: 53-64).

몰타의 제안은 두 가지 배경에 기반을 두고 있다. 첫째, 심해저가 군사적으로 이용되는 현상이다. 2차대전 이후 핵잠수함이 등장하면서, 해양이 군사적 목적으로 사용될 위험성이 커졌다. 영국 지중해 함대가 몰타를 기항지로 사용하던 상황에서 몰타는 해양의 군사화에 반대하는 입장을 가졌다.[12] 둘째, 해양 기술을 가진 국가만이 심해저의 방대한 자원을 독점하는 현상이다(UNGA 1968a: 12). 심해저에 방대한 광물 자원이 있다는 사실이 알려진 후, 심해저의 광물을 채취하는 능력이 개발되고 있었다. 심해저 광물을 채취하는 기술적 능력이 완성된다면, 당시 '해양의 자유' 국제제도 아래서는 개발 능력을 가진 행위자가 선점으로 소유권을 주장할 수 있었다. 반면, 몰타와 같은 중소국은 심해저 광물자원을 채취하는 기술적 능력을 갖추지 못했기 때문에 심해저 광물자원이 채취되는 것을 지켜볼 수밖에 없었다.

몰타는 심해저의 평화적 이용의 필요성과 심해저 자원 활용과 '해양의 자유'가 충돌함을 지적하면서 아래와 같은 내용을 담은 국제연합의 결의안 채택을 제안하였다.

첫째, 해저와 심해는 인류공동의 유산이며, 평화적 목적과 인류 전체의 이익을 위해서만 사용되어야 한다. 해저와 심해를 상업적 목적으로 활용하여 이익이 발생할 경우, 가장 원조가 필요한 빈국이 우선적으로 고려되어야 한다.

둘째, 현재 국가의 관할권 밖에 있는 해저와 심해에 대한 주권국가의 권

---

12 몰타는 독립 후 친영국 정책에서 비동맹운동으로 서서히 선회하였다. 몰타의 비동맹정책에 따라 영국 지중해 함대는 1969년 몰타를 떠났고, 일부 남겨졌던 부대가 1979년 최종적으로 몰타를 떠났다.

리 주장은, 대륙붕의 개념이 명확하게 정의될 때까지, 동결되어야 한다.

셋째, 과도하지 않지만 폭넓은 대표성을 가진 기구가 만들어져 (1) 주권 국가의 관할권 밖에 있는 해저와 심해를 규율하는 국제 레짐의 창설로 인하여 발생하는 안보와 경제적 함의를 검토해야 한다. (2) 해저와 심해 가 특정 국가의 관할권에 속하지 않음을 보장하는 국제 조약을 준비해야 한다. (3) 해저와 심해에서 국가 활동이 국제조약에 따라 이루어질 수 있 음을 보장하기 위한 국제기구 창설을 준비해야 한다(UNGA 1968a: 2).

사회경제적 지표를 보면, 몰타는 1960년대 중요한 행위자가 아니 었다.[13] 지중해 해상 요충지인 몰타는 해양 산업에 적극적으로 참여하 기보다는 영국에 해군기지 제공으로 인하여 발생하는 이익, 관광 등 에 집중했었다. 국제연합에서의 활동도 그다지 성공적이지 않았다. 1965년 국제연합 개혁을 위한 몰타의 제안과 1966년 무기 거래 보고 서 발간을 위한 몰타 제안은 국제연합 본회의에 상정되지도 못하였다 (Pardo 1993: 65-66). 1967년 몰타는 심해저 관리에 관한 획기적 제안 을 하면서도 조심스러운 행보를 보였다. 몰타는 자국 제안이 1966년 국제연합총회 결의안 2172(XXI)에 부합함을 강조하였고, 특정 국가 의 나팔수(sounding-board)가 아니라 자국의 자발적 행위임을 설명 하였고, 결의안이 부결될 가능성을 우려하여 결의안 초안을 제출하지 도 않았다(UNGA 1968a: 1, 13-14; UNGA 1968b: 2).

몰타 제안은 네 가지 목적을 가지고 있었다(Pardo 1993: 65-69).

---

13   몰타는 1964년 독립하였다. 1967년 몰타의 인구는 32만 4천 명, 영토는 316㎢, 일인당
국민소득은 657달러(2000년 가치로 환산하면 2,376달러), 국내총생산은 2억 1천만 달
러였다(Gleditsch 2004; Central Intelligence Agency 2009).

첫째, 신생국 몰타를 국제사회에 각인시키기("put Malta on the map internationally") 위함이었다. 당시 몰타는 해저 자원의 중요성을 인지하였기 때문이 아니라, 국제사회의 주요 쟁점에 참여할 수 있는 연결점으로써 해저 자원을 둘러싼 쟁점을 선택하였다.[14] 1960년대 초반부터 해저의 평화적 이용과 해저의 자원 활용이 국제연합에서 주요 쟁점이었다. 몰타는 당시 주권국가의 관할권 밖에 있는 해저를 인류공동의 유산으로 지정하여 양 진영 간 대결을 피하면서 동시에 국제연합에서 전개되는 회의와 협상에서 주요 행위자로 인정을 받고 싶었다. 둘째, 국제기구를 유치하여 경제적, 정치적, 기술적 이익은 물론 국가 안보를 증진시키고자 하였다. 셋째, 빈국에게 해양 기술을 습득할 기회를 부여하고 해양 자원의 활용으로부터 발생하는 이익을 누릴 수 있도록 하기 위함이었다. 넷째, 소수 국가의 이익에 부합하는 기존 해양 제도를 바꾸려 하였다.

몰타의 제안은 한 단어만 수정된 후, 만장일치로 통과되었다.[15] 1967년 12월 19일 국제연합총회 결의안 2340(XXII)은 해저에 "인류

---

14   1967년 Pardo 몰타 대표는 국제연합 사무총장으로 하여금 해저에 있는 자원 조사를 조사케 하는 미국 제안을 비판할 계획이었다. 그는 칵테일 파티에서 미국안을 비판하지 말라는 암시를 받고, 해저 자원에 관한 조사를 시작하였다(Pardo 1993: 66).

15   남미 국가들은 연안국의 관할권 경계가 동일하지 않다는 이유로 "beyond the limit of national jurisdiction"을 "beyond the limits of national jurisdiction"으로 바꾸기를 원했다(Pardo 1993: 66). 1967년 10월 10일 우주조약(Treaty on Principles Governing the Activities of States in the Exploration and Use of Outer Space, including the Moon and Other Celestial Bodies)은 몰타의 제안이 만장일치로 통과된 배경이다. 인공위성과 우주선이 발사된 후, 우주에서 군사경쟁의 우려가 높아지자 1959년부터 국제연합은 우주의 평화적 이용에 관한 논의를 시작하였다. 우주의 평화적 이용을 위한 국제연합 임시위원회의 활동은 우주의 평화적 이용과 탐사가 "인류의 공동이해"라고 규정한 국제연합 결의안 1962(XVIII, 1963년 12월 13일)와 우주조약으로 귀결되었다. 즉, '인류공동의 유산'과 유사한 개념이 몰타 제안을 전후하여 국제사회에서 수용되었기 때문에, 심해저를 '인류공동의 유산'으로 정하는 몰타의 제안은 큰 저항을 받지 않았다.

의 공동이익"(common interest of mankind)이 걸려 있으며, 해저의 이용과 탐사가 평화적 목적에 부합되어야 한다고 천명하였다. 또한 해저와 관련된 제반 사항을 검토하기 위하여 임시해저위원회(*Ad Hoc Committee to Study the Peaceful Uses of the Sea-Bed and the Ocean Floor beyond the Limits of National Jurisdiction*)의 설립을 언급하였다. 임시해저위원회는 아르헨티나, 호주, 벨기에, 브라질, 불가리아, 캐나다, 스리랑카, 칠레, 체코슬로바키아, 에콰도르, 엘살바도르, 프랑스, 아이슬란드, 인도, 이탈리아, 일본, 케냐, 라이베리아, 리비아, 몰타, 노르웨이, 파키스탄, 페루, 폴란드, 루마니아, 세네갈, 소말리아, 태국, 소련, 아랍연방, 영국, 탄자니아, 미국, 그리고 유고로 구성되었다.[16]

1967년 몰타의 제안은 공해의 관리에 있어 새로운 이정표를 세웠다. 1960년대까지 공해에서 항해와 공해의 자원을 관리하는 방안은 주권 국가의 배타적 관할권을 공해로 확대하는 방안과 공해를 무주 영역(*res nullius*)으로 두면서 주권 국가의 상호자제로 관리하는 방안 사이에서 움직였다.[17] 몰타는 심해저 자원의 소유자를 인류로 규정(*res communis*)한 후(Edwards and Stein 1998: 348; Joyner and Martell 1996: 75), 주권국가의 합의에 기반한 국제기구의 관할 대상으로 삼자고 제안함으로써 공해 관리를 위한 제3의 방안을 제시하였다.

---

16   UNGA, "Examination of the Question of the Reservation Exclusively for Peaceful Purposes of the Sea-Bed and the Ocean Floor, and the Subsoil thereof, Underlying the High Seas beyond the Limits of the Present National Jurisdiction, and the Use of Their Resources in the Interests of Mankind"(2340(XXII)), in UNGA, 1968c: p.14.

17   1958년 국제연합 해양법 회의가 대표적 예로 공해로의 주권 확대와 공해에서 주권 자제를 동시에 보여주었다. 공해로의 주권 확대는 영해와 근접수역에 관한 협약(Convention on the Territorial Sea and Contiguous Zone)과 대륙붕 협약(Convention on the Continental Shelf), 공해에서 주권 자제는 공해 협약(Convention on the High Seas)과 공해에서 어로와 자원에 관한 협약(Convention on Fishing and Conservation of Living Resources of the High Seas)에서 찾을 수 있다.

III. 중첩하는 갈등선

1967년 국제연합총회 결의안 2340(XXII)에 따라 임시해저위원회가 만들어진 후 해저 자원의 관리는 국제연합총회에서 매년 중요한 쟁점으로 처리되었다. 해저 자원의 관리를 둘러싼 가장 중요한 갈등선은 선진국과 개발도상국가 사이에 존재했다. 선진국 내부에서도 해양자원을 채취할 수 있는 능력을 가진 국가와 해양력을 가지지 못한 국가 간 이해 차이가 있었다. 또한, 심해저의 평화적 이용을 두고 공산진영과 자유진영이 상당한 의견 차이를 보였다. 남북갈등, 선진국내 의견 차이, 진영간 갈등에 기반하여 이익집단이 서서히 형성되었다. 이 절은 심해저 관리를 둘러싼 이익집단의 존재, 상충하는 이익이 조정을 거쳐 1970년 국가의 관할권 밖 해저 관리에 관한 선언(Declaration of Principles Governing the Sea-Bed and the Ocean Floor, and the Subsoil Thereof, beyond the Limits of National Jurisdiction, 2947(XXV))으로 이어지는 과정을 기술한다.

1. 몰타 제안의 진화

1967년 12월 19일 국제연합총회 결의안 2340(XXII)에 따라 설립된 임시해저위원회는 1년간 심해저의 평화적 이용에 관한 연구를 수행한 후 결과 자료를 1968년 국제연합총회에 제출하였다.[18] 1968년 국제연

---

18   Ad Hoc Committee to Study the Peaceful Uses of the Sea-Bed and the Ocean Floor beyond the Limits of National Jurisdiction, "Report of the Ad Hoc Committee to Study the Peaceful Uses of the Sea-Bed and the Ocean Floor beyond the Limits of National Jurisdiction," (A/7230) in UNGA 1969.

합총회는 임시해저위원회의 보고서를 검토한 후, 심해저 자원의 관리를 세 측면으로 접근했다. 첫째, 심해저 자원의 평화적 이용을 도모하기 위한 법적 근거를 검토하기 위하여 해저위원회를 설립하기로 결정하였다. 해저위원회는 심해저의 자원이 무주 자원인지 인류공동의 자원인지 여부를 검토하며, 심해저의 평화적 이용을 위하여 국제원자력기구 등 유관 기관과 공동 연구를 담당하게 되었다. 둘째, 국제연합식량기구(UN Food and Agricultural Organization) 등 국제연합의 유관 기관이 심해저의 환경을 보존하기 위한 연구를 진행하도록 하였다. 심해저의 개발과 보존을 조화시키기 위한 활동이 시작되었다. 셋째, 국제연합 사무총장은 심해저의 자원을 관리하는 국제기제(international machinery)의 설립을 검토하도록 하였다.[19] 이로써 심해저 관리의 주체로서 국제기구가 국제연합 안에서 공식적으로 검토되기 시작하였다.

1969년 국제연합총회에서 해양 선진국과 중소 개발도상국은 첨예하게 대립했다. 중소 개발도상국은 심해저 자원을 관리하게 될 국제기구를 신속히 만들기 원했다. 반면, 해양 선진국은 심해저 자원을 관리하게 될 국제기구의 창설을 원하지 않았다. 해양 선진국과 중소 개발도상국간 갈등이 심해저 자원을 선점하기 위한 경쟁을 심화시킬 우려가 있었다. 구체적으로 당시 심해저 자원을 채취할 능력을 갖춘 선진국이 심해저 관리를 담당할 국제레짐과 국제기구의 창설 이전에 선점을 통하여 소유권을 주장할 우려가 있었다. 또한 연안국이 심해저까지 주권이 연장된다고 주장할 우려도 있었다.

---

19   UNGA, "Examination of the Question of the Reservation Exclusively for Peaceful Purposes of the Sea-Bed and the Ocean Floor, and the Subsoil thereof, Underlying the High Seas beyond the Limits of Present National Jurisdiction, and the Use of Their Resources in the Interests of Mankind," (2467(XXIII)) in UNGA 1969: 15-17.

해양 선진국과 연안국은 신속한 국제기구 창설을 원하는 개발도
상국에게 양보안을 제시하였다. 국제기구 창설을 늦추는 대신, 국제기
구가 창설되기 전까지 심해저 자원의 채취와 심해저에 대한 소유권 주
장을 멈추겠다는 제안이었다. 심해저를 관리하게 될 국제기구의 창설
을 늦추는 안과 해양 선진국과 연안국의 양보를 모두 반영하여 국제연
합총회는 결의안 2547D(XXIV)을 만들어냈다(반대 28, 기권 28, 찬성
62, 불참 8). 동 결의안은 아래 사항을 포함했다.

해저를 통제하는 국제레짐의 창설이 이루어질 때까지 아래 사항을 결
정한다.

(a) 국가, 법인, 그리고 자연인은 국가의 관할권 밖 해저와 해저 표면에
서 자원 탐사 활동을 금한다.
(b) 국가의 관할권 밖 해저와 해저에 있는 자원에 대한 권리 주장이 인
정될 수 없다.[20]

국제연합총회 결의안 2547D의 두 조항은 심해저를 관리하는 강
력한 국제기구의 신속한 창설을 원하는 국가를 무마하기 위한 양보
안이었다. 당시 G-77에 속하는 국가와 내륙국은 쿠웨이트를 중심으
로 실질적 관할권을 가진 국제기구 창설을 강하게 요구했었다(Lovald
1975: 706). 선진국과 연안국은 국제연합총회 다수를 통제하며 심해저
관련 국제기구 창설을 원하는 국가들에게 양보안을 제공함으로써 심
해저 국제기구의 창설을 미루려고 하였다.

---

20   UNGA 1969: 11.

첫째, 결의안 2547D (a)항은 심해저 관리를 담당하는 국제기구의 창설 전 심해저에서 자원 탐사의 중단을 담고 있다. 당시 해저에서 자원을 탐사할 수 있는 해양 능력을 갖춘 국가는 일부 선진국에 제한되어 있었기 때문에, 결의안 2547D (a)항은 선진국의 일방적 자제를 의미하는 듯 보인다. 하지만, 선진국은 심해저에서 자원 탐사 활동의 중단을 천명하면서 개발도상국이 심해저를 관리하는 국제기구의 창설을 빠르게 진행하지 말라고 요구했었다. 이 조항은 강력한 국제기구의 신속한 창설을 원하는 국가들의 요구를 무마하기 위하여 선진국이 양보안으로 제시한 것이었다.

둘째, 결의안 2547D (b)항은 연안국의 양보를 담고 있다. 연안국의 해저 지형이 육지의 연장이라는 논리로 해양에 대한 국가의 관할권 확장을 주장하는 상황에서 (b)항은 연안국의 권리 주장을 원천 봉쇄할 수 있다. 하지만, 연안국의 관할권 확장에 대한 반대가 이미 국제사회에서 수용되었던 당시 상황에서 결의한 2547D (b)항은 실질적 의미를 가지지 못하였다.

1969년 국제연합총회는 심해저의 평화적 이용에 관한 토론을 진행하면서 몇 가지 진전을 보였다. 첫째, 과학기술의 발달로 인하여 심해저를 이용할 수 있게 되었다는 합의를 도출하였다. 이는 해양자원의 무한 재생에 기반한 '해양의 자유' 국제제도가 대체되어야 함을 의미했다. 둘째, 심해저를 관리하는 '국제레짐'(international regime)이 필요하다는 합의가 이루어졌다. 무주지 가정에 기반한 선점이 더 이상 심해저 자원의 활용에 적용될 수 없음을 의미했다. 셋째, 심해저를 관리하는 국제기제가 필요하다는 합의가 이루어졌다. 국제연합 사무총장에게 다양한 국제기제를 검토하는 임무를 부여한다는 조항은 심해저를 관리하는 국제기구의 구체적 모습에 대해서는 합의에 도달하지

못했지만, 국제기구를 통한 심해저 관리에 대해서는 합의했다는 의미를 가지고 있었다.[21]

1970년 국제연합총회는 심해저 이용에 관한 이견이 상당 부분이 해소되었음을 보였다. 심해저를 관리하는 국제레짐의 형성이 순조롭게 진행되고 있다는 합의에 기반하여, 심해저의 관리를 의제로 하는 새로운 해양회의를 1973년 개최하기로 결정했다. 새로운 해양회의에 내륙국의 참여가 명시되었고, 해저위원회는 구체적으로 심해저 관리를 담당하는 국제기제를 검토하도록 요청했다. 이는 심해저를 관리하는 큰 틀에 대한 합의가 이루어졌으며, 해저위원회가 세부 논의를 담당하게 됨을 의미했다. 공산 진영의 반대가 있었지만, 국제연합총회는 결의안 2750(XXV)을 통과시켰다. 이로써 심해저 관리를 국제기구가 담당하게 된다는 합의는 성문화 절차를 밟게 되었다.[22]

2. 심해저 관리를 둘러싼 갈등선

1967년 몰타 제안이 국제기구에 의한 심해저 관리를 성문화하기 위한 해양회의로 구체화되는 과정에서 몇 가지 갈등선이 선명하게 드러났다. 첫째, 1968년 해저의 평화적 이용을 둘러싼 갈등선이 동서진영 사이에 놓여 있다는 사실이 드러났다. 공산 진영은 국제기구를 지배기구

---

21 UNGA, "Question of the Reservation Exclusively for Peaceful Purposes of the Sea-Bed and the Ocean Floor, and the Subsoil thereof, Underlying the High Seas beyond the Limits of Present National Jurisdiction, and the Use of Their Resources in the Interests of Mankind"(2574(XXIV)), in UNGA 1970: 10-11.

22 UNGA, "Reservation Exclusively for Peaceful Purposes of the Sea-Bed and the Ocean Floor, and the Subsoil thereof, Underlying the High Seas beyond the Limits of Present National Jurisdiction, and the Use of Their Resources in the Interests of Mankind"(2750(XXV)), in UNGA 1971a: 25-27.

표 1. 국제연합총회 결의안 2467C(XXIII) 호명투표 결과

투표결과	국가
반대	폴란드, 헝가리, 체코슬로바키아, 불가리아, 루마니아, 구소련, 우크라이나, 백러시아
기권	캄보디아, 쿠바, 미국, 캐나다, 영국, 프랑스, 벨기에, 룩셈부르크, 네덜란드, 포르투갈, 이탈리아, 호주, 뉴질랜드, 남아프리카공화국, 대만, 이스라엘, 기니, 부르키나파소, 콩고, 말라위, 마다가스카르, 수단, 이집트, 시리아, 요르단
찬성	온두라스, 엘살바도르, 아이티, 자메이카, 과테말라, 코스타리카, 파나마, 콜롬비아, 베네수엘라, 가이아나, 페루, 브라질, 볼리비아, 아르헨티나, 우루과이, 멕시코, 칠레, 도미니카공화국, 트리니다드토바고, 파라과이, 유고슬라비아, 사이프러스, 몰타, 아일랜드, 네덜란드, 스페인, 오스트리아, 그리스, 핀란드, 스웨덴, 노르웨이, 덴마크, 아이슬란드, 터키, 아프가니스탄, 일본, 태국, 라오스, 세네갈, 베냉, 모리타니, 니제르, 아이보리코스트, 라이베리아, 가나, 토고, 나이지리아, 가봉, 중앙아프리카공화국, 차드, 적도기니, 말리, 시에라리온, 카메룬, 자이레, 우간다, 부룬디, 소말리아, 레소토, 예멘, 케냐, 탄자니아, 르완다, 에티오피아, 모잠비크, 모로코, 알제리, 튀니지, 이란, 레바논, 사우디아라비아, 예멘인민공화국, 쿠웨이트, 인도, 파키스탄, 미얀마, 스리랑카, 몰디브, 네팔, 말레이시아, 싱가포르, 필리핀, 인도네시아
불참	알바니아, 니카라과, 에콰도르, 감비아, 보츠와나, 리비아, 이라크, 몽골

인 상부구조(super-structure)의 일부로 규정하며, 어떤 형태의 국제기구 창설에도 호의적이지 않았다. 1968년부터 사회주의 국가들은 평화 공세의 일환으로 해저의 평화적 이용에 초점을 맞추었다. 사회주의 국가들은 해저의 평화적 이용이 핵군축과 연계되기를 원하였다. 국제연합은 공산 진영의 의제를 수용하여, 해저위원회가 국제원자력기구와 협력할 것을 권고하였다(국제연합총회 결의안 2467A). 또한 상기 결의안은 "심해저의 평화적 이용에 관한 42개국 위원회" 결성을 결정하였다. 하지만, 사회주의 국가들은 기권으로 불만족을 표현하였다(반대 0, 기권 7, 찬성 112, 불참 7).[23]

둘째, 심해저 관리를 담당하는 국제기구 창설에 관하여 선진국과 개발도상국간 갈등선이 있었다. 심해저를 관리하는 국제레짐의 창

---

23   기권국은 쿠바, 헝가리, 소련, 우크라이나, 백러시아, 캄보디아, 적도기니였다. 불참국은 알바니아, 이라크, 리비아, 니카라과, 감비아, 보츠와나, 에콰도르였다.

표 2. 심해저를 관리하는 국제기구 창설과 경제력 간 교차분석

구분		국제기구 창설에 대한 입장		
		반대/기권	찬성	계
경제력	약소 개발도상국	15	63	78
		19.2%	80.8%	
	중견 개발도상국 or 강소국	9	11	20
		45.0%	55.0%	
	선진 강대국	8	12	20
		40.0%	60.0%	
	계	32	86	118
		27.1%	72.9%	
Pearson's Chi^2(2)		7.3701(Pr. = 0.025)		

설에 대해서 합의가 있었지만, 국제기구가 심해저를 담당하는 방안에 대해서는 의견이 갈렸다. 국제연합 사무총장이 심해저를 관리하게 될 '국제기제'(international machinery)의 설립을 검토하도록 정한 국제연합총회 결의안 2467C(XXIII)에 대하여 해양 선진국, 서유럽 일부 국가, 오세아니아 국가는 기권으로 반대 의사를 밝혔다. 국제기구에 대하여 태생적 반감을 가진 공산 진영은 명확한 반대 의사를 밝혔다. 반면, 해양자원에 접근할 수 없는 중소 선진국과 개발도상국은 국제기구 창설을 원했다. 남미, 아시아, 아프리카, 중동에 있는 개발도상국, 북유럽 국가, 일부 서유럽 국가가 국제기구 창설을 찬성했다.

〈표 2〉는 국제연합총회 결의안 2467C에 대한 호명투표 결과와 경제력이 상호 연관되어 있음을 보인다. 1968년 당시 경제규모 상위 25퍼센트, 일인당 국민총생산 상위 25퍼센트를 동시에 만족시키는 '선진 강대국' 가운데 반대 또는 기권을 한 국가는 8개국(40%)인 반면, 찬성한 국가는 12개국(60%)이었다. 경제규모 하위 75퍼센트와 일인당 국

표 3. 국제연합총회 결의안 2547D(XXIV) 호명투표 결과[25]

투표결과	국가
반대	폴란드, 헝가리, 체코슬로바키아, 알바니아, 유고슬라비아, 루마니아, 러시아, 우크라이나, 백러시아, 쿠바, 몽골, 예멘 인민 공화국, 모리타니, 기니, 중앙아프리카 공화국, 콩고, 부룬디, 잠비아, 알제리, 리비아, 수단, 이라크, 이집트, 시리아, 예멘 아랍 공화국, 캄보디아
기권	핀란드, 부르키나파소, 시에라리온, 나이지리아, 차드, 우간다, 튀니지, 레바논, 요르단, 쿠웨이트, 아프가니스탄, 인도, 파키스탄, 미얀마, 스리랑카, 네팔, 싱가포르, 인도네시아
찬성	콜롬비아, 베네수엘라, 가이아나, 페루, 브라질, 볼리비아, 파라과이, 칠레, 아르헨티나, 우루과이, 미국, 캐나다, 영국, 아일랜드, 네덜란드, 벨기에, 룩셈부르크, 프랑스, 스페인, 오스트리아, 이탈리아, 몰타, 그리스, 사이프러스, 스웨덴, 노르웨이, 덴마크, 아이슬란드, 아이티, 도미니카 공화국, 감비아, 세네갈, 베냉, 니제르, 아이보리코스트, 라이베리아, 토고, 가봉, 콩고 공화국, 자마이카, 르완다, 트리니다드토바고, 바베이도스, 에티오피아, 말라위, 남아프리카 공화국, 레소토, 스와질란드, 마다가스카르, 모리셔스, 모로코, 이란, 터키, 이스라엘, 사우디아라비아, 멕시코, 대만, 일본, 몰디브, 태국, 라오스, 말레이시아, 필리핀, 과테말라, 호주, 온두라스, 엘살바도르, 뉴질랜드, 니카라과, 코스타리카, 파나마
불참	에콰도르, 포르투갈, 적도 기니, 케냐, 탄자니아, 소말리아

민총생산 하위 75퍼센트를 동시에 만족시키는 '약소 개발도상국' 가운데 반대 또는 기권을 한 국가는 15개국(19.2%)인 반면, 찬성한 국가는 63개국(80.8%)이었다. '선진 강대국'이 심해저 관리를 위한 국제기구 창설에 반대하는 경향을 보이는 반면, '약소 개발도상국'은 찬성하는 입장을 보였다. 개발도상국과 해양 선진국간 입장 차이가 확인된다.[24]

공산 진영과 자유 진영간 갈등선, 선진국과 개발도상국간 갈등선은 1969년 국제연합총회에서 다시 확인되었다. 〈표 3〉은 국제연합총

---

24 중견 개발도상국은 경제규모 상위 25퍼센트 이내와 일인당 국민소득 하위 75퍼센트 이내를 동시에 만족시키는 국가다. '강소국'은 일인당 국민소득 상위 25퍼센트 이내와 경제규모 하위 75퍼센트 이내를 동시에 만족시키는 국가다.

25 국제연합총회 결의안 2547D(XXIV)는 타협의 산물이기 때문에 상기 결의안 채택의 여부에 관련된 호명투표는 '소음'(noise)을 포함하고 있다. 예를 들어, 심해저를 관리하는 국제기구의 창설에 반대 입장을 보이던 미국이 상기 결의안에 찬성표를 던졌다. 상기 결의안의 채택을 둘러싼 호명투표에서 갈등선이 약화되는 현상은 상기 결의안이 이미 타협의 결과임을 반영한다.

표 4. 심해저 자원 채취 금지안(국제기구 창설을 늦추는 안)과 경제력 간 교차분석

구분		심해저 자원 채취 금지안 (국제기구 창설을 늦추는 안)		
		반대/기권	찬성	계
경제력	약소 개발도상국	39	41	80
		48.8%	51.2%	
	중견 개발도상국 or 강소국	8	13	21
		38.1%	61.9%	
	선진 강대국	1	18	19
		5.3%	94.4%	
	계	48	72	21
		40%	60%	
Pearson's Chi^2(2)		12.1365(Pr. = 0.002)		

회 결의안 2547D (a)항과 (b)항을 둘러싼 진영간 갈등선을 보인다. 공산 진영에 속한 국가와 친공산 성향을 가진 모든 국가가 상기 조항에 대하여 반대 입장을 보였다. 국제기구 창설의 속도와 상관없이, 공산 진영에 속한 국가는 심해저를 담당하는 국제기구 창설에 반대 입장을 밝혔다. 이는 국제기구에 대한 공산진영의 반감을 나타낸 사례였다.

〈표 4〉는 경제력과 심해저 자원 채취 금지안(국제기구 창설을 늦추는 안)의 관계를 보인다. 약소 개발도상국 가운데 국제기구 창설을 늦추는 안에 39개국이 반대하였고(48.8%), 41개국이 찬성하였다 (51.2%). 반면, '선진 강대국' 가운데 1개국만이 국제기구 창설을 늦추는 안에 반대하였고(5.3%), 18개국이 찬성하였다(94.4%). '선진 강대국' 사이에서 국제기구 창설을 늦추는 안이 대세를 이뤘다. 〈표 5〉는 내륙국이 국제기구 창설을 늦추는 안에 반대하는 비중이 연안국의 비중보다 상대적으로 크다는 사실을 보여준다. 비록 양 집단간 차이는 통계학적 유의미성을 가지지 못하나, 신속한 국제기구 창설을 원하는

표 5. 심해저 자원 채취 금지안(국제기구 창설을 늦추는 안)과 내륙국 여부 간 교차분석

구분		심해저 자원 채취 금지안 (국제기구 창설을 늦추는 안)		
		반대/기권	찬성	계
내륙국 여부	내륙국	13	12	25
		52.0%	48.0%	
	연안국	35	60	95
		36.8%	63.2%	
	계	48	72	120
		40.0%	60.0%	
Pearson's Chi^2(1)		1.8947(Pr. = 0.169)		

내륙국이 연안국의 양보안을 그다지 선호하지 않았음을 알 수 있다.

3. 중재국의 등장

1967년 몰타 제안 이후 드러났던 진영 갈등선, 남북 갈등선은 1970년까지 지속되었지만, 중재국의 노력으로 심해저 관리를 위한 해양법 회의 개최에 의견이 모아지게 되었다. 1970년 국제연합총회가 심해저와 관련하여 만든 두 결의안은 남북 갈등선과 동서 갈등선이 완화되었음을 보인다. 먼저 국제연합총회 결의안 2660(XXV)은 심해저의 군사화를 강력히 반대한 공산 진영의 요구를 수용하였다.[26] 이 결의안은 심

---

26   UNGA, "Treaty on the Prohibition of the Emplacement of Nuclear Weapons and Other Weapons of Mass Destruction on the Sea-Bed and the Ocean Floor and in the Subsoil Thereof," in UNGA 1971b: 11-13. 페루와 엘살바도르가 이 결의안에 반대 의사를 밝혔다. 부룬디, 콩고, 코스타리카, 도미니카공화국, 에콰도르, 프랑스, 기니, 아이티, 온두라스, 말레이시아, 몰타, 니카라과, 트리니다드토바고, 소말리아, 수단, 잠비아는 기권으로서 소극적 반대 의사를 밝혔다.

해저에서의 핵무기 경쟁을 금지하고, 심해저가 '인류공동의 유산'임을 명확히 하였다. 일부 개발도상국은 이 결의안에 반대하거나 기권함으로써 심해저 자원 관리에 더 집중하고 있음을 간접적으로 알렸다.

　1970년 국제연합총회 결의안 2750(XXV)은 1973년 해양법 회의의 개최를 천명함으로써 심해저를 관리할 국제기구 창설을 미루려는 "선진 강대국"과 신속한 창설을 원하는 "약소 개발도상국"의 입장을 절충하였다. 이 결의안에 대하여 공산 진영의 7개국이 반대, 공산 진영의 4개국이 기권하였다. 공산진영의 반대가 다시 표현되었다. 반면, 개발도상국 6개국만이 기권으로써, 개발도상국은 약한 반대를 표명하였다. 남북 갈등선이 여전히 존재했지만, 1970년 남북 갈등선은 1969년에 비하여 약화되었다.

　〈표 6〉은 당시 해저위원회에 참가한 42개국 대표단이 중재국으로 지목한 국가의 순위와 해당 국가의 국내총생산 순위를 보인다. 〈표 6〉에 나타난 중재국은 두 집단으로 나뉜다. 한 집단은 강소국인 벨기에, 노르웨이, 호주를 포함한다. 또 다른 집단은 비동맹운동의 지도국인 인도, 브라질, 아랍연합, 유고와 약소 개발도상국인 몰타, 스리랑카를 포함한다. 강소국 집단은 심해저를 관리하는 국제기구의 창설에 미온적인 "선진 강대국"의 반대를 누그러뜨릴 수 있도록 "약소 개발도상국"의 양보를 이끌어 내는 역할을 맡았다. 반면, 비동맹운동의 지도국, 몰타, 스리랑카 등은 심해저 관리를 담당할 강력한 국제기구의 신속한 창설을 원하는 강경파의 양보를 이끌어 내는 역할을 맡았다. 두 중재 집단에 의하여 남북 갈등선이 어느 정도 완화되었다.

　〈표 6〉은 심해저를 관리하게 될 국제기구의 미래에 관하여 두 가지 예상을 가능케 한다. 첫째, 심해저를 관리하는 국제기구에서도 남북 갈등선이 존재할 우려이다. "선진 강대국"과 강성 개발도상국이 일

표 6. 해저위원회에서 중재 순위

주요 중재국(1970)				주요 중재국(1969)			
순위	국가	빈도	GDP 순위	순위	국가	빈도	GDP 순위
1	노르웨이	15	25	1	벨기에	5	18
2	벨기에	9	18		노르웨이	5	25
	인도	9	17	3	몰타	4	128
4	몰타	7	128	4	인도	3	17
5	스리랑카	5	78		호주	3	15
	쿠웨이트	5	34		불가리아	2	59
7	유고슬라비아	3	73	6	프랑스	2	5
	아랍연합	3	44		아랍연합	2	44
9	브라질	2	10		캐나다	1	7
	아이슬란드	2	94		스리랑카	1	78
	라이베리아	2	113	9	엘살바도르	1	63
	리비아	2	54		쿠웨이트	1	34
	태국	2	49		태국	1	49

출처: Lovald 1975: 704-705; International Monetary Fund 2008

정 정도 양보를 함으로써 합의에 도달했지만, 심해저 자원의 관리를 둘러싼 남북 갈등선은 해소되지 않았다. 남북 합의로 심해저를 관리하는 국제기구가 만들어진다 하더라도, 남북 갈등선은 심해저를 관리하는 국제기구에서도 여전히 나타날 우려가 컸다. 둘째, 심해저 관리를 위하여 창설될 국제기구의 의결구조가 개발도상국에게 유리할 개연성이다. 국제연합총회에서 "선진 강대국"이 소수인 반면, "약소 개발도상국"이 다수였기 때문이다. 주권평등의 원칙 아래서 1국 1표제가 적용되면, 다수 개발도상국이 심해저를 관리하는 국제기구의 의결구조를 정할 수 있었다.

IV. 국제해저기구의 양두구육(羊頭狗肉)

1967년부터 시작된 해저 관리를 둘러싼 논쟁은 1973년 제3차 해양법 회의 개최로 이어졌다. 해양법 회의가 심해저는 물론 다양한 의제를 포함했지만, 심해저 관리를 둘러싼 이견은 1982년까지 해소되지 않았다. 1982년 국제연합 해양법 협약은 해저가 인류공동의 유산이라는 선언과 해저 관리를 담당할 국제해저기구(International Seabed Authority) 창설로 귀결되었다. 이로써 1967년 약소국 몰타의 제안은 국제기구까지 구비한 국제제도로서 완성되었다. 이 절은 해저 해양법 협약에 의하여 정해진 관리의 원칙과 국제해저기구의 의결방식을 분석함으로써 국제해저기구가 외형상으로는 다수 개발도상국의 이해를 반영하지만, 실질적으로는 소수 특수 이해를 반영하고 있음을 보인다.

1. 국제제도로 성장한 '인류공동의 유산'

1982년 해양법 협약은 심해저와 관련하여 세 가지 원칙을 명시하였다. 첫째, 제136조는 해저와 해저 표면에 있는 자원이 '인류공동의 유산'이라고 선언하였다. 이로써 해저와 해저 자원이 누구의 소유도 아닌 것 (*res nullius*)에서 공동체의 소유(*res communis*)가 되었다. 소유권이 분명하지 않은 영역에 대한 주권의 확장에 제동이 걸렸다. 동 협약 제137조는 해저와 해저 위 자원의 법적 성격에 관하여 다음과 같이 규정한다.

1. 국가는 해저와 해저 위 자원에 대하여 권리 주장을 할 수 없고 주권을 행사할 수 없다. 국가, 법인, 그리고 자연인은 해저와 해저 위 자원을 점유할 수 없다. 해저와 해저 위 자원에 대한 권리 주장 또는 주권 행사

는 인정되지 않는다.

2. 해저 위 자원에 관한 모든 권리는 인류 전체에게 귀속되며, 인류를 대신하여 국제해저기구가 활동한다. 해저 위 자원은 양도 대상이 될 수 없다. 해저에서 채취한 광물은 국제해저기구가 정한 법, 규정, 절차에 따라 양도될 수 있다.

3. 국가, 법인, 자연인은 국제해양법 협약의 제11부에서 정한 사항을 제외하고 해저에서 채취한 광물에 대하여 권리 주장과 권리 행사를 할 수 없다. 어떤 권리 주장이나 권리 행사도 인정될 수 없다.

둘째, 해저의 활용으로 인하여 발생하는 이익은 인류에게 균등하게 배분되어야 한다는 원칙을 천명하였다. 해저가 인류 전체의 이익을 위하여 활용되어야 한다는 원칙에서 시작하였지만, 국제해양법 협약은 인류 개념을 명확하게 지정하지 않았다. 국제법이 주권국간 합의에 의해서 작동되는 실정법 관행으로 비추어 보면, 인류는 국가들의 모임을 의미한다. 국제해양법 협약 제140조는 (1)해저 활용으로 인한 이익이 향유되는 과정에서 지리적 위치는, 구체적으로 내륙국인지 연안국인지 여부는, 고려되지 않아야 하며, (2)개발도상국의 사정이 특별히 고려되어야 하고, (3)해저 활용으로 인한 이익이 균등하게 배분되어야 함을 명확히 한다. 또한 제144조는 해양 기술이 이전되어야 함을 언급함으로써 해저 개발로 인한 경제적 이익은 물론 기술적 진보도 공유의 대상임을 밝히고 있다.

셋째, 해저의 평화적 이용이 원칙으로 자리를 잡았다. 해양법 협약 제141조는 연안국과 내륙국 여부에 상관없이 해저가 "평화적 목적으로만 사용하려는 모든 국가에 열려 있음"을 명시하였다. 냉전기 핵무기 경쟁이 해저로까지 확장될 위험성에서 시작된 몰타의 제안을 공산 진영이 심각하게 수용하였고, 이는 성문화되었다. 평화적 항해의 원칙이 심해저로 확대되었다.

1982년 해양법 협약은 심해저에서 활동을 "조직하고, 실행하고, 통제하는" 국제해저기구를 창설하는 법원이다(제152조). 해저위원회는 심해저에서의 활동을 규율하는 소극적 행위자가 아니라, 심해저에서의 탐사, 연구, 자원 채취 등 모든 활동의 시작 여부를 결정하며, 특정 행위의 시작을 결정한 후 실행 주체의 선정, 실행 주체의 활동에 대한 통제까지 맡는다.[27] 이는 모든 국가가 평화적 목적으로 심해저에 접근할 수 있지만, 국제해저기구의 허락이 전제되어야 함을 의미한다. 국제해저기구는 사무국을 가지며(제166조), 사무국 직원은 사무총장의 지휘를 받는다(제168조). 또한 자체 실행 기관으로 *Enterprise*를 가지며(제170조), *Enterprise*는 심해저 활동에 직접 참여할 수 있다. 외형적으로 국제해저기구는 심해저를 관할하는 강력한 국제기구처럼 보인다.

2. 국제해저기구의 의결 구조[28]

국제해저기구의 주요 기관은 총회와 이사회로 나누어져 있다. 총회는 해양법협약의 당사국 모두를 회원국으로 하여 구성된다(제159조 제1항). 총회 정족수는 과반수다(제5항). 절차에 관한 의결은 출석 과반수의 찬성이 필요한 반면, 실제 문제에 관한 의결은 출석 2/3의 찬성이 필요하다(제8항). 총회는 최고 의결 기구로서 국제해저기구의 모

---

27 '심해저 망간단괴의 개괄탐사 및 탐사를 위한 규칙'(Regulations on Prospecting and Exploration for Polymetallic Nodules in the Area, ISBA/6/C/2)은 심해저 광물자원의 탐사에 관한 세부 규칙을 정한다(이용희 2000: 148–157).

28 국제해저기구의 의결구조가 만들어지는 과정에 대한 분석으로 Friedheim(2000) 참조.

든 기관은 총회에 모든 활동을 보고한다(제160조 제1항). 또한, 이사회 회원국 선출, 사무총장 선출, 하부 기관 설치 등을 결정할 수 있다(제160조 제2항). 종합하면, 총회가 명목상 최고의결기구이지만, 실질적으로는 의사결정을 하는 이사회를 구성하는 역할을 담당한다.

　이사회 회원국은 총회에 의하여 선출되는데 이사회가 심해저 관리에 관련된 쟁점에서 실질적 결정권을 가진다. 이사회 구성은 4개 군으로 나뉘어 진행된다. (1) '소비 이사국'은 해저에서 생산되는 광물 자원과 동일한 광물 자원을 소비하는 국가에서 선출되는데, '소비 이사국'은 지난 5년 동안 해당 광물 자원의 소비량이 세계 소비량의 2퍼센트 이상 또는 세계 수입량의 2퍼센트 이상을 차지하는 국가로 구성된다. 또한, 동유럽권 1개국과 최대 수입국은 반드시 포함되어야 한다(제161조 제1항a). 이 조항에 따르면, 경제적 급변을 겪지 않는 한 미국과 구소련은 반드시 '소비 이사국'으로 참여한다.

　(2) '투자 이사국'은 해저 광물 자원을 채취하는데 투자를 했거나 심해저에서 활동을 벌이고 있는 8개국에서 충원된다(제161조 제1항b). '투자 이사국'으로 동유럽권 1개국이 반드시 참여해야 한다. (3) '생산 이사국'은 해저에서 채취하는 동일한 광물 자원을 육지에서 생산하는 국가군으로부터 충원된다(제161조 제1항c). '생산 이사국'으로 최소 2개 개발도상국이 포함되어야 한다.

　(4) '개발도상 이사국'은 6개 국가군을 대표하도록 선출되어야 한다. 6개 집단은 인구 규모가 큰 국가, 육지로 봉쇄되어 있거나 제한적으로 연안을 가진 국가, 해저 광물과 동일한 광물을 육지에서 생산하는 국가, 해저 광물과 동일하지만 육지에서 생산된 광물을 수입하는 국가, 최빈국으로 나뉜다(제161조 제1항d). (5) '지역 이사국'은 국제연합의 지역배분 구분에 따라 6개 지역(아시아, 아프리카, 라틴 아메리카,

동유럽, 북미와 서유럽)을 대표하도록 선출된다.

국제해저기구 이사회의 정족수는 과반수출석(제161조 제6항)으로 동일하나, 의결 정족수는 사안의 중요성에 따라 달라진다. 첫째, 단순 절차에 관한 의결은 과반수 찬성이 필요하다(제161조 제8항a). 둘째, 실제 사안에 대한 의결은 재적 2/3찬성과 찬성국 숫자가 회원의 과반 이상일 때 가능하다(제161조 제8항b). 셋째, 국제해저기구의 권한, 해저 광물 채취와 관련된 계약 불이행 등 중요 사안에 대해서는 재적 3/4 찬성과 찬성국 숫자가 회원의 과반 이상일 때 가능하다(제161조 제8항c). 넷째, 해저 자원 활용으로 인하여 발생한 수익금 배분과 해저 관리와 관련된 조항 변경 등 극히 중요한 사안에 대해서는 합의에 의하여 의결이 가능하다(제161조 제8항d). 상기 조항을 보면, 사안의 중요성에 따라 주권의 역할이 증가하고 있다. 사안이 정말 중요할 경우, 일국의 거부권이 작동한다.

국제해저기구 이사회의 의결 과정을 조금 더 자세히 보면, 실질적 문제와 관련된 사안(questions on substance)에서 "(네 개 원 가운데) 일원 다수의 반대가 없을 경우에만" 재적 2/3 찬성으로 결정하게 되어 있다(국제해저기구 이사회 의사진행규칙 제56조).[29] 이 조항은 각 원에게 거부권을 부여한다. 따라서 국제해저기구 이사회에서는 특정한 이익을 대표하는 각 원의 이해가 침해될 수 없다. 상충하는 이해관계

---

29 1982년 해양법 협약을 도출할 당시에도 심해저 관리에 대한 합의가 도출되지 못하였다. 개발도상국은 국제해저기구 창설에 반대하는 해양 선진국의 반발을 무마하기 위하여 양보안을 제시하였다. 개발도상국의 양보안은 '해양법 협약 11부(심해저 관리)를 실행하기 위한 합의'(Agreement Relating to the Implementation of Part XI of the Convention)로 구체화되었는데, 상기 합의의 부속서 3절 5항은 국제해저기구 이사회 의사진행규칙 56조의 내용을 담고 있다. 이 조항을 보면, 이사회 구성에서는 개발도상국의 이익이 반영되었으나, 의결구조에는 선진국의 특수이익이 반영되었다(김영구 1982: 70-77; 박종성 1983: 43-48).

이사회 (36국)	Chambers				
	1	2	3	4	
	소비 4개국	투자 4개국	육지생산 4개국	개발도상국 6개국	지역대표 18개국

⇑　　　　⇑　　　　⇑　　　　⇑　　　　　　⇑

총회	3개 경제 국가군			개발도상국	지역 구분
	소비국	투자국	육지생산국		아시아, 남미, 동유럽, 아프리카, 서유럽＋

그림 1. 국제해저기구 총회와 이사회의 관계

에서 최대 공약수를 만족시키는 안만이 통과될 수 있다. 결국, 다수 개발도상국의 의사가 국제해저기구 이사회에서 관철되기 보다는 심해저 자원 개발과 직접 관련된 이익을 가지는 국가들의 목소리가 더 커진다 (Brauninger and Konig 2000: 617).

　　국제해저기구 이사회의 각 원은, 개발도상국과 지역 대표성을 가진 원을 제외하면, 심해저 광물 자원의 채취로 인한 피해와 이익이 집중되는 국가로 구성된다. '소비 이사국'은 심해저 광물 자원의 개발로 가장 큰 이익을 얻을 수 있다. 심해저 광물 가원의 개발은 망간 가격의 3.13퍼센트 하락, 니켈 가격의 3.67퍼센트 하락, 코발트 가격의 27.63 퍼센트 하락으로 이어지리라고 예상되기 때문에(Sorensen and Mead 1968: 1617-1618), 상기 광물 자원의 최대 수입국이 집중화된 이익을 얻는다. '투자 이사국'은 심해저 광물 자원의 개발로 인하여 직접적 이익을 얻는 소수 국가이다. 1960년대 심해저 개발에 투자를 한 국가는 선진 강대국뿐이었다. '생산 이사국'은 심해저 광물 자원의 개발로 집중화된 피해를 입는 국가이다. 이처럼 심해저 광물 자원의 개발로 인하여 집중적 피해 또는 이익을 얻는 국가들이 각 원에 포진되어 있다.[30]

30　외형적으로 국제해저기구의 의결구조는 각 원에게 사실상 거부권을 부여함으로써 현상 유지에 적합하다. 하지만 GATT의 사례가 선진 강대국이 보이지 않는 영향력을 행사함

V. 결론

몰타가 심해저를 '인류공동의 유산'으로 삼자는 제안은 2차대전 이후 해양법의 발전에서 분기점이다. 몰타의 제안 이전, '해양의 자유'에 기반한 국제제도는 과학기술의 발달로 심각한 도전을 받고 있었다. 몰타는 해저를 인류공동의 소유로 설정함으로써 해양 관리에 새로운 방안을 제시하였다. 몰타의 제안 직후, 심해저를 관리하는 방안을 둘러싸고 남북간, 동서간 갈등선이 선명하게 드러났다. 국제기구로 심해저를 관리하는 안이 채택되고 난 후, 국익에 기반한 갈등선이 심해저기구의 의사결정과정에 투영되었다. 이 절은 심해저 관리와 연관된 국제제도의 발전과정에서 드러난 특징과 이론적 함의를 논의한다.

1. 시점 간 차이점과 동일성

심해저 국제제도의 성장과정을 통시적으로 검토하면, 몇 가지 주목할 만한 현상이 보인다. 첫째, 주요 행위자의 비중이 국제제도 형성과정의 시점에 따라 달라진다. (1)몰타는 심해저 관리의 대안을 제시하면서 지적 지도력을 발휘하였다.[31] 몰타는 우주의 평화적 이용과 탐사가 '인류공동의 이해'라고 규정하는 국제법 관행, 특정 지역의 사람들이 이상과 원칙을 공유함을 의미하는 '공동유산'(common heritage) 개

을 보이듯이(Steinberg 2002: 346-349, 354-360), 국제해저기구가 선진 강대국에 유리한 결과를 만들어낼 가능성이 있다. 국제해저기구에 외형적 의결구조와 의사결정의 실제간 차이가 있는지 여부는 검토되어야 할 주제이다.

31 Young은 국제제도를 형성하기 위한 협상이 근거할 개념을 만들거나 도입하는 능력을 지적 지도력이라고 표현한다(Young 1991: 298-302).

넘[32]을 조합하여 '인류공동의 유산' 개념을 만들어냈고 심해저 관리에 적용하였다. 몰타의 지적 지도력은 몰타의 물리적 능력과 무관하였다. (2) 몰타의 제안 직후, 동서 갈등선과 남북 갈등선의 중간지대에 있던 국가들이 국제연합 (임시)해저위원회에서 중재자 역할을 담당하였다. 반면, 서방 선진국은 '해양의 자유'를 방어하고 구소련은 국제기구 창설을 반대하는 데 어려움을 겪었다. (3) 해저 관리를 위한 국제기구 창설이 결정된 이후부터는, 심해저의 자원 개발로 이익 또는 피해를 집중적으로 입게 될 국가들이 주요 역할을 담당하였다.[33] 심해저 개발에 투자를 많이 하는 국가, 심해저 광물 자원과 동일한 자원을 육지에서 생산하거나 소비하는 국가들은 자국의 이해관계를 국제해저기구의 의사결정구조에 투영시켰다.

둘째, '인류공동의 유산'이 국제제도로 성장하는 과정은 국가의 역할을 국력에 초점을 맞추어 국제제도의 형성을 설명하는 현실주의와 부합하지 않음을 보인다. 심해저 관리에 관한 논의가 시작된 시점부터 국제기구 창설을 결정한 시점까지 몰타를 비롯한 중소국(middle and small states)이 주요한 행위자였다. 국제기구 창설을 결정한 시점부터는 상대적으로 약한 국력을 가진 육지광물 생산국이 강한 국력을 가진 광물 수입국과 함께 주요한 행위자였다. 반면, 심해저 광물자원

32 북대서양조약(North Atlantic Treaty, 1949년 4월 4일) 전문은 회원국이 "회원국 국민의 자유, 공동유산과 문명"을 지키기로 결의한다고 밝힌다. 유럽의회(Council of Europe)의 창설을 포함하는 런던조약(Treaty of London, 1949년 5월 5일)은 유럽 국가들이 공유하는 이상과 원칙을 '공동유산'으로 정한다.

33 심해저를 관리하는 국제기구 창설에 합의하기 전에도 해양 선진국이 정책과 대안을 만드는 데 집중하는 반면, 개발도상국은 해양 선진국이 제시하는 대안과 정책에 대한 반대 입장을 밝히는 데 집중하는 경향이 있었다(Lovald 1975: 699-703). 몰타의 지적 지도력은 심해저 관리의 큰 방향을 정하는 과정에서는 효과적이었지만, 국제기구 창설의 구체적 논의 단계에서는 매우 약했다.

의 관리를 담당하는 국제기구의 창설을 반대하는 미국과 구소련은 방대한 국력자원을 보유함에도 불구하고, 자국의 선호를 국제제도에 투영하지 못했다. 특히, 미국은 1980년대 '해양의 자유'에 기반한 대안 국제제도의 창설을 시도했지만 실패하였다(Friedheim 1993: 38-40; Panel on the Law of Ocean Uses 1994: 168-172).

셋째, 국제제도와 구조는 시간차를 보인다(Krasner 1982: 192-194). 심해저 관리를 둘러싼 동서 갈등선은 1989년 냉전 종식으로 사라졌지만, 국제해저기구의 의사결정구조는 1982년 해양법협약이 체결될 당시 국제사회의 갈등선을 반영한다. 국제기구 창설에 반대 입장을 밝히던 사회주의권은 국제해저기구의 창설 과정에서는 구소련이 생산이사국에 반드시 포함되도록 하였다.[34] 또한, 동유럽이 국제연합의 독자적인 지역으로 인정을 받는 관행에 기반하여, 동유럽에서 2개국이 지역대표로 이사회에 참여할 수 있도록 하였다. 1982년 해양법협약 체결 당시 합의는 냉전이 종식되고 동유럽이 해체된 이후에도 여전히 지켜지고 있다.[35]

2. 이론적 함의

이 사례는 국제제도의 성장 과정에 관한 이론적 논쟁에 몇 가지 함의를 준다. 첫째, 국제제도의 성장과정을 설명하는 주요 국제정치이론

---

34 '해양법 협약 11부(심해저 관리)를 실행하기 위한 합의'(Agreement Relating to the Implementation of Part XI of the Convention)의 부속서 3절 15항.

35 아프리카에서 10개국, 아시아에서 9개국, 동유럽에서 3개국, 남미와 카리브해에서 7개국, 서유럽과 기타 지역에서 8개국을 이사국으로 선임하는 관행이 정착되었다. 이사국이 선임된 1996년 이후, 러시아(1996-2010), 폴란드(1996-2010), 체코(2001-2010), 우크라이나(1996-2000)가 이사국으로 선임되었다.

의 적실성이 시점에 따라 달라질 수 있음을 보여준다. 국제정치학계에서 주요 이론으로 인정을 받는 현실주의는 국력, 구성주의는 생각과 상호작용, 제도주의는 이익으로 국제제도의 형성을 설명하려고 한다 (Wendt 1999: 250; Johnston 2001: 762). 이 중 구성주의는 '해양의 자유'에 기반한 국제제도가 '인류공동의 유산'에 기반한 국제제도로 변화하는 과정을 설명하는 데 있어 장점을 보인다. 몰타의 제안은 연안국과 내륙국 간 갈등선, 남북 갈등선, 동서 갈등선을 재편하는 데 기여하였다. 몰타의 제안은 국가 이익을 새롭게 규정하는 데 기여를 했고, 심해저 관리의 대안 원칙으로 자리를 잡게 되었다. 반면, 심해저를 관리하는 국제기구를 창설하기로 합의한 이후, 제도주의는 국익이 국제해저기구의 의사결정구조에 반영되는 과정을 설명하는 데 장점을 보인다. 심해저 광물자원의 채취로 인하여 이익 또는 피해를 입는 국가들은 협상과정에서 자국의 이해를 보호 또는 구제하는 제도적 장치를 만들었다. 이는 국제제도의 성장을 통시적으로 설명하려면 몇 가지 이론을 시점에 따라 다르게 혼용할 필요성을 의미한다.

둘째, 이 사례는 국제제도의 형성을 설명하는 제도주의를 일정 정도 보완해야 할 필요성을 보인다. 몰타 제안은 개발도상국에게 유리한 내용을 담고 있었지만, 1982년 해양법 협약에 따라 형성된 국제해저기구의 의결구조는 생산자, 소비자, 투자자에게 유리하게 되어 있다. 심해저에 투자를 하는 국가, 심해저 광물자원과 동일한 성분을 가진 광물 자원을 육지에서 생산하는 국가, 심해저 광물자원과 동일한 성분을 가진 광물을 대량으로 소비하는 국가는 소수이다. 심해저의 개발로 인한 이익과 손해가 소수에게 집중되었기 때문에, 이들 국가는 '집단행동의 논리'를 극복할 수 있었다고 보인다. 반면, 심해저 자원 관리로 발생하는 이익이 다수 개발도상국에게 분산된다. 이익이 분산되고 다수 행위자가 참가할 경우, '무임승차' 문제를 해결하기 어렵다(Olson 1965: 53-65). 종합하면, 심해저 관리를 담당할 국제기구 창설은 개발 도상국이 시작했지만, 집중된 이익과 손해를 경험하는 소수 국가가 협상을 주도했다. 이는 국제제도의 형성 과정에서 조직화된 소수자의 이익과 조직화되지 않은 다수의 이익 가운데 소수자의 이익이 우세할 수 있음을 의미한다.

셋째, 이 사례는 진영간 갈등이 국제제도 형성 과정에서 우호적인 국제환경을 확인한다. 몰타의 제안 이후 중소국이 국제연합 해저위원회에서 중재자 역할을 담당하는 현상은 남북 갈등선과 동서 갈등선이 존재하였기 때문에 가능했다. 어느 진영에도 속하지 않은 중소국이 양 진영간 갈등선을 넘나들었고, 실질적인 능력에 비하여 많은 역할을 담당할 수 있었다. 또한, 개발도상국과 선진 강대국 간 갈등선에서는 벨기에, 노르웨이, 몰타 등이 중재자 역할을 담당함으로써 심해저 관리를 둘러싼 협상에서 주요한 행위자로 작동하였다. 이 현상은 강대국간 이해관계의 충돌이 중소국에게 우호적이라는 현실주의의 논의를 확장시킬 필요성을 보인다(Schweller and Priess 1997: 21-22).

이 사례연구는 쟁점의 중요성을 통제하지 않는다. 심해저 광물자원을 채취할 수 있는 기술적 능력이 개발되었지만, 채취 비용이 크기 때문에 채산성 측면에서 약점을 보이고 있다. 또한, 심해저 광물자원과 동일한 성분의 광물자원이 육지에서 생산되기 때문에 심해저 광물자원이 필수적이지도 않다. 따라서 심해저 관리의 중요성은 상대적으로 약하다고 평가할 수 있다. 쟁점이 중요하지 않을 경우, 국가는 영향력 자원으로서 국력을 영향력으로 변화시키는 강한 유인을 가지지 못한다(조동준 2004: 333; Kirkpatrick 1985: 4). '인류공동의 유산'이 국제제도로 성장하는 초반에는 생각이 설명변수로 중요하고 중소국이 주

요 행위자로 작동하는 반면, 공식적 국제기구의 형성 단계에서는 이익
이 설명변수로 중요하고, 심해저 개발로 인하여 집중적 이익과 손해를
입는 소수 행위자가 주요 행위자로 작동하는 현상은 심해저 관리의 중
요성이 상대적으로 약하기 때문에 나타날 수 있다. 이 사례에서 나타
난 현상이 보편적인지 여부는 쟁점의 중요성을 통제하는 비교연구를
통해서 검증되어야 한다.

참고문헌

고재승. 1972. "해양 자유에의 도전: 국제연합과 심해저 문제." 『국제정치논총』 12, pp.27-39.

김영구. 1982. "국제해저기구 이사회의 의사결정방식에 관한 소고." 『국제법학회논총』 27(1), pp.55-84.

박종성. 1983. "심해저제도에 관한 연구: 법적 지위, 제161조 및 재정적 약정을 중심으로." 『국제법학회논총』 28(2), pp.39-55.

유병화. 1983. "국제심해저제도." 『국제법학회논총』 28(2), pp.57-86.

유익수. 1985. "심해저에 관한 초기 법제화운동." 『국제정치논총』 30(1), pp.153-178.

이용희. 2000. "심해저활동 관리를 위한 규범의 제정과 국제해저기구의 동향에 관한 고찰." 『국제법학회논총』 45(1), pp.143-161.

이철태 · 오치훈 · 송연호. 1994. "심해저 망간단괴의 물리화학적 특성 및 제련기술 현황." 『화학공업과 기술』 12(5), pp.386-396.

조동준. 2004. "국제연합총회에서 미국의 영향력 분석-영향력 자원(power resource)과 선호의 상호작용." 『한국정치학회보』 38(2), pp.327-353.

Ad Hoc Committee to Study the Peaceful Uses of the Sea-Bed and the Ocean Floor beyond the Limits of National Jurisdiction. "Report of the Ad Hoc Committee to Study the Peaceful Uses of the Sea-Bed and the Ocean Floor beyond the Limits of National Jurisdiction"(A/7230), In United Nations General Assembly. *Official Records of the General Assembly, Twenty-Third Session.* New York, NY: United Nations, 1969.

Arnold, R. P. 1976. *The sea-Bed and the Developing Countries.* New Delhi, India: Thompson Press.

Black, Duncan. 1948. "On the rationale of group decision-making." *Journal of Political Economy.* 56(1), pp.23-34.

Boczek, Boleslaw A. 2005. *International Law: A Dictionary.* Lanhan, Maryland: Scarecrow Press.

Brauninger, Thomas and Thomas Konig. 2000. "Making Rules for Governing Global Commons." *Journal of Conflict Resolution.* 44(5), pp.604-629.

Brown, R. N. Rudmose. 1919. "Spitsbergen, Terra Nullius." *Geographical Review.* 7(5), pp.311-321.

Burton, Steven J. 1977. "Freedom of Seas: International Law Applicable to Deep Seabed Mining Claim." *Stanford Law Review.* 29(6), pp.1135-1180.

Central Intelligence Agency. 2009. The World Factbook. http://www.cia.gov/library/publications/the-world-factbook(검색일: 2010.8.2.).

Deepsea Venture. 1975. "Notice of Discovery and Claim of Exclusive Mining Rights and

Request for Diplomatic Protection and Protection of Investment"(14 November 1974). *International Legal Materials.* 14, pp.51-68.

Downs, Anthony. 1957. *An Economic Theory of Democracy.* New York, NY: Harper Collins.

Edwards, V. M. and N. A. Stein. 1998. "Developing an Analytical Framework for Multiple-Use Common." *Journal of Theoretical Politics.* 10(3), pp.347-383.

Friedheim, Robert L. 1993. *Negotiating the New Ocean Regime.* Columbia, SC: University of South Carolina.

Gleditsch, Kristian S. 2004. "Expanded Trade and GDP dataset." http://privatewww.essex.ac.uk/~ksg/exptradegdp.html(검색일: 2010.8.2.).

Grotius, Hugo. 2000. *The Freedom of the Seas or the Right Which Belongs to the Dutch to Take Part in the East Indian Trade.* Kitchener, Canada: Batoche Books.

Hardin, Garrett. 1968. "The Tragedy of the Commons." *Science.* 162(3859), pp.1243-1248.

Hays, Arthur Garfield. 1918. "What is Meant by the Freedom of the Seas?" *American Journal of International Law.* 12(2), pp.283-290.

Higgins, A. and C. John Colombos. 1951. *International Law of the Sea.* New York, NY: Longmans.

International Monetary Fund. 2008. International Financial Statistics: Database and Browsers(CD-rom). Washington, D.C.: International Monetary Fund.

International Seabed Authority. "Status of contracts for exploration issued in accordance with the Regulations on Prospecting and Exploration for Polymetallic Nodules in the Area"(ISBA/7/C/4, 22 June 2001). http://www.isa.org.jm/en/sessions/2001(검색일: 2010.8.2.).

Johnston, Alastair Iain. 2001. "Treating International Institutions as Social Environments." *International Studies Quarterly.* 45(4), pp.487-515.

Joyner, C. C. and E. A. Martell. 1996. "Looking Back to See Ahead: UNCLOS III and Lessons for Global Common Law." *Ocean Development and International Law.* 27(1), pp.73-95.

Kirkpatrick, Jeane J. 1985. "Testimony of U.S. Permanent Representative to the United Nations Jeanne J. Kirkpatrick Before the Senate Foreign Operations Subcommittee of the Senate Appropriations Committee." In United States Department of the State. *Report to Congress on Voting Practices in the United Nations.* Washington, D.C.: Governmental Printing Office.

Krasner, Stephen D. 1982. "Structural Causes and Regime Consequences: Regimes as Intervening Variables." *International Organization.* 36(2), pp.185-205.

Li, Yuwen. 1994. *Transfer of Technology for Deep Sea-Bed Mining: The 1982 Law of the Sea Convention and Beyond.* Dordrecht, Netherlands: Martinus Nijhoff Publishers.

Littleton, Richard K. 1984. *Territorial Sea: Prospects for the United States.* Ocean Springs,

MS: Mississippi-Alabama Sea Grant Association.

Lovald, Johan Ludvik. 1975. "In Search of an Ocean Regime: The Negotiations in the General Assembly's Seabed Committee 1968-1970." *International Organization.* 29(3), pp.681-709.

Macdonell, John. 1899. "Occupation and Res Nullius." *Journal of the Society of Comparative Legislation.* 1(2), pp.276-286.

McNair, Judge Arnold. 1950. "Advisory Opinion on the International Status of South West Africa." *International Court of Justice Reports.*

Oberthür, Sebastian. 1999. "The International Convention for the Regulation of Whaling: From Over-Exploitation to Total Prohibition." *Yearbook of International Co-operation on Environment and Development* 1998/1999.

Olson, Mancur. 1965. *The Logic of Collective Action.* Cambridge, MA: Harvard University Press.

Panel on the Law of Ocean Uses. 1994. "United States Interests in the Law of the Sea Convention." *The American Journal of International Law.* 88(1), pp.167-178.

Pardo, Arbid. 1993. "The Origins of the 1967 Malta Initiative." *International Insights.* 9(2), pp.65-69.

President Truman, Harry S. "Policy of the United States with Respect to the Natural Resources of the Subsoil and Seabed of the Continental Shelf"(Presidential Proclamation No.2667, 28 September 1945). http://www.ibiblio.org/pha/policy/1945/450928a.html(검색일: 2010.8.2.).

Robert Gilpin. 1978. "Economic Interdependence and National Security in Historical Perspective." In Klaus Knorr and Frank N. Trager (eds.). *Economic Issues and National Security.* Lawrence, KS: Regents Press of Kansas.

Schweller, Randall L. and David Priess. 1997. "A Tale of Two Realisms: Expanding the Institutions Debate." *International Studies Review.* 41(1), pp.1-32.

Simon, Noel. 1965. "Of Whales and Whaling." *Science.* 149(3687), pp.943-946.

Smale-Adams, K. B., G. O. Jackson, and B. White. 1978. "Manganese Nodule Mining." *Mathematical and Physical Science.* 290(1366), pp.125-133.

Sorensen, Philip E. and Walter J. Mead. 1968. "A Cost-Benefit Analysis of Ocean Mineral Resource Development: The Case of Manganese Nodules." *American Journal of Agricultural Economics.* 50(5), pp.1611-1620.

Steinberg, Richard H. 2002. "In the Shadow of Law or Power? Consensus-Based Bargaining and Outcomes in the GATT/WTO." *International Organization.* 56(2), pp.339-374.

United Nations General Assembly. "2172(XXI). Resources of the Sea"(A/Res/2172(XXI), 1966.12.6). In United Nations General Assembly. *Resolutions Adopted by the General Assembly during its Twenty-First Session.* New York, NY: United Nations, 1967.

_____. "First Committee, 1515th Meeting"(1 November 1967 at 10:30 a.m). *Official Records of the General Assembly, Twenty-Second Session.* New York, NY: United Nations, 1968a.

_____. "First Committee, 1516th Meeting"(1 November 1967 at 3 p.m). *Official Records of the General Assembly, Twenty-Second Session.* New York, NY: United Nations, 1968b.

_____. "Examination of the Question of the Reservation Exclusively for Peaceful Purposes of the Sea-Bed and the Ocean Floor, and the Subsoil thereof, Underlying the High Seas beyond the Limits of the Present National Jurisdiction, and the Use of Their Resources in the Interests of Mankind"(2340(XXII)). In United Nations General Assembly. *Resolutions Adopted by the General Assembly during its Twenty-Second Session.* New York, NY: United Nations, 1968c.

_____. "Examination of the Question of the Reservation Exclusively for Peaceful Purposes of the Sea-Bed and the Ocean Floor, and the Subsoil thereof, Underlying the High Seas beyond the Limits of Present National Jurisdiction, and the Use of Their Resources in the Interests of Mankind"(2467(XXIII)). In United Nations General Assembly. *Resolutions Adopted by the General Assembly during its Twenty-Third Session.* New York, NY: United Nations, 1969.

_____. "Question of the Reservation Exclusively for Peaceful Purposes of the Sea-Bed and the Ocean Floor, and the Subsoil thereof, Underlying the High Seas beyond the Limits of Present National Jurisdiction, and the Use of Their Resources in the Interests of Mankind"(2574(XXIV)). In United Nations General Assembly. *Resolutions Adopted by the General Assembly during its Twenty-Fourth Session.* New York, NY: United Nations, 1970.

_____. "Reservation Exclusively for Peaceful Purposes of the Sea-Bed and the Ocean Floor, and the Subsoil thereof, Underlying the High Seas beyond the Limits of Present National Jurisdiction, and the Use of Their Resources in the Interests of Mankind"(2750(XXV)). In United Nations General Assembly. *Resolutions Adopted by the General Assembly during its Twenty-Fifth Session.* New York, NY: United Nations, 1971a.

_____. "Treaty on the Prohibition of the Emplacement of Nuclear Weapons and Other Weapons of Mass Destruction on the Sea-Bed and the Ocean Floor and in the Subsoil Thereof." In United Nations General Assembly. *Resolutions Adopted by the General Assembly during its Twenty-Fifth Session*(New York, NY: United Nations, 1971b), pp.11-13.

Waldock, C. H. M. 1950. "The Legal Basis of the Claims to the Continental Shelf." *Transactions of the Grotius Society.* 36, pp.115-148.

Wendt, Alexander. 1999. *Social Theories of International Politics.* Cambridge, UK: Cambridge University Press.

Wilde, Ralph. 2008. *International Territorial Administration: How Trusteeship and the Civilizing Mission Never Went Away.* Oxford, UK: Oxford University Press.

Yannis, Alexandros. 2002. "The Concept of Suspended Sovereignty in International Law and Its Implications in International Politics." *European Journal of International Law.* 13(5), pp.1037-1052.

Young, Oran R. 1991. "Political Leadership and Regime Formation: On the Development of Institutions in International Society." *International Organization.* 45(3), pp.281-308.

제8장

정치 환경의 변화와 대인지뢰금지규범의 확산: 대인지뢰에 대한 의제화와 한국 대인지뢰대책회의의 활동을 중심으로[*]

조동준

[*] 이 글은 2011년 『평화학연구』 12집 1호에 게재되었는데, 이 책의 각주와 내주 방식에 따라 일부 수정되었다.

이 | 장은 대인지뢰금지규범이 국내로 유입되는 과정에서 정치 환경이 대인지뢰에 대한 의제화
와 反대인지뢰단체의 활동에 미치는 영향을 검토한다. 보수 성향의 김영삼 행정부는
대인지뢰의 안보효과에 집중했다. 반면, 남북관계에 집중한 김대중 행정부는 대인지뢰가 남북분단에 미치
는 부정적 영향에 초점을 맞추었고 진보 성향의 노무현 행정부는 대인지뢰로 인한 민간인 피해를 상대적으
로 부각시켰다.
反대인지뢰단체는 김영삼 대통령 재임기와 김대중 대통령 재임 초기 국방부와 갈등적 관계를 유지했다. 反
대인지뢰단체는 대인지뢰로 인한 민간인 피해자의 존재를 드러내어, 대인지뢰가 인간안보에 도움을 준다
는 한국 정부와 국방부의 주장을 반박하였다. 반면, 노무현 대통령 재임기 反대인지뢰단체는 인적 연결망
을 통하여 정부 부처로 진입한 과거 사회운동 관여자와 함께 지뢰피해자를 구제하기 위하여 협업하였다.

I. 들어가며

대인지뢰를 규제하려는 국제규범이 미국 오바마(Barrack Obama) 행
정부의 등장으로 새롭게 부각되고 있다. 오바마 대통령은 상원의원직
을 수행하면서 이미 대인지뢰금지 법안을 세 차례 공동 발의했었다.
2008년 9월 10일 당시 대통령 후보였던 오바마는 대인지뢰의 사용, 비
축, 생산, 이전을 금지하고, 이미 설치된 대인지뢰를 제거하며, 지뢰 피
해자의 구호를 규정한 오타와 협약(Convention on the Prohibition of
the Use, Stockpiling, Production and Transfer of Anti-Personnel Mines
and on their Destruction, 이하 오타와 협약)을 공개적으로 지지한다는
입장을 밝혔다(Arms Control Today 2008). 현재 오바마 행정부는 反대
인지뢰 단체로부터 집중적으로 청원을 받고 있다(Gharib 2009; 67 Na-
tional Organizations 2009). 대인지뢰금지에 긍정적이었던 클린턴 행정
부 시기 대인지뢰 금지규범이 1997년 오타와 협약으로 성문화된 현상
과 유사하게 오바마 행정부의 활동이 反대인지뢰 국제규범의 강화로
이어질 개연성이 커지고 있다.[1]

1   민주당은 전통적으로 대인지뢰금지규범에 우호적이었다. 클린턴(William J. Clinton)

한국은 대인지뢰 금지규범을 부분적으로 준수하고 있다. 1997년 영구적 대인지뢰를 더 이상 생산하지 않고, 대인지뢰의 수출입을 금지하고 있다. 한국 정부는 2003년부터 후방 지역의 지뢰를 꾸준히 제거하고 있으며, 지뢰 피해자의 구제를 시작하였다. 지뢰 피해자에게 국가 차원의 보상을 추진하는 입법안이 논의되고 있다. 더 나아가, 해외 지뢰피해자를 구제하기 위한 기금에도 출연했다. 한국이 오타와 협약에 가입하지 않았다는 사실과 외형적으로 드러나는 수치와는 다르게 한국은 대인지뢰를 금지하는 규범을 사실상 준수하고 있다(ICBL 2010b).

이 글은 한국에서 정치 환경의 변화가 대인지뢰의 의제화(framing)와 反대인지뢰 단체의 활동에 미치는 영향을 검토한다. 이 글은 다음과 같이 구성된다. 첫째, 대인지뢰금지규범이 성문화되는 과정을 검토한다. 대인지뢰는 무기로서 효과적인 동시에 인간안보에 부정적 영향을 미친다. 反대인지뢰단체와 대인지뢰금지에 찬성하는 국가들은

행정부는 1993년 9월 대인지뢰금지와 관련된 미국 정책안을 만들기 위하여 차관보급 임시조직(국무부, 국방부, 국제개발처(US Agency for International development), 합동참모본부, 군축처(Arms Control and Disarmament Agency), 해외공보처(US Information Agency), 국가안전보장회의가 참여한 Inter-Agency Working Group)을 구성했다. 이 임시조직에서 진행된 부처간 협의의 결과, 클린턴 행정부는 대인지뢰금지에는 미치지 못했지만, 대인지뢰에 대한 엄격한 통제, 매설된 대인지뢰제거, 대인지뢰 피해자 구제 등을 담은 정책을 채택하였다(US Department of State 1994). 클린턴 대통령은 1994년 9월 26일 국제연합 연설을 통하여 "궁극적인 대인지뢰 제거 목표"에 찬성 의사를 밝혔다. 이후 클린턴 행정부는 1996년 1월, 미국내 대인지뢰의 전량 폐기, 1997년 1월 17일 대인지뢰 수출입의 영구적 중단 등 대인지뢰금지에 부합하는 조치를 취하였다. 미국은 주한미군이 보유한 대인지뢰의 유지, 주한미군이 매설한 지뢰 제거의 부담으로 인하여 클린턴 행정부는 "한국 유예 9년" 조항을 요청했었다. 이 조항이 수용되지 않자, 클린턴 행정부는 오타와 협약에 가입하지 않았다. 부시(George Bush) 행정부는 2010년 이후 주한미군도 반영구적인 지뢰(dumb mine)의 사용을 금지함으로써 주한미군이 매설한 지뢰 제거 의무를 제외하고는 사실상 오타와 협약의 주요 사항을 준수했다(International Campaign to Ban Landmines 2010).

대인지뢰의 부정적 영향을 부각시켜 대인지뢰금지규범의 성문화에 기여하였다. 둘째, 1996년부터 2007년까지 한국 행정부가 대인지뢰를 묘사하는 "의제화 담론"(framing discourse)을 검토한다. 김영삼 행정부는 대인지뢰를 효과적 방어 무기로 규정하였고 대인지뢰금지규범의 성문화에 반대하였다. 김대중 행정부는 대인지뢰를 남북분단의 요인으로 부각시켰고, 노무현 행정부는 대인지뢰의 비인도성을 제한적이지만 부각시켰다. 셋째, 한국대인지뢰대책회의(이하 대책회의)가 대인지뢰금지규범을 확산시키는 경로를 확인하고, 대책회의의 활동이 정치적 환경에 변화에 반응함을 보인다.

II. 대인지뢰의 두 얼굴

대인지뢰를 옹호하는 입장은 대인지뢰를 효과적인 무기로서 표현하는 반면, 대인지뢰를 금지하는 입장은 대인지뢰의 비인도성을 부각한다. 이 절에서는 대인지뢰를 의제화하는 두 가지 접근을 검토하고, 대인지뢰금지규범이 성문화되는 과정을 기술한다.

1. 효과적 무기 vs. 비인도적 무기

대인지뢰는 "비용 대비 효과 면에서 가장 효율적인 무기"인 동시에 "가장 비인도적인 무기"이다(유용원 2008). 대인지뢰가 "가장 효율적인 무기"라는 입장은 두 가지 근거를 가지고 있다. 첫째, 대인지뢰가 효과적인 방어 무기로 사용될 수 있다(Biddle *et al.* 1994: 15; Sloan 1986: 14-15). (1) 대인지뢰를 설치하면 최소 병력으로 특정 지점과 시설을 쉽게 방어할 수 있다. 초병이 없다 하더라도 지뢰가 매설되어 있다는 경고 만으로도 침입자를 방지할 수 있다. 따라서 지뢰를 매설하는 최소 인 력만 있으면, 특정 지점과 시설을 방어할 수 있다. (2) 대인지뢰는 적 이 공격할 수 있는 공간을 축소시킨다. 공격 세력은 방어용 지뢰지대 를 피할 수밖에 없어 공격 세력의 진격로가 좁아지게 된다(canalized). 공격 세력의 진격로를 좁게 만들어 함정 또는 특정 지점으로 유도하면 공격 세력에게 역습을 가할 수 있다. (3) 대인지뢰는 공격 세력의 피해 를 증가시킨다. 공격 세력은 지뢰의 폭발로 인한 피해를 입는 동시에 지뢰지대를 피하기 위하여 전술적으로 불리한 지역에서 전투를 벌이 기 때문에 더 많은 인명피해를 보게 된다. (4) 대인지뢰는 보병의 진격 을 저지한다. 또한 대전차지뢰 주변에 매설된 대인지뢰는 대전차 지뢰 를 제거하는 데 시간을 소요하도록 하여 기계화부대의 진격을 늦춘다.[2]

둘째, 대인지뢰는 효과적인 공격용 무기이다(Arms Project of Human Right Watch and Physicians for Human Rights 1993: 22-23; Croll 1998: 102-107; Petrova 201: 7-8). 퇴각하는 적의 후방에 또는 적의 주 둔지에 대인지뢰를 살포하게 되면, 적의 퇴각 속도를 늦추어 적을 섬멸 할 수 있다. 대인지뢰는 대포, 헬리콥터, 비행기 등을 통하여 살포될 수 있는데, 대인지뢰를 살포하는 기술은 계속하여 발전하고 있다. 이제 지 뢰 살포기를 통하여 지뢰를 뿌려 놓은 지역을 효과적으로 통제할 수 있 다. 대인지뢰 살포와 공격을 결합시키는 전술은 의지만 있으면 얼마든 지 실행 가능하다. 실제로 1970년대 초반 미군은 월남에서, 1980년대 구소련군은 아프가니스탄에서 대인지뢰를 살포하는 작전을 펼쳤다.

---

2   대인지뢰가 방어용 무기로서 효과적이지 않다는 주장이 있다(Human Rights Watch and Vietnam Veterans of America Foundation 1997: 13; ICBL 1999: 335; International Committee of the Red Cross, 1966: 370).

　대인지뢰가 비인도주의적 무기라는 입장은 두 가지로 요약될 수 있다. 첫째, 대인지뢰가 "불필요한 고통"을 주기 때문이다. 전쟁법은 비례성 원칙에 따라 전투 목적에 비하여 "과도한 상해" 또는 전투 목적에 적절하지 않을 만큼 "불필요한 고통"을 초래하는 무기를 불법화한다(전시 민간인 보호에 관한 제네바 협약(이하 제네바 협약) 제35조). 대인지뢰의 파괴력은 통상적으로 대인지뢰에 접촉하는 신체 일부분만을 절단하거나 그 부위에만 영구적 상해를 남긴다. 다리의 끝 부분이 주로 대인지뢰와 접촉하여 절단되거나 영구적으로 손상되기 때문에 대인지뢰는 "발목지뢰"로 불린다. 대인지뢰가 전투원의 신체 일부분만을 손상시켜 전투원의 전투 능력을 무력화시킨다는 점에서 효과적인 무기지만, 생존한 전투원에게 "불필요한 고통"을 영구적으로 남긴다. 따라서 대인지뢰는 전투 목적에 비하여 상해 수단이 과도하다고 평가될 수 있다.

　둘째, 대인지뢰가 민간인과 전투원을 구별하지 못하는 무기이기 때문이다. 전쟁법은 차별성 원칙에 따라 민간인과 전투원에게 무차별적인 상해를 입히는 무기는 불법화한다(제네바 협약 제51조). 대인지뢰 매설 당시 전황이 긴박할 경우 지뢰 매설 지점이 체계적으로 기록되지 않으며, 대인지뢰 매설 이후 지뢰지대가 효과적으로 통제되지 않으면, 대인지뢰는 전투원과 민간인에게 무차별적 피해를 초래한다. 지뢰피해 통계를 보면, 민간이 피해가 전체 피해의 70퍼센트를 차지할 정도로 대인지뢰는 사실상 민간인에게 더 자주 피해를 초래한다.[3] 심지어 대인지뢰가 민간인을 대상으로 의도적으로 사용되기도 한다.

3　2009년 전시 피해자를 제외하고도 지뢰를 포함하여 전투용 폭발물로 인한 피해자가 세계적으로 총 3,956명(대인지뢰로 인한 피해자 513명, 대전차지뢰로 인한 피해자 274명, 사제폭발물(victim-activated improvised explosive devices)로 인한 피해자 549명, 집

2. 대인지뢰금지규범의 성장

대인지뢰금지규범은 대인지뢰의 사용, 이전, 생산을 금지하며(대인지뢰의 사용, 비축, 생산, 이전 금지 및 폐기에 관한 협약(Convention on the Prohibition of the Use, Stockpiling, Production and Transfer of Anti-Personnel Mines and on their Destruction(이하 오타와 협약) 제1조), 현재 보유 중인 대인지뢰를 폐기하며(오타와 협약 제4조), 매설된 지뢰를 제거하며(오타와 협약 제5조), 대인지뢰 피해자를 구제하며, 대인지뢰를 제거하는 인류의 노력에 참여해야 한다(오타와 협약 제6조)는 포괄적 내용을 담고 있다. 대인지뢰금지규범은 단기간에 규범 창발에서 성문화까지 이루어졌고, 비국가행위자와 중견국이 성문화 과정에서 주도적 역할을 담당했다는 점에서 다른 국제규범의 성문화와 상이한 경로를 보인다.

대인지뢰금지규범의 성장은 세 단계로 나누어 볼 수 있다. 첫째, 대인지뢰에 대한 "의제화"(framing) 단계다.[4] 냉전 종식 이후 反대인지뢰단체는 대인지뢰의 비인도성에 초점을 맞추는 의제화를 진행하였다.[5] 1991년 Human Rights Watch는 캄보디아에서 대인지뢰가 민간

___

속탄 잔해로 인한 피해자 100명, 전쟁 후 잔류폭발물(explosive remnants of war)로 인한 피해자 1044명, 원인불명의 지뢰로 인한 피해자 538명, 기타 939명)으로 집계되었다. 그중 민간인 피해자가 2,485명, 아동 피해자가 1,001명이었다(ICBL 2010c: 31–35). 대인지뢰로 인한 민간인 피해는 점차 줄어드는 추세다. 냉전이 종식되던 시기에는 지뢰로 인한 사망자가 매달 600~800명 정도였다(U.S. Department of States 1994: 1).

4   "의제화"(framing)는 정보를 전달하는 행위자가 "정치적 쟁점 또는 논쟁을 정의하고 구성하는 과정"이다(Nelson 1997: 567).

5   냉전 종식 이후 대인지뢰의 안보효과를 반박하는 데 우호적인 환경이 마련되었다. 국가안보에 대한 위협이 상대적으로 높았던 냉전기에는 대인지뢰가 국가주권을 유지하는 데 도움을 준다는 담론이 압도하였다. 반면, 냉전 종식 이후 국가안보에 대한 위협이 약화되면서 대인지뢰의 비인도성을 부각하는 담론이 부상할 수 있었다(de Larrinaga and

인에게 초래한 피해 사례를 체계적으로 보고하였다. 이 보고서는 1970
년 월남전이 캄보디아로 확대된 이후부터 1990년까지 무장세력이 경
쟁적으로 다양한 지뢰를 매설하였고, 캄보디아에서 1991년 매월 지뢰
피해로 인한 절단 수술만 300-600회 시술되며 236명 가운데 한 명꼴
로 지뢰피해로 인한 신체 손실을 입고 있는 현실을 알렸다(Physicians
for Human Rights 1991: 34-62). 이 보고서는 최초로 대인지뢰로 인한
민간인 피해와 대인지뢰의 무차별성에 집중하여 대인지뢰를 '겁쟁이'
가 사용하는 무기로 규정하였다. 또한, 대인지뢰의 사용을 통제하려
는 특정재래식무기협약(Convention on Prohibitions or Restrictions on
the Use of Certain Conventional Weapons Which May Be Deemed to Be
Excessively Injurious or to Have Indiscriminate Effects, 1980년)이 캄
보디아에서 지뢰통제에 효과적이지 않음을 지적하였다(Physicians for
Human Rights 1991: 101-103).[6] 이후 反대인지뢰단체는 대인지뢰를 "폭
력 행위"의 지속, "치명적 유산," "적," "지속적 유산" 등으로 표현하였
다(African Advisory Group 1993; Arms Project of Human Right Watch
and Physicians for Human Rights 1993; de Larrinaga and Sjolander
1998; Roberts and Williams 1998). 反대인지뢰단체는 1992년 국제대
인지뢰금지운동(International Campaign to Ban Landmines) 연결망으
로 결집되었고, 反대인지뢰단체의 의제화는 대인지뢰에 관한 인식의

Sjolander 1998: 369-379).

6 　특정재래식무기금지협약은 본문 11조(1983년 발효)와 5개 부속의정서를 가지고 있다.
　　제1의정서는 탐지가 불가능한 파편무기의 사용금지를 규정하고, 제2의정서는 지뢰, 부
　　비트랩 등의 사용금지 또는 제한을 담고 있고(1996년 5월 개정), 제3의정서는 소이성
　　무기의 사용금지 또는 제한을 정하고, 제4의정서는 실명 위험을 가진 레이저 무기의 사
　　용 금지를 정하고(1995년 10월 채택), 제5의정서는 전쟁 후 잔류폭발물의 관리와 제거
　　를 규정한다(2006년 11월 발효).

변화를 가져왔다(Rutherford 2000: 79-110; Wexler 2003: 576-578).

둘째, 일부 국가, 정치인, 국제기구가 反대인지뢰단체의 담론에 동조하는 "의제화 공명"(framing resonance) 단계이다.[7] 1990년대 중반 인도적 구호에 관여하던 국제기구, 진보적 성향의 정치인과 행정부가 대인지뢰의 군사적 효과를 부정하고 대인지뢰의 비인도성에 초점을 맞추기 시작하였다. 국제기구로서는 국제 적십자와 국제연합이 가장 적극적이었다(ICBL 1999: 993-994; Maslen 1998: 84-96; Peters 2006: 16-20). 정치인으로서는 국제연합 사무총장 부트로스 갈리(Boutros Boutros-Ghali), 미국 상원의원 르히(Senator Patrick Leahy) 등이 대인지뢰의 비인도성에 동조했고, 대인지뢰의 금지를 위하여 노력했다(Peters 1996: 44; Siigal 2006: 16-23). 국가로는 미국, 캐나다, 남아프리카공화국, 노르웨이, 벨기에, 호주 등이 대인지뢰의 비인도성 담론에 동조했다(Peters 2006: 13-16).[8]

셋째, 대인지뢰금지규범이 중견국에 의하여 국제법으로 성문화되는 단계이다. 反대인지뢰단체의 적극적인 압력에도 불구하고 특정재래식무기협약 당사국은 1994년부터 1995년까지 네 차례 사전 협의를 하는 동안 대인지뢰의 사용금지요구안을 토론하지도 않았다. 대인지뢰금지에 동조하는 일부 국가는 특정재래식무기협약의 개정을 통하여 대인지뢰를 금지하기보다는 독자적 협약을 준비하기 시작하였다. 1995년부터 1996년 사이 대인지뢰금지에 동조하는 10개국은 두 차

7　"의제화 공명"(framing resonance)은 특정 쟁점과 논쟁에 관한 정의와 사회적 구성이 특정 행위자의 가치 체계와 부합하여 확산되는 현상이다(Benford and Snow 2000: 619-622; Sundstrom 2005: 422).

8　1994년 미국 국무부의 보고서 *Hidden Killers: The Global Landmine Crisis*는 대인지뢰의 비인도성을 국가 차원에서 최초로 언급했다. 이 보고서에서 대인지뢰는 "인도적 위기"의 원인으로 표현되었다(U.S. Department of States 1994: 2).

레 사전 모임을 통하여 대인지뢰금지를 국제성문법으로 만드는 작업
을 논의하였다(Sigal 2006: 96-101; Short 1999: 483).[9] 1996년 10월 오
타와에서 열린 대인지뢰금지를 위한 국제전략회의(International Strat-
egy Conference Towards a Global Ban on Anti-personnel Mines)에
서 캐나다 외무장관 액스워시(Lloyd Axworthy)는 대인지뢰금지를 위
한 국제협약의 체결을 위한 당사국 모임을 1997년 12월 오타와에서
열자고 제안하였다(Axworthy 1996). 1996년 오타와 회의에 참석했
던 50개국과 反대인지뢰단체는 국제협약의 초안을 함께 작성을 하여
국제사회에 회람시켰고(Short 1999: 485-494; Tomlin 1998 200-206),
1997년 12월 121개국이 서명했다. 이로서 대인지뢰금지규범이 성문
화되었다.

III. 정치 환경의 변화와 대인지뢰의 의제화

한국에서 대인지뢰에 대한 의제화는 집권당의 이념 성향과 밀접하게
연관되어 있다. 보수 정권인 김영삼 행정부는 대인지뢰의 안보효과를
근거로 1997년 오타와 협약에 가입할 수 없다는 입장을 보였다. 반면,
김대중 행정부가 추진한 남북화해는 대인지뢰금지규범이 한국으로 침
투할 수 있는 기회였다. 2000년 6.15 정상회담에서 합의한 남북한 철
도 연결사업을 실행시키기 위해서 김대중 행정부는 지뢰의 긍정적 효
과보다는 분단 지속적 성격을 강조했다. 노무현 행정부는 대인지뢰의

---

9   대인지뢰금지규범의 성문화에 기여한 핵심 국가군은 오스트리아, 벨기에, 캐나다, 독
     일, 아일랜드, 멕시코, 노르웨이, 필리핀, 남아프리카공화국, 스위스였다(Short 1999:
     482).

비인도성을 상대적으로 부각시켰다. 이 절은 행정부의 변화에 따라 대
인지뢰에 관한 담론이 변화하는 양상을 한국 정부의 공식적 입장, 국
방부의 입장, 그리고 국방일보 기사를 통하여 검토한다.

1. 남침 억제용으로서 대인지뢰

김영삼 행정부는 남북한 대치상황을 이유로 대인지뢰금지규범을 준수
할 수 없다는 입장을 보였다. 구체적으로 김영삼 행정부는 세 가지 이
유로 대인지뢰금지규범을 거부하였다. 첫째, 한반도에서 대인지뢰가
북한의 도발을 억지하고 있다고 하였다. 북한은 기동전을 준비하고 있
기 때문에 개전 초기 북한의 진군 속도를 늦추는 것이 북한군을 격퇴
하기 위하여 필수적이라는 입장이었다. 지뢰지대는 "기계화되고 중무
장한 북한군의 진격을 막거나 늦추기 위한" … "없어서는 안 되는 방
어 기제"라고 주장했다. 둘째, 대인지뢰가 민간인 피해를 방지하는 기
제라고 주장했다. 대인지뢰가 북한의 도발을 억지하기 때문에 제2 한
국전쟁으로 인한 민간인 피해를 사전에 차단하는 효과를 가진다는 입
장이었다. 만약 한국군이 대인지뢰를 사용하지 못하게 되어 제2 한국
전쟁이 발발한다면, "사망 전투원만 하루에 수천명"이 될 것이라고까
지 하였다. 셋째, 한국군이 대인지뢰의 사용을 효과적으로 통제하기
때문에 한국에서 민간인 피해가 없다고 주장하였다. 한반도에서 대인
지뢰는 비무장지대에서만 사용되며 지뢰지대가 효과적으로 보존되
고 있다고 강조하면서, "앙골라와 캄보디아에서 발생하는 일들이 한
국에서는 일어난 적이 없고 일어나지도 않는다"고 단언하였다(국방부
1997; Lee 1997).

　국방부는 외형적으로 미국과 함께 한국에서 대인지뢰 사용을 9년

간 유예하는 조항이 수용될 수 있도록 노력했지만, "애당초 협약이 한 국의 대인지뢰 사용을 금지하는 한 미국과 무관하게 협약에 가입하지 않겠다는 입장"이었다(김민석 1997). 한국군은 대인지뢰 금지규범의 성문화가 임박하자, 비무장지대에 매설된 대인지뢰의 제거 이후 방어 대책을 검토했다. 컴퓨터 모의실험 결과 비무장지대의 지뢰를 제거할 경우, 북한군의 침투만 저지하는 데 최소 2만명의 추가병력이 필요하다는 결과가 도출되었다. 한국군은 대인지뢰를 첨단무기로 대체하는 방안도 검토했지만, 국방예산의 부족으로 대체 무기를 4년 안에 실전 배치시킬 수 없다는 결론을 내렸다(국회환경포럼 1998: 669).

김영삼 행정부는 대인지뢰를 금지하는 오타와 협약에 관심을 보이지 않는 반면, 미국이 주도하는 대인지뢰에 관한 통제 강화에 보조를 맞추었다. 첫째, 김영삼 행정부는 미국이 주도한 대인지뢰 거래금지를 수용하였다. 대인지뢰의 수출입을 금지하는 국제연합 총회 결의안(UNGA Res 48/75, 1993년 12월 15일)과 대인지뢰의 수출입을 중단해 달라는 클린턴 대통령의 공개서한(1993년 12월 7일) 이후, 김영삼 행정부는 1995년 대인지뢰의 수출입을 1년간 유예하는 조치를 취하였다. 이 조치는 1997년까지 지속되었다. 둘째, 김영삼 행정부는 1983년 발효된 특정재래식무기금지협약의 개정을 추진하던 제네바 군축회의에 참여하여 대인지뢰의 사용에 대한 규제를 강화하는 선택을 하였다. 당시 클린턴 행정부는 대인지뢰의 전면 금지보다는 통제 강화를 추진하고 있었고, 김영삼 정부는 특정재래식무기금지협약 제2의정서 가입에 필요한 준비를 하였다(이장희 2000: 64-65).

2. 남북분단의 기제로서 대인지뢰

김대중 행정부는 2000년부터 대인지뢰의 비인도적 성격을 강조하는 입장을 나타내기 시작하였다.[10] 이는 남북관계의 변화, 국내정치지형의 변화, '동류국가'(like-minded countries)와의 협력을 반영한다. 먼저, 국내정치지형의 변화가 2000년 4월 13일 16대 총선에서 나타났다. 새천년민주당은 115석(지역구 96석; 전국구 19석)을 얻었고 전국 득표율도 36퍼센트였다. 반면, 2000년 2월 24일 연정을 포기한다고 선언한 자민련은 17석(지역구 12석; 전국구 5석)을 얻었고, 전국 득표율은 10퍼센트에도 미치지 못했다. 한나라당은 133석(지역구 112석; 전국구 21석)을 얻었고, 전국 득표율은 39퍼센트였다. 16대 총선 결과는 새천년 민주당의 약진, 자민련 몰락, 한나라당의 정체로 요약될 수 있다. 새천년 민주당은 국회 과반을 확보하지는 못했지만, 제1야당인 한나라당에 버금가는 국민적 지지를 얻었다. 2000년 5월 22일 이한동 의원이 총리로 지명되면서, 자민련과의 공조가 사실상 복원되었다. 김대중 행정부는 국내 보수파의 반대를 무마하면서 국정운영을 주도할 수 있게 되었다.

2000년 6.15 남북공동선언과 이후 남북관계의 호전으로 대인지뢰의 안보효과를 강조하는 보수파의 입장이 약화되었다. 6.15 남북공

---

10   김대중 행정부는 출범 초기 대인지뢰금지규범과 관련하여 특별한 조치를 취하지 않았다. 김대중 대통령은 보수 자민련과 지역연합을 통한 공조를 모색해야 할 만큼 국내 지지기반이 취약했었다. 김대중 대통령의 당선이 확정된 시점에서 국민회의의 의석은 겨우 78석이었고, 연정 상대자였던 자민련의 의석은 43석이었다. 공동여당의 의석이 과반수에도 못 미치는 상황이었다. 양당은 대선승리 후 의원영입을 통하여 158석(국민회의 105석; 자민련 53석)을 확보했지만, 확실한 지지를 확보하지 못했다. 김대중 대통령의 이념적 편향을 우려하는 보수층을 달래기 위하여 안보 관련 부서에 자민련 인사들의 입각이 거론되어야 할 정도였다(동아일보 특별취재단 2003).

동선언 제4항은 남북한 경제협력을 명시하였다. 6.15 공동선언을 이행하기 위한 제1차 장관급 회담에서 경의선 철도와 도로를 연결하기로 합의하였다(2000.7.31.). 남북한은 동해선도 연결하기로 합의하였다(2002.4.5.). 경의선과 동해선을 연결시키는 사업은 비무장지대 대인지뢰의 제거를 선결요건으로 한다. 먼저 경의선과 동해선 주변 비무장지대에 매설된 지뢰가 제거되어야만 도로와 선로가 연결될 수 있기 때문이다. 대인지뢰의 방어능력보다는 대인지뢰로 인한 피해를 부각할 필요가 생겨났다.

김대중 대통령 재임기 한국은 '동류국가'에 참여하였다. '인권대통령'으로 불리던 김대중 대통령은 국제형사재판소 설립에 적극적이었다. 김대중 대통령의 선호로 인하여 한국은 국제형사재판소 설립 과정에서 핵심적 역할을 담당한 12개국의 하나로 인정을 받을 만큼 활동하였다(Wilmshurst 1999: 138). 한국이 국제형사재판소 설립을 위한 활동에 참여하면서 1997년 대인지뢰금지규범의 성문화에 적극적이던 국가와 자주 접촉하게 되었다.[11] 국제형사재판소 설립에 적극적인 '동류국가'가 1997년 대인지뢰금지규범의 성문화 주역이었기 때문이다. 한국이 '동류국가'에 참여하면서, 한국은 국제규범에 더 많이 노출되었다.

김대중 대통령은 2001년 육군 3사관학교 졸업 · 임관식에서 한국군에 의한 지뢰제거 작업을 치하하면서, 대인지뢰의 효과를 다르게 볼

11　1998년 국제사회는 국제형사재판소의 창설을 앞두고 세 집단으로 분화되었다. "동류국가"는 캐나다, 서유럽 국가, 라틴 아메리카 국가, 일부 아시아와 아프리카 국가로 구성되었는데, 국제형사재판소의 관할권을 확대하려고 하였다. 국제연합안전보장이사회 상임이사국으로 구성된 P-5는 국제형사재판소를 안보리의 권위 아래에 두려고 하였다. 인도, 멕시코, 이집트와 같이 저발전 중견국은 국제형사재판소의 설립에 반대하였다(*Economist* 1998).

수 있는 근거를 제시하였다.

> 우리 한반도는 지정학적으로 대륙과 해양을 연결하는 중요한 위치에 있습니다. 남북이 적대하고 대립하던 시절에는 삼면이 바다로 둘러싸이고 북쪽으로는 철책에 가로 막힌 고도(孤島)였습니다. 하지만 남북이 평화 속에서 화해하고 협력하는 시대에는 우리 한반도가 유라시아 대륙과 태평양을 연결하는 물류 중심축이 될 수 있습니다. 이러한 가운데 한국이 차지할 소득과 번영은 상상할 수 없이 큰 것이 될 것입니다(김대중 2001).

이제 지뢰는 북한의 남침을 막는 방어기제가 아니라 한반도가 물류 중심축으로 성장하는 데 방해물로 인식되었다.[12] 남북화해가 기정사실화되면, 지뢰는 남북을 가로막은 장애물이다. 김대중 대통령은 지뢰제거로 인한 안보불안을 해소하기 위하여 (지뢰가 없어도) 튼튼한 안보를 강조하였다. 2002년 12월 16일 김대중 대통령은 수해복구 활동과 경의선·동해선 연결공사에서 공을 세운 장병 160명을 청와대로 초청하여 격려하면서 "전 세계인의 관심을 모은 월드컵과 아시안게임, 경의선·동해선 지뢰 제거 작업 등 국가적 대사가 성공적으로 치러질 수 있었던 것도 안보가 튼튼했기 때문"이라고 말했다(유호상 2002). 이에 앞서 김대중 대통령은 유실된 지뢰를 제거하다 부상을 당한 장교에게 격려 서한을 발송하기도 했다(이주형 2002).[13]

---

12 보수세력은 지뢰제거의 부정적 안보효과를 여전히 강조하고 있다. 비무장지대에서 지뢰제거를 "트로이 목마" 또는 "남침통로열기"로 묘사한다(봉태홍 2009; 지만원 2005).
13 국방부는 미 국방부의 요청으로 2002년 동남아 지뢰제거 워크숍에 이명훈 중령을 파견하여 비무장지대 지뢰제거 활동을 소개했다(이명훈 2002).

2001년 김대중 행정부는 특정재래식무기금지협약에 가입하였다. 이는 "안보를 저해하지 않는 범위 내에서 대인지뢰 사용 억제를 위한 국제사회의 인도적 노력에 동참"하며 "책임있는 지뢰사용에 관한 우리의 실천의지를 부각"시키기 위함이었다(국방부 군비통제관실 2001). 특정재래식무기금지협약에 가입하기 전, 한국군은 일정 시간이 지난 후 자동으로 폭파되거나 폐기되는 대인지뢰의 개발을 서두르는 동시에 플라스틱 대인지뢰에 금속 물질을 삽입하여 탐지가 가능하도록 하였다(유호상 2001).[14]

또한, 한국 사법부는 정부에 지뢰 피해보상의 책무를 포괄적으로 부여하였다.[15] 2002년 10월 17일 서울지법 민사부는 강화도 석모도에서 유실된 지뢰로 피해를 입은 원고 이모씨와 피고 국군간 법리논쟁에서 다음과 같이 판결하였다.

> 군은 우리나라나 북한 혹은 제3국 등 어느 주체가 설치한 것인지 여부에 관계없이 예견 및 회피 가능한 범위 내에서 국민의 안전에 치명적으로 위험한 지뢰 등 군용폭발물로 인한 재난을 예방·방지함으로써 국민의 생명과 신체의 안전을 보호할 직무상 의무가 있다.[16]

14 국방부는 2000년부터 K형 지뢰살포기를 개발하기 위한 사업을 진행하고 있다. 대책회의는 국방부의 사업을 "특정재래식무기금지협약의 불철저한 규제조항을 교묘히 회피"하는 행위로 규정하고 반대하고 있다(대책회의 2003).

15 한국전쟁 당시 외군군의 참전과 전선의 요동으로 매설자를 확인할 수 없는 지뢰가 한국에 매설되어 있다. 법원은 한국군과 미군에게 명확한 귀책사유가 있을 경우에만 국가배상 책임의무를 판결하였다. 피해자가 지뢰 파편을 근거로 한국군 또는 주한미군이 지뢰 매설을 하였다는 증거를 보여야만 했기 때문에, 지뢰사고 피해자는 소송에서 불리한 입장이었다.

16 서울지법 제13 민사부, "지뢰폭발사고로 인한 부상시 국가배상책임"(서울지법 제13민사부 2002가합30287, 2002.10.17 판결). 군과 피해자와의 법리 논쟁은 폭발물의 유실 책임과 군의 폭발물 제거 및 위험방지 책임으로 요약될 수 있다. 군은 강화도 일대에 지

법원은 군에게 폭발물 유실 책임을 묻지 않았고, 군이 석모도에서 폭발물 피해를 방지하기 위하여 주민홍보활동을 수행한 사실도 인정하였다. 하지만 법원은 폭발물의 제거 및 위험방지 책임이 군에게 있다고 판결한 후, 폭발물 탐색작업을 철저하게 수행하지 않았다고 하였다. 폭발물 탐색작업을 소홀히 하였기 때문에 직무상 의무를 위반한 과실이 있으며, 사고 지역에 대한 경고 표시만 설치 등 위험성 홍보를 충분히 하지 않은 과실을 인정하였다. 법원은 군에게 두 가지 과실에 대한 책임을 물어 손해배상을 결정하였다.

김대중 행정부 시기 국방부는 대인지뢰와 관련하여 입장을 서서히 바꾸기 시작하였다.[17] 첫째, 국방부는 남북한 선로와 도로를 연결하기 위한 지뢰 제거를 제외하고도 1999년부터 후방에서 대인지뢰를 제거하기 시작하였다(Lee 1999). 1986년 아시아게임과 1988년 올림픽 게임을 앞두고 북한 특수부대의 방공기지 파괴 우려에 대처하기 위하여 한국군은 대도시 인근 방공기지를 보호하기 위하여 지뢰를 매설했었다. 방공기지 주변에 매설되었던 지뢰가 1995년과 1996년 집중 호우로 유실되면서 지뢰 피해자가 급증하였다. 또한 북한 지역에서 발생한 홍수로 임진강과 한강 유역에 유실된 지뢰가 표착함에 따라 피해자가 늘었다. 방공기지를 관리하는 공군은 대민피해 발생을 줄이기 위하여 방공부대 주변에 매설된 지뢰를 제거하기 시작하였다.

뢰를 매설하지 않았고, 정황으로 보면 북한이 매설한 지뢰가 홍수로 유실되었다고 주장하였다. 피해자도 폭발물의 모양과 크기가 북한의 종형 대인지뢰와 유사했다고 진술하였고 국방과학연구소의 검사 결과 한국군이 사용하는 M14에 있는 테트릴 성분이 검출되지 않았다. 또한 군은 정기적으로 지뢰탐색작업을 실시하고, 주민홍보활동 등 지뢰폭발사고를 방지하기 위한 주의의무를 수행하였다고 주장하였다.

17   국방부는 "한반도의 완전한 평화가 구축되지 않는 상황에서" 오타와 협약에 가입할 수 없다는 입장을 고수했다(국방부 군비통제관실 2001).

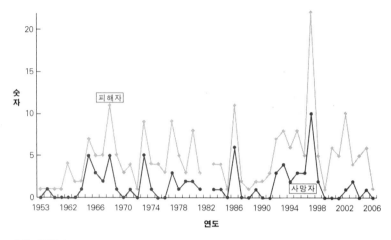

출처: 대책회의 2006: 74-82; Jo 2008: 86

그림 1. 대책회의에 보고된 지뢰피해 사례

　둘째, 국방부는 후방지역에 매설된 지뢰를 제거하기 위한 중·장기 계획(2002-2006)을 시행하였다. 동 계획에 따르면 1단계 제거 대상은 도심지역 인근 지대, 2단계 제거 대상은 국립 및 도립공원 등 민간인이 출입이 비교적 빈번한 지역, 3단계 제거 대상은 오지 지역에 매설된 지뢰였다(이주형 2001). 이 계획이 실행되면서 2000년 약 6천 2백발, 2001년 4천 7백여발, 2002년 6천 19발의 지뢰가 후방 지역 또는 비무장지대에서 제거되었다(ICBL various years). 2001년 국방부는 지뢰제거 활동을 2001년 군 10대 뉴스에 포함시켜, 군의 지뢰제거 활동을 대대적으로 선전하였다(국방일보 2001).

　요약하면, 김대중 행정부의 남북화해 정책과 1990년대 중반 홍수는 대인지뢰 금지규범이 한국으로 수입되는 과정에서 중요한 계기였다. 1990년대 중반 홍수로 유실된 대인지뢰가 민간인에게 실질적으로 위해를 가하는 현상이 나타났다. 남북화해 정책으로 지뢰가 북한의 공격을 방어하는 기제에서 남북교류를 방해하는 장애물로 인식되기 시작하였다. 또한, 1980년대까지 대인지뢰의 긍정적 효과를 강조하던 시각이 대인지뢰의 부정적 측면을 강조하는 시각에게 서서히 밀리기 시작하였다. 2001년 이후 국방부의 논조를 분석하면, 지뢰제거 과정에서 안보가 아니라 '주민의 안전'과 '장병의 안전'이 최우선적으로 고려되었다(정호영 2001; 조진섭 2001).

3. 모호한 의제화 vs. 실질적 행동

노무현 행정부 시기 한국 정부와 국방부는 대인지뢰에 명확한 틀을 부여하지 않았다. 대인지뢰와 관련된 국방일보 기사를 보면, 안보효과와 비인도성이 모호하게 혼재되어 있었다. 아래 글은 한국에서 대인지뢰 금지규범과 대인지뢰의 사용에 대한 통제가 결합된 양상을 잘 보여주고 있다.

> 지뢰제거와 자료축적 등 지뢰에 대한 전반적인 교육과 연구를 담당할 지뢰전문센터가 군 최초로 설립된다. … '지뢰교육 및 연구센터'는 앞으로 **인도주의적 지뢰제거와 관련한 전문연구와 자료축적, 특수조건하 지뢰 설치 방법 연구와 교육 참고자료 작성 등의 활동을 수행할 예정**이다. 또 지뢰제거 방법에 대한 교리연구와 관련법규 검토, 교육훈련 계획수립·시행, 감독 업무를 하게 됨으로써 국내 최고 권위의 지뢰 연구 전문센터로서의 역할이 기대된다(이주형 2008).[18]

---

18 지뢰전문센터가 이명박 행정부의 출범 이후 공식적으로 설치되었지만, 이는 노무현 행정부 시기 구상되었다. 따라서 지뢰전문센터를 기술하는 기사는 노무현 행정부 시기의 담론을 반영한다고 해석할 수 있다.

대인지뢰에 관한 실제 정책도 대인지뢰의 비인도성을 줄이는 방향과 대인지뢰의 안보효과를 높이는 방향을 동시에 반영했다. 먼저 대인지뢰의 비인도성을 줄이는 정책은 크게 세 가지로 요약될 수 있다. 첫째, 대인지뢰의 제거 작업과 대인지뢰피해자를 구제하기 위한 원조가 확대되었다. 2003년에는 13,000여 발, 2004년에는 8,800여 발, 2005년에는 8,500여 발, 2006년에는 7,800여 발, 2007년에는 2,200여 발이 제거되었다.[19] 대인지뢰 피해를 줄이기 위한 예방교육도 활발하게 진행되었다. 또한, 해외에서 대인지뢰 제거를 위한 기여도 늘어 2003년부터 2005년까지 백만달러 이상을 지뢰제거를 위한 기금으로 출연하였다.

둘째, 노무현 행정부는 국제대인지뢰금지운동(ICBL)에 지뢰 관련 자료를 공개하기 시작하였다. 김대중 행정부도 공개하지 않았던 대인지뢰 보유현황, 매설 현황 등이 상세하게 보고되기 시작하였다. 한국 정부가 국제대인지뢰금지운동에 관련 자료를 공개하는 현상은 국제규범의 준수를 의미한다. 즉, 자료 공개가 국가 안보에 주는 부정적 영향보다는 국제규범의 압박을 더 심각하게 고려한다는 뜻이다. 더 나아가 국방부는 국제대인지뢰금지운동이 제공하는 정보와 국방부가 제공하는 정보가 상이할 경우, 상세하게 댓글로 차이점을 설명한다(지윤규 2011).

셋째, '친환경적' 지뢰제거 기법을 도입하였다. 군이 후방에서 대인지뢰를 제거하면서 反대인지뢰단체와 환경단체는 지뢰 제거 방식에 문제를 제기하였다. 군은 초기 매설된 지뢰를 폭파시키는 공법을 사용하여 수목을 파괴하고 토양을 오염시킨다는 비판을 받았다(김영애 2002). 군은 2007년부터 지뢰를 파괴하지 않고 동시에 수목을 파괴

---

19   지뢰제거의 추세는 이명박 행정부에서도 지속되고 있다. 특히 2008년 지뢰제거 후 "지뢰제거 완료지역을 지역주민에게 반환하는 인계인수식"을 치렀다(박영민 2008).

표 1. 한국의 대인지뢰 제거와 대인지뢰 제거를 위한 지원[20]

연도	제거된 지뢰	제거된 지뢰지대	기여금
1999	n.a.	n.a.	$300,000
2000	6,200(1999년에 제거된 지뢰 포함)	10	$430,000
2001	4,700(DMZ에서 제거된 지뢰 포함)	5	$150,000
2002	6,019(DMZ에서 제거된 지뢰 포함)	7	$100,000
2003	13,000	17	$1,500,000
2004	8,800	9	$3,150,000
2005	8,500	7	$1,050,000
2006	7,800	8	$50,000
2007	2,200	14	$1,000,000
2008	1,400	7	n.a.
2009	약 1,300	n.a.	n.a.

출처: International Campaign to Ban Landmines(various years)

하지도 않는 새로운 지뢰 제거 기법을 적용하기 시작하였다. 지뢰 제거에 '친환경'이라는 새로운 규범이 덧붙여졌다(박현민 2007; 이상철 2007). 한국군의 친환경 지뢰제거 기법은 국제사회에 소개되어 콜롬비아 부통령이 육군 101여단을 방문하기에 이르렀다(국방일보 2007).

반면, 노무현 행정부의 국방부는 대인지뢰의 효과적 사용을 여전히 고려했다. 한국군은 2003년부터 오타와 협약이 금지하지 않는 대인지뢰 대체 무기를 개발하고 있다. 구체적으로 국방과학연구소는 원격으로 통제 가능하며 타격부와 살상부를 분리·운영하여 민간인 피해

20   국제연합 산하 기금으로 대인지뢰의 제거와 연관된 기금으로 대인지뢰 제거 원조신탁 기금(The Voluntary Trust Fund for Assistance in Mine Action, 1994년 국제연합 사무총장 발의로 성립), 국제연합개발계획의 지뢰기금(UN Development Programme Thematic Trust Fund for Crisis Prevention and Recovery), 국제연합개발단 이라크 기금(UN Development Group Iraq Trust Fund) 등이 있다.

를 줄일 수 있는 대인지뢰를 이미 시험적으로 개발했다(신인호 2005). 또한, 한국군은 살포식 대인지뢰의 효과적 사용을 위하여 훈련을 실시하며 교범을 개선하고 있다(유호상 2003). K형 지뢰살포기가 실전에 곧 배치될 날이 멀지 않았다.

IV. 한국대인지뢰대책회의의 활동 변화

대책회의는 대인지뢰금지규범을 국내로 수입하는 데 관심을 가진 비정부기구의 연결망이면서 동시에 국제대인지뢰금지운동의 한국 지부이다. 이 단체는 1997년 창립 이후 대인지뢰의 비인도성을 부각시켜 대인지뢰금지규범이 국내에 정착되도록 노력하고 있다. 이 절에서는 대책회의 성립과정과 활동을 검토한다.

1. 대책회의의 형성과 외연확대

1990년대 중반까지 한국에서 대인지뢰는 큰 사회적 쟁점이 아니었다. 1996년부터 본격화된 대인지뢰 금지규범의 성문화 노력, 1997년 오타와 협약, 1997년 국제대인지뢰금지운동(International Campaign to Ban Landmines) 집행위원장(coordinator)인 조디 윌리엄스의 노벨 평화상 수상으로 국내에서 대인지뢰에 대한 관심이 커졌다. 당시 반전단체, 민주화추진단체, 환경단체, 소비자운동 단체 등 여러 사회단체는 기존 활동에 대인지뢰금지규범을 하나 더 추가하였다. 대인지뢰의 비인도성에 집중하는 국제사회의 담론이 국내 일부 사회단체로부터 동조를 얻는 "의제화 공명"이 발생했다.

대책회의 집행위원장 조재국은 1990년대 후반 한국에서 反대인지
뢰 활동의 시작을 아래와 같이 묘사한다.

제가 한국기독교사회문제연구원에서 일을 하고 있을 때, 1997년 국제
대인지뢰금지운동(조정책임자인 조디 윌리엄스)이 노벨 평화상을 받게
되었습니다. 이 과정에서 한국의 지뢰문제가 계속 국제사회의 문제가
되었습니다. 당시 참여연대(참여민주사회와 인권을 위한 시민연대), 경
제정의실천연합, 한국교회여성연합회, 한국기독교사회문제연구원 등
네 개 단체가 지뢰문제를 연구할 필요성에 대하여 의견을 교환하고 있
었습니다. 이 네 개 단체가 대책회의의 모태가 되었습니다. 1997년 10
월 몇 활동가가 모여서 첫 모임을 가지게 되었습니다. 그리고 1997년
11월 6일 창립총회를 가졌습니다.

한국대인지뢰대책회가 28개 회원 단체의 연합으로 확장된 이유는 조
디 윌리엄스의 방한과 관련되어 있습니다. 대책회의는 조디 윌리엄스
의 노벨평화상 수상식에 김창수(참여연대)와 조미리(한국교회여성연합
회)를 파견했습니다. 두 사람은 대책회의 초청장을 조디 윌리엄스에게
전했고, 조디 윌리엄스가 1998년 2월 3일 방한하였습니다. 조디 윌리
엄스 방한을 환영하는 행사에 참여할 단체를 50여개 선정·초청하였는
데, 24개 단체가 참여 의사를 밝혔습니다. 이 행사 이후 대책회의는 28
개 회원단체의 사무총장급 활동가로 구성되었습니다. 이 가운데 7-8명
정도가 집행위원을 맡아, 회원단체의 활동을 조정하게 되었습니다.[21]

21　조재국(대책회의 집행위원장)과 면담(서울: 연세대학교 세브란스병원 원목실, 2007.8.1.).

대책회의의 형성 과정에서 한국기독교사회문제연구원과 참여연대가 결정적 역할을 담당했다. 한국기독교사회문제연구원과 참여연대가 추구하는 가치와 대인지뢰금지규범이 부합하기 때문에 두 단체는 대인지뢰금지규범의 수입에 적극적이었고, 두 단체에는 국제사회에서 대인지뢰금지규범의 성문화에 익숙한 활동가들이 있었다.[22] 먼저 한국기독교사회문제연구원은 기독교 사회단체와 가장 밀접한 연계를 가지고 있다. 한국교회여성연합회는 "민족의 아픔을 치유하는 사회적 선교활동과 교회갱신운동 그리고 국제적 연대활동을 하는 연합체"로 기독교의 사회참여와 평화운동에 적극적이다(한국교회여성연합회 2010). 경제정의실천연합은 사회정의 실현에 적극적인 사회운동단체로 기독교 인사들에 의하여 주도되고 있기 때문에 기독교 사회단체와 가깝다.

참여연대는 인권/민주화 운동단체, 경제정의 관련 단체와 가장 밀접한 연계를 가진다. 1994년 창립된 참여연대는 "국가권력을 감시하고, 구체적인 정책과 대체입법을 제시하며, 실천적인 시민행동을 통하여 자유와 정의, 인권과 복지가 바르게 실현되는 민주사회를 건설하는 것을 목적"으로 한다(참여연대 정관 제2조). 참여연대는 사회에서 소외된 사람들을 위한 '국민생활최저운동'(1994년), '사법개혁운동'(1995년), '맑은사회만들기운동'(1996년), '작은권리찾기운동'(1997년), '소액주주운동'(1998년), '예산감시 정보공개운동'(1999년) 등 창립 초기 경제적 인권에 집중했다(참여연대 2010). 또한, 창립 초기 상대적으로 미약했지만, 참여연대는 평화운동에 대한 관심을 가지고 있었다.[23] 1997

---

22 反대인지뢰활동가의 초기 결집에 관해서는 Jo 2008: 89-90 참조.
23 참여연대는 1998년부터 평화운동단체와 연대를 모색하였고, 2003년에는 평화군축센터를 만들어 평화운동과 군축을 주요한 활동 영역에 포함시켰다(참여연대, "제5차 정기총회 자료집."(참여연대 1996: 31; 참여연대 2004: 32-34).

년부터 참여연대는 대인지뢰반대운동에 '국내 연대사업'의 하나로 참여했다.

한국기독교사회문제연구원과 참여연대는 각자 자신과 밀접한 연계를 유지하던 사회운동단체를 대인지뢰금지운동으로 불러 들였다. 대책회의 회원단체는 6개 기독교 사회운동 단체(경실련통일협회, 기독시민사회연대, 지구촌나눔운동, 한국교회여성연합회, 한국기독교사회문제연구원, 한국기독학생회총연맹), 2개 인도주의적 의료 단체(건강사회를 위한 치과의사회, 인도주의 실천 의사협의회), 7개 반전/통일운동 단체(문학예술청년공동체, 민주주의민족통일전국연합, 통일맞이, 우리민족서로돕기, 자주평화통일민족회의, 평화와통일을 여는 사람들, 평화를 만드는 여성회), 9개 인권/민주화 단체(민변국제연대위원회, 열린사회연합, 인권운동사랑방, 장애우권익문제연구소, 전북 평화와 인권연대, 참여연대, 평화인권연대, 민주화를 위한 전국교수협의회, 한국유권자운동연합), 3개 환경운동단체(녹색소비자연대, 한국불교환경교육원, 환경운동연합), 1개 反지뢰운동단체(한국지뢰문제연구소)로 구분될 수 있다. 정리하면, 기독교 사회운동단체의 연계망과 참여연대가 포함되어 있는 인권/민주화 연계망에 반전/평화운동단체의 연계망, 환경운동단체의 연계망이 연결되어 있다.

2. 대인지뢰에 대한 새로운 의제화

대책회의는 1997년 11월 6일 출범 이후 대인지뢰와 관련된 쟁점을 규정하는 방식을 바꾸도록 노력했다. 이 활동은 크게 세 가지로 나누어 볼 수 있다. 첫째, 지뢰가 '안보 재해'를 일으킨다는 사실을 일반 시민에게 알리려 하였다. 가장 효과적인 방법은 지뢰 피해자의 존재를 부

각시키는 것이었다. 대책회의는 창립 초기부터 지뢰피해자를 부각시
키기 위하여 극적인 활동을 벌였다. 조디 윌리엄스의 방한이 첫 계기
였다. 대책회의는 지뢰피해자 7명에게 의족을 미리 맞추어 두었다가
방한한 조디 윌리엄스가 의족을 전달하는 행사를 1998년 2월 3일 가
졌다(김혜숙 1998; 안선희 1998). 조디 윌리엄스의 의족 전달식으로 인
하여 한국에 민간인 지뢰피해자가 있다는 사실이 세계로 알려졌다.

둘째, 한국에 산재한 지뢰지대와 지뢰피해자를 확인하는 작업을
전개하였다. 1999년 3월 24일 대인지뢰 피해실태 보고서를 발표하였
다. 1998년 강원도 철원군 김화와 경기도 옹진군 백령도에서 실시한
피해실태 조사 결과 27명의 지뢰 피해자가 확인되었다(대책회의 1999).
2001년 2월 21일 후방지역 대인지뢰 실태를 조사하는 사업을 시작하
여, 7월 26일 후방지역의 36개 대인지뢰 매설지를 보고하였다(대책회
의 2001). 2002년에는 미군기지 주변 대인지뢰 실태를 조사하여 보고
하였다(대책회의 2003). 2005년과 2006년에는 강원도 양구군에서 지
뢰피해 실태를 조사하여 보고하였다(대책회의 2006). 대책회의의 활동
으로 한국에서 대인지뢰 매설현황과 피해규모가 드러났다.

셋째, 대책회의는 지뢰피해자 현황과 매설된 대인지뢰 현황을 대
중에게 알리려고 노력하였다. 1998년 5월 11일 대인지뢰 교육용 슬라
이드를 제작·배포하였고, 12월 5일에는 피해자 사진전을 개최하였다.
1999년 11월 12일 지뢰피해자 구호를 위한 모금 운동을 벌였다. 2002
년 지뢰피해자를 위한 콘서트를 개최하였다. 2003년 3월 25일 대인지
뢰 다큐멘타리를 제작하여 KBS와 시민의 방송 등에 전달하였고, 9월
대인지뢰 만화전을 개최하였고, 12월 대인지뢰 사진전을 열었다. 이런
행사로 대인지뢰의 피해상황을 일반인에게 널리 알렸다.

대인지뢰의 비인도성을 부각하는 새로운 의제화는 대인지뢰의 안

보효과를 간접적으로 반박하였다. 대책회의는 남북한 관계와 한국 정부와의 관계를 고려하여 대인지뢰가 가지고 있는 안보효과를 직접적으로 부정하기 어렵다는 당시 통념을 공유했다.[24] 대책회의는 대인지뢰의 민간인 피해에 집중함으로써, 한국에서 민간인 피해자가 없다는 한국 정부의 입장을 반박하고 지뢰피해자의 구호로 나가는 길을 열려고 하였다.

3. 국방부, 국회와 협업

노무현 행정부가 추진한 국방개혁은 대인지뢰 금지규범이 국방부 안으로 스며들 수 있는 계기가 되었다. 민간인이 국방부 고위직으로 진출하게 되면서, 대책회의는 인적 연결망을 고리로 국방부 고위층과 협력하였다. 조재국 집행위원장은 새로운 상황을 아래와 같이 묘사했다.

> 김영룡 국방부 차관은 고려대학교 경영학과 출신입니다. 박동수 법무관리관은 군 출신이 아니라 판사 출신입니다. 이 두 분이 (대인지뢰 피해자에 대한 보상에) 상당히 호의적입니다. 그런데 현역 군인들이 반대합니다. … 이제 국방부에서도 국제군축과를 만들었습니다. 국제군축과가 만들어지면서, 대인지뢰 금지규범, 군축 관련 법안 등을 공부한 요원들이 생겨나기 시작했습니다. 또한 국방부가 NGO와 만나기 시작했습니다. (박동수) 법무관리관 아래에 있는 연세대학교 후배들과 (대책회의 관계자들이) 만나기 시작했습니다.[25]

---

24   조재국 집행위원장과 면담(2007.8.1.).
25   조재국(2007). 김다섭 변호사(법무법인 YBL)가 대책회의와 국방부내 민간인 관료를 연결하는데 중요한 역할을 담당하였다. 김다섭 변호사는 연세대학교 법대 출신으로 해병

대책회의와 국방부 간 협력은 두 측면에서 진행되었다. 첫째, 2005년부터 김성곤 의원실과 함께 '대인지뢰 피해자 보상에 관한 특별법안'(의안번호 174946, 2006.9.18)의 초안 작성에 공동으로 참여했다. 대책회의는 평화문제에 관심을 가지고 있던 김성곤 의원과 접촉하여 지뢰피해자 구제를 위한 법안을 의원입법으로 상정하려고 하였다. 김성곤 의원은 법무부와 국방부 관계자를 함께 초대하여, 국회 국방위원회와 본회의를 통과할 수 있는 법안을 만들려고 하였다. 2005년부터 2006년까지 대책회의는 김성곤 의원의 주선으로 국방부와 법무부 관계자와 5회 회동하면서, 대인지뢰 피해자의 구제를 위한 법안 작성에 참여했다.

둘째, 대책회의는 국방부 관계자와 대면접촉을 통하여, 한국군이 입법을 통하지 않고도 지뢰피해자에게 의료지원을 하는 방안을 강구하도록 했다. 지뢰피해자 구제의 시효가 소멸되었으며, 새로운 지뢰피해구제법이 지뢰피해자와 국가간 진행되었던 과거 재판의 능력에 도전한다는 법리적 맹점으로 국회에서 통과되기 어려웠다(국방위원회 수석전문위원 2007: 5-7). 지뢰피해자에 대한 구제가 입법으로 해결되기 어려운 상황에서도 대책회의는 지뢰피해자의 어려운 사정을 국방부 고위 관리에게 전달하여 국방부로 하여금 독자적으로 구제활동에 나서도록 하였다.

김영룡 국방부 차관은 지뢰피해자 구제에 대하여 다음과 같은 입

대에서 법무관으로 근무하면서 대인지뢰 피해자를 변호했었다. 이 경험으로 대책회의에 관여하게 되었다. 김다섭 변호사가 법무관리관 아래에 있는 군법무관들과 학연으로 연결되어 대책회의 관계자와 국방부 차관이 협력관계를 유지하는 계기를 마련하였다. 김영룡 국방부 차관과 대책회의의 접촉은 이해동(前군의문사진상규명위원회 위원장, 前한빛교회 담임목사)의 주선으로 시작되었다(조재국과 면담(서울: 연세대학교 세브란스병원 원목실, 2009.9.18.).

장을 국회에서 보였다.

저도 이분들을 좀 만나 봤습니다. 그런데 이분들도 국가배상법 체계 내
에서는 해결될 수 없다는 것을 알고 있습니다. 그래서 면담하는 과정에
서 이분들이 의료지원이라도 해 줬으면 좋겠다, 의료장구도 좀 교체하
고 치료도 받았으면 좋겠다는 것을 호소하고 있기 때문에 지금 위원님
들이 말씀하신 대로 유엔신탁기금을 더 줘 가지고 이용한다든지, 아니
면 이런 유사 민간 자선단체로 하여금 기금을 따온다든지, 아니면 그분
들이 저희한테 호소하는 식으로 의료지원이라도 예산에 반영해서 할
수 있는 방안이라든지 이것을 넣어 가지고 2개월 이내에 저희들이 보고
를 드리도록 하겠습니다(국방위원회 2007: 17).

대책회의는 노무현 대통령 재임기 지뢰피해자의 구제를 위한 의
원발의에 두 차례 참가했다. 첫째, 2000년 10월 11일 김형오 의원, 박
세환 의원, 김성호 의원, 강창희 의원이 주도한 '대인지뢰의 제거 및
피해보상 등에 관한 법률안'의 초안 작성에 참가했다. 이 법률안은 지
뢰피해자 구제는 물론, 지뢰제거까지 포함하고 있었는데, 대책회의에
서 강성 입장을 가진 인사들이 이 법률안의 작성에 적극적이었다. 이
법률안은 2003년 '대인지뢰 제거 및 피해보상에 관한 법률안'(의안번
호 162627, 2003.9.5)으로 발의되었지만, 소급입법과 중복 배상 등의
이유로 법사위원회에 계류되다가 16대 국회의 임기만료로 자동으로
폐기되었다(국방위원회 2007: 13-14). 둘째, 2005년 1월 21일 김성곤
의원과 대책회의는 '대인지뢰 피해자 보상에 관한 특별법안' 초안을
마련했다. 이 초안은 2007년 2월 22일 박찬석 의원의 대표발의로 국
방위원회에서 토의되었지만, 중복지원, 소급입법 등의 이유로 계류되

다가 17대 국회의 임기만료로 자동 폐기되었다.[26]

국회를 통한 압박은 국방부의 행동으로 이어졌다. 지뢰제거와 피해자 구제를 위한 법안을 발의했던 김형오 의원의 지역구에 있던 지뢰가 제거되었다. 합동참모본부는 부산 영도구 중리산 일대 군사기지를 보호하기 위하여 설치된 지뢰를 제일 먼저 제거하였다(유호상 2001). 김형오 의원과 함께 2003년 법안을 공동 발의했던 박세환 의원의 지역구에서도 지뢰가 제거되었다(이주형 2006). 후방 지역에서 지뢰제거와 관련된 구체적 입법이 없지만, 국방부는 대인지뢰금지규범의 수입에 적극적인 의원의 지역구에서 우선적으로 지뢰를 제거하고 있다.

V. 맺음말

한국에서 정치 환경의 변화는 대인지뢰에 대한 의제화, 反대인지뢰단체와 정부 기관간 관계에 영향을 미친다. 1996년 대인지뢰금지규범의 성문화가 시작되던 시점부터 2007년까지 한국에서 세 번의 행정부 교체는 대인지뢰금지규범의 수입 과정은 물론 국제규범의 국내화 과정에서 정치적 변수의 영향을 이해하는 데 도움을 준다. 이 절에서는 대인지뢰에 대한 담론과 反대인지뢰단체의 활동의 변화가 정치 환경의 변화에 조응하는 현상을 정리하고, 이 현상이 가지는 이론적 함의를 검토한다.

---

26   대책회의는 김영우 의원과 함께 "지뢰피해자 지원에 관한 특별 법안"(의안번호 1807476, 2010.1.22)의 발의에 참여하였다. 이 법안은 2010년 4월 19일 국방위원회에 상정되었지만, 아직 토의조차 되지 않고 있다.

1. 기회의 창으로서 정치 환경

정치 환경은 비정부기구의 활동의 범위를 정하는 기회(opportunity)의 중요한 요인으로 규정할 수 있다. 대인지뢰금지규범에 우호적인 정치 환경에서는 대인지뢰의 비인도적 측면을 부각하기 쉽고 反대인지뢰단체의 활동도 상대적으로 자유로울 수 있다. 반면, 대인지뢰금지규범에 우호적이지 않은 정치 환경에서는 대인지뢰의 안보효과가 부각되며 反대인지뢰 활동이 위축된다. 이처럼 정치 환경이 대인지뢰에 대한 의제화와 反대인지뢰단체의 활동에 영향을 미치기 때문에, 정치 환경은 "특정 행동이 물리적으로, 기술적으로, 또는 지적으로 실현될 수 있는 가능성"으로 규정되는 기회 개념에 부합한다(Siverson and Starr 1999: 48).

1997-98년 보수 성향의 김영삼 행정부에서 중도 진보 성향의 김대중 행정부로의 정권 교체는 한국 정치 환경의 분기점이고, 대인지뢰에 대한 의제화에서도 중요한 분기점이다. 김영삼 행정부는 대인지뢰가 남침을 막는 방어 무기이며, 전쟁 방지로 인하여 인간안보가 증가된다고 주장했다. 또한, 대인지뢰에 대한 철저한 통제로 민간인 피해가 일어나지 않는다는 입장을 견지했다. 1996년 홍수로 인한 대인지뢰유실로 지뢰피해가 증가했지만, 대인지뢰의 안보효과를 부각하는 입장은 지속되었다. 반면, 김대중 행정부는 2000년 이후 대인지뢰가 남북분단을 지속시키는 장애물이며 민간인에게 피해를 줄 수 있는 무기로 표현되기 시작하였다. 대인지뢰의 안보효과를 전면적으로 부정하지는 않았지만, 대인지뢰의 부정적 영향을 상대적으로 부각시켰다.

김대중 행정부에서 노무현 행정부로의 정권이 교체되면서 대인지뢰금지규범이 국내로 정착하는 데 더 우호적인 환경이 마련되었다. 대인지뢰금지규범에 우호적인 사회운동단체에서 활동하던 인사들이 청와대, 행정부처, 그리고 국회로 대거 진출하였기 때문이다(남궁곤·조동준 2010: 47; 조수진 2003; 허만섭 2003).[27] 노무현 대통령 재임기 대인지뢰에 관한 국방부의 언술은 대인지뢰로 인한 민간인 피해를 상대적으로 부각시켰다. 더 나아가, 대인지뢰 쟁점에 환경보존과 관련된 규범이 덧붙여지는 현상이 발생하였다.

　　정치 환경의 변화는 대책회의의 활동에도 큰 영향을 미쳤다. 김영삼 대통령 재임기 대책회의는 대인지뢰로 인한 민간인 피해를 드러내어 국방부와 불편한 관계를 가졌다. 대책회의 활동은 민간인 피해가 없다는 한국 정부의 입장을 반박했기 때문이다. 김대중 대통령 재임기 대책회의는 대인지뢰로 인한 민간인 피해를 조사하고 대중에게 알리는 데 집중하였다. 대인지뢰금지규범에 동조하는 사회세력의 결집과 확대를 꾀하는 반면, 국방부와는 갈등 관계를 유지했다. 노무현 대통령 재임기 대책회의는 국방부, 국회와 함께 대인지뢰 피해자를 구제하기 위한 입법 활동과 로비에 관여했다. 대인지뢰금지규범에 우호적인 인사들이 국방부와 국회에 들어갔기 때문이다. 대책회의는 인적 연결망을 활용하여 국방부와 국회의 관계자와 협력하였다.

2. 이론적 함의

1996년부터 2007년까지 한국에서 정치 환경의 변화, 대인지뢰에 대한 의제화, 反대인지뢰단체의 활동을 종합하면, 두 가지 이론적 함의가 도출된다. 첫째, 국가행동의 원인에 관한 논쟁에서 국내정치의 중요성

27　대표적 예로, 참여연대에서 대인지뢰금지운동에 종사했던 김창수는 2003년 2월부터 2006년 4월까지 청와대 행정관으로 근무했다.

을 보여준다. 국제정치학계에서 주요 시각으로 인정을 받는 현실주의,
자유주의, 구성주의는 각각 영향력, 이익, 이념을 지목한다. 대인지뢰
금지규범의 국내적 확산에 이를 적용하면, 현실주의는 패권국의 압력
을, 자유주의는 경제적 이익을, 구성주의는 이념의 중요성에 초점을
맞추게 된다. (1) 패권국인 미국이 대인지뢰금지규범의 성문화에 반대
하였다는 점에서는 미국의 영향력이 한국의 대인지뢰금지 반대를 설
명하는 데 일정 정도 적실성을 가지게 보이지만, 대인지뢰금지규범에
상대적으로 강한 반대를 한 부시 대통령 재임기에 김대중 행정부와 노
무현 행정부가 대인지뢰금지규범에 우호적이었던 현상을 설명할 수
없다. (2) 대인지뢰금지규범의 준수 여부가 스칸디나비아 국가와 같이
강력하게 대인지뢰금지규범을 옹호하는 국가에서 경제활동에 영향을
미치지만, 세계적 차원에서는 국가의 경제적 이익에 큰 영향을 미치지
못하기 때문에, 자유주의 시각은 대인지뢰와 연관된 쟁점에서 세 행정
부간 차이를 설명하지 못한다. (3) 구성주의는 대인지뢰에 관한 의제
화를 기술하는 데 적실성을 가지지만, 대인지뢰에 관한 의제화가 변화
하는 원인을 설명하지 못한다.

　　반면, 국내정치에 초점을 맞추면 대인지뢰의 의제화가 변화하는
현상을 세밀하게 설명할 수 있다. 국내행위자는 국제차원의 대인지뢰
금지규범을 재해석하여 기존 국내정치 환경에 접목시킨다. 즉, 국내행
위자가 국제규범의 지역화 과정에서 핵심적 역할을 담당한다(Acharya
2004: 244). 국제규범의 지역화 과정에서 '빈 공간'으로 남겨졌던 연결
고리는 국내 행위자이며 국내정치다(Keohane 1998: 3). 국내정치에
초점을 맞추는 접근은 국제정치학계의 주요 시각이 설명하지 못하는
영역에서 강점을 가지기 때문에 상보적 관계를 가진다.

　　둘째, 의제화와 비정부기구의 활동이 정치 환경과 강하게 연관되

어 있음을 보여준다. 구성주의는 의제화로 정치적 쟁점이 정의되고 구성됨으로써 사회적 변화가 초래될 수 있다고 가정한다. 반면, 현실주의와 자유주의는 의제화가 영향력 또는 국가 이익을 반영한다고 가정한다. 국제정치학계의 주요 시각과 달리, 한국에서 대인지뢰금지규범의 의제화는 정치 환경의 변화를 반영하고 있음을 시사한다. 대인지뢰와 관련된 쟁점이 정치 환경의 변화에 따라 상이하게 표현된다. 反대인지뢰단체의 활동은 정치 환경의 변화에 조응한다. 정치 환경이 대인지뢰금지규범에 우호적이면, 反대인지뢰단체는 심지어 과거의 '적'과 협업을 선택하기도 한다.

참고문헌

국방부 군비통제관실. 2001. "'인권국가'로 국제사회 이미지 제고."『국방일보』. 2001.5.17.
국방부. 1997. "대인지뢰 전면금지 국제추세와 우리의 입장."『국방소식』. 1997.9.10.
국방위원회. 2007. "국방위원회 회의록(법률안심사소위원회) 제1호." 국회사무처. 2007.2.22.
　　http://likms.assembly.go.kr/kms_data/record/data2/265/pdf/265hae001b.
　　PDF#page=3(검색일: 2011.1.20.).
국방위원회 수석전문위원. 2007. "지뢰피해자 지원에 관한 특별 법안(박찬석 의원 대표발의)
　　검토보고서." 국회의안정보시스템 2007.2.13. http://likms.assembly.go.kr/bill/jsp/
　　main.jsp(검색일: 2011.1.20.).
『국방일보』. 2001. "국방일보 선정 2001 군 10대 뉴스." 2001.12.28.
＿＿＿. 2007. "콜럼비아 부통령 육군101여단 방문." 2007.9.10.
국회환경포럼. 1998. "국회환경포럼." http://ebook.assembly.go.kr/ebooklnk/research/
　　pdf/research25111939.pdf(검색일: 2011.1.20.).
김대중(대통령). 2001. "육군 3사 졸업·임관식 연설문."『국방일보』. 2001.3.15.
김민석. 1997. "정부, 대인지뢰금지협약 거부 배경/ 인도적 고려 대신 안보 선택."『중앙일보』.
　　1997.9.19.
김영애. 2002. "평화 위한 지뢰제거, 생태계엔 재앙될라."『한겨레』. 2002.10.22.
김혜숙. 1998. "비인도적 살상무기 안됩니다."『경향신문』. 1998.2.5.
남궁곤·조동준. 2010. "국제규범의 국내확산경로: 대인지뢰금지규범의 국회내 유입과
　　발의를 중심으로."『한국정치학회보』44(3).
동아일보 특별취재단. 2003. "秘話 국민의 정부 1부: 권력의 흥망 ⑧DJP나눠먹기 組閣."
　　『동아일보』. 2003.2.20.
박영민. 2008. "합참, 지뢰 1400여발 제거."『국방일보』. 2008.12.16.
박현민. 2007. "지뢰제거작전 내달 돌입."『국방일보』. 2007.3.16.
봉태홍. 2009. "남북철도연결은 '한국판 트로이목마'."『라이트뉴스』. 2009.2.9.
서울지법 제13 민사부. 2002. "지뢰폭발사고로 인한 부상시 국가배상책임"(서울지법
　　제13민사부 2002가합30287, 2002.10.17 판결), http://www.lawtimes.co.kr/
　　LawPnnn/Pnnpr/PnnprContent.aspx?kind=1&serial=1585(검색일: 2011.1.20.).
신인호. 2005. "대인지뢰 대체 핵심기술 확보."『국방일보』. 2005.12.2.
안선희. 1998. "비무장지대 방문 조디 윌리엄스."『한겨레』. 1998.2.5.
유용원. 2008. "지뢰, 가장 효율적이면서 비인도적 무기. 한국 땅 밑에도 108만개 도사려."
　　『조선일보』. 2008.3.28.
유호상. 2001a. "육군공병학교 KM138 지뢰살포기 시범교육."『국방일보』. 2001.2.3.
＿＿＿. 2001b. "중리산 지뢰 1015발 제거."『국방일보』. 2001.11.18.
＿＿＿. 2002. "국민의 군대로 깊이 각인."『국방일보』. 2002.12.17.
＿＿＿. 2003. "살포식 지뢰 설치 한미연합훈련."『국방일보』. 2003.9.9.

이명훈. 2002. "'동남아 지뢰제거 워크숍' 참가기."『국방일보』. 2002.4.11.

이상철. 2007. "지뢰제거작전이 준 선물."『국방일보』. 2007.11.19.

이장희. 2000. "국제대인지뢰금지협약 동시 가입의 검토."『외법논집』제9집.

이주형. 2001. "후방지역 지뢰 전면제거."『국방일보』. 2001.2.14.

_____. 2002. "부하사랑 · 책임감 영원할 것."『국방일보』. 2002.9.7.

_____. 2006. "화악산 기지주변 지뢰제거작전."『국방일보』. 2006.5.3.

_____. 2008. "지뢰 제거 이렇게 하세요."『국방일보』. 2008.4.1.

정호영. 2001. "지뢰제거 안전이 최우선, 金국방, 경의선 복구현장 장병들 격려."『국방일보』. 2001.2.14.

조수진. 2003. "운동권 출신, '이제 우린 정치권 핵심'."『국민일보』. 2003.4.7.

조진섭. 2001. "'지뢰공포' 주민숙원 해결, 육군39사단, 군용지 매설지뢰 제거 지역민 불편 없애."『국방일보』. 2001.3.24.

지만원. 2005. "현존 기록이 말해주는 김대중 3."『시국진단』. 2005.3.20.

지윤규(국제군축팀장 대령). 2011. '한국 지뢰매설 면적 여의도 3.8배' 보도에 대한 답변. 2011.1.20. http://korea.kr/newsWeb/pages/brief/speech/view. do?speechDataId=20000686(검색일: 2011.1.20.).

참여연대. 1999. 제5차 정기총회 자료집. 1999.2.6.

_____. 2004. 참여연대 정기총회 안건 자료집. 참여연대. 2004.3.13.

_____. "참여연대가 걸어온 길 Since 1994." http://www.peoplepower21.org/about/sub. php?sub=m22(검색일: 2011.1.20.)

한국대인지뢰대책회의. 1999.『지뢰피해의 현주소』. 1999.3.24.

_____. 2003a. 보도자료. 2003.9.15.

_____. 2003b.『주한미군의 한반도 내 대인지뢰 매설과 그 피해현황』.

_____. 2006.『강원도 내 민간인 지뢰피해자 실태조사 보고서』.

한국대인지뢰대책회의 · 녹색연합. 2001.『한국지뢰실태조사보고서: 후방 36개 대인지뢰 매설지역 실태 보고서』.

한국교회여성연합회. "목적과 조직." http://www.kcwu.org/board/view. php?id=kcwu&no=1(검색일: 2011.1.20.).

허만섭. 2003. "청와대 비서관 37% 운동권 … 개혁의 '첨병' 역할."『신동아』. 2003.5.1.

Acharya, Amitav. 2004. "How Ideas Spread: Whose Norms Matter? Norm Localization and Institutional Change in Asian Regionalism." *International Organization.* 58(2).

African Rights and Mines Advisory Group. 1993. *Violent Deeds Live On: Landmines in Somalia and Somaliland.* London, UK: African Rights.

Arms Control Today. 2008. "2008 Presidential Q&A: President-elect Barack Obama." *Arms Control Today*(2008 December). http://www.armscontrol.org/ print/3360(검색일: 2011.1.20.)

Arms Project of Human Right Watch and Physicians for Human Rights. 1993. *Landmines:*

A Deadly Legacy. New York, NY: Human Right Watch.

Axworthy, Lloyd(Minister of Foreign Affairs of Canada). 1996. "Notes for an Address by the Honourable Lloyd Axworthy, Minister of Foreign Affairs at the Closing Session of the International Strategy Conference Towards a Global Ban on Anti-personnel Mines." OTTAWA, Ontario: October 5, 1996. http://www.international.gc.ca/mines/process-ottawa-processus/1996-10-05.aspx?lang=eng(검색일: 2011.1.20.).

Benford, Robert and David Snow. 2000. "Framing Processes and Social Movements: An Overview and Assessment." Annual Review of Sociology. 26(1).

Biddle, Stephen D., Julia L. Klare, and Jason Rosenfield. 1994. *The Military Utility of Landmines: Implications for Arms Control.* Alexandria, VA: Institute for Defense Analyses.

Croll, Mike. 1998. *The History of Landmines.* London, UK: Leo Cooper.

De Larrinaga, Miguel and Claire Tureene Sjolander. 1998. "(Re)Presenting Landmines from Protector to Enemy: The Discursive Framing of a New Multilateralism." In Maxwell A. Cameron, Robert J. Lawso, and Brian W. Tomlin (eds.). *To Walk Without Fear: The Global Movement to Ban Landmines.* Don Mills, Canada: Oxford University Press.

Economist. 1998. "The UN and War Criminals: How Strong A Court?" June 11, 1998.

Gharib, Ali. 2009. "Will Obama Ban Landmines, Cluster Bombs?" *International Press Service.* February 13, 2009.

Human Rights Watch and Vietnam Veterans of America Foundation. 1997. *In Its Own Words: The U.S. Army and Anti-personnel Mines in the Korean and Vietnam Wars.* New York, NY: Human Right Watch.

International Campaign to Ban Landmines. 1999. *Landmine Monitor Report 1999.* New York, NY: Human Right Watch.

_____. 2010a. "Country Profiles-United States." *Landmine and Cluster Munition Monitor 2010.* http://www.the-monitor.org/index.php/cp/display/region_profiles/find_profile/US/2010(검색일: 2011.1.20.).

_____. 2010b. "Country Profiles-Republic of Korea." *Landmine and Cluster Munition Monitor 2010.* http://www.the-monitor.org/custom/index.php/region_profiles/print_profile/96(검색일: 2011.1.20.).

_____. 2010c. *Landmine Monitor Report 2010.* Ottawa, Canada: Mines Action Canada.

_____. various years. "Country Profiles-Republic of Korea." *Landmine Monitor.* http://www.the-monitor.org/(검색일: 2011.1.20.).

International Committee of the Red Cross. 1996. *Anti-Personnel Landmines: Friend or Foe? A Study of the Military Use and Effectiveness of Anti-Personnel Mines.* Geneva, Swiss: ICRC.

Jo, Dong-Joon. 2008. "Bringing International Anti-Landmine Norms into Domestic Politics: Korea Campaign to Ban Landmines as a Humble but Effective

Intermediary." *Review of Korean Studies.* 11(3).

Keohane, Robert O. 1998. "International Institutions: Two Approaches." *International Studies Quarterly.* 32(4).

Lee, Seung Joo. 1997. "The Position Paper-Republic of Korea." Paper presented at the Convention on the Prohibition of the Use, Stockpiling, Production and Transfer of Anti-Personnel Mines and on Their Destruction in Oslo, Norway. September 1, 1997.

Lee, Sung-yul. 1999. "Air Force Removing Thousands of Landmines." *Korea Herald.* April 2, 1999.

Maslen, Stuart. 1998. "The Role of the International Committee of the Red Cross." In Maxwell A. Cameron, Robert J. Lawso, and Brian W. Tomlin (eds.). *To Walk Without Fear: The Global Movement to Ban Landmines.* Don Mills, Canada: Oxford University Press.

Nelson, Thomas E. 1997. "Media Framing of a Civil Liberties Conflict and Its Effect on Tolerance." *American Political Science Review.* 91(3).

Peace Action Maine. "Getting the USA on board of the Mine Ban Treaty: Mission Possible!" http://peaceactionme.org/getting-usa-board-mine-ban-treaty-mission-possible(검색일: 2011.1.20.).

Peters, Ann. 1996. "Landmines in the 21St Century." *International Relations.* 13(2).

_____. 2009. "International Partnerships on the Road to Ban Anti-Personnel Landmines." UN Vision Project on. Global Public Policy Networks. http://www.gppi.net/fileadmin/gppi/Peters_Landmines.pdf(검색일: 2011.1.20.).

Petrova, Margarita H. 2010. *Banning Obsolete Weapons or Reshaping Perceptions of Military Utility: Discursive Dynamics in Weapons Prohibitions.* Barcelona, Spain: Institut Barcelona d'Estudis Internacionals.

Physicians for Human Rights. 1991. *Landmines in Cambodia: The Coward's War.* New York, NY: Human Right Watch.

Roberts, Shawn and Jody Williams. 1998. *After the Guns Fall Silent: The Enduring Legacy of Landmines.* Oxford, UK: Oxfam.

Rutherford, Kenneth R. 2000. "The Evolving Arms Control Agenda: Implications of the Role of NGOs in Banning Anti-personnel Landmines." *World Politics.* 53(1).

Sigal, Leon V. 2006. *Negotiating Minefields: the Landmine Ban in American Politics.* New York: Routledge.

67 National Organizations. 2009. "Letter to Obama Administration from 67 National Organizations Requesting a Review of U.S. Policy on Landmines and Cluster bobms." http://www.fcnl.org/weapons/pdfs/Obama_sign-on_letter_FINAL.pdf(검색일: 2011.1.20.).

Short, Nicola. 1999. "The Role of NGOs in the Ottawa Process to Ban Landmines." *International Negotiation.* 4.

Siverson, Randolph M. and Harvey Starr. 1990. ˝Opportunity, Willingness and the Diffusion of Conflict.˝ *American Political Science Review.* 84(1).

Sloan, C. E. E. 1986. *Mine Warfare on Land.* London, UK: Brassey's Defense Publishers.

Sundstrom, Lisa McIntosh. 2005. ˝Foreign Assistance, International norms, and NGO Development: Lessons from the Russian Campaign.˝ *International Organization.* 59(2).

Tomlin, Brian W. 1998. ˝On a Fast Track to a Ban: The Canadian Policy Process.˝ In Maxwell A. Cameron, Robert J. Lawso, and Brian W. Tomlin (eds.). *To Walk Without Fear: The Global Movement to Ban Landmines.* Don Mills, Canada: Oxford University Press.

U.S. Department of States. 1994. *Hidden Killers: The Global Landmine Crisis.* Washington, D.C.: Department of State.

Wexler, Lesley. 2003. ˝The International Deployment of Shame, Second-Best Responses, and Norm Entrepreneurship: The Campaign to Landmines and the Landmines Ban Treaty.˝ *Arizona Journal of International and Comparative Law.* 20(3).

Wilmshurst, Elizabeth. 1999. ˝Jurisdiction of the Court.˝ In Roy S. Lee (ed.). *The International Criminal Court: The Making of the Rome statute.* Hague, Netherlands: Kluwer Law International.

제3부

대외정책과 정치과정

제9장

개발협력의 세계정치와 일본의 환경 ODA 정책[*]

이승주·이민정

*   이 글은 2014년 『일본연구논총』 39, pp. 125-152에 게재된 논문임.

일본의 ODA 정책은 1990년대 초부터 환경 ODA 중심으로 재편되기 시작하였다. 그 결과 2010년 ODA 규모와 비중이 각각 91억 7400만 달러와 52퍼센트를 기록한 데서 나타나듯이, 일본은 양과 질 면에서 독일, 프랑스, 미국, 영국 다른 주요 공여국들을 압도하고 있다. 이 장의 목적은 일본이 ODA 정책의 변화를 추구하는 가운데 환경 ODA에 주력하게 된 대내외적 요인을 검토하는 데 있다. 첫째, 일본이 환경 ODA에 집중하게 된 것은 예산의 감소와 국제공헌의 증대 필요성이라는 모순적 상황을 타개하기 위한 전략이었다. 이로 인해 일본 정부는 환경을 매개로 외교정책과 ODA 정책을 연계함으로써 전략적으로 대처하고자 하였다. 둘째, 2000년대 이후 일본 정부의 전략적 대응은 환경을 고리로 ODA 정책과 국내 경제정책이 연계되는 새로운 단계로 진행되었다. 1990년대 초반 장기불황으로 인해 새로운 동력으로서 환경 분야를 주목한 것이다. 2008년 대외적으로 공표한 '쿨어스파트너십'(Cool Earth Partnership)의 사례에서 나타나듯이, 일본이 녹색기술 등 환경 분야에서 개도국들과의 협력을 새로운 성장 동력으로서 활용하고자 한 것이 대표적 사례이다.

I. 서론

탈냉전의 전개에 따른 공여국들의 새로운 개발협력정책 패러다임 모색, 세계화의 진행과 새천년개발목표(MDGs: Millennium Development Goals)의 수립 등은 지구적 차원의 지속가능한 발전을 촉진하는 방안 가운데 하나로 환경의 중요성을 부각하는 중요한 계기로 작용하였다. 또한 개도국들이 기후 변화, 자연 재해, 재난의 피해에 더취약하다는 인식이 확산되면서 개도국의 환경 개선을 위한 지원의 중요성이 공여국들 사이에 공유되었다. 환경 ODA의 중요성이 강조되기 시작한 것은 이러한 차원이다. 그 결과 경제개발협력기구(OECD: Organization for Economic Cooperation and Development) 개발원조위원회(DAC: Development Assistance Committee)에 속한 공여국들의 환경 분야 ODA 규모가 2002년 86억 달러에서 2011년 239억 달러로 급속하게 증가하였을 뿐 아니라, 전체 ODA에서 환경 분야 ODA가차지하는 비중 역시 2002년 18.6퍼센트에서 2011년 22.4퍼센트로 증가하였다(OECD STAT).

　세계적 추세를 감안하더라도 일본 환경 ODA의 규모와 상대적 비중은 다른 주요 공여국들과 비교할 때 커다란 차이를 보이고 있다. 2010년 일본의 환경 ODA 규모는 91억 7,400만 달러, 환경 ODA의 비중 52퍼센트로 환경 ODA의 양과 질 면에서 독일, 프랑스, 미국, 영국 다른 주요 공여국들을 압도하고 있다. OECD DAC 회원국 전체의 환경 ODA 가운데 일본의 비중이 22.9퍼센트(2011년)에 달하는 데서 나타나듯이, 환경 분야 ODA에서 일본은 선도적인 위치를 점하고 있다.

　이처럼 일본 ODA 정책이 1990년대 이후 환경 ODA 중심으로 변화한 이유는 무엇일까? 이 글은 일본이 환경 ODA에 주력하게 된 대내외적 요인을 검토하는 데 있다. 첫째, 환경 ODA로의 전환의 근저에는 1990년대 중반 국제공헌의 증대 필요성과 ODA 예산의 감소라는 모순적 상황을 타개하기 위한 일본 정부의 전략적 고려가 작용하였다. 즉, 일본 정부는 환경을 매개로 외교정책과 ODA 정책을 연계함으로써 일견 모순적 상황에 대처하였던 것이다. 둘째, 2000년대 이후 ODA 정책이 환경을 고리로 국내 경제정책과 연계되는 새로운 단계로 진행되었다. 2000년대 이후 기후 변화 등 환경 변화에 대한 적응(adaptation)과 완화(mitigation)의 현실적 필요성이 증대됨에 따라, 일본 정부는 자국이 보유한 환경 관련 기술 이전과 협력의 가능성에 주목하였다. 녹색기술 등 환경 분야에서 개도국과의 협력을 새로운 성장 동력으로서 활용하고자 하였던 것이다. 바로 이 지점에서 ODA 정책이 국내 경제정책과 연계되는 현상이 초래되었다.

　이 글은 다음과 같이 구성된다. 제2절에서는 일본의 ODA 정책에 대한 선행 연구 검토를 바탕으로 일본 ODA 정책이 환경 ODA 중심으로 전환하게 된 원인을 분석하는 이론적 시각을 제공한다. 제3절에서는 일본 ODA 규모의 변화 추이를 검토함으로써 일본 ODA 정책이 환

경을 고리로 하여 외교정책과 연계되는 양상을 분석한다. 제4절에서
는 쿨어스파트너십(Cool Earth Partnership: クールアース・パートナーシ
ップ)과 신성장전략에 대한 검토를 바탕으로 ODA 정책이 새로운 성
장 동력으로서 환경 분야가 국내 경제정책과 연계되는 양상을 고찰한
다. 마지막으로 결론에서는 일본 ODA 정책의 변화 과정에서 나타난
특징을 설명하고, 이로부터 도출되는 이론적·현실적 함의를 제공한다.

II. 분석적 논의

1. 기존 연구 검토

일본 ODA 정책이 변화하게 된 원인에 대한 설명은 대체로 세 가지 차
원에서 이루어지고 있다. 첫째, ODA 정책의 변화를 1990년대 일본
외교 패러다임 변화의 맥락에서 접근하는 연구들이다(Inoguchi and
Jain 2000; Green 2001; Peng 1993; Kameyama 2004; Holroyd 2009).
1990년대 일본은 세계 2위의 경제력에 비해 국제 공헌이 제한적이
라는 비판에 직면하기 시작하였고, 이러한 지적은 걸프전(Gulf War)
에서 더욱 표면화되었다.[1] 일본 외교가 '무임승차론,' '수표책 외교'
(checkbook diplomacy), '가라오케(カラオケ) 외교' 등으로 불리게 된
것이 이를 대변한다.[2] 이러한 대외적 비판은 일본 외교노선의 재설정

---

1   걸프전 당시 일본의 외교적 대응에 대해서는 Inoguchi(1991), Purrington and A.
    K.(1991), Purrington(1992) 참조.
2   켄트 콜더(Kent Calder)는 냉전기 일본이 자국의 외교 어젠다를 대외적으로 투사하는
    데 매우 소극적이었고, 국가 주요 쟁점에 대한 개혁의 동인을 외부의 압력(外圧)에서 찾
    는 경향을 드러냈다는 점에서 '반응국가'(reactive state)로 규정하였다(Calder 1988).

필요성에 대한 논쟁을 촉발하였다. 그간의 일본은 미국 추수적 외교를
답습한 결과 국제사회에 대한 경제적 기여에 상응하는 평가를 받지 못
하는 상황이 초래되었다는 자성과 비판이 본격적으로 제기되었던 것
이다(Inoguchi and Jain 2000). 오자와 이치로(小沢一朗)가 '보통국가
론'을 주창하면서 "군사를 포함하여 적극적인 국제 공헌을 추구함으로
써 일본의 보통국가화를 지향해야 한다"고 설파한 것이 대표적인 사례
이다(小沢一郎 1993). 이러한 관점에서 볼 때, 일본 ODA 정책의 변화
도 보다 거시적인 차원의 외교정책 패러다임 변화의 맥락에서 이해할
필요가 있다는 것이다. 일본이 보통국가를 지향함에 따라 ODA 정책
도 국제공헌을 증대하는 노력을 하는 한편, 전략적 요소를 ODA 정책
에 긴밀하게 통합시키는 변화가 초래된 것은 외교정책의 변화와 밀접
한 관계가 있다는 주장인 셈이다.

둘째, 일부 연구들은 일본이 환경 ODA를 적극적으로 추진하
게 된 원인을 기존 상업적 ODA에 대한 비판에서 찾는다(Soderberg
2002; Arase 1995; Ensign 1992). 일본은 1990년대 초 세계 최대의 공
여국으로 부상하기까지 ODA의 규모를 지속적으로 증가시켰다. 그러
나 일본 ODA 정책은 선진 공여국으로서의 지위를 인정받기는커녕,
자국의 상업적 이익을 ODA 정책과 연계한다는 대내외의 비판에 직면
하였다(Lancaster 2007; 박홍영 2003). 이러한 비판에 직면한 일본 정
부는 빈곤 퇴치와 인권 향상 등 국제규범을 적극 수용하는 ODA 정책
의 변화를 시도하지 않을 수 없었다. 이 시각에 따르면, 광의의 외교정
책보다는 ODA 정책 자체에 대한 자성이 ODA 정책의 변화를 촉발한
원인이 된다.

셋째, 일본 ODA 정책의 전환을 정책결정구조의 변화에 초점을
맞추는 연구들이 있다. 1990년대 초까지 일본 ODA 정책에 대한 관료

정치적 영향은 매우 두드러진다. 일각에서 전후 일본 ODA 정책은 외무성과 통산산업성(현 경제산업성) 간의 갈등으로 점철되었다고 지적할 정도로, 관료정치의 폐해가 컸다(Orr 1990). 통산성은 단기적인 상업적 이해관계라는 관점에서, 외무성은 미국과의 협력이라는 차원에서 ODA 정책에 접근함으로써 ODA 정책의 전략적 비전이 결여되는 결과가 초래되었다(Palanovics 2006). 이러한 시각에서 볼 때, 누적된 관료정치의 폐해가 분산된 ODA 정책결정구조를 통합형으로 대체하는 제도적 변화를 초래했다고 할 수 있다.[3]

2. 환경 ODA의 촉진 요인

기존 연구들은 일본이 기존 ODA 정책으로부터의 탈피를 추구하게 된 원인을 설명하는 데 초점이 맞추어져 있다. 기존 연구들은 일본 ODA 정책이 기존 패러다임에서 벗어나는 원인과 과정을 설명하는 데는 상당한 설명력을 갖고 있지만, 일본 ODA 정책이 과거와 달리 환경 ODA로 전환되는 과정과 더 나아가 환경에 초점을 맞춘 ODA 정책이 외교 및 경제 정책과 결합되는 과정을 설명하는 데는 한계가 있다.

우선, 1990년대 이전 수표책 외교에 대한 반성으로 적극적인 국제적 공헌을 지향하는 외교로의 전환이 일본 ODA 정책의 변화를 초래한 것은 사실이다. 그러나 일본이 보통국가화를 추구한 것은 외교적 지향점으로서는 커다란 의미가 있지만, 이는 ODA 정책의 변화를 초래한 환경적 또는 배경적 요인일 뿐 직접적 원인이라고 하기 어렵다. 일본이 보통국가를 지향하는 가운데 국제 공헌을 증대할 수 있는 정책

---

3   최은봉과 박명희는 ODA 정책결정구조를 변화시키는 과정에서 자민당이 중요한 역할을 수행했다고 본다(최은봉·박명희 2008).

적 대안이 다수 존재하였기 때문에, 외교정책의 변화가 ODA 정책의 구체적 방향, 즉 환경 ODA로의 전환에 미친 직접적 영향을 설명하기에는 한계가 있다.

일본이 환경 ODA를 적극적으로 추진하게 된 원인을 기존 상업적 ODA에 대한 비판에서 찾는 연구 역시 이러한 문제에서 자유롭지 못하다. 상업적 ODA에 대한 비판과 자성은 ODA 정책 패러다임의 변화를 촉발한 중요한 원인임에 틀림없지만, 왜 환경 ODA로의 전환이 이루어졌는가를 설명하기에는 부족하다. 상업적 ODA에 대한 비판 자체는 곧 환경 ODA가 대두되는 원인은 아니며, 그 전환 과정 역시 체계적으로 설명하지 못하는 것이다.

정책결정구조에 초점을 맞춘 연구들은 일본 ODA 정책에서 전략적 성격이 강화된 원인을 설명하는 데 적합할지는 모르나, 환경 ODA의 대두를 설명하는 데는 역시 한계가 있다. 2001년 ODA 헌장 개정, 총리실 산하 해외경제협력회의(海外経済協力会議) 설치, 국제협력기획입안본부(国際協力企画立案本部)의 설치를 통한 부처 간 협력 강화와 일련의 제도적 개혁이 이루어진 것은 사실이다. 그러나 이러한 제도적 개혁은 ODA 정책 변화의 결과이지 원인일 수 없다. 그리고 환경 ODA로의 전환은 이러한 제도 개혁과 함께 진행되었다고 할 수 있다.

일본 ODA와 관련된 연구들은 1990년대 중반 이후 일본 ODA 정책이 환경 ODA로 전환하게 된 원인과 과정을 체계적으로 설명하지 못하는 한계를 드러내고 있다. 본 연구는 이러한 문제의식을 갖고 일본 ODA 정책이 환경 ODA를 중심으로 전환된 과정을 두 가지 차원에서 접근한다. 첫째, 본 연구는 1990년대 이후 일본 외교정책과 ODA 정책이 환경을 고리로 연계되기 시작하였다고 본다. 1990년대 이후 일본 정부는 넓게는 기존 외교 패러다임, 좁게는 상업적 ODA에 대한 국내외의 비판에 직면하여 새로운 방향을 모색하지 않을 수 없었다. ODA 정책의 경우, 일본은 ODA의 규모를 지속적으로 증대하여 1993년 마침내 세계 최대의 공여국으로 부상했음에도 불구하고 유상원조의 비중이 상대적으로 크고 타이드(tied) 원조를 통해 자국의 상업적 이익과 연계한다는 대내외의 강한 비판에 직면하였다.

　이러한 상황은 ODA를 통한 상업적 이익의 추구가 아닌, 국제공헌 증대의 필요성을 제기하는 것이었다. 그러나 이 시점의 일본 정부는 장기 불황에 따른 ODA 예산 감소라는 냉엄한 현실에 직면하였다. ODA 예산 증액이 실질적으로 불가능한 현실에서 일본 정부는 국제공헌의 증대라는 외교 패러다임의 변화와 궤를 같이하는 환경 ODA로의 선택과 집중을 하는 전략적 선택을 하였다. 이러한 이유에서 일본 정부는 2003년 개정된 '정부개발원조대강'(政府開発援助大綱)에서 빈곤, 기근, 난민, 자연재해 등 인도적 문제뿐 아니라 환경 및 용수와 같이 지속가능한 발전을 위해 공동으로 시급히 대처해야 할 지구적 문제, 갈등과 테러의 방지 및 평화유지 등의 문제를 해결하는 데 개발협력의 초점을 맞출 것이라고 밝히고 있다(Government of Japan 2003). 환경 ODA는 보편적 가치에 기반하여 지구적 공공재를 제공하는 분야라는 점에서 외교정책의 변화와 보조를 맞추는 것이라고 할 수 있다.

　한편, 환경 ODA로의 전환은 상업적 ODA에 초점을 맞추었던 과거에 비해 오히려 전략적 성격은 강화되었다고 할 수 있다. 위에서 언급하였듯이, 일본 정부는 일련의 제도 개혁을 통해 부처 간 협력을 강화하였으며, 이 과정에서 ODA 정책의 전략적 성격이 강화되었던 것이다. 환경 ODA로의 전환이 열린 '국익'으로 재정의된 국익을 추구한다는 점에서 여전히 전략적 성격을 갖고 있는 것이다. 일본 정부가 교토(京都) 의정서를 추진하는 과정에서 나타나듯 환경 외교에 주력하

게 된 것이나 ODA 정책의 철학적 기초 가운데 하나로 '열린 국익'(開かれた国益)의 증진을 강조하기 시작한 것도 이러한 맥락이다(外務省 2010).[4] 이러한 관점에서 볼 때, 1990년대 이후 환경 ODA로의 전환은 일본의 외교적 영향력을 증대시켜 보통국가를 실현한다는 외교적 이상과 장기 침체로 인하여 ODA 예산이 감소하는 현실 사이에서 이루어진 전략적 선택이었다고 할 수 있다. 외교정책과 ODA 정책이 교차하는 지점에서 환경 ODA로의 전환이 이루어진 것이다.

둘째, ODA 정책이 환경을 고리로 국내 경제정책과 연계되는 점에 주목할 필요가 있다. 지구적 차원에서 환경 문제가 심화되고 지속가능한 발전에 대한 관심이 제고되면서 장기 불황에 시달리던 일본이 새로운 성장 동력으로서 환경에 주목하고 ODA 정책이 환경을 매개로 경제 정책과 결합될 수 있는 가능성을 발견한 것이다. 2000년대 중반 이후 일본 정부는 환경 문제를 보호 또는 비용의 관점에서 접근하는 데서 벗어나 새로운 성장 동력으로서 활용하려는 '그린 이코노미'(グリーンエコノミ) 정책을 본격화하였다. 더욱이 아시아 등의 지역에서 환경 인프라에 대한 수요가 급증할 것으로 예상됨에 따라 그린 이코노미 정책과 ODA의 결합 가능성은 더욱 현실성을 갖게 되었다. 일본 정부는 환경 ODA로 전환함으로써 지구적 공공재의 공급에 기여한다는 명분을 축적하는 한편, 개도국의 환경을 개선하는 데 일본 기업들이 참여할 수 있는 기회를 제공함으로써 경제 성장의 새로운 동력으로 활용하려 했던 것이다. 이는 과거 상업적 ODA에 대한 비판을 불식하면서도 ODA 정책을 자국의 경제적 이익과 연계하는 새로운 접근이었다.

---

4 '열린 국익론'은 2005년 민주당 대표 오카다 가츠야(岡田克也)가 제시하였고, 이후 민주당 정부에서 구체화되었다. 오카다의 열린 국익론에 대해서는 岡田(2005) 참조.

III. ODA 정책과 외교정책의 연계

일본은 1960년대 이후 고도성장을 구가하면서 타이드 론의 비중이 높고 ODA를 자국의 상업적 이익과 연계시키는 등의 한계를 드러내기는 하였지만, ODA 규모가 다른 공여국에 비해 급신장하는 양적 팽창을 기록하였다.[5] 그 결과 1961년 약 1억 8백만 달러에 불과했던 일본의 ODA 규모는 거듭 증가하였고, 1989년에는 약 89억 6천 5백만 달러를 제공하여 미국에 이어 제2의 공여국으로 부상하였다. 1990년대에도 일본의 ODA 규모는 지속적으로 증가하여 1993년 일본은 마침내 미국을 추월하여 세계 최대의 공여국으로 부상하였다. 이후에도 지속적으로 증가한 일본의 ODA는 1995년 약 144억 8천 9백만 달러를 기록하였다(http://www.oecd.org/dac). 이는 1961년에 비해 약 134배 증가한 규모이다.

일본 ODA 정책의 딜레마는 최대 공여국으로 부상하던 시점에서 본격화되었다. 1995년을 정점으로 일본 ODA 규모는 하락 추세로 반전되었다. 일본의 ODA는 1997년 약 93억 5천 8백만 달러를 기록하였는데, 2년이라는 단기간에 무려 34퍼센트가 감소한 것이다. 1998년에서 2000년까지 일본의 ODA는 일시적으로 증가하기도 하였으나, 2000년대 중반 이후 다시 감소세로 변화하였다. 일본의 ODA가 증가와 감소를 반복적으로 기록한 것은 엔 환율의 변동에 따른 것이다. 일본 ODA 규모가 1990년대 중반 이후 감소하고 있다는 점은 엔화로 표시된 ODA의 경우 분명하게 드러난다. 1997년 약 1조 1천 680억 엔이

---

5 일본의 초기 ODA 정책은 아시아 국가에 대한 전후배상의 일환으로 시작되었다. 미얀마, 인도 등과 배상·경제협력협정을 체결한 이후 유상자금협력과 기술협력 등을 실행한 것이 대표적인 사례이다(전황수 1995).

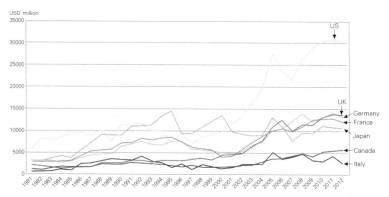

출처: http://stats.oecd.org

그림 1. 주요 공여국의 ODA 규모 변화(1981-2012)

었던 일본 ODA는 감소하여 2011년 5천 720억 엔에 불과하게 되었다. 1997년에서 2011년 기간 중 엔화로 표시된 일본 ODA의 절대 규모가 51퍼센트 감소하였다. 더욱이 엔화로 표시된 일본 ODA의 절대 규모는 1999년을 제외하면, 1997년 이후 2011년까지 매년 감소하였다 (MOF 2011).

일본 ODA 절대 규모의 감소가 상대적 지위에 영향을 미친 것은 예상된 일이었다. 1993년 세계 최대 공여국으로 부상한 일본은 2000년까지 그 지위를 유지하였으나, 2001년 미국이 다시 최대 공여국으로 일본을 추월하였다. 이후 2005년에는 다시 독일이 일본을 제치고 제2위 공여국으로 부상하였고, 이후 일본의 순위는 더욱 하락하여 2012년 미국, 영국, 독일, 프랑스에 이어 5위를 기록하였다(http://www.oecd.org/dac).

일본 ODA 정책의 딜레마는 바로 여기에서 시작되었다. 일본 정부가 1990년대 초 보통국가론을 계기로 국제 공헌의 증대에 초점을 맞춘 새로운 외교정책 패러다임을 추구하던 시점에 국내 경제의 장기

불황으로 인해 ODA 규모가 감소하면서 ODA 정책 방향의 설정이 어려움에 처했다. 국제 공헌을 증대시키기 위하여 지구적 차원의 공공재 제공에 대한 전향적 자세를 나타낼 필요성이 점증하였음에도 정작 국내 경제적 여건은 재정적 기여를 축소할 수밖에 없는 상황이 전개된 것이다. 이로 인해 적극적 국제공헌을 표방하는 외교정책의 수단으로서 ODA의 효용성이 상대적으로 감소하는 상황이 전개되었다.

일본 외교정책의 국제공헌 필요성의 증대, ODA 규모의 감소, 그에 따른 상대적 지위의 하락이라는 딜레마는 일본 외교정책과 ODA 정책이 환경을 매개로 연계되는 계기로 작용하였다. ODA의 절대 규모를 증가시키는 것이 현실적으로 어려운 상황에서 일본 정부는 ODA 예산을 인류 보편적인 문제 해결에 기여할 수 있는 분야로 집중적으로 배분하는 전략적 선택을 하였다. 환경 분야는 교토 의정서의 사례에서 나타나듯이, 일본 정부가 국제무대에서 주도권을 행사하고자 하는 쟁점 분야로 대두되었다. ODA 정책의 변화는 1990년대 초와 2000년대 초 발표된 'ODA 대강'에서도 분명히 드러난다. 일본 정부가 환경과 인권과 같은 지구적 규모의 문제에 대처하고 'ODA를 통한' 국제적 공헌 및 개발도상국에 기여하겠다고 밝힘으로써 환경 ODA의 중요성을 부각시켰다. 구체적으로 일본 정부는 환경과 개발이 양립해야 한다는 점을 강조하고, 이를 위해 일본이 개발도상국의 경제발전 유지 및 확대를 위한 인프라 정비를 주요 과제로 설정한 바 있다(일본 외무성 홈페이지 http://www.mofa.go.jp).

이러한 상황에서 1990년대 초부터 일본의 ODA 정책이 환경과 연계되기 시작하였다. 1992년 리우데자네이루에서 개최된 유엔환경개발회의(UNCED)에서는 환경문제와 기후변화 등 지구환경 분야 문제의 심각성이 대두되면서, 일본 정부는 ODA를 통해 지구적인 환경

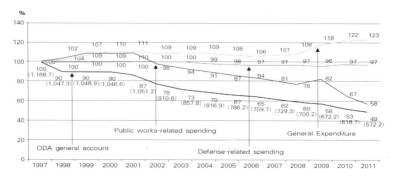

출처: MOF 2011: 154
주 1: 1997을 100으로 했을 때의 수치임
　2: 괄호 안의 숫자는 예산임(단위: 10억 엔)

그림 2. 일본 ODA 규모의 변화 추이(1997년~2011년) (엔화 기준)

문제에 적극 대처하겠다는 의사를 대내외에 천명하였다. 구체적으로 1992년 5년간 9,000억 엔에서 1조 엔을 목표로 환경ODA를 확충·강화하겠다는 뜻을 UNCED(유엔환경개발회의)에서 공표하고 1997년 12월에는 기후변화 협약 제3회 당사국회의(COP3)에서 교토이니셔티브(온난화 대책 도상국 지원)를 발표했다. 이러한 국제적인 공표는 국내적인 실천을 뒷받침하였는데 2005년 2월 발표된 ODA에 관한 중기정책 중에서는 ODA를 통한 환경보전을 중점으로 내걸고 교토이니셔티브를 적극적으로 추진하겠다고 명시하였다(JICA 2008). 이처럼 일본 정부는 환경 ODA의 상대적 비중을 증가시킴으로써 외교정책과의 연계를 강화하였다. 이러한 점에서 일본 ODA 정책의 전략적 성격은 1990년대 초 이후 오히려 강화되었다고 할 수 있다.

　일본의 환경 ODA로의 전환은 다른 주요 공여국들과 비교할 때 분명히 드러난다. 첫째, 환경 ODA의 절대 규모 면에서 일본은 다른 공여국들을 압도한다. 지구적 차원의 지속가능한 발전에 대한 공여국

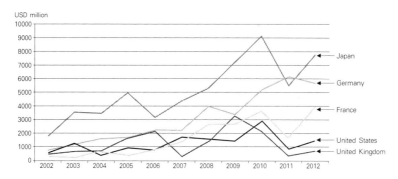

출처: http://stats.oecd.org
주: 환경 ODA는 환경 보호(environment-oriented)만을 유일한 목적으로 명시한 사업, 환경 보호를 주목
적(principal objective)으로 명시한 사업, 환경 보호가 일차적 목적은 아니더라도 상당히 중요한 목적
(significant objective)으로 명시한 사업의 합계임

그림 3. 주요 공여국의 환경 ODA 규모 변화

들의 관심이 증가하면서 상당수 공여국들이 환경 ODA 규모를 증가시
키고 있다. 그러나 2010년 기준 일본의 환경 ODA 규모는 91억 7,400
만 달러인 전체 1위로, 독일, 프랑스, 미국, 영국 주요 공여국의 환경
ODA 규모보다 월등히 많다. 구체적으로 2010년 기준, 독일과 프랑스
의 환경 ODA 규모는 각각 약 52억 달러와 36억 달러로 일본에 이어 2
위와 3위를 기록하였다(〈그림 3〉 참조). 그러나 일본의 환경 ODA 규모
가 독일과 프랑스 양국의 환경 ODA를 합한 액수를 상회하는 수준이
라는 점을 감안하면 일본 정부가 환경 ODA에 얼마나 집중하고 있는
지를 간접적으로 알 수 있다. 전체 ODA 규모가 감소하는 가운데 일본
이 환경 ODA의 규모를 지속적으로 증가시켜왔다는 것은 일본 ODA
정책이 환경 ODA를 중심으로 재편되고 있음을 나타내는 것이라고 할
수 있다. 더욱이 2002년 약 18억 달러에 불과하였던 환경 ODA 규모
가 91억 달러까지 증가한 데서 나타나듯이, 환경 ODA의 증가가 지속
적으로 그리고 매우 빠르게 이루어지고 있다는 점에서 이러한 전환은

일시적 변화라기보다는 추세적 변화라고 할 수 있다.

둘째, 전체 ODA에서 환경 ODA가 차지하는 비중을 기준으로 하더라도 일본은 다른 공여국과의 차이가 두드러진다. 위에서 언급했듯이, 지구적 차원의 지속가능한 발전의 중요성에 대한 인식 제고로 주요 공여국들이 환경 ODA 비중을 일제히 증가시키고 있는 추세이다. 특히 〈그림 4〉에서 나타나듯이, 2002년 일본의 전체 ODA 가운데 환경 ODA가 차지하는 비중은 27퍼센트로, 2위인 독일의 16퍼센트와 큰 차이를 보이고 있다. 이후 일본의 환경 ODA 비중은 지속적으로 증가하여 2010년에는 52퍼센트 수준까지 이르렀다. 이러한 변화는 일본 ODA 정책이 환경 ODA 중심으로 전환하고 있음을 의미한다.

지금까지 설명하였듯이, 1990년대 일본 외교정책 패러다임 전환에 보조를 맞추어 일본 ODA 정책도 빠르게 변화하였다. 일본 ODA 정책은 국제적 공헌의 증대를 추구하는 외교정책의 변화를 실현하는 수단으로서 효과적인 역할을 수행하였다. 이러한 점에서 일본 ODA 정책은 환경을 매개로 외교정책과 긴밀하게 연계되었을 뿐 아니라, ODA 전략적 성격은 오히려 강화된 측면이 있다. 즉, 일본 정부가 지구적 환경의 개선과 지속가능한 발전이라는 공공재 제공을 위해 환경 ODA에 집중한 것은 사실이지만, 외교정책과의 연계라는 관점에서 보면 과거 상업적 성격의 ODA와는 달리 ODA 정책의 전략적 성격이 강화되었다고 할 수 있다.

일본 환경 ODA의 구체적 내용을 살펴보면 전략적 성격은 더욱 분명하게 드러난다. OECD DAC 기준에 따르면, 환경 ODA는 (1)환경 보호(environment-oriented)만을 유일한 목적으로 명시한 사업, (2)환경 보호를 주목적(principal objective)으로 명시한 사업, (3)환경 보호가 일차적 목적은 아니더라도 상당히 중요한 목적(significant objec-

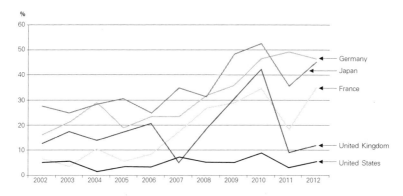

출처: http://stats.oecd.org

그림 4. 주요 공여국의 환경 ODA 비중

tive)으로 명시한 사업으로 세분화된다. 첫 번째 항목인 환경 보호만을 목적으로 하는 사업은 수원국이나 대상 지역의 물리적인 또는 생물학적 환경의 증진을 목적으로 진행된 사업을 가리킨다. 여기에는 제도 수립과 능력 개발을 통한 개발목적 범주에서의 환경을 고려한 특정 활동들도 포함된다. 두 번째 항목인 환경 보호를 주목적으로 하는 환경 ODA는 보다 포괄적이어서 기후 변화 문제를 필두로 생태계 및 유전 자원의 보호, 수원국의 생태계, 생물다양성, 생태계와 관련된 사업 또는 프로그램과 기후변화 완화, 온실가스 축소, 수원국의 제도 및 정책 규제 등 다양한 분야를 포함하고 있다. 세 번째 항목인 환경을 상당한 목적으로 하는 사업의 범위는 더욱 광범위하다. 이 사업 분야에는 수원국의 환경 보호와 증진을 위한 사업, 기후변화 적응사업 등이 포함되며, 구체적으로 사회 인프라 및 경제 인프라 서비스, 농업, 수자원, 산림과 같은 생산 부문과 관련된 환경 활동이 해당된다(OECD 2013).

이러한 분류를 기준으로 할 때, 일본의 환경 ODA는 첫 번째 사업 분야보다 두 번째와 세 번째 사업 분야에 집중되고 있다. 첫 번째 사업 분야의 일본 ODA 규모는 2002년 3억 6천 달러에서 2010년 약 7억 8천만 달러로 증가하기는 하였으나, 일본 환경 ODA 전체 규모의 8.5 퍼센트에 불과한 수준이다. 일본은 환경 보호에만 국한된 ODA에는 상대적으로 적은 규모의 ODA를 제공하고 있는 것이다. 이는 프랑스, 독일, 미국, 영국 등이 이 분야의 사업에 적극적으로 ODA를 제공하고 있는 것도 대비된다. 프랑스는 2010년 약 12억 달러 규모의 ODA를 제공했는데,[6] 이 분야 일본의 ODA 규모는 프랑스 환경 ODA 규모의 약 1/3에 불과한 실정이다. 미국 역시 이 분야의 ODA에 매우 적극적이다. 미국은 2010년 이 분야의 ODA 규모가 2009년 2억 7천만 달러에서 대폭 증가한 9억 달러를 기록하여 비약적인 증가를 기록하였다. 미국은 2011년에는 이 분야에서 10억 달러의 ODA를 제공하여 주요 선진국 가운데 1위를 차지하였다. 반면, 일본은 세계 최대의 환경 ODA 공여국임에도 불구하고 첫 번째 분야의 환경 ODA에는 비교적 소극적인 모습을 보이고 있다.

　반면, 일본은 두 번째와 세 번째 세부 항목인 환경 보호를 주목적으로 명시한 사업과 환경 보호를 상당히 중요한 목적인 사업에 치중하고 있다. 환경을 주목적으로 명시한 사업의 일본 ODA의 규모는 2010년 기준 약 38억 달러에 달한다. 이러한 액수는 2위인 독일의 18억 달러의 거의 두 배에 달하는 규모이다. 이 분야의 증가 속도 또한 매우 빨라서 2002년에 비해 약 4배 증가한 규모이다. 같은 기간 중 환경 보호만을 목적으로 하는 ODA가 2배 증가한 것과 비교하면 일본이 상대적으로 두 번째 사업 분야에 집중하고 있음을 알 수 있다.

　이러한 경향은 환경 보호를 상당히 중요한 목적으로 하는 ODA에

6　프랑스의 환경 보호에 국한된 ODA 규모는 2002년 약 1억 3천 달러로, 2010년 12억 달러로 무려 10배 가까운 수준으로 증가하였다.

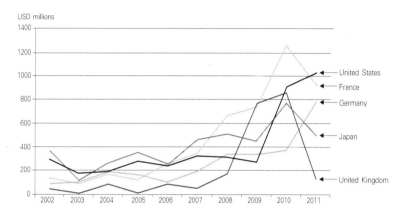

출처: http://stats.oecd.org

그림 5. 주요 공여국들의 환경 보호만을 유일한 목적으로 한 ODA 규모

서도 유사하게 나타난다. 일본은 다른 여타 선진국들에 비해 투자 액수
가 월등하다. 2003년을 보면 전년도에 비해 3배나 급등한 약 15억 달
러를 기록하고 있으며 전반적으로 상승세가 유지되어 2009년에는 약
28억 달러로 두 배 가까이 증가하였는데, 또 다시 2010년에도 두 배가
증가하여 44억 달러를 기록하였다. 투자액수가 2년 사이 무려 4배가
성장한 것이다. 이외에 주력하고 있는 국가는 독일과 미국으로 독일은
2008년 21억 달러, 2010년 29억 달러를 기록하였으며, 미국은 2011년
에 13억 달러를 기록할 만큼 최근 사이 많은 투자를 보이고 있다.

결국 환경 보호를 주목적으로 하는 ODA(53.9%)와 환경 보호를
상당한 목적으로 하는 ODA(37.1%)의 비중이 무려 91.4퍼센트에 달
하게 되었다(OECD STAT). 일본이 이처럼 환경 ODA 가운데 두 번째
와 세 번째 사업 분야에 주력하고 있는 이유는 이 두 분야가 환경 보호
를 목적으로 하고 있기는 하지만, 기술이전과 인프라 정비 등 일본이
경제적 이익을 함께 추구할 수 있는 사업과 연관되어 있기 때문이다.

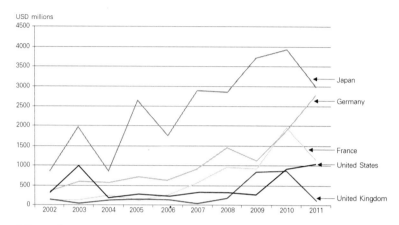

출처: http://stats.oecd.org

그림 6. 주요 공여국들의 환경을 주(principal) 목적으로 명시한 ODA 규모

일본의 환경 ODA 가운데 경제 및 사회 인프라 관련 ODA의 비중이 약 70퍼센트에 달하고 있는 것은 이러한 점과 무관하지 않다(OECD 2010). 지원 형태를 기준으로 볼 때, 일본의 환경 ODA는 환경 보호와 직접적으로 관련된 ODA보다는 재생에너지, 물 공급, 하수처리시설 구축 등 환경 관련 경제적 인프라 및 사회적 인프라를 건설하는 데 관련된 ODA에 집중되고 있는 것이다(Inderst 2009).

　　일본 환경 ODA의 이러한 특징은 지역적으로 환경 ODA 수원국이 아시아에 집중되는 결과를 초래하고 있다. 실제로 2006년부터 2011년까지의 자료를 보면, 일본 환경 ODA의 약 60퍼센트 이상이 아시아에 집중되고 있다. 인도, 중국, 베트남, 태국, 인도네시아, 방글라데시 등 아시아 국가들이 일본 환경 ODA의 주요 수원국이다. 이 가운데 방글라데시만이 최빈국일 뿐, 다른 아시아 국가들은 중저소득국으로 분류되고 있다. 일본의 환경 ODA는 ODA를 가장 필요로 하는 최빈국보다는 아시아의 중저소득국에 집중되고 있는 것이다. 최빈국들

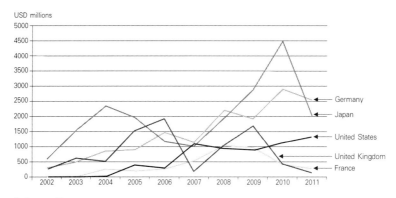

출처: http://stats.oecd.org

그림 7. 주요 공여국들의 환경을 상당한(significant) 목적으로 하는 ODA 규모

이 자연 재해, 재난, 기후변화 등으로 인한 직접적 피해를 감소시키는 환경 ODA를 필요로 하고 있다면, 아시아의 중저소득국들은 환경 보호와 직결된 ODA뿐 아니라, 환경 관련 인프라 건설 수요가 급증하고 있는 국가들이다.

일본의 입장에서 볼 때, 환경 ODA를 아시아의 중저소득국에 집중하는 것은 아시아 국가들의 개발 지원을 통한 경제 통합이라는 ODA 정책뿐 아니라, 주변 아시아 국가들과의 협력 증진이라는 일본 외교정책 기조에도 부합하는 것이다. 2000년대 일본의 ODA 정책은 환경을 고리로 하여 외교정책과의 통합성이 증대되고 있는 것이다. 실제로 2010년 일본 외무성이 발간한 ODA 검토 보고서는 ODA 정책의 전략적 성격을 명시적으로 포함하고 있다. 일본 정부가 ODA 배분의 주요 원칙으로 선택과 집중을 제시하고 경제적으로 긴밀한 관계를 맺고 있고 일본의 평화와 안정에 중요한 동아시아 지역에 집중할 것임을 밝히고 있는 것이 이를 증명한다. 이러한 관점에서 볼 때, 정책결정구조의 효율화가 일본 ODA 정책의 전략적 성격 강화에 영향을 미쳤다고 할 수 있다(Ministry of Foreign Affairs 2010).

　　일본 정부가 환경 ODA의 규모와 비중을 빠르게 증가시킴으로써 지구적 과제에 대한 적극적 공헌을 추구한 것은 사실이지만, 일본이 환경 ODA에 대한 경제적 고려를 배제한 것은 아니다. 과거 상업적 성격의 ODA가 경제적 이익을 직접적으로 ODA에 연계함으로써 수많은 국내외의 비판을 초래했던 경험을 반면교사로 하여 일본 정부는 환경 ODA를 통하여 경제적 이익을 간접적으로 추구함으로써 보다 전략적 접근을 하고 있는 셈이다.

IV. ODA 정책과 국내 경제정책의 연계

2003년 정부개발원조대강에서 나타나듯이, 일본 정부는 개발협력의 주요 원칙으로 개도국의 자조적 노력을 돕고, 질병이나 재난과 같은 인간안보의 관점을 견지하며, 경제적 격차를 충분히 고려하는 등 공정성을 확립하고, 일본의 경험과 전문성을 공유하며, 국제 공동체와 협력을 도모하는 데 주력하고 있다(Government of Japan 2003). 2010년 일본 정부는 이러한 맥락에서 '열린 국익의 증진(開かれた国益の増進)'이라는 새로운 ODA 전략을 통해 일본의 상대적인 지위 하락을 극복하겠다는 구상을 발표하였다.

　　일본 정부의 이러한 방침은 한편에서는 글로벌차원의 환경문제를 해결하려는 의지가 내포되어있기도 했지만 다른 한편에서는 ODA를 활용하여 국내 경제 전략을 대외적으로 투사한다는 의미를 갖는다. 특히 일본은 개발도상국에 대한 지원강화를 약속하고 있는데, 이는 빈곤 감소라는 밀레니엄 개발 목표(MDGs) 달성을 준수하면서도 개발도상국의 경제성장에 자국의 기술을 이용하고 환경, 인프라 분야에 투자함으로써 일본 국내 경제성장에 다각적으로 도움이 되는 방향을 모색한다는 점에서 매우 전략적이라 할 수 있다(外務省 2010). 특히 지속되는 국내경제의 장기불황과 이로 인한 정부의 재정투입 및 양적 완화와 같은 기존 해결책의 한계는 분명 과거와는 다른 새로운 성장 동력을 필요로 하게 되었다.

이를 위해 일본은 ODA를 통하여 개도국과의 환경 분야 협력을 새로운 성장 동력으로 활용할 수 있는 가능성에 주목하기 시작하였다. 세계적으로 녹색성장 및 녹색 기술 시장은 2020년 5조 7,000억 달러에 달하며, 재생에너지 관련 투자 또한 2030년까지 약 6,300억 달러에 달할 것으로 예상되고 있다(United Nations Environment Program 2011). 2005년 기준 GDP 대비 이산화탄소 배출량이 가장 낮은 국가로서 높은 기술력을 보유하고 있는 일본이 기술력을 바탕으로 녹색기술 이전 및 협력 사업을 집중적으로 추진하고자 한 것은 일본 정부로서는 어쩌면 당연한 선택이라고 할 수 있다(外務省 2008a). 이로써 환경 분야 중심의 ODA 정책이 국내 경제정책과 연계되기 시작한 것이다.

일본 정부가 ODA 정책과 경제정책을 연계하는 방식은 크게 두 가지로 나타난다. 환경 보호라는 지구적 문제에 대한 기여를 기치로 ODA를 개도국과의 환경 분야 협력을 강화하는 수단으로 활용하는 방식과 국내적 차원에서 새로운 성장 동력으로서 환경 분야의 가능성에 주목하고 이를 대외적 차원에서 개도국과의 협력에 활용하는 방식이 그것이다. 전자의 방식은 2008년 발표된 쿨어스파트너십에서 후자의 방식은 신성장전략에서 찾을 수 있다. 다음에서는 쿨어스파트너십과 신성장전략에 대한 검토를 바탕으로 일본 정부가 환경을 매개로 ODA 정책을 국내 경제정책과 연계하는 과정을 분석한다.

1990년대 초부터 일본은 환경 등 지구적 문제에 대처하겠다는 뜻을 국제 사회에 공표하고 ODA를 통한 환경문제 해결에 적극적으로 대응하기 시작하였다. 이러한 노력은 2000년대 이후에도 지속되었다. 2008년 1월 후쿠다 야스오(福田康夫) 총리가 기후변화 해결을 위한 개도국의 자금 지원 프로그램으로서 쿨어스파트너십을 발표한 것이 대표적 사례이다. 후쿠다 총리는 다보스 포럼(Davos Forum)에서 "국제 환경협력의 또 다른 축인 배출 감축과 경제 성장을 양립시켜 기후 안정화에 기여하기 위한 개발도상국 지원"임을 밝히고, 이를 위한 자금 메커니즘인 쿨어스파트너십을 발표하였다. 다른 여타 선진국 가운데에서도 일본이 100억 달러로 가장 많은 액수를 지원할 만큼 기후변화 해결을 위한 자금 지원에 중요한 역할을 자임하였다. 실제로 2012년 10월 말 기준 일본의 환경 ODA는 기후변화와 관련하여 개발도상국에 민관합계 1조 7,500억 엔(약 150억 달러) 규모를 기록했다. 여기에는 ODA와 기타공적자금(OOF), 민간자금 지원이 포함되는데, 이 가운데 순수 공적자금은 약 138억 달러이다(外務省 2012).[7]

쿨어스파트너십의 지원 내용을 구체적으로 살펴보면, 전체 자금의 80퍼센트인 80억 달러(1조 엔)가 완화 부문에 집중되어 있다. 여기에는 기후변화대책 엔 차관 설립과 온난화 대책 프로그램, 국제협력은행에 의한 출자·보증, 무역 보험 및 보조금, 민간자금 유치 등이 포함된다(外務省 2008b). 반면 적응 분야의 지원 규모는 전체 자금의 약 20퍼센트인 20억 달러에 불과하다.

일본이 쿨어스파트너십을 통한 지구적 차원의 환경 보호를 위해 약 100억 달러 규모의 경제적 지원을 공약한 가운데 무려 80퍼센트 가

7　일본은 쿨어스파트너십에서 약속한 대로 완화과정에 137억 달러, 적응과정에는 12.9억 달러를 지원하였다(外務省 2012).

량을 완화에 할당하고 있는 이유에 주목할 필요가 있다. 쿨어스파트너십의 지원분야는 크게 적응과 완화로 나누어진다. 적응은 기후 변화 및 자연 재해 등으로 인한 급격한 환경 변화에 대응력을 키우는 데 초점을 맞춘 지원책으로 기후변화에 특히 취약한 개도국이 기후변화에 적응하도록 돕는 삼림 보전, 방재, 가뭄·홍수 등의 대책을 지원한다. 반면, 완화는 발전설비의 에너지 효율 향상 등을 통한 배기가스 배출량의 감축을 목표로 하고 있다. 적응과 완화는 환경 보호와 개선에 모두 중요한 대응 방식이지만, 완화와 관련된 노력에는 공여국과 수원국 사이의 기술적 협력이 수반된다고 할 수 있다. 특히 완화에는 발전설비의 에너지 효율향상을 높이는 방법으로 온실가스 배출 절감이 시도된다. 이 과정에서 공여국은 에너지 절약 노력 등의 과정을 통해 수원국이 온실가스 배출감축을 달성하고 더불어 경제성장을 양립할 수 있도록 지원한다.

　일본 정부가 완화와 관련된 지원에 적극적인 것은 에너지 및 환경에 관한 기술력을 보급하고 이를 위한 차관과 민간프로젝트에 지원하려는 의도와 밀접한 관련이 있다. 또한 녹색 기술 이전 등 환경 분야에 협력 하는 과정에서 일본 기업들에게 경제적 기회를 제공함으로써 새로운 성장 동력을 발굴하려는 의도도 내포되어 있다. 일본 정부가 환경·에너지 분야를 일본이 강점을 가진 성장 분야로 지목하고 태양광 발전, 무공해 석탄·화력 발전과 같은 새로운 신재생에너지 개발에 주력하고 있는데, 이러한 노력을 대외적으로 확대하는 수단으로서 환경 ODA를 활용하려는 것이다.

　결국 일본은 국내적인 수준에서는 환경 및 에너지 기술력을 발전시킴과 동시에 관련된 산업을 육성·부흥시키고 글로벌한 차원에서는 개도국에 우월한 자국의 녹색기술을 이전·수출하는 형태의 환경 ODA를 추구하고 있다. 환경 ODA를 통해 개도국과의 협력을 강화하는 한편, 이를 새로운 성장 동력으로 활용하려는 양면 전략을 구사하고 있는 것이다. 쿨어스파트너십의 사례는 국제공헌 증대를 목표로 하는 ODA 정책이 환경을 매개로 국내 경제와 연계되는 현상을 나타내고 있다. 과거 상업적 ODA라는 비판에서 ODA 정책 변환이 이루어졌으나, 환경 ODA가 국내의 경제적 이해관계와 연계되고 있다는 점에서 전략적 성격이 드러난다. 환경을 통해 간접적으로 연계되고 있을 뿐 전략적 연계는 오히려 강화되었다고 할 수 있다.

한편, 일본 정부는 2010년 경제 재건을 위한 새로운 경제성장 전략으로서 '신성장전략'을 발표하였다. 일본이 직면하고 있는 경제 문제를 해결하고 새로운 성장 동력을 육성하여 2020년까지 연평균 약 2퍼센트의 성장을 목표로 7개의 전략 분야와 21개 국가전략과제를 제시하였다. 전략 분야 중에는 수요 확대가 유망한 분야로서 환경과 복지 분야가 선정되었다. 기후 변화 등 국제사회에서 환경문제가 긴급히 해결해야 할 현안으로 대두되고 있는 상황에서 환경·에너지 분야에서의 수요를 자극하는 정책을 추진하여 이를 성장의 기회로 활용하고자 하는 것이다. 이러한 전략은 환경 분야를 새로운 성장 동력으로서의 가능성에 주목하고, 이를 극대화할 수 있는 방안으로 환경 협력의 강화를 모색하였다는 점에서 쿨어스파트너십에 나타난 전략과 차이가 있다. 쿨어스파트너십의 전략이 지구적 차원의 환경 보호와 지속가능 발전을 위한 국제 공헌을 표방하는 가운데 개도국과의 협력을 표방한 것이라면, 신성장전략에 나타난 전략은 새로운 성장 동력을 발굴하기 위한 국내적 필요를 실현할 수 있는 수단으로서 환경 분야의 협력을 추구하였다는 차이가 있는 것이다. 이러한 배경에서 일본 정부는 국내적으로 환경·에너지 분야에서 2020년까지 50조 엔 이상 규모의 환경 관련 시장을 창출하겠다는 목표를 제시하였다.

그러나 일본은 국내경제정책임에도 불구하고 신성장전략을 통해 민간 기술을 활용하여 전 세계 온실효과 가스 감축량 13억 톤(일본 전체의 총배출량에 상당) 이상을 달성하겠다는 목표를 제시하였다. 이러한 목표는 쿨어스파트너십에서 강조했던 기후변화문제해결이라는 국제공헌에 기여함과 동시에 자국의 기술을 적극적으로 해외로 확산시키겠다는 점에서 환경 ODA와의 연관성을 인지해 볼 수 있다. 신성장전략은 국내 경제정책이지만 해외 인프라 전개 사업과 일본 기술을 해외로 수출·이전하기 위한 민관 연계 지원을 포함한다. 신성장전략은 환경과 에너지 분야를 전략 분야로 설정하여, 수자원·발전·철도 등 인프라 분야에서의 해외 진출을 확대하였다. 지구적 차원에서 환경 관련 인프라를 구축하는 데 기여하는 한편, 일본의 새로운 성장 동력으로 활용하겠다는 전략을 수립한 것이다. 바로 이 지점에서 ODA 정책이 국내 경제정책과 연계되는 현상이 초래되었다. 국내 고용문제 해결을 위해 환경산업의 해외진출을 도모하고 아시아의 경제성장과 환경문제를 자국의 기술력으로 해결하며 환경(기후변화 포함), 인프라 투자 정비 등에 대한 ODA를 통해 경제성장을 견인하겠다는 일단의 구상을 밝히고 있는 것이다(外務省 2010a; 內閣府 2010). 이어 발표된 '일본재생전략'에서도 일본의 기술 이전과 해외 인프라 사업 등을 활용하여 일본 경제의 부흥을 꾀하겠다는 목표를 제시하였다.

특히 일본 정부는 세계에서 경제성장이 가장 빠른 동아시아 지역과의 경제적 연계가 일본 경제 활성화에 긴요하다는 점을 신성장전략과 재생전략을 통해 반복적으로 천명하였다. 일본이 아시아 성장의 가교역할을 담당하는 동시에 환경이나 인프라 분야 등에서 고유의 강점을 결집하여 전략적으로 아시아 지역에서 비즈니스를 전개하겠다는 것이다(이형근 2010). 이를 위해 신성장전략을 통한 구체적인 전략

과제로서 '패캐지형 인프라 해외수출(パッケージ型インフラ海外展開)' 을 제시하였다. 아시아에서는 공업화와 도시화의 진전에 따라 인프라 정비에 대한 수요가 급증하고 있으며, 그 규모는 2010년~2020년간 약 8조 달러에 이를 것으로 추정되고 있다(ADB 2009). 특히 중국, 인도, 베트남 등 상당수 아시아 국가에서 운수, 전력, 물 등의 인프라 부족 등이 예상되고 있다. 일본은 자국의 앞선 환경기술과 경험을 아시아 여러 나라와 공유하여 환경문제와 인프라분야 등에 대해 종합적·전략적으로 아시아 지역에서의 비즈니스를 전개하고자 하는 것이다. 일본이 갖고 있는 세계 최고 수준의 환경·에너지 절약기술과 풍부한 경험 노하우를 집약하여 수자원·발전·철도 등 아시아를 중심으로 한 인프라 구축을 추진하고 이를 통해 아시아의 성장세를 일본 성장에 흡수하려는 것이다(정성춘 2010). 구체적으로 일본 정부는 아시아 지역에서 급증하는 인프라 수요 가운데 일본이 2020년까지 약 19.7조 엔 규모의 시장을 획득한다는 목표를 제시하고 있다(第一生命経済研究所 2010). 이를 통해 아시아 국가들과의 양자관계를 바탕으로 일본은 2020년까지 아·태자유무역권(FTTAP)을 구축하겠다는 거시적인 목표도 제시하였다. 환경 ODA를 통해 이 지역과의 경제 통합을 심화시킬 수 있는 전략적 수단을 추구하게 된 것이다.[8]

이밖에도 일본이 메콩지역에서 수행하고 있는 ODA 사업은 이러한 전략적 사업 중의 하나라고 볼 수 있다. 그린메콩 사업은 일본의 다른 ODA 사업과 마찬가지로 메콩강 연안 국가에 대한 항만과 도로, 발전소, 고속철도 사업 등 인프라 정비사업을 주로 시행한다. 메콩지역 국가들의 하드웨어 및 소프트웨어 인프라를 지원함으로써 일본-메콩

---

8 간 나오토(菅直人) 총리가 '열린 일본'(open Japan)을 제시하고 TPP 가입을 긍정적으로 검토하기 시작한 것이 대표적인 사례이다(JETRO 2011).

지역 국가 간 무역 및 투자를 활성화할 것을 목표로 사업을 추진하는 것이다(外務省 2009b). 일본 정부는 또한 2015년까지 3년간 메콩 지역 국가들에 대해 ASEAN 공동체 구축을 돕는다는 명분으로 총 사업비 약 2조 3천억 엔 규모의 엔 차관뿐 아니라, 약 6천억 엔에 달하는 무상 자금 협력 및 기술 협력 자금 지원을 공표하였다(外務省 2012). 이와 같이 일본 정부는 환경을 매개로 하여 ODA 정책과 국내 경제의 활성화를 위한 새로운 성장전략을 밀접하게 연계하고 있다.

V. 결론

1990년대 초 세계 최대 공여국으로 부상한 일본은 국제 공헌의 증대를 목표로 하는 외교정책의 패러다임이 변화하는 가운데 ODA 규모가 감소하는 이중의 도전에 직면하였다. 일본 정부는 환경 ODA로 ODA 정책을 전환함으로써 이러한 상황을 돌파하고자 하였다. 그 결과 외교정책과 ODA 정책이 환경을 매개로 하여 연계되는 현상이 발생하였다. 2000년대 이후 일본의 ODA 정책은 환경을 고리로 국내 경제 전략과 연계되는 새로운 변화를 나타냈다. 쿨어스파트너십의 사례에서 나타나듯이, 일본 정부는 환경 분야에서 개도국에 대한 과감한 재정적 지원을 약속하는 한편, 이 과정에서 자국의 높은 기술력을 활용한 기술 협력과 이전을 추진하였다. 이후 신성장전략에서 일본 정부가 환경과 에너지 분야를 전략 분야로 설정한 데서 알 수 있듯이, 환경 분야는 국내 경제 정책과 더욱 긴밀하게 연계되기 시작하였다. 즉, 일본 정부는 지구적 차원에서 환경 관련 인프라를 구축하는 데 기여하는 한편, 인프라 분야에서의 해외진출을 확대함으로써 새로운 성장 동력으로 활용하고자 하였다. ODA 정책이 환경을 매개로 하여 경제정책과 연계된 것은 이러한 이유이다.

일본 ODA 정책의 전환이 시사하는 이론적·현실적 함의는 무엇일까? 첫째, ODA 정책 변화의 성격을 정책 간 연계의 관점에서 검토할 필요가 있다. ODA 정책에 높은 정책적 우선 순위와 독자성을 부여하는 사례는 북유럽 국가 등 일부 공여국에서 발견될 뿐이다. 대다수의 공여국들은 정도의 차이는 있으나 ODA 정책과 다른 정책을 연계하는 것이 일반적 현상이다. 따라서 ODA 정책과 기타 정책 사이의 연계 여부보다는 연계 방식을 보다 체계적으로 규명할 필요가 있다. 일본의 경우, ODA 정책이 외교정책 패러다임의 변화와 국내 경제정책의 변화와 연계됨으로써 환경 ODA 중심으로 재편되었다. 일본의 사례는 다른 정책과의 연계가 ODA 정책 변화를 촉진하는 요소로 작용하였음을 보여준다고 하겠다. ODA 정책에 대한 국내 이해 관계자 집단이 조직적으로 형성되어 있지 않을 뿐 아니라, ODA 예산 증대에 대한 원조 피로 현상이 대두됨에 따라 정책적 연계의 필요성이 더욱 증대될 수 있음을 시사한다.

둘째, 1990년대 초 국제공헌 증대의 필요성과 예산 감소의 압박으로 인해 환경 ODA 중심으로 정책적 전환을 한 것은 분명 커다란 변화이다. 더욱이 이러한 전환이 과거 상업적 ODA에 대한 국내외적 비판을 불식시키는 데 기여했을 뿐 아니라, 일본이 지구적 공공재를 제공하는 데 적극성을 보이기 시작했다는 평가를 받는다는 점에서 성공적이었다고 할 수 있다. 반면, 전환된 일본의 ODA 정책의 전략적 성격은 강화된 측면이 있다. 일본 정부가 과거와 달리 환경이라는 보편적 가치를 강조하는 국제규범을 빠르게 흡수하고 이를 ODA 정책에 투영한 것은 사실이나, 이것이 일본 ODA 정책의 전략적 성격이 약화되었음을 의미하지는 않는다. 일본 정부는 오히려 환경을 매개로 ODA 정책을 외교정책 또는 국내 경제정책과 연계함으로써 그 전략적 성격을 강화하였다. 이러한 차원에서 일본 ODA 정책의 변화는 보편적 가치의 추구와 열린 국익의 추구를 병행할 수 있는 가능성을 제시하였다는 의미를 갖는다.

참고문헌

박홍영. 2003. "'일본형 원조외교의 특징 및 변화상 고찰: 서구제국과의 비교관점에서."
　　『국제정치논총』 43(4), pp.381-399.
윤석상. 2011. "일본 민주당 정권의 공적개발원조(ODA)정책에 관한 비판적 고찰."
　　『일본연구』 49, pp.67-88.
이기완. 2012. "일본의 기후변화정책을 둘러싼 정치동학: 국내 요인을 중심으로."
　　『아시아연구』 15(1), pp.85-112.
전황수. 1995. "일본의 대아세안 경제협력정책: 정부개발원조(ODA)의 목적과 성과."
　　『국제정치논총』 35(2), pp.291-316.
정보통신산업진흥원. 2012. "일본재생전략정책분석." 『정책분석』 33, pp.1-13.
정성춘·이형근. 2010. "일본 신성장전략의 주요내용과 평가." KIEP, 『오늘의 세계경제』
　　10(18), pp.1-14.
최은봉·박명희. 2008. "1990년대 일본 대외원조 환경변화와 자민당의 ODA정책 대응." 『담론
　　201』 10(4), pp.39-70.

KOTRA. 2010. 일본 신성장전략 보고서.
ADB. 2009. Infrasturucture for a Seamless Asia.
Arase, David. 1995. *buying Power: The Political Economy of Japan's Foreign Aid*. Lynne
　　Reinner Publishers.
Calder, Kent. 1988. "Japanese Foreign Economic Policy Formation: Explaining the
　　Reactive State." *World Politics*. 40.
Ensign, Margee. 1992. *Doing Good or Doing Well? Japan's Foreign Aid Program*. New
　　York: Columbia University.
Green, Michael J. 2001. *Japan's Reluctant Realism: Foreign Policy Challenges in an Era
　　of Uncertain Power*. Palgrave.
Holroyd, Carin. 2009. "National Mobilization and Global Engagement: Understanding
　　Japan's Response to Global Climate Change Initiatives." *Asian Perspective*. 33(2).
Inderst, Georg. 2009. Pension Fund Investment in Infrastructure. OECD.
Inoguchi, Takashi. 1991. "Japan's Response to the Gufl Crisis: An Analytical Overview."
　　Journal of Japanese Studies. 17(2), pp.257-273.
JETRO. 2011. Japan Looks to Trans-Pacific Partnership to Transform Its Economy.
Kameyama. Yasuko. 2004. "Evaluation and Future of the Kyoto Protocol: Japan's
　　Perspective." *International Review for Environmental Strategies*. 5(1).
Lancaster, Carol. 2006. *Foreign Aid: Diplomacy, Development, Domestic Politics*.
　　University of Chicage Press.
OECD. 2010. Aid in support of Environment.

OECD. 2013. Aid in support of Environment.

Orr, Robert. 1990. *The Emergence of Japan's Foreign Aid Power*. New York: Columbia University Press.

Palanovics, Norbert. 2006. "Quo Vadis Japanese ODA? New Developments in Japanese Aid Policies." *Asia Europe Journal*. 4(3), pp.365–379.

Peng, Yali. 1993. "The Earth Sumit and Japan's Initiative in Environmental diplomacy." *Futures*. 25(4).

Purrington, Courtesy. 1992. "Tokyo's Policy Responses During the Gulf War and the Impact of the "Iraqi Shock" on Japan." *Pacific Affairs*. 65(2), pp.161–181.

Purrington, Courtesy and A. K. 1992. "Tokyo's Policy Responses during the Gulf Crisis." *Asian Survey*. 312(4), pp.307–324.

Soderberg, Marie. 2002. *The Business of Japanese Foreign Aid*. New York: Taylor & Francis e-Library.

United Nations Environment Program. 2011. Towards a Green Economy: Pathways to Sustainable Development and Poverty Eradication.

Yoshimatsu, Hidetaka and Dennis D. Trinidad. 2010, "Development Assistance, Strategic Interests and the China Factor in Japan's Role in ASEAN Integration." *Japanese Journal of Political Science*. 11(2).

岡田克也. 2005. 開かれた国益」をめざして: アジア'そして世界とともに生きる.

小沢一郎. 1993. 『日本改造計画』. 講談社.

外務省. 1992. 日本ODA大綱. http://www.mofa.co.jp.

外務省. 2000. 日本ODA大綱. http://www.mofa.co.jp.

外務省a. 2008. 気候変動ファクトシート.

外務省b. 2008. クールアース・パートナーシップ: 気候変動対策における開発途上国支援のための資金メカニズム.

外務省a. 2009. 日本・メコン地域諸国首脳会議. http://www.mofa.go.jp/mofaj/area/j_mekong_k/s_kaigi/j_mekong09_ts_ka.html.

外務省b. 2009. 日メコン行動計画63. http://www.mofa.go.jp/mofaj/area/j_mekong_k/s_kaigi/j_mekong09_63_ka.html.

外務省a. 2010. 開かれた国益の増進: 世界の人々とともに生き'平和と繁栄をつくる. ODAのあり方に関する検討最終とりまとめ.

外務省b. 2010. パッケージ型インフラ海外展開推進実務担当者会議.

外務省. 2011. 日本ODA白書. http://www.mofa.co.jp.

外務省. 2012. 気候変動分野における日本の2012年末までの途上国支援.

外務省. 2012. 日メコン協力のための東京戦略2012. http://www.mofa.go.jp/mofaj/area/j_mekong_k/s_kaigi04/joint_statement_jp1.html

国際協力機構. 2008. 国際協力機構年報.

経済産業省. 2008. Cool Earth －エネルギー革新技術計画.

第一生命経済研究所. 2010, アジアインフラ需要獲得の効果.

内閣官方. 2012. 日本再生戦略.

http://www.cas.go.jp/jp/tpp/pdf/2012/2/10.20120918_5.pdf.

内閣府. 2010. 新成長戦略について.

福田康夫. 2008. 太平洋が「内海」となる日へ「共に歩む」未来のアジアに5つの約束.

http://www.mofa.go.jp/mofaj/press/enzetsu/20/efuk_0522.html.

제10장

개발원조정책과 국회:
국회의원의 행정부 감시 책무성[*]

장혜영

[*]   이 글은 2014년 『한국정당학회보』 제13권 2호(통권 27호), pp. 255-285에 실린 논문임.

이 **장은** 한국 공적개발원조 지형의 변화 속에서 공적개발원조 예산 확보가 국제적인 주요 이슈가 되는 점에 비해 한국 공적개발원조 예산의 지속적 증가라는 특이 현상을 국회의 행정부 감시 책무성 저하라는 점에서 확인하고자 하였다. 연구 결과 국회의원들이 행정부 감시 기능을 시행해야 하는 각종 위원회에서 의원들은 공적개발원조정책에 관하여 정부의 국정 목표에 순응하여 예산 증액에 대한 비판보다 오히려 예산 증액을 요구하는 모습을 보였다. 이러한 현상의 이면에는 공적개발원조정책과 이익이 직결되는 유권자가 존재하지 않기 때문에 유권자들의 요구로부터 상대적으로 자유로운 국회의원들이 정부의 정책에 지지를 함으로써 '국익'과 '선진국'을 위한 의정활동이라는 측면을 부각한다는 점이 작용한다. 이와 동시에 공적개발원조정책에 대한 의원들의 상대적으로 낮은 관심 또한 정부 정책에 대한 비판적 고찰보다 정책에 대한 순응으로 이어지게 되었다. 마지막으로 한국 국회의원들이 국제사회에서 인식되는 공적개발원조의 규범적 성격에 대한 낮은 이해로 말미암아 공적개발원조정책의 목표를 '정치적, 경제적 국익'에 둠으로써, 공적개발원조 예산을 둘러싼 국회의원들과 정부 간 갈등이 적을 수 있었다는 점도 정부의 원조 예산 증액이 국회의 저항없이 지속적으로 나타나도록 한 요인이 되었다.

I. 서론

2010년 한국은 OECD DAC회원국으로 가입하게 되었고 최초로 수원국에서 공여국으로 성공적인 전환을 마친 국가가 되었다. 이후 한국의 공적개발원조(Official Development Assistance)[1]의 금액은 지속적으로 증가하여 2012년 기준 개발협력 총규모는 약 1조 8천 6백억 원으로 2011년 규모 대비 약 12퍼센트(2천억 원)가 증가하였으며 2015년까지 GNI 대비 0.25퍼센트를 달성하기 위해 노력하고 있다. 이러한 정부의 노력은 최근 5년간(2008~2012) 우리나라 공적원조 규모의 증

---

1 공적개발원조(Official Development Assistance)의 개념은 1969년 경제협력개발기구(OECD: Organization for Economic Cooperation and Development)의 개발원조위원회(DAC: Development Assistance Committee)가 개발도상국에 대한 자금흐름(Flow of financial resources to developing countries)을 개발원조(Development Assistance)로 정의한 이후 사용되고 있다. 특히 개발원조회의는 공적개발원조를 '개발도상국의 경제개발과 복지증진을 위하여 원조공여국이 자체의 재정자금을 이용하여 공여하는 순수한 원조'로 규정하였고 이것이 공적개발원조에 대한 최초의 개념 정립이라고 할 수 있다.

가율이 OECD DAC 회원국 중 1위의 기록(기획재정부 2014)을 만들었고 연평균 증가율 18.1퍼센트라는 폭발적인 증가세로 나타났다. 원조금액의 증감에 대한 국내적 논의는 원조정책이 단지 국제규범에 따른 원조국의 공여행위뿐만 아니라 일국의 중요한 외교정책의 일환이라는 측면에서 정치적인 논의로 이해되어야 하는 필연성을 가지고 있다. 공적개발원조정책에 관한 논의 중 법적·제도적 측면을 제외하고 가장 민감한 분야가 바로 원조예산액의 증가일 것이다.

한국의 공적원조 지원액은 전체 DAC 회원국들의 ODA 실적과 비교하여도 예외적으로 높은 증가율을 보인다. 예를 들어 한국과 유사한 경제규모를 가진 네덜란드와 스페인은 2008년부터 2012년까지 각각 -5.7퍼센트와 -26.2퍼센트의 원조 금액 감소를 경험하였다. 이와 함께 공적원조금액의 약 70퍼센트를 담당하고 있는 G7 국가들의 연평균 증가율이 0.8퍼센트에 지나지 않는다는 현실은 원조금액의 증가가 단순히 공여국 정부의 의지나 혹은 경제성장률만으로 이해될 수 없음을 보여준다. 원조예산액의 증감이 국내 정치의 다양한 이해관계를 포함하는 정치적 행위라는 부분에 이견이 없으나, 왜 한국에서 원조 예산액이 다른 DAC 회원국들보다 월등하게 증가하는지에 대한 연구는 제한적이다. 그렇다면 대부분의 DAC 회원국들이 대외원조를 전반적으로 줄이고 있는 상황에서 왜 한국의 원조 예산액은 끊임없이 증가하고 있는가?

위의 질문에 대답하기 위하여 본 연구는 공적개발원조 예산의 증액 현상을 개별 국회의원의 행정부 감시 책무성을 통하여 살펴보는 것을 목적으로 한다. 구체적으로 정부의 공적개발원조 예산에 대한 국회의원의 반응을 통하여 국회의 전통적 기능 중 하나인 국회의 행정부 감시 기능이 정부의 공적개발원조 예산의 증가에 영향을 주고 있음을 확인하고자 한다. 이를 위하여 이 연구에서 일반적으로 규정하는 국회의 행정부 감시 기능을 공적개발원조정책에서의 국내적 책무성이라는 규범과 결합하여 국회의원의 '감시 책무성'(Oversight Accountability)으로 규정한다.

공적개발원조정책에 있어서 국내적 책무성(Domestic Account-ability)은 정부뿐만 아니라 세금의 적절한 집행을 감시해야 하는 국회 또한 공유해야 하는 중요한 부분이다. 따라서 국회의 행정부 감시 기능이 일반적으로 국회에 부여되는 기능적 행위와 함께 '책무성'이라는 규범적 측면을 제시함으로써 국회의 행정부 감시 기능 분야의 연구 범위를 넓히고자 한다. 특히 이 연구는 국회의원 개인의 행정부 감시책무성에 초점을 맞춤으로써 의원의 행정부 감시 책무성이 공적개발원조 예산의 증액 현상으로 대변되는 정부의 정책행위를 얼마나 효과적으로 견제할 수 있는지 살펴보는 계기가 될 것이다.

이를 위하여 본 연구는 국회의원의 행정부 감시 책무성을 개별 국회의원들의 개발원조정책에 대한 인식을 중심으로 분석하는 것을 목표로 하고, 국회 회의록 분석을 중심으로 연구를 진행하고자 한다. 구체적으로 공적개발원조 의제가 본격적으로 논의된 제18대와 제19대 국회 회의록 중 2007년부터 2013년 외교통상통일위원회, 기획재정경제위원회, 예산결산특별위원회, 국정감사 및 법제심사소위원회의 회의록을 주요 분석 대상으로 한다. 국회회의록은 국회의원의 개별 의정활동의 현장기록을 담은 자료로서 각각의 의원들이 특정 이슈에 대한 견해를 살펴볼 수 있는 연구 자료이다. 또한 공적개발원조정책과 국회와의 관계를 다룬 선행연구가 전무한 상황에서 적어도 이 분야에 대한 의원들의 인식을 통하여 '사활적 이해관계를 가진 유권자가 없는 정책'에서 국회의 행정부 감시기능을 정성(定性)적으로 분석할 수 있는 자료로서 의의가 있다.

　이 연구는 다음과 같이 구성된다. 우선 공적개발원조와 국회의 행정부 감시 기능에 대한 기존 연구를 살펴보고, 다음으로 공적개발원조 예산의 추이를 설명할 것이다. 이후 국회의원들의 공적개발원조정책에 대한 인식을 통하여 국회의원의 행정부 감시 책무성의 현황을 확인하고, 국회의원의 행정부 감시 책무성이 공적개발원조 예산에 미치는 영향을 파악할 것이다. 마지막으로 공적개발원조 예산과 관련한 국회의원의 감시 책무성의 의의를 도출하고자 한다.

II. 공적개발원조와 국회의 행정부 감시 책무성

공적개발원조(ODA: Official Development Assistance)는 "한 국가의 중앙 혹은 지방정부 등 공공기관이나 원조집행기관이 개발도상국의 경제개발과 복지향상을 위해 개발도상국이나 국제기구에 제공하는 자금의 흐름"을 의미한다.[2] 한국의 대외원조정책의 역사는 1987년 대외경제협력기금(EDCF)의 설립을 시작으로 본격적으로 이루어졌다고 볼 수 있다. 이후 1991년 한국국제협력단(KOICA)이 설립되면서 한국은 유상원조와 무상원조의 이중 원조체계 속에서 공적개발원조를 시행하게 되었다.[3] 또한 2010년에 선진국 공여클럽으로 불리는 OECD의 개발원조위원회(Development Assistance Committee)의 스물네 번째 회원국이 되었고, 이를 통하여 한국은 최초로 수원국에서 공여국으

2　http://www.odakorea.go.kr/ODAPage_2012/T01/L02_S01.jsp(검색일: 2014.3.15.).
3　한국의 공적개발원조 역사 및 현황에 대한 자세한 소개는 한국국제협력단(http:www.odakorea.go.kr)을 참고할 것.

로 전환한 성공적 사례가 되었다. 이러한 한국의 독특한 위치를 이해하고자 하는 학문적 노력이 공적개발원조 연구 분야에서 꾸준히 진행되어 왔다. 그러나 한국의 공적개발원조정책 전반에 걸친 학문적 성과에도 불구하고 국회와의 관계를 다룬 연구는 지극히 제한적이다.

1. 한국 공적개발원조 관련 기존 연구

한국의 공적개발원조와 관련한 연구는 공적개발원조 예산의 폭발적 증가만큼 다양한 측면에서 발전하여 왔다. 공적개발원조 혹은 국제개발협력 정책에 관한 다수의 연구는 공적개발원조의 결정 요인을 다양한 시각에서 분석하려는 시도에 초점을 맞추고 있다(유웅조 2011; 구정우 외 2011; 안문석 2013). 구체적으로 한국 공적개발원조에 대한 전반적 평가를 통하여 기존 한국정부의 원조정책의 경제적 효과를 규명하는 연구(이계우 외 2007)에서부터, 한국 공적개발원조의 결정 요인을 기존 '공여국의 이해-수원국의 필요 모델'과 함께 세계정체이론을 통하여 분석하려 한 시도(구정우 외 2011) 및 구성주의적 시각을 제시한 연구(안문석 2013)가 있었다. 또한 한국 공적개발원조정책의 성격에 대한 논의로서 현실주의와 이상주의의 이분법적 시각에서 분석하여 한국의 공적개발정책 형성은 현실주의적 시각의 영향을 받고 있음(유웅조 2011)을 확인하는 연구와 함께 담론을 중심으로 한 공적개발원조의 인류학적 접근(이태주 2003)까지 다양하게 전개되어 왔다. 이와 함께 최근 공적개발원조에 대한 다양한 학문분야에서의 연구 성과는 외국의 공적개발원조정책의 한국적 함의(황원규 2010; 신상협 2011; 이계우 2011; 손혁상 2010)에 대한 소개나, 혹은 한국의 공적개발원조의 규범적 목적에 주목(조한승 2005)하는 연구가 증가하였다. 이와 동

시에 특정 분야의 공적개발원조정책(예를 들어 새마을 운동)의 해외 적
용 가능성 탐색과 같은 정책 실용성에 주목하는 연구(임형백 2011)까
지 광범위하게 진행되고 있어서 공적개발원조에 대한 학문적 다양성
이 높아지는 것을 확인할 수 있다.

이렇듯 공적개발원조와 관련한 연구의 양적, 질적 향상이 두드러
지고 있으나 기존의 연구는 개발원조정책 자체에 연구의 초점이 맞추
어져 있다는 한계가 있다. 우선 대부분의 연구가 공적개발원조정책의
결정 요인, 특히 자원의 배분을 결정하는 요인이나, 규범과 국익의 이
분법 속에서 공적개발원조정책의 현 주소를 규명하려는 노력에 연구
가 집중된 경향이 있다. 특히 최빈국으로부터 공여국으로 성공적으로
전환한 한국의 공적원조정책의 방향성에 대한 고찰이 무엇보다 필요
한 상황에서 개발원조와 관련된 많은 연구들이 정책형성에 대한 조언
을 목적으로 이루어진 측면도 없지 않다.

공적개발원조정책형성과정 및 속성에 대한 연구는 공적개발원조
역사가 일천한 한국의 기존 원조정책 현황에 대한 이해를 돕는 것과
동시에 한국적 ODA 모델의 정립에 학문적 기반을 제공한 의의가 있
다. 이러한 학문적 성과는 공적개발원조정책의 방향성 및 속성에 대
한 분석의 틀을 제공하는 데 중요한 역할을 하였으나 공적개발원조정
책의 집행 축인 정부의 행위에만 초점을 맞추고 있다는 한계가 있다.
예를 들어 1992년부터 2008년까지 한국 공적개발원조정책의 수립에
있어 현실주의적 국익 측면이 큰 영향을 주는 것을 확인(유웅조 2001:
52-54)한 연구는 정부 정책에 영향을 주는 이념적 성향을 분석함으로
써 향후 한국의 공적개발원조정책의 방향성에 대한 논의의 틀을 제시
하였다. 이러한 학문적 결과에도 불구하고 연구가 정부의 현실주의 정
책에 영향을 주는 요인에 대한 분석보다 여전히 정부 정책 자체에 초

점을 두고 있기 때문에 점점 더 복잡해져가는 공적개발원조 지형 속에서 개발원조정책의 역동성을 깊이 있게 분석하기에 한계가 있다.

공적개발원조정책 결정 과정에 관한 또 다른 연구는 기존의 '공여국의 이해-수원국의 필요' 모델과 함께 세계문화적 압력이 국가의 공적개발원조 행위에 영향을 미칠 수 있음을(구정우 외 2011: 169) 분석함으로써 공적개발원조정책에 국내외 요인이 모두 영향을 줄 수 있는 복합성을 제시하였다. 이러한 일련의 연구성과들은 향후 원조정책을 둘러싼 다양한 변화에 대한 논의를 심화시킬 수 있는 단초를 제시한 것으로 의미가 있으나 여전히 대부분의 연구는 공적개발원조정책을 집행하는 정부의 측면에서 정책의 효율성과 성과에 대한 분석을 통한 개발원조정책의 성격 규명의 틀을 벗어나지 못한다는 기존의 한계를 보이고 있다. 이러한 점에서 공적개발원조정책의 형성에서 복합적 사회 네트워크와 글로벌 국가 네트워크를 고려한 논의의 중요성과 함께 공적개발원조정책을 둘러싼 국내 행위자들 간의 역동성에도 초점을 맞추어야 한다는 차기 연구 주제의 제시(김태균 2012: 804)는 향후 공적개발원조 연구 방향의 제시에 의미가 있다. 특히 공적개발원조에서 정부를 제외한 국내 행위자들에 대한 연구 필요성의 제시는 정책형성에서 중요한 축을 담당하는 국회의 역할에 대한 연구에 의의를 부여한다.

2. 공적개발원조와 국회의 역할

공적개발원조와 관련한 기존의 연구들은 정부의 정책결정과정에 대한 분석의 틀을 제공하는 데 중요한 역할을 하였으나 여전히 공적개발원조와 관련한 복합성을 깊이 있게 분석하는 데 한계를 보인다. 이 중 공적개발원조정책의 형성과정에서 중요한 행위자인 국회에 대한 연구가 상대적으로 제한적인 부분에 주목할 필요가 있다. 공적개발원조가 국가 간 외교정책의 일환으로 여겨지고(Morgenthau 1962), 실제로 선진 공여국 내에서 원조정책의 효율성과 관련한 논의가 증가하는 것을 고려하면 공적개발원조정책과 관련한 연구의 영역이 국회와의 관계로 확대되는 것은 자연스러운 현상일 것이다. 그럼에도 불구하고 한국에서 공적개발원조정책과 국회와의 관계를 다룬 연구는 사실상 부재하다. 2010년 국제개발협력기본법이 발효된 이후 "국제개발협력위원회가 연간 국제개발협력 종합시행계획안을 심의, 조정하여 연간 국제개발협력 종합시행계획을 확정하고 이를 지체 없이 국회에 보고하여야 한다"는 조항을[4] 통하여 공적개발원조정책과 관련하여 국회가 관여할 수 있는 제도적 장치가 마련되었으나 여전히 이와 관련한 국회의 역할에 대한 후속 연구는 전무하다.

이에 비하여 오랜 공여국 전통을 가진 미국의 경우 의회 안에서 공적개발원조정책과 관련한 의회의 역할에 대한 다양한 연구가 진행되고 있다. 비단 공적개발원조라는 특정 정책에 초점을 두지 않고 일반적인 외교정책 분야에서의 의회의 역할에 대한 고찰은 미국 의회가 적어도 직·간접적으로 외교정책 결정과정에서 영향력을 행사하고 있음을 지적한다. 모겐소의 지적처럼 외교정책으로서의 공적개발원조정책뿐만 아니라 외교정책 일반에 걸쳐 대통령제 국가에서 외교정책에 대한 대통령의 영향력은 의회를 능가하는 큰 힘이라는 점을 인정하면서도, 미국 의회는 제도적 혁신과 유권자들을 향한 정치적인 제스처(grandstanding)를 통하여 간접적 영향력을 행사한다(Linsay 1993: 609). 외교정책에서 공적개발원조의 대상을 둘러싼 공화당과 민주당

---

4   국제개발협력기본법 제11조(연간 국제개발협력 시행계획안의 작성 등) 4항 (신설 2011.7.25.).

간의 이념적 긴장(Myers 2012)뿐만 아니라, 의원들의 개별 지역구 내의 유권자들의 이익과 의원들의 공적개발원조 법안에 대한 투표 행태와의 인과 관계에 대한 연구(Milner and Tingley 2010)와 같이 미국의 공적개발원조가 국내의 유권자들에게 미치는 영향에 대한 분석이 최근 원조정책과 관련하여 등장한 연구 분야이다.

미국 공적개발원조정책에 대한 의회의 관심은 공적개발원조 예산의 지속적 삭감 요구에서 나타난다. 공화당 의원들이 국내의 빈곤퇴치 및 사회문제에 집중할 수 있는 예산을 대외원조로 '낭비'하는 것에 심각한 우려를 나타내면서 연방정부의 공적개발원조 예산 삭감을 요구하는 경향과 함께 전통적으로 민주당 의원들의 친 원조(pro-aid) 성향은 이미 널리 알려진 사실이다(Irwin 2000: 38-40). 이 중 의회 내에서 공적개발원조와 관련된 투표 행태 연구를 통하여 미국 의원들의 공적개발원조법안에 대한 투표 결정요인에 주목한 연구들은 적어도 공적개발원조 법안에 대하여 개별 의원들의 투표행태가 재선과 관련이 적음을 확인해준다. 이러한 연구 결과는 공적개발원조정책에서는 개별 의원들의 공적개발원조정책에 대한 개인의 규범 및 신념이 더 큰 영향을 미친다는 것을 보여준다(Milner and Tingley 2011; Irwin 2000). 따라서 미국 의회 내에서 공적개발원조 분야에 대한 의원들의 공적개발원조정책에 대한 인식이 이 분야의 연구에 중요한 출발점이 될 수 있음을 시사한다. 즉, 선거의 결과에 큰 영향을 주지 않는 정책 분야에 대한 의원의 의정활동은 개별 의원들의 규범이나 신념에 좌우될 가능성이 있으며, 동시에 정책에 대한 지식과 관심의 정도에 따라 더욱 적극적으로 의정활동에 참여한다고 가정할 수 있다. 이는 결과적으로 공적개발원조정책 분야 중 예산의 급격한 증액 부분에 대하여, 적어도 증가 속도에 대한 우려를 표명하거나 이 부분에 대한 정부의 해명 등을 요구하는 적극적인 의정활동을 펼칠 것이라는 추론이 가능하다. 따라서 의원들이 공적개발원조정책에 대해 많은 지식이 있거나, 개인의 신념에서 나온 관심을 표명하는 경우 소속 상임위원회에서 더욱 적극적으로 비판적 예산 집행 및 심의 평가에 임할 것이며, 이러한 개별 의원들의 의정활동은 궁극적으로 집단으로서 국회의 행정부 감시 책무성을 높이는 요인으로 작용할 것이다. 반대로 의원 개인이 공적개발원조정책에 대한 지식이 제한적이거나, 이 부분에 대한 특별한 관심이 없는 경우 정부의 정책에 순응하는 태도를 보일 것이며, 이는 궁극적으로 국회의 행정부 감시 책무성을 저해하게 될 것이다. 이러한 관점에서 한국 국회의 행정부에 대한 감시 책무성에 관한 연구는 궁극적으로 국회와 행정부 간의 건전한 긴장관계를 통하여 행정부 정책 입안 및 집행에 대해 국민의 대표자로서 국회가 지속적인 견제의 의무를 다하도록 하는 것과 긴밀한 관련이 있다.

3. 한국에서의 국회의 행정부 감시 책무성

공적개발원조정책의 지속적 운영은 안정적인 공적개발원조 예산의 확보를 기반으로 한다. 더욱이 한국의 경우 2008년 이명박 정부의 출범 이후 국제사회에 공언해 온 GNI 대비 0.25퍼센트에 대한 정부의 대응으로 인하여 원조 예산의 규모는 2013년 2조 원을 넘어섰다. 특히 2010년 제 7차 국제개발위원회에서 공적개발원조 규모를 2015년까지 GNI 대비 0.25퍼센트 수준으로 확대하고, 유/무상 원조의 비율을 4:6으로 구성하며, 비구속성 원조의 비율을 75퍼센트까지 끌어올리는 내용을 담은 '국제개발협력 선진화 방안'을 발표하면서 정부의 공적개발원조정책의 효율적 집행은 그 어느 때보다 중요한 상황이다. 그러나 정부의 예산으로 집행되는 공적개발원조 예산액을 정부의 임의대로 확대하기 어려운 일이다. 정부의 예산이 확정되기 위하여 입법부의 최종 승인이 필요하기 때문에 입법부의 역할은 공적개발원조정책의 활성화에 매우 중요하다.

일반적으로 한국 국회의 행정부 견제 기능 혹은 행정부 감시 기능에 대한 연구는 국회의 행정부 견제 기능의 현황에 대한 설명과 향후 과제에 대한 설명(임종훈 1998), 혹은 국회의 행정부 견제 기능의 강화 방안에 대한 제안과 이를 실현하기 위한 방안으로서의 국회 내 정파성 극복(박명호 외 2011)과 같이 기존의 국회 기능에 대한 일반적 고찰에 머물러 있다. 즉, 행정부에 대한 국회의 감시 기능은 국회가 가진 고유한 권한 중 하나이며 이러한 국회의 기능이 충실하게 발현되었을 때 비로소 민주정치에서 진정한 의미의 상호 견제와 균형이 이루어진다는 당위적 해석이 주를 이루고 있다(김영래 2004; 김현우 2001; 이현출 2008). 이 중 박찬욱(1996)의 미국과 영국 의회의 정책집행 감독활동에 관한 연구는 정부의 공적개발원조정책에 대한 국회의 견제 기능에 대한 단서를 제공한다. 의회의 정책집행 감독활동(Legislative oversight)을 통하여 미국과 영국 의회의 행정부와 의회 간의 상호작용을 연구한 논문에서 박찬욱은 정책집행의 책임성, 공개성, 효과성을 제고하는 데 있어 의회의 감독활동이 필수적임을 제시한다. 특히 미국의 경우 위원회를 통한 의회 의원들의 다양한 활동이 예산 형성과정에서 행정부의 정책집행에 영향을 미칠 수 있고, 영국 의회 본회의에서 전개되는 토론을 통하여 정부의 정책형성에 의원들이 영향을 줄 수 있음이 관찰된다(박찬욱 1996: 478-481). 이는 집단으로서 국회의 행정부 감시 기능뿐만 아니라 개별 의원들의 의정활동이 정부의 정책결정 중 특히 예산의 형성과정에 관여할 수 있는 가능성을 제시한 것이다.

따라서 국회의 행정부 감시 기능은 개별 의원들이 소속 위원회에서 보여주는 의정활동을 통하여 구체화되며 이를 통하여 국회의 행정부 감시 책무성이 구현될 수 있다.

국회의원의 행정부 감시 책무성은 집단으로서의 국회가 갖는 대행정부 견제 기능과 국회의원 개개인이 갖는 견제 기능으로 구분하여 생각할 수 있다. 우선 국회는 국민의 위임자로서 국민의 요구를 지속적으로 정책 및 입법에 반영하여 사회의 변화와 필요를 반영하는 중요한 채널의 역할을 한다. 이를 통하여 특정 정책에 대한 국민과 정부 간의 소통 과정에서도 행정부의 독주를 견제하고 국민의 최대 이익을 수호하는 대변자로서 규범적 의무를 행하는 것이 기대된다. 이러한 국회의 역할은 민주화 이후 한국의 정치지형 속에서 긍정과 부정의 평가 속에서 지속적으로 발전하고 개선되어 온 것이 사실이다. 그럼에도 불구하고 외교 정책 분야에서의 국회의 역할은 사실상 행정부 견제의 역할이 상대적으로 약할 수 있다. 그럼에도 불구하고 외교정책의 특성상 행정부의 수반이 대통령의 외교 정책 목표와 행정부의 정책 집행이 큰 영향력을 가질 수 있는 환경 속에서 국회의 외교정책에 대한 대 행정부 견제 기능이 얼마나 활성화될 수 있는가는 궁극적으로 국회의 행정부 간의 긴장 관계 속에서 보다 효율적인 정책 집행 및 감시가 이루어질 수 있다는 점에서 중요하다. 이와 동시에 개별 국회의원들이 갖는 행정부 견제 기능은 개별 국회의원들이 얼마나 정책에 대한 관심과 전문 지식을 추적하는가에 따라 그 효율성이 높아질 수 있다. 특히 공적개발원조정책의 경우 최근의 여론조사에서 공적개발원조정책에 대한 국민의 지지가 복합적인 신호를 보이고 있다는 점을 감안하면, 국민의 대표자로서 국회의원들이 전문지식을 보유하고 행정부를 견제하는 것은 정책의 효율성, 예산 낭비의 해소라는 점에서 건전한 행정부의 활성화에 도움이 될 수 있다. 따라서 공적개발원조정책을 다루는 각 상임위원회 소속 국회의원들의 공적개발원조정책에 대한 축적된 지식과 관심의 유무는 본 정책의 효율성을 극대화할 수 있는 기반을 제공한다고 할 수 있다.

III. 한국의 공적개발원조 예산 변화

한국의 공적개발원조정책은 총괄 및 조정기구로서 국무총리를 위원장으로 하는 "국제개발협력위원회"를 중심으로 정책을 수립하고, 무상원조의 주관기관으로서 외교부와 정책집행기관으로서 한국국제협력단(KOICA, 이하 국제협력단)이 한국의 무상원조를 운영하고 있으며, 유상원조(차관 포함)는 기획재정부와 한국수출입은행(EDCF, 이하 수출입은행)이 전담하고 있다. 또한 외교부와 기획재정부는 각각 무상원조 관계기관협의회와 수출입은행 관계기관협의회를 통하여 국제개발협력위원회와 함께 공적개발원조정책을 추진하고 있다.[5]

1. 공적개발원조 예산 추이

공적개발원조정책의 효율적 추진을 위하여 무엇보다 중요한 것은 안정적인 공적개발원조정책 예산의 확보라고 할 수 있다. 이에 관하여 최근 한국 공적개발원조에서 가장 주목할 부분은 지속적인 원조예산의 증액이다. 2012년 우리나라 공적개발원조 지원 규모는 1조 5천 5

---

5   ODA Korea(www.odakorea.go.kr)(검색일: 2014.2.10.).

백만 달러로 이는 2011년 1조 3천 2백억 원에 비해 17.1퍼센트 증가한 것이다. 또한 공적개발원조 대 GNI 비율은 0.14퍼센트를 기록하여 2011년의 0.12퍼센트보다 0.02퍼센트 상승하여 공적개발원조 예산은 정부의 예산 항목 가운데 가파른 상승세를 기록한 분야가 되었다. 이 중 양자 간 원조는 2012년 1조 1천 6백만 달러를 기록하여 2011년보다 17.4퍼센트 증가한 것으로 나타났고, 국제기구 등과 협력하는 다자 간 원조는 2011년 대비 16퍼센트 증가한 3억 8천 8백만 달러를 보였다. 또한 무상원조의 경우 6억 9천 6백만 달러로 2011년 대비 21퍼센트 증가하였고 수출입은행을 통한 유상원조는 4억 6천 6백만 달러로 전년 대비 12.4퍼센트를 기록하였다.[6]

한국의 공적개발원조 예산은 2010년 한국이 개발원조위원회의 회원국이 되면서 급증하였다. 〈그림 1〉에서 나타나듯 2005년에서 2006년 사이 잠시 감소했던 공적개발원조 예산은 2009년을 기점으로 1조 원이 넘는 금액으로 확대되었고 이와 같은 증가 현상은 현재까지 지속되고 있다. 원조 총액의 증가와 함께 무상원조와 유상원조 금액 또한 지속적으로 증가하고 있다. 특히 2003년 무상원조와 유상원조 금액이 역전되면서 이후 무상원조 총액과 유상원조 총액 모두 꾸준한 증가를 나타내고 있다.

2. 공적개발원조 예산 증가 비교: OECD DAC 회원국과 한국

한국의 공적개발원조금액의 증가는 다른 OECD DAC(Development Assistance Committee, 개발원조위원회) 회원국들의 공적개발원조금액

6   한국수출입은행·대외경제협력기금 2013.

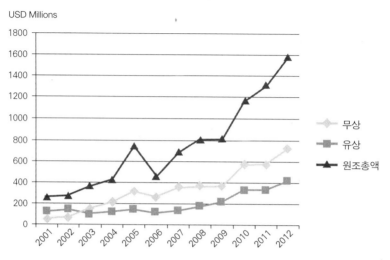

USD Millions

출처: 기획재정부, 우리나라 ODA 통계 주요내용(각 연도)[7]

그림 1. 한국 공적개발원조 예산 추이(양자간 유상 및 무상 원조) 2001~2011

증가분과 비교해 볼 때 큰 폭의 증가세를 보이고 있다. 〈표 1〉은 2008
년부터 2012년까지 DAC 회원국들과 한국의 공적개발원조금액의 추
이를 살펴본 것이다. 한국은 공적원조개발 지출액이 5개년 평균 18.8
퍼센트 증가하여 가장 높은 원조지출액 증가세를 보였고 이는 호주
(16.3%) 및 스위스(10.6%)보다 높은 수치였다. 반면 〈표 1〉에 나타난
많은 회원국들의 공적개발원조액의 증가분은 평균 3퍼센트에 그쳤으
며 이 중 네덜란드, 덴마크, 스페인, 오스트리아의 경우 -1퍼센트에서
-26.2퍼센트의 지출 감소를 기록하였다.

공적개발원조 금액의 꾸준한 증가는 이미 〈표 1〉에서 나타났듯 한
국만의 예외적 현상은 아니다. 일반적으로 개발원조금액은 원조공여
국의 경제성장률 및 소득수준의 증가와 긍정적 상관관계가 있는 것으

---

7   수출입은행. 우리나라 ODA 통계(확정치)의 주요 내용(2002년~2012년).

표 1. DAC 회원국의 공적개발원조 지원 실적: 2008년~2012년(순지출, 백만불, %)[8]

	2008년	2009년	2010년	2011년	2012년	연평균 증가율 (5개년)	1인당 GDP*	GDP 성장률(%) 2012*
네덜란드	6,993	6,426	6,357	6,344	5,523	-5.7	45,960	-1.2
호주	2,954	2,762	3,826	4,983	5,403	16.3	67,442	3.4
스웨덴	4,732	4,548	4,533	5,603	5,240	2.6	55,040	0.9
노르웨이	4,006	4,081	4,372	4,756	4,753	4.4	99,636	2.9
스위스	2,038	2,310	2,300	3,051	3,045	10.6	78,928	1.0
덴마크	2,803	2,810	2,871	2,931	2,693	-1	56,364	-0.4
벨기에	2,386	2,610	3,004	2,807	2,315	-0.8	43,399	-0.1
스페인	6,867	6,584	5,949	4,173	2,037	-26.2	28,274	-1.6
한국	802	816	1,174	1,325	1,597	18.8	22,590	2.0
핀란드	1,166	1,290	1,333	1,406	1,320	3.2	45,694	-0.8
오스트리아	1,714	1,142	1,208	1,111	1,106	-10.4	46,792	0.9
아일랜드	1,328	1,006	895	914	808	-11.7	45,921	0.2

출처: 기획재정부 보도자료(2014년 4월 7일)(참고: DAC 회원국 ODA 지원 실적(2012년 확정치),
* World Bank[9])

로 나타난다. 그러나 주목해야 하는 점은 한국의 경우 1인당 국민소득 및 경제성장률을 고려하여도 그 증가율이 상당히 높다는 점이다. 한국과 경제 규모가 유사한 네덜란드와 스페인의 경우 연평균 공적원조금액은 꾸준히 감소한 것으로 나타났다. 이는 그렇다면 공적개발원조금액의 증가가 단순히 경제성장 및 소득수준의 향상과 함께 정(正)의 방향으로 움직이는 것이 아닐 수 있음을 시사한다. 그렇다면 공적개발원조 예산의 증가에 영향을 주는 원인은 무엇인가?

8　〈표 1〉의 국가들은 ODA 지원 실적이 10억 달러 이상인 개발원조위원회 국가들 중 G7 국가들을 제외한 국가들이다.

9　World Bank, http://data.worldbank.org/indicator/NY.GDP.MKTP.KD.ZG/

한 가지 가능한 설명은 한국의 경우 2010년 OECD 개발원조위원회의 가입이 원조 예산의 급증에 영향을 주었다는 것이다. 〈표 1〉에서 나타난 것처럼 한국의 원조 예산은 2009년 8억 1천 6백만 달러에서 2010년 11억 7천 4백만 달러로 급격하게 늘어난 것을 확인할 수 있다. 따라서 개발원조위원회의 가입으로 인하여 한국의 공적개발원조 대상 및 범위가 확대되어 예산이 증가하였다는 설명이 가능하다. 그렇다면 개발협력위원회에 가입한 국가들의 공적개발원조 예산이 증가하였는가? 적어도 2010년 한국의 가입 이후 새로운 회원국이 된 아이슬란드, 체코, 슬로바키아, 폴란드 등은 개발원조위원회의 가입에 즈음하여 오히려 원조 예산이 감소하였음을 확인할 수 있다. 예를 들어 체코의 경우 2008년부터 2012년간 원조 예산의 연평균 증가율이 –3.1퍼센트였으며 아이슬란드의 경우 무려 –14.2퍼센트의 감소치를 기록하였다.[10] 따라서 개발원조위원회의 가입으로 인한 원조 예산의 증가 현상은 적어도 최근 한국에서 나타나는 독특한 현상으로 볼 수 있다. 이와 동시에 급증하는 공적개발원조 예산이 과연 정부의 의지와 정책 목표만으로 가능한 것인지에 대한 의문이 들 수 있다. 예산의 심의의결권 및 결산에 대한 감시 권한은 국회에 있으며 특정 분야에 대한 예산 증가에 대해 국회가 어떠한 입장을 보이는지 확인하는 것은 공적개발원조 예산 증액 현상을 정부 차원의 정책목표 달성 행위 이상의 측면을 이해할 수 있는 기회를 제공할 것이다.

countries?display=d(검색일: 2014.2.10.). 본 표에 포함된 DAC 회원국들은 2008년 기준 공적개발원조 순지출액 10억 달러 이상 국가들로 한정하여 선발하였다. 공적원조 개발 지출액 10억 달러 이하의 DAC 회원국의 경우 지출액의 5개년 평균 증가율이 상당 부분 감소된 것으로 확인되었다(2012 숫자로 보는 우리나라 ODA 통계자료집 참조).
10 기획재정부 (2014년 4월 7일) 보도자료(참고 DAC 회원국 ODA 지원 실적).

IV. 공적개발원조 예산 분야에서 나타난 국회의원의 행정부 감시 책무성

1. 공적개발원조정책에 대한 국회의원들의 인식

공적개발원조정책은 유상원조와 무상원조의 핵심 주관기관인 기획재정부와 외교부 간의 정책적 긴장관계와 함께 정부의 GNI 대비 0.25퍼센트 달성이라는 국제적 약속으로 인하여 지속적인 예산 증가를 경험한 정책이다. 이에 대한 이상적인 국회의 행정부 감시 책무성은 각 정부기관의 지나친 예산 증액 경쟁을 방지하고, 예산 집행의 효율성을 높임으로써 국민의 세금으로 이루어지는 공적개발원조정책에서 공여국의 국내 책무성을 향상시킨다는 점에서 의의가 있다. 이러한 국회의 대 행정부 감시는 공적개발원조정책에 대한 국회의원들의 인식을 살펴봄으로써 효율성 여부를 가늠할 수 있다. 즉, 국회의원들이 공적개발원조정책에 관련하여 효과적인 대 행정부 감시 책무성을 확보하기 위해서는 정책에 대한 상당 수준의 지식을 필요로 하며 이를 통해 정부 기관에 대한 견제를 수행하는 것이 필요하다. 이와 동시에 국회의원 개인이 공적개발원조 분야에 관심을 가지고 있는 경우 더욱 활발한 행정부 감시자로서의 기능을 수행할 수 있다. 특히 국회의원 개인의 관심은 '사활적 이해관계가 없는 유권자를 가진 외교정책'을 다루는 분야에서 의원들의 적극적 의정활동을 견인하는 요인이 된다. 이는 언론의 주목을 받기 어렵고 주요한 정쟁의 대상이 되기 어려운 공적개발원조정책에서 국회의원들의 행정부 감시 책무성이 단순한 기능을 넘어서는 '의무'로서 이행되기 위한 전제조건이 된다. 따라서 이 장에서 대북정책과 같이 정쟁의 대상이자 언론의 주목을 받는 외교정책이 아닌 공적개발원조 분야 중 예산 분야에서 국회의원들이 보여준 행정부 감시활동의 수준을 국회의원들의 개발협력 및 공적개발원조 예산에 대한 인식을 중심으로 살펴본다.

1) 예산의 규모에 관한 의원들의 인식: 정부 정책 목표에의 순응

한국 공적개발원조정책 논의가 본격화된 제 18대 국회를 시작으로 19대 국회에서 나타난 공적개발원조 예산 관련 국회의원의 인식은 예산 규모의 확대에 대한 적극적 지지로 나타났다. 18대 국회에서 다수의 의원들은 한국의 공적개발원조 규모가 OECD 국가들에 비해 현저하게 낮은 수준이고, 한국의 경제규모와 비교하여도 지나치게 적다는 점을 꾸준히 지적하여 정부에 공적개발원조 예산의 확대를 요구하는 것을 확인할 수 있다. 특히, GNI 대비 한국의 개발협력 예산이 유엔 권고 비율보다 현저히 떨어짐을 지적하여[11] 우리나라의 경제위상에 맞는 공적개발원조 예산 확대를 제시하고 있다.[12] 동시에 무상원조의 비율을 확대하자는 논의가[13] 지속되었다. 특히 무상원조 비율의 확대는 국정감사에서 집중적으로 다루어졌다.

한 해 약 2조 원이 넘는 공적개발원조 관련 분야의 예산에 대한 국회의원들의 인식은 2007년 이후 예산 규모의 적정성 및 운용의 효율성 및 투명성에 집중되어 있었다.[14] 2007년의 공적개발원조 예산 관

---

11   홍정욱 위원, "…우리가 30개 OECD 국가 중에서 ODA 기여도가 거의 29위, 최하위에 해당하는 것은 대단히 수치스러운 일이라고 생각합니다". 제 282회 외교통상통일 제 6차 회의. 2009.4.22.

12   정의용, 제 268회 국회 예산결산특별 제 1차 회의, 2007.8.27., 정의용, 제 269회 예산결산특별제2차(공청회), 2007.11.6., 유기준, 제 278회 국회 예산결산특별 제 19차 회의 2008.11.28.

13   한병도, 제 269회 국회 예산결산특별 제 7차 회의, 2007.11.16.

14   대표적으로, 박명광, 2007.10.29., 2007년 국정감사-재정경제위원회회의록: 안효대,

련 국정감사의 논의는 주로 EDCF 차관의 집행률, EDCF 사업 건당 적정 예산 규모, 개발협력 예산의 확대, 2015년까지 개발협력 분야 예산 확대의 가능성 등으로 나누어 볼 수 있다. 먼저 EDCF 차관 집행률이 저조한 부분과 사업 건당 적정 예산 규모 등에 대한 질의는 2007년 이후 꾸준히 제기되는 문제인데, 이는 국회의원들이 개발원조 특히 유상원조와 관련된 부분에서 가장 중요한 문제점 중 하나라고 평가하는 부분이다. 또한 EDCF의 예산 규모를 증가시켜야 한다는 견해와 '비전 2030'에 나타난 정부의 EDCF 예산 확대 계획의 실현 가능성에 대한 회의적 의견이 공존하고 있는 것을 확인할 수 있다. EDCF 예산 규모를 확대해야 한다는 의견[15]은 2009년 기획재정위 국정감사에서도 등장하였는데 EDCF 예산 규모의 증가의 이유가 한국 경제규모 및 경제 위상에 비추어 상대적으로 낮은 EDCF 예산 규모의 확대로 보고 있다는 점에 주목할 필요가 있다.

　예산 규모 확대에 대한 논의는 2010년 기획재정위 국정감사에서 예산 규모 확대 속도에 비교하여 상대적으로 저조한 예산 집행률의 불균형을 지적하는 것에서 나타나는데 이는 2010년 이후에야 국회의원들이 공적개발원조 예산 부분에 관하여 좀 더 관심을 가지게 되었음을 의미한다.[16] 이는 이후 2012년 국정감사는 예산 규모의 전폭적 확대를 주장하는 의원이 등장하는 점에서 지속적으로 공적개발원조 예산 부분이 앞으로도 국회의원들의 관심을 끌 쟁점이 될 수 있음을 보여주고 있다.[17] 그

　2008.10.21., 2008년 국정감사-기획재정위원회회의록; 박병석, 유일호, 2009.10.16., 2009년 국정감사-기획재정위원회회의록; 정성호, 2012.10.05., 2012년 국정감사-기획재정위원회회의록 등이 주장.

15　유일호, 박병석, 2009.10.16., 2009년 국정감사-기획재정위원회회의록.

16　강길부, 2010.10.21., 2010년 국정감사-기획재정위원회회의록.

17　정성호, 2012.10.05., 2012년 국정감사-기획재정위원회회의록; 이한성, 2012.10.22.,

러나 여전히 예산 규모의 적정성에 대한 논의는 간헐적으로 제기될 뿐,
다수의 의원들은 한국의 공적개발원조 예산 규모가 여전히 선진국에
못 미친다는 점을 지적하고 증액을 요구하는 것으로 확인되었다. 한편
전반적 공적개발원조 지원 예산 상향, 즉 2015년까지 GNI 대비 0.25퍼
센트 달성에 대하여 목표치가 한국의 경제규모에 비해 상대적으로 낮
은 수치라는 의견을 보였지만 구체적인 적정 개발협력 규모를 제시하
지 않는 것이 국회의원들의 일반적 견해였다. 개발협력 예산의 증액 부
분에 대해 2012년 국정감사에서는 녹색기후기금(Green Climate Fund)
사무국 유치를 국가 브랜드 가치의 향상으로 보고 이에 걸맞은 원조규
모의 확대를 제시하고 있는 점을 들어[18] 여전히 공적개발원조 예산 증
액이 개발협력 본연의 목표에 맞물려 논의되기보다는 오히려 국가 위
신 등의 국익적 차원에서 확대 논의되고 있음을 보여준다.

공적개발원조 지원금 규모에 대한 논쟁은 앞서 기획재정부 국정
감사에서도 꾸준히 제기된 문제로 통일외교통상위원회 국정감사에서
가장 많이 지적한 항목 중 하나이다. 2007년 외교통상부, 한국국제협
력단, 한국국제교류재단에 대한 국정감사에서 공적개발원조 지원금
규모가 지나치게 작다는 의견[19]이 많았다. 국회의원들이 보여준 공적
개발원조 예산 규모에 대한 인식은 전반적으로 한국의 경제규모에 비
해 공적개발원조 예산이 상당히 작다는 부분에 공감대를 형성하고 있
다. 2009년에도 공적개발원조 예산의 상대적으로 작은 규모가 다시
한 번 지적[20]되었다. 구체적으로 2007년 공적개발원조 규모가 GNI 대

2012년 국정감사-기획재정위원회회의록.

18   이한성, 2012.10.24., 2012년 국정감사-기획재정위원회회의록.

19   문희상, 이해봉, 2007.11.02., 2007년 국정감사-통일외교통상위원회회의록; 안상수,
      2008.10.07., 2008년 국정감사-외교통상통일위원회회의록.

20   홍정욱, 2009.10.22., 2009년 국정감사-외교통상통일위원회회의록. "공적개발원조 규

비 0.05퍼센트에 불과하기 때문에 공여국으로서 체면이 서지 않는다는 의견부터 한국 공적개발원조 규모가 국제적 기준에 비해 작다는 견해와 함께 한국 공적개발원조 규모가 OECD 회원국 29개국 중 17위로 최하위라는 지적까지 대부분의 공적개발원조 예산과 관련하여 국회의원들은 공적개발원조 예산의 증액이 바람직하다는 견해를 가지고 있음이 확인되었다.

외교통상통일위원회 국정감사에서 나타난 개발협력 예산 관련 국회의원들의 인식은 2010년 이전과 이후로 구분하여 그 특징을 파악할 수 있다. 우선 2010년 이전 국정감사에서 개발협력 예산 규모의 적정성에 대한 질의가 다수를 이루고 있었다. 2007년 당시 GNI/ODA 규모가 0.05퍼센트라는 점에서 예산을 증액해야 한다는 의견이 많았고 이에 대한 외교통상부 장관의 답은 2015년까지 OECD 평균 수준으로 증액하겠다는 계획으로 답을 하였다. 또한 한국국제협력단은 2015년까지 개발협력 규모를 0.25퍼센트까지 확대하고 비구속화 원조는 90퍼센트까지 확대하겠다는 장기 계획을 발표하였다.

예산 규모의 적정성에 대한 논의는 상임위원회와 국정감사뿐만 아니라 예산결산특별위원회에서도 나타났다. 2010년 이전 예산결산특별위원회에서 공적개발원조와 관련된 논의는 일반적으로 공적개발원조 예산 확대에 치중되어 있었다. 구체적으로 아프리카 지역의 공적개발원조 예산이 아시아권과 비교하여 현저하게 낮은 것을 지적하며 잠재적 자원시장인 아프리카에 공적개발원조 예산을 확대 편성할 것을 정부에 요구하였다.[21] 또한 2010년 G20 회의를 개최하는 의장국으

모에서 일본이 5위인 반면 우리는 19위입니다."
21 유기준, 2008.11.28. 제278회 예산결산특별위원회의록. " … 아프리카에 있는 나라들에 우리나라가 지금 여러 가지 물건을 많이 수출하는데 그 나라들이 한국의 경제 원조를

로서 국가의 위상에 상응하는 '국격에 맞는 공적개발원조 예산의 확대
가 필요함[22]'을 주장하는 것과 같이 공적개발원조 예산의 확대에 일반
적으로 동의하거나 오히려 확대를 요구하는 적극적인 모습을 보였다.
그러나 의원들이 공적개발원조 예산의 확대가 가져오는 정부 총예산
의 문제에 대한 인식은 현저하게 낮았다.

국정감사에서 나타난 공적개발원조 예산 규모에 대한 국회의원들
의 인식은 예산결산특별위원회에서도 동일하게 나타난다. 제278회 예
산결산특별위원회부터 제321회 예산결산특별소위원회까지의 회의록
을 통하여 공적개발원조 예산 관련 국회의원들의 인식을 분석한 결과
직접적으로 공적개발원조 예산 규모의 적정성에 대해 논의가 된 예산
결산특별위원회는 사실상 없었던 것으로 확인되었다. 물론 새마을운
동과 관련한 지역개발 석사과정 프로그램의 예산 적정성에 대한 논쟁
은 있었으나[23] 대부분의 예결위 토의는 큰 틀에서의 원조예산 규모의
적정성 논의가 아닌 구체적 예산 세목과 관련한(예를 들어 녹색성장연
구소 기금 축소 등) 예산의 삭감 및 증액과 관련한 논의가 주를 이루었
다. 특히 주목할 것은 다수의 의원들이 '국격'을 높이는 차원에서 공적
개발원조 예산을 확대해야 한다는 의견과 함께 '우리 기업의 해외 진
출 및 청년실업 해소 차원으로 공적개발원조 예산을 적극 활용'할 것
을 정부에 지속적으로 요구한다는 점이다. 이는 국정감사, 상임위원회
및 예산결산특별위원회 모두에서 동일하게 나타난 것으로 국회의원들
이 공적개발원조의 예산 증액의 적정성에 대한 비판적 고찰을 하기보

받고 또 ODA를 받고 이렇게 한다면 나라의 이미지도 좋아지고 또 우리나라 수출하는
상품에도 많은 도움이 될 겁니다…. 그런데 그에 비해서 우리 한국이 나라 경제 위상에
맞게 ODA 이런 것 못 하고 있거든요."

22 장병완. 2010.11.15. 제294회 예산결산특별 제8차 위원회회의록.

23 2013.12.15. 제321회 예산결산특별소위 제4차위원회(예산안 등 조정소위원회회의록).

다 '국격을 높이는 선진국으로 다가가는' 외교수단으로서의 공적개발
원조정책에 대체적으로 찬성하고 있다는 점을 재확인한다.

2) 공적개발원조정책의 국익화: 정부 국정 목표와 국회의 싱크로(Synchro)

국회 회의록에 나타난 의원들의 공적개발원조정책에 대한 인식은 원
조정책의 국익화라는 점이 두드러지는 것이 특징이다. 한국의 전략
적 이익을 높이고 국가의 국익 부분에서 기업 진출 가능성 부분들과
의 조응성을 보이고 있음을 확인해주었다. 국회의원들의 대 아프리카
원조 증액에 대한 지속적 요구는 2006년 노무현 대통령이 나이지리아
에서 발표한 "아프리카 개발을 위한 한국 이니셔티브"의 실행 계획으
로 2008년-10년의 ODA 중기전략이 발표된 이후라는 점에서 국회의
원들의 공적개발원조 예산에 대한 인식은 정부의 외교정책 목표와 맞
닿아 있음을 확인할 수 있다. 구체적으로, 개발원조 예산의 증액에 대
한 의원들의 요구는 2006년 '아프리카 개발을 위한 한국 이니셔티브'
의 구체적 실행을 위한 개발협력 중기전략(2008-2010)에 대한 연장
선상에서 볼 수 있다. '아프리카 개발을 위한 한국 이니셔티브'의 내용
중 개발협력 관련 분야는 아프리카에 대한 개발협력 규모를 2008년까
지 3배로 늘려 세계 10위권 경제규모에 걸맞은 책임 있는 국제사회의
일원으로 아프리카 지원을 확대하는 것을 포함하고 있다(정책포커스
2006.3.10.).[24] 이에 대한 구체적 실행계획을 위하여 한국 ODA 중기전
략은 '선택'과 '집중'의 원칙을 통하여 아프리카 국가 중 20개 협력대

---

24 "노무현 대통령 아프리카 자원외교 순방, 아프리카 원조 2008년까지 3배 확대: 한국
    이니셔티브 계획 ⋯ 3년간 아프리카인 1000명 국내 초청." 2006, 정책포커스 (3월10
    일), http://www.korea.kr/special/policyFocusView.do?newsId=135085657&pkg
    Id=45000018 (검색일: 2013.11.10.).

상국을 선정하여 집중적 지원을 한다는 것이다. 중기전략에 따라 아프리카 지역의 유·무상 중점 협력국으로 지정된 국가는 이집트, 탄자니아, 세네갈, 앙골라 4개국이며 2008년 당시 KOICA의 아프리카 지원 비율은 전년도의 13.3퍼센트에 비해 25.7퍼센트로 확대되었다. 또한 경제협력 분야도 '3 plus 3 거점국가 진출전략'에 의해 노무현 대통령 순방 3개국인 이집트, 알제리, 나이지리아와 신흥유망 3개국인 남아프리카공화국, 앙골라, 리디아가 지정되었다. 이에 따라 대외경제협력기금은 5년간(2007-2011) 총 사업비의 12퍼센트를 아프리카에 배정하였다(경실련 2013).[25]

대 아프리카 공적개발원 예산의 증액에 대한 국회의원들의 적극적 요구는 비록 아시아와 비교하여 상대적으로 개발협력 규모의 차이는 있으나 아프리카 국가들에 대한 개발협력지원은 꾸준한 증가 추세인 점을 고려하면 국회의원들이 국정감사에서 지적하는 '아프리카 원조 비율'은 구체적인 개발협력 결과에 대한 이해의 부족과 함께 정부의 외교정책 목표에 비판 없이 순응하는 부분을 드러내는 것이라고 할 수 있다. 즉, 공적개발원조정책의 근본 취지가 개발도상국의 경제개발을 통한 빈곤의 근본적 퇴치 및 국민 생활의 질 향상이라는 점을 고려하면, 자원외교의 중요성을 공적개발원조와 연계하는 국회의원들의 인식은 공적개발협력이라는 특수한 분야가 국제사회에서 노골적 국익추구로부터 상생과 인도적 입장을 강조하는 규범적 측면을 강조하는 것으로 변화하고 있음을 간과하고 있다는 점을 보여준다. 공적개발원조 예산의 배분에 영향을 주는 요인들은 단순히 국익 차원의 논의가 아닌 다양한 국제 사회의 요구를 수용하는 측면에서 작용한다. 그럼

---

25   경실련〈ODA Watch 포커스〉아프리카 이니셔티브 발표, 그 이후의 행방, http://blog.
      naver.com/b2c2n?Redirect=Log&logNo=150039354739(검색일: 2013.11.15.).

에도 불구하고 국회의원들이 2008년 아프리카 자원외교 분야를 ODA 정책과 연결하여 아프리카 지역의 원조액 증가를 요구하는 것은 근본적으로 공적개발원조의 근본 목표에 대한 이해 부족과 전문 지식의 결여라고 할 수 있다. 이처럼 개발협력 분야에 있어 국회의원들의 전문성 부족과 정부 정책에 대한 무비판적 지지에서 나타나듯 행정부의 공적원조정책 예산의 건설적 감시가 어려움을 지적할 수 있다.

이와 동시에 대 아프리카 공적개발원조 지원 요구 및 중남미 국가에 대한 공적개발원조 증액 요구는 국회의원들이 공적개발원조를 신시장 개척, 자원의 안정적 보급처 및 청년 실업 감소의 도구로 바라보고 있음을 제시한다. 이는 국회의원들이 공적개발원조정책의 근본이념인 빈곤 퇴치 및 상생의 근본이념보다 공적개발원조를 통한 경제적 이익을 추구하는 '국익'의 차원에서 이해하고 있다는 점에서 공적개발원조 분야에 대한 국회의원들의 제한적 지식을 확인할 수 있다. 구체적으로, 2010년 기획재정위 국정감사에서 본격적으로 나타나는 대 아프리카 및 중남미 지원 부분에서 다수의 의원들이 '아프리카 개발에 대한 한국 이니셔티브'에서 발표한 내용인 대 아프리카 공적원조 지원 금액의 3배 증액의 구체적 실천을 지속적으로 요구하고 있다.[26] 이는 국회의원들이 여전히 공적개발원조정책의 근본목적이 '경제적 국익'에 있다고 생각함을 반증한다. 특히 2011년 기획재정위 국정감사에서 나타난 중국의 원조에 대한 국회의원들의 인식[27]은 중국 개발원조의 문제점을 파악하지 못한 채 한국의 개발원조를 대외의존도가 높은 한국 경제의 새로운 시장 개척으로 파악하는 것으로 나타났다. 따라서

---

26   정양석, 2010.10.21., 2010년 국정감사-기획재정위원회회의록.
27   박우순 의원은 단순히 2007~2009년 사이에 중국이 아프리카에 200억 달러를 원조했다는 수치만을 밝혔다. 박우순, 2011.10.4., 2011년 국정감사-기획재정위원회회의록.

국회의원들의 공적개발원조정책에 대한 지식은 상대적으로 제한적 수준에 머물러 있으며 '이제 우리가 선진국이 되었으니 일정 수준을 베풀어야 한다'는 시혜적 수준의 원조정책에 대한 견해와 '이를 통하여 새로운 시장을 개척하고 자원부국에서 우리의 자원확보를 안정적으로 누려야 한다'는 경제적 이익을 위한 도구라는 수준에 놓여 있다.

국회의원들이 공적개발원조정책을 국익으로 인식하고 있음은 공적개발원조정책을 자원외교를 활발히 하기 위한 수단으로 인식하고, 공적개발원조 자금을 확대하여 자원국들과 좋은 관계를 유지하는 것이 좋다는[28] 견해를 보이고 있다는 점에서 재확인된다. 즉, 공적개발원조 목표는 빈곤의 퇴치라는 국제규범의 실행이 아니라 자원외교 등 경제적 이익에 있다는 인식이 일반적인 국회의원들 간에 공유되고 있다는 것이다. 따라서 국회의원들은 국익의 극대화를 위한 공적개발원조 정책 목표의 실행을 담보하기 위해 공적개발원조와 관련한 예산의 확대를 요구하며,[29] 정부의 공적개발원조 예산 확대 방향과 국회의원의 인식이 동일한 방향을 가리키고 있음을 제시한다.

2007년부터 2012년까지의 재정경제위원회 및 기획재정위원회 국정감사 회의록은 국회의원들이 바라보고 있는 공적개발원조가 국제규범에 충실한 국제사회의 일원으로서 의무를 다하는 한국이 아닌 개발협력을 매개로 국익을 극대화하는 정부의 역할 속에 있었음을 확인시

---

28   심재덕, 2007.8.30., 제 268회 국회 예산결산특별 제 4차 회의.

29   정의용, 2007.11.15., 제 269회 예산결산특별 제 6차 회의."지금 ODA 규모와 관련해서 작년도가 우리가 GNI 대비 0.05%, OECD DAC 회원국 평균의 약 10분의 1에 불과 … 2015년 우리 목표는 0.25%인데 현재 OECD DAC가 목표로 하고 있는 것은 0.7%이기 때문에 결국 우리가 목표대로 달성한다고 하더라도 3분의 1에 불과하게 되기 때문에 국제사회가 우리나라에 기대하고 있는 그 기대 수준에 크게 미치지 못하는 그런 상황이 계속될 것."

켜준다. 원조 대상국에 대한 선정 및 기금의 편중에 대한 비판도 국익의 극대화를 도모하지 않는 정부의 역할에 대한 이의 제기였고, 개발협력 예산 증액도 국내 정치, 경제적 환경에 대한 이해보다는 국익 차원의 '국가 위신' 향상의 수단으로 이해하는 경우가 많았다. 특히 다수 의원들이 주장한 아프리카 및 중남미 국가에 대한 대외원조 지원 증액 요구는 개발협력 지원국들에 대한 형평성 및 효과성 제고라기보다 자원의 안정적 확보, 특히 에너지 자원의 확보 및 새로운 경제시장 개척이라는 순수한 경제적 국익 차원의 고려가 우선시 되고 있음을 다시한 번 확인시켜 주었다. 특히 연간 1,000억 달러 이상 규모인 국제사회의 개발협력 조달시장에 한국 기업 등이 적극적으로 참여할 수 있도록 지원해야 한다는 의견[30] 및 아프리카 개발원조를 한국의 자원확보 차원에서 정부가 관심을 가져야 한다[31]는 명실상부한 자원외교로서의 인식은 다수 국회의원들이 원조와 국익을 동일시하고 있음을 상기시켜주었다.

V. 결론

원조책무성과 관련하여 최근 변화하는 국내외적 환경은 현 공적개발원조정책의 거버넌스 아키텍처의 변화뿐만 아니라 공여국 내의 원조책무성을 담보하는 국내 요인에도 영향을 주고 있다. 2012년 OECD DAC 회원국들의 공적개발원조 총액이 실질적으로 감소한 점은 2008년 글로벌 금융위기 이후 경기 침체의 여파로 인하여 국제적으로 개발

---

30 이광재, 2008.10.21., 2008년 국정감사-기획재정위원회회의록.
31 강길부, 2008.10.21., 2008년 국정감사-기획재정위원회회의록.

협력 예산 긴축이 현실화되고 있음을 보여준다. 이와 함께 현재 한국의 공적개발원조 예산은 꾸준히 증가하고 있으나, 글로벌 경제위기와 국내 경제 침체라는 이중고를 통하여 개발원조 예산 증가의 속도와 효율성 등에 대한 재검토가 필요한 시점이다. 더욱이 2013년 박근혜 정부가 복지 분야의 예산 확충에 우선순위를 두고 있어 개발원조 예산의 대폭 증가를 기대하기 어렵게 되었다. 이에 2015년까지 GNI 대비 0.25퍼센트를 달성하겠다는 이명박 정부의 국제사회에 대한 약속은 실질적으로 달성되기 어려운 현실에 봉착하게 되었다. 이러한 국내외적 변화 속에서 국제사회에 대한 약속의 이행이라는 규범적 측면과 국내 정치적 환경에 대한 고려 간의 긴장관계 속에서 원조책무성 제고에 중요한 역할을 담당할 수 있는 국회의 공적개발원조정책에 대한 인식 분석은 의의가 있다.

이 연구는 앞서 지적한 공적개발원조 지형의 변화 속에서 공적개발원조 예산 확보가 국제적인 주요 이슈가 되는 점에 비해 한국 공적개발원조 예산의 지속적 증가라는 특이 현상을 국회의 행정부 감시 책무성 저하라는 점에서 확인하고자 하였다. 연구 결과 국회의원들이 행정부 감시 기능을 시행해야 하는 각종 위원회에서 의원들은 공적개발원조정책에 관하여 정부의 국정 목표에 순응하여 예산 증액에 대한 비판보다 오히려 예산 증액을 요구하는 모습을 보였다. 이러한 현상의 이면에는 공적개발원조정책과 이익이 직결되는 유권자가 존재하지 않기 때문에 유권자들의 요구로부터 상대적으로 자유로운 국회의원들이 정부의 정책을 지지함으로써 '국익'과 '선진국'을 위한 의정활동이라는 측면을 부각한다는 점이 작용한다. 이와 동시에 공적개발원조정책에 대한 의원들의 상대적으로 낮은 관심 또한 정부 정책에 대한 비판적 고찰보다 정책에 대한 순응으로 이어지게 되었다. 실례로 국제개발기본법 제정을 둘러싼 외교부와 기재부의 정책 대결이 벌어지는 외교통일통상위원회 회의는 많은 경우 정족 의원 수가 부족하여 위원장이 나가 있는 의원들을 회의장으로 들어오라고 요구하는 현상이 나타났다. 마지막으로 한국 국회의원들이 국제사회에서 인식되는 공적개발원조의 규범적 성격에 대한 낮은 이해로 말미암아 공적개발원조정책의 목표를 '정치적, 경제적 국익'에 둠으로써, 공적개발원조 예산을 둘러싼 국회의원들과 정부 간 갈등이 적을 수 있었다는 점도 정부의 원조 예산 증액이 국회의 저항 없이 지속적으로 나타나도록 한 요인이 되었다.

　이 연구는 공적개발원조정책과 국회의 역할 간 관계 분석을 처음으로 국회 회의록을 통해 시도하였다는 점에서 의의를 찾을 수 있다. 파리 선언 이후 다양한 국내 행위자들의 원조정책에 대한 적극적 공헌이 권장되는 시점에서 신흥 공여국으로서의 한국 또한 공적개발원조정책이 더 이상 '유권자 없는 정부만의 정책'으로 남아있기 어려울 가능성이 있다. 최근 기획재정부가 실시한 여론조사에 의하면 응답자 중 31.5퍼센트가 현재 공적개발원조 규모를 축소 또는 중단해야 한다는 의견을 보였고 53.8퍼센트는 현재 예산 수준이 적당하다고 응답하였다.[32] 이는 향후 유권자들이 공적개발원조정책에 대한 지식이 확보될수록 개발원조정책 일반에 대한 의견 개진이 활성화될 것이고 이에 응답하는 국회의 역할과 책임이 더욱 커질 수 있음을 시사한다. 따라서 국회회의록이라는 제한된 분석 대상에 초점을 두었다는 점에서 방법론적 한계를 가지고 있음에도 불구하고 본 연구에서 나타난 국회의원들의 공적개발원조정책에 대한 인식은 향후 공적개발원조정책 수립에서 국회의 행정부에 대한 당위적 감시 책무성이 필요한 시점임을 제시한다.

32　뉴시스, "국민 10명 중 4명 "ODA 재원이 세금인 것 모른다" 2013.3.17.(검색일 2014.4.30.)

참고문헌

경실련. "아프리카 이니셔티브 발표, 그 이후의 행방." ODA Watch 포커스 http://blog.naver.
　　com/b2c2n?Redirect=Log&logNo=150039354739.(검색일: 2013.11.15.).
구정우·김대욱. 2011. "세계사회와 공적개발원조: 한국 ODA 결정요인 분석, 1989-2007."
　　『한국사회학』45(1).
국제개발협력기본법.
기획재정부. 2014. "최근 5년간 OECD 개발원조위원회 회원국 중 ODA 규모 증가율 1위."
　　보도자료. 2014.4.7.
김영래. 2004. "제1장 한국 의회정치의 반성과 개혁과제." 한국정치학회 엮음.『한국
　　의회정치와 제도개혁』. 한울.
김태균. 2012. "개발협력정책의 사회적 구성 : 글로벌 거버넌스와 복합네트워킹의 정치학."
　　『한국사회학회 사회학대회 논문집』, pp.783-810.
김현우. 2001.『한국국회론』. 을유문화사.
박명호·조한유. 2011. "한국적 '국회-행정부 관계'의 모색-행정부 견제 기능 강화 방안을
　　중심으로."『사회과학연구』18(2).
박찬욱. 1995. "미국과 영국의회의 정책집행 감독활동."『한국정치학회보』29(3).
손혁상. 2010. "일본과 네덜란드의 인도네시아 원조전략 비교와 한국적 함의."
　　『OUGHTOPIA』25(1), pp.215-242.
수출입은행. 우리나라 ODA 통계 주요내용. 2000-2012년도.
신상협. 2011. "영국의 공적개발원조(ODA)에 대한 연구 : 영국 사례가 한국에 주는 교훈."
　　『아태연구』18(2), pp.171-191.
안문석. 2013. "한국의 국제개발협력에 대한 국제정치이론 관점의 성찰: 구성주의적 대안을
　　중심으로."『국제정치논총』53(4), pp.297-331.
유웅조. 2011. "한국 공적개발원조(ODA)정책의 성격에 대한 실증분석."『세계지역연구논총』
　　29(1), pp.33-58.
이계우·박지훈. 2007. "한국의 공적개발원조 20년의 평가."『한국개발연구』29(2).
이계우. 2011. "공적개발원조 배분정책과 실적: 선진국과 한국의 비교."『한국개발연구』
　　33(4), pp.49-82.
이태주. 2003. "한국의 대외원조정책에 대한 인류학적 연구: '선진국 만들기'와 발전 담론."
　　『비교문화연구』9(1), pp.139-174.
임종훈. 1998. "의회의 대정부 견제 및 감독 기능."『의정연구』4(1).
임형백. 2011. "새마을운동의 아프리카 공적개발원조(ODA) 적용 방향."
　　『한국지역개발학회지』23(2), pp.47-69.
정책포커스. 2006. "노무현 대통령 아프리카 자원외교 순방, 아프리카 원조 2008년까지
　　3배 확대: 한국 이니셔티브 계획...3년간 아프리카인 1000명 국내 초청." 2006.3.10.
　　http://www.korea.kr/special/policyFocusView.do?newsId=135085657&pkg

Id=45000018 (검색일: 2013.11.10.).

조한승. 2005. "한국의 공적개발원조(ODA): 지구촌의 책임 있는 이웃이 되기 위하여."
『평화연구』13(2), pp.153-181.

황원규. 2010. "국제개발협력의 변천과 한국 공적개발원조(ODA)의 전망 및 과제."
한국국제정치학회 학술대회 발표논문집.

한국국제협력단 (http:www.odakorea.go.kr).

한국수출입은행·대외경제협력기금. 2013.『숫자로 보는 ODA: 2013년 우리나라 ODA
통계자료집』.

- 국회 예산특별소위 회의록 -

제268회 예산결산특별 제1차 회의. 2007.8.27.

제269회 예산결산특별 제2차(공청회). 2007.11.6.

제278회 예산결산특별 제19차 회의. 2008.11.28.

제269회 예산결산특별 제7차 회의. 2007.11.16.

제278회 예산결산특별위원회 회의록(임시회의록). 2008.11.28.

제284회 예산결산특별위원회 회의록(정기회). 2009.12.07.

제294회 예산결산특별 제2차 위원회(정기회). 2010.9.13.

제294회 예산결산특별 제3차 위원회. 2010.9.14.

제294회 예산결산특별 제8차 위원회. 2010.11.15.

제294회 예산 결산특별 제9차 위원회. 2010.11.17.

제294회 예산결산특별 제11차 위원회. 2010.11.22.

제294회 예산결산특별 제12차 위원회(부록). 2010.11.23.

제302회 계산결산특별 제5차 위원회. 2011.8.25.

제303회 예산결산특별 제2차 위원회. 2011.11.7.

제301회 예산결산특별 제2차 위원회. 2012.8.23.

제310회 예산결산특별 제5차(임시회). 2012.8.27.

제310회 예산결산특별 제5차 위원회. 2012.8.27.

제320회 예산결산특별 제10차 위원회(정기회). 2013.12.4.

제294회 예산결산특별소위 제2차 위원회(결산심의소위원회). 2010.9.28.

제294회 예산결산특별수위 제2차 위원회(예산안및기금운용계획안조정소위원회) 2010.12.3.

제302회 예산결산특별 제2차위원회. 2011.8.26.

제304회 예산결산특별소위 제1차 위원회. 2011.12.20.

제321회 예산결산특별소위 제4차 위원회(예산안 등 조정소위원회). 2013.12.15.

국정감사: 기획재정위원회회의록

2007년 국정감사-재정경제위원회회의록. 2007.10.29.

2008년 국정감사-기획재정위원회회의록. 2008.10.21.

2009년 국정감사-기획재정위원회회의록. 2009.10.16.

2010년 국정감사-기획재정위원회회의록. 2010.10.21.

2011년 국정감사-기획재정위원회회의록. 2011.10.04.
2012년 국정감사-기획재정위원회회의록. 2012.10.05.
2012년 국정감사-기획재정위원회회의록. 2012.10.22.
2012년 국정감사-기획재정위원회회의록. 2012.10.24.

국정감사: 외교통상통일위원회회의록
2007년 국정감사-통일외교통상위원회회의록. 2007.11.02.
2008년 국정감사-외교통상통일위원회회의록. 2008.10.07.
2008년 국정감사-외교통상통일위원회회의록. 2008.10.22.
2009년 국정감사-외교통상통일위원회회의록. 2009.10.05.
2009년 국정감사-외교통상통일위원회회의록. 2009.10.22.
2010년 국정감사-외교통상통일위원회회의록. 2010.10.04.
2011년 국정감사-외교통상통일위원회회의록. 2011.10.05.
2010년 국정감사-외교통상통일위원회회의록. 2010.10.04.
2012년 국정감사-외교통상통일위원회회의록. 2012.10.05.
2012년 국정감사-외교통상통일위원회회의록. 2012.10.09.
2012년 국정감사-외교통상통일위원회회의록. 2012.10.23.

Berger, Lars. 2012. "Guns, Butters, and Human rights-the Congressional Politics of U.S. Aid to Egypt." *American Politics Research*. 20(10), pp.1-33.

Irwin, L. 2000. "Dancing the foreign aid appropriations dance: Recurring themes in modern Congress." *Public Budgeting and Finance*. 20, pp.30-48.

Lindsay, James M. (Winter 1992-1993). "Congress and Foreign Policy: Why the Hill Matters." *Political Science Quarterly*. 107(4), pp.607-628.

Milner, Helen V. and Dustin H Tingley. 2010. "The Political Economy of U.S. Foreign Aid: American Legislators and The Domestic Politics of Aid." *Economics and Politics*. 22(2).

Milner, Helen and D. Tingley 2011. "Who Supports global economic engagement? The sources of preferences in American foreign economic policy." *International Organization*. 65(1), pp.37-68.

Morgenthau, Hans. 1962. "A Political Theory of Foreign Aid." *American Political Science Review*. 56(2), pp.301-309.

Myers, Steven Lee. "U.S. Move to Give Egypt $450 Million in Aid Meets Resistance." *New York times*. September 28, 2012. (검색일: 2013.10.28.).

ODA Korea(www.odakorea.go.kr) (검색일: 2014.2.10.).

World Bank.
http://data.worldbank.org/indicator/NY.GDP.MKTP.KD.ZG/countries?display=d (검색일: 2014.2.10.).

http://www.odakorea.go.kr/ODAPage_2012/T01/L02_S01.jsp (검색일: 2014.3.15.).

제11장

한국군 베트남 파병결정과 국회의 역할[*]

마상윤

[*]   이 글은 2014년 『국제지역연구』 제22권 제2호, pp.59-86에 실린 논문임.

이 장은 1960년대 한국군의 베트남 파병과 관련한 국내적 논의를 전투부대 파병동의안을 둘러싼 국회에서의 심의 및 결정 과정을 중심으로 검토한다. 베트남 파병은 사회적 합의와는 크게 관계없이 이루어졌다. 야당은 파병과 관련하여 종종 정략적 입장으로 각색된 국가이익을 추구했다. 일부 강경파는 선명야당의 기치 아래 파병을 강력히 반대했다. 여기에는 박정희 정권에 대한 극심한 불신이 반영되어 있었으며, 부분적으로는 분열된 야권 내부의 주도권 경쟁도 원인으로 작용하였다. 한편 정부와 여당은 처음에는 주한미군의 철수를 막겠다는 동기에서, 그리고 미국의 파병요청이 반복됨에 따라 이후 점차적으로 군사적·경제적 실리를 확보하겠다는 계산 하에 파병을 밀어붙이듯 추진했다. 이 과정에서 야당과의 대화나 사회 각계 의견수렴을 통해 대규모 해외파병이라는 중대한 정책에 대한 사회적 합의기반을 형성해가려는 노력은 기울여지지 않았다.

I. 머리말

1960년대 박정희 정부의 베트남 파병은 한국의 대외정책에 있어서 획기적인 사건이다. 한국의 군대가 국외로 파견되어 실제 전투에 참여한 최초의 일이었을 뿐만 아니라 그것이 이후 한국의 국내정치와 경제에 막대한 영향을 미쳤기 때문이다. 한국은 1964년 9월 의료부대 및 태권도교관 130명 파병으로 참전을 시작하였다. 참전의 규모는 점차적으로 확대되어 1965년 3월 제2차 파병을 통해 공병 및 수송부대 950명로 구성된 건설지원단이 파견되었고, 같은 해 10월에 육군 1개 사단 및 해병 1개 여단, 총 18,000여 병력의 전투부대 파견이 이루어졌다. 이어 1966년 9월 제4차 파병으로 다시 전투병력 1개 사단의 증파가 이루어졌다. 한국군은 1972년에 베트남으로부터의 철수를 개시하여 1973년까지 철수를 완료하게 되는데, 그 때까지 한국은 연인원 최대 5만 가까이의 병력을 베트남에 주둔시켰다. 이는 베트남전쟁에 참여한 외국군으로는 미군에 이어 두 번째로 큰 규모였다.

한국군의 베트남 파병과 관련한 기존의 논의는 주로 상호 밀접하게 연관된 두 가지 문제에 초점을 맞추어 왔다. 첫째, 한국군의 파병으로 인한 경제적 이득에 초점을 맞추는 논의이다. 1960년대 한국의 고속경제성장의 배경에 베트남 파병으로 인한 직간접적인 경제적 이득이 큰 역할을 차지했다는 것이다(최동주 1996, 2010). 둘째, 이와 같은 논의의 연속선상에서 베트남 파병은 용병 논란의 대상이 되어왔다. 용병론의 핵심은 박정희 정부가 베트남에 파병을 결정한 기본적인 목적이 전쟁특수를 통한 경제적 이득을 얻는 데 있었다는 전제 하에서 한국군은 미국의 요청에 의해 용병으로 참전하였다고 파병의 성격을 규정하는 것이다. 이에 대해 용병론을 부정하는 입장에서는 한국군의 참전이 스스로의 국가이익에 따라 이루어진 결정임을 강조한다(Sarantakes 1999).

　이상과 같이 박정희 정부의 파병 의도 및 파병의 경제적 효과에 초점을 맞춘 기존의 논의는 파병의 성격규정과 관련하여 나름대로의 중요한 의미를 지닌다. 하지만 파병이 한국 민주주의에 미친 영향을 포함한 파병의 정치적 효과, 그리고 파병결정이 이루어지는 과정에 있어서의 국회의 역할 등 외교정책과 민주주의의 상호관련성 문제에 대해서는 아직 충분한 연구가 이루어지지 못하고 있는 형편이다. 물론 파병이라는 대외정책적 행위가 국내정치와 긴밀히 연결되어 있음을 제시하는 예외적인 연구도 있다. 박태균(2007, 2013)은 박정희 정권이 베트남 파병을 통해 1965년 한일국교정상화를 둘러싼 정치적 위기를 넘어설 기회로 삼으려 했다고 주장한다. 그러나 박정희가 파병에 나선 의도에 국내정치적 위기탈출이 포함되어 있었다는 주장은 선뜻 이해하기 어렵다. 파병은 반대세력을 확대하고 결집시킬 수 있으며, 이 경우 오히려 국내정치적 곤란을 심화시킬 수 있기 때문이다.

　사실 첫 파병 이후 50년 가까이가 지난 오늘날 우리는 베트남 파병과 관련하여 당시 국민들의 여론이 어떠하였으며 국회에서의 논의와 반응은 어떠하였는지를 잘 알지 못한다. 그리고 이러한 역사적 망각은 베트남 파병이라는 중대한 정책결정, 그리고 더 나아가 박정희 정부의 대외정책 전반에 대한 평가와 판단을 어렵게 한다. 이러한 차원에서 본 논문은 베트남 파병과 관련하여 국내적 논의가 어떻게 진행되었는지 특히 행정부의 전투부대 파병결정을 비준한 국회에서의 논의과정과 내용을 살펴보고자 한다. 한국군의 베트남 파병과 관련하여 외교정책과 국내정치의 관계에 주목하고 또한 파병과정에서 이루어진 국회의 역할에 대한 평가에 초점을 맞춘다는 측면에서 이 논문은 기존 연구 성과와 구별되는 새로운 시도라 할 수 있을 것이다.

이 글의 구성은 다음과 같다. 우선 베트남전쟁의 국제정치적 맥락과 이에 대한 한국의 대응을 살핌으로써 박정희 정부의 베트남 파병 의도를 심층적으로 검토할 것이다. 다음으로 1965년과 1966년의 전투부대 파병결정을 중심으로 박정희 정부의 파병동의안을 심의하는 과정에서의 국회역할에 대해 분석한다. 마지막으로 맺음말에서는 한국의 베트남 파병사례를 통해 나타난 외교정책과 민주주의의 상호관계에 대해 토론할 것이다.

II. 미국의 베트남 개입 확대와 한국의 대응

한국군의 베트남 파병의 배경을 이해하기 위해서는 먼저 베트남전쟁의 미국화라는 현상이 검토되어야 한다. 한국군의 파병은 미국의 동아시아정책 변화라는 배경 하에서 이루어졌기 때문이다. 사실 1960년대 미국의 대외전략에 있어서 베트남은 사활적 이해가 걸려있는 지역이 아니었다. 미국의 베트남 개입은 도미노이론(domino theory)이라고 불리는 상황인식에 기인한 바가 크다. 베트남이 공산화될 경우 아시아 지역의 연쇄적 공산화라는 도미노현상이 촉발될 수 있다는 인식이었다. 즉 베트남 공산화가 인도차이나 반도 전체의 공산화로 확산되고, 이는 일본처럼 그 자체로 전략적 중요성을 갖는 지역에서 공산세력과의 타협을 요구하는 정치적 압력 가중을 가져올 수 있다고 보았다. 그리고 이는 결국 세계적 차원의 냉전에서 반공진영의 약화로 이어질 수 있다고 우려하였다. 이렇듯 "미국이 베트남에서 갖는 이해는 베트남 자체에 대한 관심에서 비롯된 것이라기보다는 냉전의 맥락에서 파생된 것이었다"(마상윤 2005: 69).

미국의 베트남 개입은 점진적으로 확대되었다.[1] 본래 전쟁은 제2차 세계대전 이후 탈식민화(de-colonization)의 움직임 속에서 발생하였다. 즉, 1946년부터 공산주의세력이 주도하는 북베트남은 프랑스의 식민지배로부터 벗어나려는 운동의 일환으로서 프랑스에 대한 전쟁을 시작했다. 미국은 이때만 해도 프랑스와 전쟁을 벌이고 있는 북베트남의 지도자 호치민(Hô Chí Minh 胡志明)에 대해 지지도 반대도 아닌 태도를 취하였다. "호치민의 민족주의적 성향과 공산주의적 측면을 저울질" 하고 있었던 것이다(유인선 2002: 377-378). 그러나 공산진영과의 냉전대결이 미국의 동아시아 정책에도 본격적으로 반영되기 시작하면서 미국은 호치민의 민족주의 성향과 공산주의적 측면 중 후자에 보다 무게를 두기 시작하였다(Jentleson 2004: 125). 1950년 1월 중국과 소련이 북베트남과 공식외교관계를 맺자 미국의 트루먼(Harry Truman) 행정부는 프랑스가 지원하던 남베트남의 바오 다이(Bảo Đại 保大) 정부를 승인했다. 1954년 5월 디엔비엔푸(Điện Biên Phủ) 전투에서 북

1 　미국의 베트남전쟁 개입 원인과 과정에 대해서는 Logevall(2001) 참조.

베트남이 프랑스군에 결정적 승리를 거둠으로써 전쟁은 일단 프랑스의 패배로 종결되었다.

1954년 7월 제네바협정이 체결되었다. 이에 따라 베트남은 북위 17도선을 경계로 잠정 분할되었다. 협정에는 1956년 7월 이전에 총선거를 실시하여 정치적 통일을 이룬다는 내용도 포함되어 있었다. 그러나 통일은 지연되었다. 미국은 제네바협정에 불만을 품고 서명조차 하지 않았을 뿐 아니라 프랑스의 뒤를 이어 남베트남의 응오 딘 지엠(Ngô Đinh Diêm 吳廷琰) 정권을 군사 및 경제적으로 지원하기 시작했다. 냉전에 대한 고려 때문이었다.

1960년 말부터 북베트남의 지원 아래 조직된 남베트남민족해방전선이 남베트남을 상대로 게릴라전을 개시하면서 베트남전쟁은 새로운 국면을 맞이했다. 게릴라전에 대응하여 케네디(John F. Kennedy) 대통령은 1961년 1월 취임 직후 남베트남에 대한 군사 및 경제지원을 확대하였다. 하지만 폭정에 따른 민심이반으로 남베트남의 정정불안은 계속되었다. 미국은 사이공정부에 정치 및 경제개혁을 요구하였으나 효과를 거두지 못했다. 사이공 정부의 리더십에 실망한 케네디는 응오 딘 지엠을 제거하기 위한 베트남 군부의 쿠데타를 묵시적으로 승인했고, 1963년 11월 1일 쿠데타 과정에서 응오는 살해되었다. 우연히도 같은 달에 케네디 역시 암살로 생을 마치고 말았다.

베트남 정세는 군사쿠데타의 악순환 속에 더욱 혼미해져만 갔다. 대통령직을 승계한 존슨(Lyndon B. Johnson)은 케네디의 베트남 정책방향을 대체로 유지하면서도 남베트남 정부의 사기 진작과 국내적 안정을 도모하고자 군사 및 경제지원을 확대했다. 또한 1964년 4월부터는 '더 많은 깃발'(More Flags) 캠페인을 전개함으로써 남베트남에 대한 제3국의 군사적 지원을 얻고자 노력하였다. 그러나 미국은 1964

년 말까지 베트남에 대한 본격적 군사개입은 꺼리고 있었으며, 제3국
으로부터 구하려 했던 군사지원도 비전투병력에 국한되어 있었다.

베트남정세의 악화는 미국의 동아시아 정책 우선순위에도 변화를
가져오고 있었다. 베트남문제는 미국의 동아시아 정책에 있어서 가장
중요한 사안이 되었으며 여타 국가에 대한 정책에도 변화를 요구하였
다(Tucker 1994; 마상윤 2005). 특히 베트남에서의 부담 증가에 비례해
서 미 행정부는 한국에 투입되는 자원을 줄이려 하였다. 한국에 대한
군사 및 경제원조를 감축하고 또 주한미군의 병력수준을 낮추기 위한
정책검토가 이루어졌다(마상윤 2003: 21-28). 존슨의 백악관 참모들은
한국군 감축과 주한미군 철수를 동시에 추진하고자 했다. 이들은 베트
남 정세가 날로 악화되는 상황에서 보다 "큰 위험지역은 동북아시아가
아니라 동남아시아"라고 인식하고, 한국에서 철수한 미군 병력이 "동
남아시아 투입을 위한 전략적 예비 병력으로 재편성될 수 있다"고 보
았다.[2] 이런 의견이 제시되는 가운데 존슨 대통령은 1963년 12월 국무
부와 국방부에 주한미군 1개 사단 철수와 한국군 감축을 동시에 추진
하기 위한 계획 수립을 지시하였다. 존슨은 1964년 5월에 다시 국가
안보행동비망록(NSAM) 298을 하달하여 주한미군 1개 사단 재배치와
대한군사원조의 감축에 대한 세부계획 마련을 위해 관련부처간 합동
연구를 지시하였다.[3]

---

2   Untitled Memorandum, December 7, 1963, Korea: Memos I, Box 254, NSF, LBJL;
     Komer to McGeorge Bundy, December 9, 1963, Korea, Box 256, NSF, LBJL; Komer
     to President Johnson, January 22, 1964, *FRUS*, 1964-68, vol.29, document 2.
3   McGeorge Bundy to Forrestal, December 10, 1963, Box 256, NSF, LBJL; McGeorge
     Bundy to Alex Johnson, December 20, 1963, *FRUS*, 1961-63, vol.22, p.672; NSAM
     298, "Study of Possible Redeployment of U.S. Division Now Stationed in Korea,"
     May 5, 1964, *FRUS*, 1964-68, vol.29, document 9.

박정희 정부는 미 행정부가 대한군사원조와 주한미군의 감축을 고려하고 있음을 감지하고 1964년 초부터 베트남파병을 전략적인 견지에서 적극 고려하기 시작하였다. 예를 들어 1964년 1월 6일자로 작성된 「월남파병문제'에서 고려되어야 할 문제점」이라는 제목의 대통령 비서실 문서는 베트남 파병 시 예상되는 이점과 단점을 다음과 같이 정리하고 있다.

(1) 파병하는 경우의 이점

① 미국이 원하는 대로 무조건 순종하기 때문에 미국의 호감을 살 수 있음.

② 월남수호문제를 한국의 국방과 결부시킬 수 있음. 만약에 미국이 월남을 포기하는 경우, 〔미〕국의 아세아전략에 변경을 초래하여 한국수호의 의욕이 감퇴될 우려가 있음.

③ 국내적으로 반공의식이 약화되고 반공구호가 실감을 잃고 있는 현재, 월남에 파병한다는 것은 공산주의를 구체적인 적으로 설정하는데 도움이 될 것이며, 국내적 단결과 반공의식 강화에 도움이 될 것임.

④ 파병은 아세아의 반공국가의 결속에 박차를 가하게 될 것임.

(2) 파병하는 경우의 단점

① 미국의 요청에 무조건 순종하기 때문에 순간적으로 호감은 사지만, 장기적인 안목에서 보면 "한국은 어떻게 말해도 무조건 잘 듣는다"고 무시감이 존재될 수도 있음.

② UN의 회원국도 아니고, SEATO(동남아 조약기구)의 회원국도 아닌 한국이 월남에 파병함으로써 아아(阿亞) 중립제국의 지

지획득에 절대적인 타격이 될 것임.

③ 중공을 자극하여, 중공의용군의 월남전선 투입의 구실을 주게
될 것이며, 동시에 한국전선에도 긴장을 초래할 수 있음.

④ 각하 방독(訪獨)으로 얻게 된 다원외교의 효과가 상실될 가능
성이 있음 (구라파 제국이나 아아국가들은 미국의 월남전쟁을 대
단히 비판하고 있으며, 이로 인해서 미국의 인기는 대단히 저조를
보이고 있음.)

⑤ 월남에 파병했을 때, 결과적으로 소기의 목적을 달성 못하거
나, 또는 한국군의 사상자가 많이 발생하면, 국내정치상 문제
가 초래될 것임.[4]

위의 대통령비서실 문서는 미 국무부의 번디(William Bundy) 동
아시아 및 태평양지역 담당차관보가 "1월 15일까지 한국군이 월남에
도착하면 미국정부에 큰 도움이 되겠다"는 파병요청을 해옴에 따라 작
성된 것이다. 이 당시의 미국의 요청은 비전투부대에 국한된 것이었지
만 박정희 정부는 전투병력 파견을 이미 적극적으로 고려하고 있었다
(박태균 2006: 153, 181).

이 문서는 한국군의 파병 동기에 대한 해석과 관련하여서도 두 가
지 중요한 의미를 갖는다. 첫째, 1964년 1월 당시 박정희 정부가 파병
에 따르는 이점을 주로 미국과의 관계, 그리고 그것이 한국의 국방에
미치는 효과의 측면에서 고려하였음을 보여준다. 파병이 가져올 경제
적 이득에 대해서는 전혀 언급이 없었는데, 이는 한국이 주로 경제적
이익에 대한 계산 속에서 베트남 파병을 고려했다는 해석이 사실상 성

---

4   대통령비서실 문서, 보고번호 65, 제7호, 1964년 1월 6일, 박태균(2000: 47)에서 재인용.

립하기 어려움을 보여준다. 둘째, "파병하는 경우의 단점"에서 사상자 발생으로 파병이 자칫 국내정치적 부담을 가중시킬 수 있다는 점이 지적되고 있다는 점도 주목을 요한다. 따라서 적어도 이 문서에 근거해 본다면 박정희 정부가 국내정치적 위기 탈출의 목적에서 베트남 파병을 활용하였다는 주장은 성립하기 어렵다.

아무튼 1964년 봄부터 박정희 정부는 파병의 단점보다는 이점이 크다는 계산 하에 미 행정부에 접근하여 베트남에서의 미국의 군사적 노력을 돕겠다는 의사를 알리고 전투부대 파병 가능성을 적극적으로 타진하기 시작하였다.[5] 베트남 파병 구상을 통해 박정희 정부가 궁극적으로 의도했던 바는 동맹국 미국으로부터의 방기 위협이 현실화되는 것을 막는 데 있었다. 당시 주미한국대사였던 김정렬은 "1964년 초봄 무렵"의 일을 다음과 같이 회고하고 있다.

그때 나는 주미 대사로 워싱턴에 근무하고 있었는데, 하루는 대통령으로부터 밀서가 날아왔다. "월남 사정을 잘 아는 최덕신 주독 대사를 귀지에 보낼 터이니 소기에 월남에 관계하는 사람과 접촉시켜 월남의 중요성을 역설케 하도록 알선하시오."라는 내용이었다. … 미국은 이 때

---

5   Memorandum of Conversation, July 9, 1964, POL 18 KOR S-Ger W, RG 59, NARA. 사실 한국의 지도자들은 베트남 파병이 미국의 대한정책에 영향을 미칠 수 있는 효과적인 지렛대가 될 수 있으리라고 오랫동안 생각해왔다. 예를 들어 5.16 군사쿠데타 7개월 후인 1961년 12월, 당시 국가재건회의의장 자격으로 미국을 방문하여 케네디 대통령을 만난 자리에서 박정희는 한국군 전투 병력의 베트남 파견을 제안한 바 있었다. 물론 케네디는 박정희의 제안을 받아들이지 않았다. 이 당시까지만 하여도 미국의 베트남전 개입은 지상군 병력 투입의 단계에까지 이르지 않고 있었던 상황이었기 때문에 한국을 비롯한 제3국의 전투병력지원은 필요치 않았던 것이다. 또한 미 행정부의 관리들은 박정희의 제안이 쿠데타로 집권한 군사정부에 대한 미국의 정치적·경제적 지원을 이끌어내려는 의도에서 나온 것으로 파악하였다. Memorandum of Conversation, November 15, 1961, 033.95B11, RG 59, NARA.

까지만 하더라도 월남을 적극적으로 도울 생각을 안 하고 엉거주춤한 상태였다. … 밀서가 도착한 지 얼마 되지 않아서 최덕신 주독 대사가 워싱턴으로 왔다. 최덕신 대사는 원래 월남 대사로 무려 7-8년간 근무했기 때문에 월남사정에 정통해 있었다. … 최덕신 대사는 나에게 박 대통령의 밀명을 전해 주었다. 그것은 한마디로 말하자면 월남 방어의 중요성을 미국 정부에 역설하고, 미국이 여기에 적극적으로 개입한다면 한국군을 파병해 줄 것이라고 제의하라는 것이었다. … 대통령이 파병을 제안하게 된 이유는 다음과 같은 것이었다. 첫째로, 월남이 공산화되면 한국의 안보에도 커다란 영향이 미칠 것이기 때문이다. 한 나라가 공산화되면 도미노 현상에 따라 주변의 나라가 급속히 공산화되기 마련이다. … 두 번째 이유는 … 주한 미군의 철수를 막기 위함이다. 이것이 바로 박 대통령의 가장 중차대한 관심사이자 가장 핵심적인 파병 이유였다. 당시 미국은 2개 사단 규모였던 주한 미군을 빼어가려는 움직임을 보이고 있었다. … 때문에 대통령은 주한 미군 대신 한국군 몇 개 사단을 월남에 보내어 미군을 도와주고, 주한 미군은 한국 내에 그대로 붙들어 두어야 한다고 생각하였던 것이다(김정렬 1993: 321-325).

1964년 9월 22일 의료단과 태권도 교관요원으로 구성된 140명의 소규모 한국군 군사지원단이 베트남에 파견되었다. 제1차 파병으로서 존슨 행정부의 '더 많은 깃발' 캠페인에 따른 것이었다. 1964년 5월 9일 미국은 한국을 포함한 25개국 정부에 베트남전 지원을 요청하였고, 이어 7월 15일 베트남 군사혁명위원회 의장 겸 수상 구엔 칸 장군은 정일권 국무총리에게 공한을 보내 한국의 지원을 공식 요청하였다. 이 요청에 따라 비전투부대 파병으로 이루어진 것이다.

박정희 정부가 베트남에 전투부대를 파견하겠다는 제안은 당장은 별 효과가 없었다. 1964년 말 이전까지 존슨 행정부는 여전히 베트남에 대한 군사개입의 확대를 꺼리고 있었으며, 따라서 한국의 전투병 파병 제안에 대해서도 큰 흥미를 느끼지는 않았던 것이다. 예를 들어 미 국무부는 "현재의 게릴라전의 상황에서 지상군을 전투에 투입하는 것은 적절하지 않다"는 입장을 고수하였다.[6] 즉 전쟁의 성격상 전투부대의 파견은 바람직하지 않다는 것이었다.

1964년 8월 미 의회의 통킨만 결의안 통과로 존슨 행정부는 강력한 전쟁수행권한을 확보했다. 1965년 3월에는 북베트남에 대한 공습이 개시되었다. 존슨 행정부가 북베트남에 대한 공습을 심각하게 고려하던 시점인 1964년 12월 19일, 브라운(Winthrop Brown) 주한미국 대사는 한국의 공병부대를 베트남에 보내줄 것을 요청하는 존슨 대통령의 구두메시지를 박정희 대통령에게 전달하였다. 박 대통령은 이 요청을 수락하면서 한국군 전투부대 파병 의사도 재차 강조하였다. 하지만 브라운 대사는 전투부대까지 요청하는 것은 아니라며 거절의 뜻을 분명히 밝혔다.[7] 1965년 1월 2일 남베트남 정부는 이동원 외무장관에게 공식 서한을 통해서 공병단 수송부대의 파견을 요청하였다. 이에 따라 1965년 3월에 한국군의 제2차 베트남 파병이 이루어졌다.

미국의 베트남전 개입이 심화됨에 따라 한국정부의 전투부대 파견 제의에 대한 존슨 행정부의 생각도 변화하였다. 존슨 행정부는

---

6   Telegram 12 from State Department to American Embassy in Seoul, July 3, 1964, DEF 19 KOR S-Viet S, RG 59, NARA; Memorandum of Conversation, September 14, 1964, POL 2 Kor S, RG 59, NARA.

7   Telegram 531 from State Department to American Embassy in Seoul, December 17, 1964, Korea: Cables II, Box 254, NSF, LBJL; Airgram 296 from American Embassy in Seoul to State Department, December 21, 1964, DEF 19-2 Kor S-Viet S, RG 59, NARA.

1965년 4월 미 지상군의 베트남 투입이라는 중대한 결정을 내리고 전쟁의 확대를 꾀하게 된다. 미국의 전략은 대규모 화력 및 병력 투입으로 북베트남의 전쟁수행의지를 꺾고, 그리하여 남베트남의 생존을 보장하는 선에서 정치적 타협을 이루고자 하는 것이었다. 이러한 전략변화와 함께 미국은 한국을 비롯한 제3국의 전투병력지원을 요청한다는 결정에 이른다. 동년 4월 27일 롯지(Henry Cabot Lodge) 주베트남 미국대사는 존슨 대통령의 특사 자격으로 한국을 방문하여 박정희 대통령을 면담하였다. 이 자리에서 롯지는 존슨 대통령이 한국이 연대규모의 전투병력을 베트남에 파견하는 문제에 큰 관심을 가지고 있으며, 남베트남 정부로부터 공식 파병 요청이 곧 있을 것이라고 언급하였다.[8] 박정희 정부는 미국이 요청해오기 이전부터 전투병력 파병을 제안하고 있었던 만큼 전투병력 파병에 적극적으로 임하였다.

1965년 5월 16일 박정희는 10일간의 일정으로 미국 방문길에 올랐다. 이튿날 열린 한미정상회담에서 한국군의 베트남 파병은 회담의 가장 중심적인 의제로 다루어졌다. 존슨 대통령은 한국에 대해 가능한 최대의 원조를 제공할 계획이며, 주한미군의 감축 및 철수는 고려치 않고 있다고 언급하면서 한국군 1개 사단규모 전투병력의 파병을 요청하였다. 실제로 존슨 행정부는 주한미군감축 및 철수를 위한 검토를 중지해 놓은 상태였다.[9] 이에 대해 박정희는 "개인적으로는 보다 많은 군대를 보내고 싶지만" 대규모 병력의 파견으로 한국 자체의 안보가 약화될 수 있다는 국내여론이 있으므로 이 문제에 대해서는 좀 더

---

8   Telegram 1082 from American Embassy in Seoul to State Department, April 29, 1965, Box 12, Formerly Top Secret Central Policy Files, 1964-1965, RG 59, NARA.

9   Telegram 1147 from American Embassy in Seoul to State Department, May 8, 1965, DEF 19-2 Kor S-US, RG 59, NARA.

검토할 필요가 있다며 즉답을 회피하였다. 존슨의 대한안보공약 확인
에도 불구하고 박정희는 존슨으로부터 한국의 안보에 대한 보다 구체
적인 지원약속을 받아두고, 파병을 위한 향후 대미교섭에서 보다 유리
한 위치를 차지하고자 했던 것이다. 5월 18일 두 번째로 열린 정상회
담에서 박정희는 한국군의 파병과 미국의 군사지원문제를 연결시키면
서 한국군은 공산주의와의 싸움에서 미군과 함께 할 준비가 되어 있으
나 이를 위해서는 미국의 지원에 달려있다고 언급하였다. 존슨은 이에
대해 분명한 답은 하지 않은 채 다만 한국군의 베트남파병이 이루어질
경우 이는 미 의회가 한국에 대해 보다 많은 원조액을 배정하는 데 도
움이 될 것이라고 대답하였다.[10]

정상회담을 마치고 양국 대통령은 한미우호관계의 증진, 베트남
지원을 위한 긴밀한 협조, 대한원조의 계속, 한일국교정상화의 조속한
타결, 한국경제개발을 위한 1억 5천만 달러의 장기개발차관 공여, 주
한미주둔군 지위협정의 조기타결 등의 사항에 대하여 합의한 14개항
의 공동 성명서를 발표했다. 특히 공동성명서의 제5항에서 미국은 "대
한민국에 대한 군사적 침략으로 인해서 발생하는 공동위험에 대처하
기 위해서 1954년의 한미방위조약에 의거 군사력의 행사를 포함한 모
든 가능한 원조를 즉시, 효과적으로 제공할 것이며 한국정부의 요청에
의하여 계속하여 한국 내에 강력한 군사력을 유지할 것"이라고 지적하
였다. 또한 제7항에서는 미국의 대한군사경제원조가 "한일국교정상화
이후에도 계속될 것"이라고 밝혔다(구영록·배영수 1982: 151).

정상회담에서 공식 합의된 사항은 아니지만 회담 이후 한국군 전
투부대의 베트남 파병 추진은 가속화되었다. 1965년 6월 남베트남 정

---

10 Memoranda of Conversation, May 17 and 18, 1965, Korea: Memos II, Box 254, NSF,
    LBJL.

부는 정일권 국무총리 앞으로 1개 전투사단의 파견을 공식 요청하는
서한을 보냈다. 박정희 정부는 7월 1일 국가안전보장회의를 소집하였
고, 7월 2일 국무회의에서 "월남공화국을 지원하기 위하여 국군 일개전
투사단을 증파할 것"을 의결하였다. 열흘 뒤 박정희 정부는 한국군 전
투부대의 베트남 파병에 관한 동의안을 국회에 제출하였다(구영록·배
영수 1982: 152-153). 이와 같은 경과를 거쳐 같은 해 10월 최초로 한
국군 전투부대(육군 1개 사단 및 해병 1개 여단)가 베트남에 파견되는
제3차 파병이 이루어졌다.

　1965년 전투부대 파병 이후에도 미국의 한국군 파병 요청은 계속
되었다. 베트남 전황이 악화되는 가운데 존슨 행정부는 더 많은 병력
과 화력을 투입해야 승기를 잡을 수 있다고 생각했으며, 이를 위해 한
국이 전투병력을 추가로 보내줄 것을 강력히 희망하기에 이르렀다.
1966년 1월 1일과 2월 22일 험프리(Hubert H. Humphrey, Jr.) 부통령
이 이례적으로 한국을 짧은 기간 내에 두 번이나 연거푸 방문한 것은
이를 위한 것이었다.

　박정희 정부는 미국과의 협상에서 파병의 조건으로 한국군 현대
화 지원 등을 비롯한 요구조건을 내걸었는데, 존슨 행정부는 이를 상
당부분 받아들였다. 그리고 미국은 한국정부의 요청에 따라 소위 "브
라운 각서"를 통해 한국군 추가파병의 반대급부로 한국에 대해 국방
및 경제적 지원을 제공한다는 내용을 서면으로 약속하였다. 박정희 정
부가 한국군을 베트남에 파병하고자 했던 주된 동기가 애초에는 주한
미군철수를 막겠다는 차원에 있었지만, 시간이 흐르면서 점차 국방 및
경제적 차원에서의 실리추구도 파병정책의 중요한 부분을 차지하게
되었던 것이다. 미국의 군사 및 경제지원이라는 실리를 챙긴 박정희
정부는 전투병 증파를 추진하여 1966년 9월 육군 1개사단 병력을 제4

차로 베트남에 보냈다.

III. 베트남 파병결정과 국회

앞에서 설명하였듯이 한국군의 베트남파병은 미국의 개입확대에 따라 단계적으로 이루어졌으며, 파병을 위한 미국과의 교섭과 정책결정은 박정희 정부에 의해 주도되었다. 그러나 적어도 형식적으로라도 정부의 파병결정은 국회의 동의를 구해야만 했다. 물론 1960년대 당시의 한국은 권위주의가 강하게 작동하고 있었지만 민주주의 제도의 외양이 유지되고 있었던 것 또한 사실이다. 일반적으로 우리는 민주주의 하에서 국회가 해외 파병과 같은 중요한 대외정책을 심의하고 그 실행여부를 결정하는 역할을 수행할 것으로 기대한다. 또한 국회는 사회적 여론을 형성하고 수렴함으로써 국가이익에 대한 합의를 창출하는 기능 또한 수행할 수 있다. 과연 1960년대의 베트남 파병문제와 관련하여 국회는 이와 같은 기능과 역할을 얼마나 제대로 수행하였던 것일까?

1964년 9월의 제1차 파병은 1964년 7월 23일 정부가 국회에 제출한 '월남공화국 지원을 위한 국군부대의 해외파견에 관한 동의안'이 국방위원회와 외무위원회의 심의를 거쳐 7월 31일 본 회의에서 정부원안대로 통과됨으로써 이루어질 수 있었다. 파병동의안의 국회 통과는 비교적 쉽게 이루어졌다. "당시는 5.16 이후 군정이 3년간 계속된 뒤 민간정부(사실상 군정의 연장이었다)가 갓 출범한 시점이었고 6.25 참전국에 대한 '부채심리' 등도 있어 야당도 '1개 의무중대'에 불과한 군 의료진 파견에 크게 반대하지 않"았기 때문이었다(『동아일보』 1991.1.19.).

박정희 정부는 제1차 파병이 이루어진 지 4개월도 채 못된 시점인 1965년 1월 8일 국무회의에서 공병 및 수송부대 파병을 의결하고, 1965년 1월 15일 소집된 제6대 국회 제47차 회의에서 이에 대한 동의안을 통과시켜 줄 것을 요청하였다. 제1차 파병과 달리 제2차 파병 동의안 처리부터는 국회에서 찬성과 반대의 의견이 엇갈리기 시작했다. 국회의 의견은 대체로 "반대도 찬성도 아닌 애매한 태도"를 보이고 있었던 것이다. 엇갈리는 의견이 여야 구분에 따른 것은 아니었다. 공화당 내에서 소장파 의원들의 추가파병 반대 주장이 제기되는 가운데 야당인 민정당과 민주당의 의견도 찬반으로 나뉘었다. 이중 윤보선이 선명야당의 기치를 내세우며 이끌던 민정당은 파병반대의 입장으로 당론을 정했다.[11] 하지만 민정당에서도 처음에는 오히려 "미국과의 관계를 고려하여" 찬성해야 한다는 의견이 더 강했다(『경향신문』 1965.1.15.).

민정당 당론이 파병반대로 기울어진 데에는 당 리더인 윤보선의 정치적 우려가 강하게 작용했다. 그는 박정희 정부가 제2차 파병으로 "국민의 관심을 국내문제에서 국외문제로 돌려 한일회담 등 중대문제를 슬쩍 넘기려는 불순한 저의"를 가지고 있다고 의심했을 뿐만 아니라 "파병의 부산물로 휴전선에 긴장이 생길 경우 … 계엄령을 선포해서 정치활동을 금지하고 정치인을 구금하는 등 또 하나의 헌정중단을 초래할 가능성이 숨어있다"고 주장했다(『동아일보』 1965.1.21.;『경향신문』 1965.1.23.). 이와 관련하여 주한미국대사관은 윤보선이 파병을 반대하고 나선 이유를 두 가지로 판단했다. 첫째, 파병이 한국 자체의 안보에 악영향을 미칠 수 있다는 것이고, 둘째, 박정희 정부가 국익보

---

11   민정당은 1월 21일 무기명투표를 통해 당론을 정했는데 파병 찬성 16, 반대 21, 기권 1
     표로 찬성 의견도 여전히 강하게 나타났다.

다는 정권차원의 이익을 위해 파병을 이용하려 한다는 강한 의구심이
었다.[12]

　정부의 제2차 파병 요청이 국회에서 받아들여질 전망은 밝은 편
이었다. 여당인 공화당이 국회의석 175석 중 과반 이상인 108석을 차
지하고 있었고, 야당의 의견이 여전히 찬반으로 엇갈려 있었기 때문이
었다. 다만 야당 일부의 반대로 만장일치 통과는 어려울 것으로 판단
되는 가운데 브라운 주한미국대사는 1월 22일 야당 지도자인 윤보선
민정당 대표최고위원, 그리고 민주당의 박순천, 정일형 의원과 접촉하
여 파병반대 당론의 재고를 촉구하였다.

　결국 1월 26일 국회는 찬성 106, 반대 11, 기권 8표로 정부가 제
출한 '월남공화국지원을 위한 국군부대의 해외추가파견에 관한 동의
안'을 통과시켰다. 표결 과정에서 민정당 소속 의원 30여 명은 "책임
을 명백히 남기기 위해" 투표에 참여하지 않고 퇴장하였다. 하지만 민
주당 의원 13명 전원과 민정당 의원 9명이 이탈하여 투표에 참여했고,
이 중 최소한 10여 명이 찬성표를 던졌다. 이에 대해 한 일간지는 "전
례 없는 공화당의 행동통일과 야당의 지리멸렬 상"을 파병동의안의 국
회통과가 가능했던 사정으로 꼽았다(『경향신문』 1965.1.26.). 이 동의
안이 국회를 통과함에 따라 2월 25일 주베트남 한국군사원조단(비둘
기부대) 제1진 500명이 월남에 도착하였으며, 이어 3월 16일에는 2진
1,400명이 파월되었다(구영록·배영수 1982: 150-151).

　1965년 10월의 제3차 파병을 위해 박정희 정부는 7월 2일 국무회
의에서 국군 1개 전투사단 파병을 의결하였고 열흘 뒤 파병동의안을
국회에 제출하였다. 파병동의안 처리에 대한 미 행정부의 관심은 지대

12　A-324 from AmEmbassy Seoul to State Department, January 6, 1965, POL 15-2 KOR
　　S, RG 59, NARA.

했다. 예컨대 7월 25일에는 한국군 전투부대의 파견에 관한 존슨 대통령의 친서가 박정희 대통령에게 전달되었다. 이 친서에서 존슨은 "현재 월남에 있는 병력 8만을 배 이상 증가해야 한다는 것이 불가피하다"고 언급했다. 이에 대해 박 대통령은 7월 29일자 회신에서 "한국정부는 이미 사단규모의 전투병력을 월남에 증파할 계획을 추진 중에 있으며 늦어도 내달 중에는 국회의 승인을 얻게 될 것이 확실하다"고 답하였다(구영록·배영수 1982: 152-153).

물론 한국이 전투부대를 해외에 파병함으로써 사실상 다른 지역에서의 전쟁에 직접적으로 군사 개입한다는 일은 사안의 중대성의 측면에서 이전의 지원부대 파병과는 분명히 궤를 달리하였다. 그만큼 파병동의안을 처리해야 하는 국회의 역할도 막중한 것이었다. 한편 민정당과 민주당으로 나뉘어 있던 야당이 1965년 5월 3일 민중당을 창당하여 통합하였다(『동아일보』 1965.5.3.). 민중당의 의석은 여전히 공화당에 비해 50석 가량 못 미치는 수준이었지만 통합야당으로서 발휘할 수 있는 정치적 영향력은 분명 확대되어 있었다. 전투부대 파병은 이전의 지원부대 파병에 비해 훨씬 중대한 사안이었음을 감안하여 아래에서는 국회회의록을 통해 이 문제가 국회에서 어떻게 토의되었는지 보다 자세히 검토하기로 한다.

파병동의안은 7월 15일 국방위원회에 회부되어 8월 3일부터 7일까지 국방장관의 제안 설명과 주월남대사의 현지정세보고 등을 청취하고 대정부 질의와 토의가 이루어졌다. 8월 3일 민중당의 의원총회로 인해 여당의원만이 참석한 가운데 열린 국방위 제2차 회의에서 정부의 제안 설명에 나선 김성은 국방장관은 전투병력을 파견하려는 이유를 다섯 가지로 설명하였다. 첫째, 한국의 안보는 "극동의 안전과 직결되어 있으며 극동의 안전은 미국을 주축으로 하는 자유제국의 결속된 집단안전보장노력에 의해서만이 보장될 수 있는 것"이므로 "우리에게 닥쳐 올 화를 미연에 방지하기 위해서는 초국가적인 집단안전보장노력이 있어야" 한다는 것이었다. 즉 한국의 파병은 미국이 주도하는 자유진영의 결속을 다짐으로써 궁극적으로 한국의 안보에도 도움이 된다는 것이었다. 둘째, 베트남 전세가 "더욱 악화"되어 미국을 비롯한 "우방군은 고전을 면치 못하고" 있는 상황을 한국은 "비전투부대의 지원만"을 제공한 채 "좌시할 수 없"다는 것이었다. 셋째 이유는 바로 베트남전황의 악화로 미국이 주한미군병력을 빼내갈 수 있다는 우려와 관련된 것이었다. 즉 "우리의 전투부대를 월남에 증파한다면 한국방위를 다짐하고 주한미군병력을 계속 한국에 유지한다는 지금까지의 미국의 대한정책을 더욱 확고히 하게 될 뿐만 아니라 앞으로 월남에서 긴급사태가 도래한다 하여도 결코 주한미군사력에는 아무런 변동을 가져오지 못할 것"이라는 주장이었다. 넷째, 한국이 "6.25의 구은을 망각치 않은 신의"를 보여줌으로써 "한미월간의 유대를 크게 증진"할 수 있다는 이유였다. 마지막으로 다섯 번째 이유는 한국군의 "위용을 과시"함으로써 "국위를 선양하고 아세아에 있어서 집단대공방위를 위한 주도적 역할을 강화"한다는 것이었다.[13]

8월 5일 열린 국방위원회 제3차 회의는 파병에 따른 정부의 대책에 대한 국방장관의 보충설명으로부터 시작되었다. 김성은 국방장관의 설명요지는 "우호적인 미국의 태도" 덕분에 군원이관 중단문제, 국군장병 처우개선문제, 미국의 베트남 군수물자 조달에 한국기업이 참여하는 문제 등에 대한 한미양국간의 교섭이 원만하게 진행되고 있다는 것이었다. 그리고 파병으로 인한 한국의 방위력 약화 우려에 대해

---

13 제6대 국회 제52차 회의 국방위원회회의록 제2호, pp.2-3.

서 김 국방장관은 미국의 대한방위공약 확인과 한국군에 대한 장비 지
원 약속이 있었으며, 또한 "만부득이한 경우에 있어서 미군을 한국으
로부터 감소시키지 않고서는 안 될 경우에는 과거에는 미국이 일방적
으로 해 왔지만 이번에는 반드시 한국정부와 사전에 협의를 하도록 하
겠다고 하는 하나의 새로운 보장이 부수적으로 왔"다고 설명하였다.[14]

　　야당인 민중당은 8월 3일 열린 의원총회에서 정부의 전투병 파병
제안에 대해 "반대하자는 것으로 결론"을 내렸다. 그러나 정작 국방위
회의에 참석한 야당의원들은 반대의 이유에 대해 침묵했다. 대부분의
야당의원들은 베트남에 파병한다는 원칙에 대해서는 심각하게 이의를
제기하지 않았고, 파병을 통해 과연 한국이 물질적으로 어떠한 이득을
얻을 수 있을 것인가에 보다 관심을 보였다. 오히려 민중당 소속의 조
윤형 의원은 "38선의 연장이 월남의 17도선"이고, "반공체제의 확립과
동시에 이 모든 파란의 원인을 조성하고 있는 중공을 격멸하는 한가지
의 방법이라고 생각이 되기 때문에 … 월남파병에 찬성한다"는 개인
적 소신을 밝혔다.[15]

　　주요 여당의원들도 야당의원과 대체로 비슷한 관심을 나타냈다.
국회 소집 이전에 미국정부가 베트남 군수물자 조달정책과 관련하여
한국보다 일본을 우선 배려한다는 내용의 기사가 신문에 보도되었는
데, 이는 특히 공화당 내에서 매우 좋지 않은 반향을 일으키고 있었
다.[16] 그러나 미국정부가 군원이관계획을 1년 연기하고, 한국군 3개 예
비사단병력의 완전무장을 지원하며, 베트남에서의 미국군수조달과 관

14　제6대 국회 제52차 회의 국방위원회회의록 제3호, pp.1-4.

15　제6대 국회 제52차 회의 국방위원회회의록 제3호, pp.7, 16.

16　Telegram 38 from AmEmbassy Seoul to State Department, July 10, 1965, POL 15-2
　　KOR S, RG59, NARA.

련하여 한국에 많은 기회를 제공할 것이라는 정부의 설명이 제시되자 파병에 대한 반대의견은 거의 제기되지 않았다.[17]

　　물론 반대의견이 전혀 없었던 것은 아니다. 아이러니하게도 전투부대 파병안에 대한 강력한 비판은 여당 소속의원으로부터 제기되었다. 공화당의 박종태 의원은 "온 국민의 신경이 한일〔협정체결〕문제 쪽으로 쏠리고 있습니다만 … 한일문제보다는 오히려 이 월남파병문제가 더 본질적으로 중요한 여러 가지 문제를 내포하고 있다."라고 전제한 후, 몇 가지 날카로운 질문을 제기하였다. 그는 첫째, "미국 자체 내에서도 월남문제를 가지고서 서로 상반된 견해가 표면화되고 있는" 상황임을 지적하고, 둘째, 미국의 베트남군사개입은 "미국의 후진국에 대한 자세에 있어서 '휴머니즘'이 결여되어 있다는 그러한 문제점"을 보여주며, "세계의 여론은 미국에서 이탈해 가는 감이 있다."라고 주장하였다. 셋째, 그는 또한 "'베트콩'이 무장하고 있는 … 사기는 … 반미사상 미국사람에 대한 증오감 이러한 민족주의 민족적인 대립감이 배후에 흐르고 있다."라며 베트남 민족주의운동의 맥락에서 전쟁을 이해해야 한다고 주장하였다. 넷째, 그는 전투병 파병으로 인해 베트남전은 한국의 국내정치문제가 될 것이며, 한국이 군사적·정치적으로 공산세력에 노출됨으로써 "호지명의 … 결정이 대한민국 국운에 영향을 미칠" 수 있게 되는 사태를 우려하였다. 다섯째, "월남전이 본질적으로 어떤 승리를 기대할 수 있는 전쟁이 아"니기 때문에 그러한 전쟁의 계속이 초래할 결과에 대해 우려하지 않을 수 없다고 지적하였다.[18]

　　박종태 의원의 파병을 반대하는 내용의 질의에 응답하여 김성은

17　A-130 from AmEmbassy Seoul to State Department, October 4, 1965, POL 15-2 Kor S, RG 59, NARA.

18　제6대 국회 제52차 회의 국방위원회회의록 제3호, pp.8-10, 13.

장관은 정부가 내리고 있던 몇 가지 주목할 만한 정세판단의 일단을 밝혔다. 우선 김 장관은 베트남 정세 전망이 결코 밝지는 않다는 점과 미국의 "월남정책이 중립국가를 많이 이탈시키고 있다"는 지적에 대해서는 어느 정도 인정하면서도 파병은 필요하다고 주장하였다. "월남에 파병한다고 하는 것이 보내면 죽어가는 환자가 병세가 호전될 가능성이 있기 때문에 보내려고 하는 것이 아니라 우리가 보내지 않고서는 우리 우방이 죽기 때문에 … 환자가 죽는 것을 우선 방지하고 응급조치라도 해가면서 거기에 대한 특효약이 무엇이 있는가 하는 것을 발견하는 시간적인 여유"라도 얻을 필요가 있다는 것이었다. 또한 현대전쟁에서의 승리는 "보다 나은 조건에 의해서 휴전을 하는 것"이라고 정의한 후, "월남에서 명예로운 보다 유리한 조건에서 휴전에 들어가는 것 이것이 우선 자유진영에서 생각하는 제일단계 목표"라고 덧붙였다.

김성은 장관은 "중공이나 북괴가 전쟁을 도발해올" 가능성은 희박하다는 보충설명도 하였다. 북한의 도발은 소련이나 중국의 지지가 없이는 매우 어려운데 "소련이 현 단계에 있어서 북괴로 하여금 한국을 침략케 할 그런 가능성은 현재로는 보이지 않고 중공 역시 그들의 정예부대를 대만해협에 배치해야 하겠고 … 월남과 중공국경에 정예부대를 두지 않을 수 없고 또 인도와의 국경을 소홀히 할 수 없을 뿐만 아니라 소·중공 국경에 배치 안 할 수 없으며 국내적인 문제 … 등으로 인해서 중공자체도 한국에 있어서 새로운 전쟁을 벌리리라고는" 판단하지 않는다는 것이었다.[19]

8월 6일에 열린 국방위원회 제4차 회의에서야 비로소 야당의원의 전투부대 파병 반대 의견이 제기되었다. 민중당의 손창규 의원은 장시

---

19   제6대 국회 제52차 회의 국방위원회회의록 제3호, p.12.

간의 발언을 통해 대외"교섭을 잘했더라면" 베트남전 파병을 통해 "몇
십 억불이라는 돈과는 비교할 수 없으리만큼 이 나라 이 겨레에 커다
란 이익을 가져올 수도 있"었다고 주장하였다. 파병을 통해 일본을 "반
공국가로 묶"고, 한국의 유엔가입을 보장받고, 제3세계권에서 북한에
대한 우위를 차지할 수 있었어야 했는데 그러지 못했다는 것이었다.
손 의원은 "대한민국이 월남에서의 전쟁은 정당한 집행전쟁도 아니며
새로운 개념으로 인한 정당한 전쟁도 못되며 그렇다 해서 정당방위도
못되는 것입니다. … 그리고 타국의 체면 및 타국가의 이익에 따라 행
하는 것이지 우리 … 국가이익추구에 따라서가 아닌 것으로 용병에
불과"하다는 보다 본질적인 파병반대이유를 제시하기도 하였다. 그런
데 이러한 용병론은 파병의 정당성 자체를 부정한다는 점에서 파병을
위한 대외교섭을 통해 큰 외교적 소득을 얻지 못했다는 지적과는 논리
적으로 서로 잘 맞지 않았다.[20]

8월 7일 국방위원회 제5차 회의에서도 야당은 치밀하고 설득력
있는 파병반대이유를 제시하지 못했다. 오히려 조순형과 마찬가지로
민중당 소속인 김준연 의원은 "지금 미국은 수렁에 빠져서 허덕이고
있는 사람" 같다며, "이때 손을 잡아서 들어주어야 빠져나올 수 있지
않겠는가"라고 반문하며 전투부대 파병에 찬성하는 입장을 밝혔다. 결
국 이 회의에서 국방위원회는 정부의 전투병 파병 요청안을 찬성 12,
반대 2표로 원안대로 가결하였다.[21]

국방위원회를 통과한 "월남지원을 위한 국군부대 증파에 관한 동
의안"은 8월 13일 제52회 국회 제11차 본회의에 회부되었다. 그러나
8월 11일 한일협정비준동의안이 국회의 특별위원회를 통과한 데 대

---

20   제6대 국회 제52차 회의 국방위원회회의록 제4호, p.3.
21   제6대 국회 제52차 회의 국방위원회회의록 제5호, pp.1-2.

해 반발한 야당 국회의원 61명 전원은 사퇴서를 제출하였으며, 8월 13일 회의도 야당의원이 전원 불참한 가운데 열렸다. 사실 야당지도자들은 국회 소집 이전부터 기본적으로 파병에 반대하는 입장이었지만 전투부대 파병문제보다는 한일국교정상화 반대에 더 많은 관심과 노력을 기울일 계획을 가지고 있었다.[22] 게다가 통합에도 불구하고 계속된 야당 내부의 분열상은 야당이 효과적인 의정활동을 펼 수 없게 만드는 장애물로 작용했다. 민중당 내 20명의 강경파 의원들은 민중당 소속 의원 전원의 의원사퇴에 그치지 않고 전원 탈당과 신당 창당을 주장했다. 반면 온건파는 당을 고수한다는 방침 하에 탈당계는 제출하지 않되 국회에는 출석하지 않는다는 데 행동통일을 했다(『경향신문』 1965.8.13.). 야당은 전투부대의 베트남파병에 반대하기로 당론을 정했지만 사실상 파병문제는 야당의 즉각적인 관심사에서 멀어져 있었던 것이다.

　8월 13일 공화당 단독으로 열린 국회 제11차 본 회의에서 일부 여당의원은 전투병파병에 대한 근본적인 차원의 비판을 가하였다. 특히 공화당의 서인석 의원의 질의는 날카로웠다. 첫째, 그는 "전투부대를 파견한다는 것은 파병이 아니고 참전"이라며 사안의 중대성을 강조하고, 전쟁 참여는 "어떠한 부득이한 불가피한 사태 하에서 우리 국가의 안위에 직접적으로 관계"되는 상황 하에서만 이루어져야지 "어떠한 도덕적인 목적만 가지고" 전쟁에 참여할 수는 없다고 강조하였다. 둘째, 그는 "친미를 부르짖으면서 파병안을 비판할 수가 있다"면서 한국의 참전이 1954년 제네바협정의 "회복에 기여하는" 것인지 아니면 "제네바협정의 정신에 위배되는 행동"인지를, 그리고 "우리 파병의 결정

22　Telegram 38 from AmEmbassy Seoul to State Department, July 10, 1965, POL 15-2 Kor S, RG 59, NARA.

이 유엔헌장에 의한 분규해결의 원리 그 정신에 순응하는 행동이냐 아니냐"를 따졌다. 셋째, 베트남의 반복되는 쿠데타와 정정불안 및 정부에 대한 민심이반 현상을 지적하면서 과연 한국이 파병하여 궁극적으로 "돕고자 하는 사람이 누구냐? 구엔 카오 키의 군사정부냐? 혹은 월남의 국민이냐?"하고 물었다. 넷째, 베트남전쟁에서 최종의 승리를 위해 필요한 병력은 얼마나 되는지, 또는 파병의 목적이 "승리를 거두는 것"이 아니고 휴전협상에서의 유리한 위치를 획득하기 위한 것이라면 "협상의 조건은 무엇인가?"를 질의하였다.[23]

그러나 회의에 참석한 대부분의 여당의원들은 베트남전쟁의 의미와 파병 또는 참전 자체의 정당성에 대해 회의적으로 평가한다기보다는 한국전쟁 당시 미국의 도움에 대한 보은의 차원에서 파병해야 하며 또한 파병으로 인한 부수적인 경제적 이익도 거둘 수 있다는 입장이었다. 특히 후자의 경우와 관련하여 이승춘 의원은 일본이 미군의 군수조달에 참여하여 이익을 본다는 내용의 보도와 관련하여 "[우리가] 피흘려서 전쟁을 하고 이익은 제3국이 본다 이런 것이 있을 수 없지 않느냐"고 강조하며, "한국에 군수기지를 갖고 미국에서 원조를 받는 것을 갖고 … 우리 군인들이 소비할 수 있는 물자를 조달하고 또 모든 중장비를 다시 우리 국내에서 재생하면 그만큼 우리나라에 이익"이 될 것이라고 지적하였다.[24]

본회의는 전투사단 파월안을 찬성 101, 반대 1, 기권 2로 가결하였다. 여당 단독으로 열린 회의였던 만큼 긴장감 있는 토론과 표결을 기대하기는 사실 어려웠다. 그런데 공화당 단독으로 동의안의 통과가 가능했다는 점을 감안해보면 야당은 "가장 강한 반대를 하는 척하며

---

23   제6대 국회 제52차 회의 제11차 본회의 회의록, pp.8-11.
24   제6대 국회 제52차 회의 제11차 본회의 회의록, p.25.

여당 단독처리라는 편한 방법으로 통과시켜준 셈"이었다는 평가도 가능하다(『동아일보』1991.1.9.). 동의안 통과 이후 1965년 9월 6일 전투사단의 파월에 앞서 사이공에서 주월 한미군사실무약정과 한월군사실무약정이 체결되었고, 9월 25일에는 주월 한국군사령부가 창설되었다. 그리고 육군 수도사단(맹호부대)과 해병 제2여단(청룡부대)이 베트남에 파견되었다.

1965년 10월의 한국군 전투부대 파병이 이루어지고 불과 2-3개월 후부터 존슨 행정부는 한국정부에 전투병 증파를 요청해왔다. 박정희 정부는 미국과의 정부간 교섭을 거쳐 2월 28일 국무회의에서 추가파병을 의결했다. '월남지원을 위한 국군부대 증파에 관한 동의안'은 1966년 3월 2일 국회에 제안되어 예비심의가 시작되었고, 3월 8일부터 분과위원회에서의 정책질의가 이루어졌다. 이어 3월 18일 본회의로 넘겨져서 20일 오전에 표결에 부쳐졌다. 본 회의 표결에서 동의안은 찬성 95표, 반대 27표, 기권 3표로 통과되었다.

"분과위의 심의과정은 여야 대부분의 의원이 정책질의에 참여했고 질의 회수와 시간을 충분히 보장하는 등 비교적 진지한 편"이었다. 그러나 본 회의 심의에서 공화당은 "기정방침에 따라 '불도저'식으로" 밀어붙였다. 공화당의 동의안 본 회의 통과 강행을 민중당은 필리버스터 전술로 지연시키고자 했다. 그러나 19일 시작된 회의가 철야로 이어지며 야당 의원들이 기진한 틈을 타 이튿날 아침 공화당의 기습표결이 실시되었다(『경향신문』1966.3.20.). 야당은 국운에 관계되는 중요한 문제인 만큼 "원내에서 충분한 질의와 토론을 벌이는 것은 물론, 이 문제를 원외로 끌어내어 공청회, 토론회, 강연회 등을 갖고 국론의 방향을 통일하자"고 제의했으나 정부와 여당은 "증파 스케줄을 짜놓고 불가피하지만 그러나 극히 형식적인 절차를 밟는 기분으로 기일 내의 통과를 강요한 것이다"(『경향신문』 1966.3.19.).

　국회에서의 정책질의 및 심의 내용도 만족스러운 것은 아니었다. 여야 각각에는 소수의견으로 증파찬성 및 반대 의견이 존재했지만 "의원총회 등을 통해 일단 당론이 결정된 뒤에는 대체로 여는 찬성, 야는 반대로 선이 그어지고 그 선의 안팎에서 서로 자기들의 입장을 합리화시키는데 주력했다."[25] 그리하여 질의 및 심의에 참여한 의원들은 "원칙과 핵심을 건드리지 못한 채 증파에 따르는 조건을 장황하게 나열하는데 그치고" 말았다. 그리하여 국회의 심의는 마치 타자가 없는 야구 경기같이 "투수와 포수만의 공놀이처럼 천편일률로 싱겁게 넘어가버렸다"(『경향신문』 1966.3.19.).

IV. 맺음말

1965년 11월 문공부에서 실시한 여론조사 결과에 따르면 베트남 파병에 대한 물음에 대해 총 응답자 1,513명 중 57.6퍼센트가 잘했다, 11.7

25　예컨대 민중당은 전투부대 증파반대를 당론으로 결정하면서 그 이유는 첫째, 정부가 상대국과 비밀리에 교섭해오는 가운데 국내적으로 의회지도자 및 각계대표와 충분히 사전 협의하지 않았고, 둘째, 1965년의 전투부대 파병 당시 더 이상의 증파는 없을 것이라고 약속했던 데 위배되며, 셋째, 기존의 파병을 통해 한국은 이미 국제신의를 다했고 우리의 국력 규모에 비추어 더 이상의 증파는 곤란하기 때문이라고 했다. 또한 민중당은 한미상호방위조약을 수정하여 공산남침이 있을 경우 미군이 자동적으로 개입하도록 법적 보장이 한국군 증파에 선행되어야 한다는 조건도 제시했다(경향신문 1966.3.8.). 이에 대해 정부와 여당은 증파에도 불구하고 미국의 대한군사 및 경제지원이 강화됨으로써 한국의 국방과 경제가 오히려 강화될 것임을 강조하였다. 또한 베트남 파병이 중국의 팽창을 막는 데 기여함으로써 궁극적으로 한국 스스로의 안보에 기여하고자 하는 것이기 때문에 결코 과도한 수준의 파병이 아니라는 입장을 취하였다(제6대 국회 제55차 회의 제13차 및 14차 본회의 회의록).

퍼센트가 잘못했다고 답변하여 파병에 대해 긍정적 의견이 우세한 것으로 나타났다. 파병을 지지하는 이유로는 동맹국과의 협력(53.7%), 반공(19.1%), UN의 도움에 대한 보은(12.7%), 경제적 이득(4.6%), 국가 위신 제고(4.0%) 등이 꼽혔다.[26] 미국 공보처(USIA)가 1965년 서울 시민을 대상으로 조사한 여론도 이와 크게 다르지 않았다. "한국이 남베트남 정부를 도와야 하는가"하는 질문에 대해 55퍼센트가 그렇다고 대답하였고, 그렇지 않다는 응답과 모르겠다는 응답은 각각 16퍼센트와 29퍼센트를 차지하였다.[27]

이와 같은 여론조사결과를 얼마나 신뢰해야 할지에 대해 확실한 답을 내놓기는 어렵다. 주기적으로 실시된 여론조사자료가 발견되지 않고 있어서 여론의 추이가 어떻게 변화했는지 확인이 어려운 상태이며, 사회계층별로 어떤 인식 차이를 보이는지도 확인할 방법이 없다. 하지만 이상의 여론조사결과가 실제에 부합하는 것이라면 오늘날의 현재적 관점에서 박정희 정부의 베트남파병을 평가하려 해서는 곤란하다는 점을 암시한다. 예컨대 2003년의 이라크파병 경우와 같이 보다 최근의 해외파병에 대해 한국의 여론은 대체로 부정적 인식을 보여주는 데 그렇다고 해서 1960년대의 베트남 파병을 같은 시각에서 바라봐서는 안 된다는 것이다. 또한 일반여론과 지식계층의 여론에는 일정한 차이가 존재했다고 볼 수도 있을 것이다. 예컨대 1968년 3월 12일자로 작성된 미국 공보처의 '한국의 엘리트 학생들'이라는 제목의 보고서에 따르면 인터뷰 대상 학생 중 약 30퍼센트를 차지하는 사회과

---

26 A-262 from AmEmbassy Seoul, January 11, 1966, DEF 19 KOR S-VIET S, RG 59, NARA.

27 United States Information Agency, Research and Reference Service, "The Standing of the U.S. in Korean (Seoul) Public Opinion – 1965" R-41-66, March 1966, 국립중앙도서관 전자도서관 해외수집자료.

학전공 대학생들은 "미국의 베트남정책과 한국의 참전에 대해 보다 비
판적"이라고 적혀 있다.[28] 이는 역으로 지식인들이 남겨놓은 저술에만
근거해 당시의 일반여론을 판단하려 해서도 곤란함을 시사한다(예컨
대 부완혁 1966).

1960년대 중반 국회에서의 베트남 파병동의안에 대한 토의과정
을 살펴보더라도 의원 개개인의 의견은 대체로 찬성과 반대 사이에서
애매한 상태에 놓여있는 경우가 많았음을 알 수 있다. 여당의원 중 파
병에 반대하는 경우가 있었다. 또 반대로 많은 야당의원들이 미국과의
관계를 생각하여 미국의 파병요청을 거부할 수 없다는 인식을 갖고 있
었으며, 그 중 일부는 반공논리에 따라 파병에 적극 찬성하는 입장을
취하기도 했다. 한반도 냉전이 절정에 달해있던 시기 한국야당의 보수
적 이념 좌표를 고려한다면 이는 크게 놀랄만한 일이 아니다.

위와 같은 국회에서의 의견 분포와 교차를 감안하면 국회가 건설
적 토론을 통해 국가이익에 부합하는 합리적 결정에 도달할 수 있었을
것으로 기대할 만도 하다. 그러나 이와 같은 가능성이 현실화되지는
않았다. 베트남 파병은 "처음부터 국론의 통일이나 여론의 총화가 있
었기 때문에 이루어진 일은 아니었다"(『동아일보』 1969.9.27.).

야당의 경우 베트남 파병과 관련하여 종종 정략적 입장으로 각색
된 국가이익을 추구했다. 예컨대 윤보선이 이끄는 야당 세력은 선명야
당의 기치 아래 파병을 강력히 반대했다. 이러한 비타협적 파병반대
입장은 분열된 야권 내부의 주도권 경쟁에서 비롯된 측면도 있었고,
박정희 정권에 대한 극심한 불신이 반영된 것이기도 했다. 1966년 5

---

28   United States Information Agency, Office of Policy and Research, Program Action
     Memorandum, "The Korean Student Elite," R-6-68, March 12, 1968, 국립중앙도서관
     전자도서관 해외수집자료.

월 윤보선은 기자회견을 갖고 "박정희씨의 민족적 민주주의는 결국 월
남전쟁의 청부행위에 그치고 말았다. 월남파병이 미국의 뜻을 승인한
것도 아니고 민주주의를 신봉하기 때문인 것도 아닌, 어디까지나 우
리 청장년들의 피를 팔아 정권을 유지하고 정치자금을 마련하기 위한
행동으로밖에 볼 수 없다"며 소위 "청부전쟁론"을 주장했다. 이렇듯 그
는 박정희 정권이 "월남전에서 벌어들이는 자금을 정권유지비로 사용
하려"한다는 파병의 정략적 계산에 신경을 곤두세우고 있었다(윤보선
1989).

　다른 한편으로 정부와 여당은 처음에는 주한미군의 철수를 막겠
다는 동기에서, 그리고 미국의 파병요청이 반복됨에 따라 이후 점차적
으로 군사적·경제적 실리를 확보하겠다는 계산 하에 파병을 밀어붙였
다. 이 과정에서 야당과의 대화나 사회 각계 의견수렴을 통해 대규모
해외파병이라는 중대한 정책에 대한 사회적 합의기반을 형성해가려는
노력이 기울여지지는 않았다.

　오늘날 민주주의가 자리 잡은 한국사회에서 우리는 "민주화된 한
국외교는 한국의 국가이익을 추구하는 데에 더 적합한가"라는 질문에
직면해 있다(장훈 2007: 3). 대북정책이나 대미관계를 둘러싸고 벌어
지는 남남갈등과 보수와 진보를 오가는 정책변화와 같은 문제들은 이
와 같은 질문의 적실성을 보여준다. 그런데 아직 민주화를 맞이하지
못했던 1960년대 중후반의 한국외교를 검토하면서 우리는 앞의 질문
을 뒤집어 과거 권위주의하의 한국외교의 경우는 과연 "'좋은 외교정
책'과 친화적"이었는지를 물을 수 있을 것이다.

　베트남파병이 과연 '좋은 정책'이었는지 아니었는지에 대한 평가
는 1960년대 국회에서의 논란과 마찬가지로 오늘날도 정치적 입장과
시각에 따라 크게 갈리고 있다. 당시 야당은 박정희 정권이 파병문제

를 정략적으로 이용하려는 것 아닌가 하는 의구심을 지니고 있었으며, 이는 곧 야당의 반대에도 마찬가지로 정략적 계산이 포함되어 있었음을 암시한다. 물론 권위주의 정권 하에서 야당의 반대는 실제 정책에 큰 영향을 미치지 못하였다. 하지만 우리는 정권에 대한 불신과 민주주의 요구가 동일시되는 가운데 박정희 정부의 베트남 파병 추진도 도덕적으로 '잘못된' 정책이었다는 의견이 '정치적으로 올바른' 의견으로 받아들여지게 된 측면을 고려할 필요가 있다. 권위주의 정부에 의한 파병이 정책의 효율성의 측면에서 국익을 신장시키는 데에는 어느 정도 성공했을지 모르지만 민주화 이후 외교정책사안을 둘러싸고 종종 벌어지는 정치적 극한대립의 토양을 만드는 데 기여했다는 평가가 가능할지도 모른다.

참고문헌

구영록·배영수. 1982. 『한미관계 1882-1982』. 서울대학교 미국학연구소.

국회회의록. 제6대 국회 제52차 회의 국방위원회 회의록 제2~5호.

_____. 제6대 국회 제52차 회의 제11차 본회의 회의록.

_____. 제6대 국회 제55차 회의 제13~14차 본회의 회의록.

김정렬. 1993. 『김정렬 회고록』. 을유문화사.

마상윤. 2003. "미완의 계획: 1960년대 전반기 미 행정부의 주한미군철수논의." 『한국과
    국제정치』 19(2), pp.1-36.

_____. 2005. "전쟁의 그늘: 베트남전쟁과 미국의 동아시아정책." 『한국과 국제정치』 21(3),
    pp.65-95.

박태균. 2000. "1950·60년대 미국의 한국군 감축론과 한국정부의 대응." 『국제지역연구』
    9(3), pp.31-53. 서울대 국제대학원.

_____. 2006. "베트남 파병을 둘러싼 한미 협상 과정: 미국 문서를 중심으로." 『역사비평』 74,
    pp.144-189.

_____. 2007. "한국군의 베트남전 참전." 『역사비평』 80, pp.288-311.

_____. 2013. "베트남 전쟁과 베트남에 파병한 아시아 국가들의 정치적 변화." 『한국학연구』
    29, pp.188-622. 인하대 한국학 연구소.

부완혁. 1966. "월남에 일개군단을 꼭 보내야 하나?." 『사상계』 14(4), pp.59-63.

유인선. 2002. 『새로 쓴 베트남의 역사』. 이산.

윤보선. 1989. "윤보선 회고록: 외로운 선택의 나날(23): 강권통치에의 도전과 좌절(1)."
    『동아일보』, 1989.8.25.

장훈. 2007. "한국의 민주화와 외교정책: 위임형 외교정책결정의 등장과 구조." 『한국과
    국제정치』 23(4), pp.1-32.

최동주. 1996. "한국의 베트남 전쟁 참전 동기에 대한 재고찰." 『한국정치학회보』 30(2),
    pp.267-287.

_____. 2010. "박정희 정부의 한일국교정상화와 베트남 파병." 함택영·남궁곤 편. 『한국
    외교정책: 역사와 쟁점』, pp.226-277. 사회평론.

홍규덕. 1999. "베트남전 참전 결정과정과 그 영향." 한국정신문화연구원 편. 『1960년대의
    대외관계와 남북문제』, pp.51-103. 백산서당.

『경향신문』. 네이버 뉴스 라이브러리. http://newslibrary.naver.com.

『동아일보』. 네이버 뉴스 라이브러리. http://newslibrary.naver.com.

Department of State, *Foreign Relations of the United States*, 1961-63, vol. 22.

Department of State, *Foreign Relations of the United States*, 1964-68, vol. 29.

Jentleson, B. W. 2004. *American Foreign Policy: Dynamics of Choice in the 21st
    Century*, 2nd edition. New York: W. W. Norton.

National Security Files, Lyndon B. Johnson Library, Austin, Texas, U.S.A.

Logevall, F. 2001. *The Origins of the Vietnam War*. Essex: Pearson Education Ltd.

Record Group 59, Records of US Department of State, National Archives and Records Administration, U.S.A.

Record Group 306, Records of United States Information Agency, 국립중앙도서관 전자도서관 해외수집자료.

Sarantakes, N. E. 1999. "In the Service of Pharaoh? The United States and the Deployment of Korean Troops in Vietnam, 1965-1968." *Pacific Historical Review*. 68(3), pp.425-449.

Tucker, N. B. 1994. "Threats, Opportunities, and Frustrations in East Asia." In W. I. Cohen and N. B. Tucker (eds.). *Lyndon Johnson Confronts the World: American Foreign Policy 1963-1968*. Cambridge: Cambridge University Press.

제12장

한국 정당연구의 이론 모색: 거시 역사접근의 재구성[*]

장 훈

[*] 이 글은 2014년 3월 한국정당학회 춘계학술회의 발표논문 "거시연구접근의 재구성: 한국정당연구의 정체성 제고를 향하여"를 수정·보완한 것이며, 2014년 7월 "한국 정당연구에서 거시 역사접근의 재구성: 연구 주체성, 역사연구, 사회과학 이론의 균형을 찾아서" 한국정당학회보 13(2), pp.5-30에 실린 논문임.

이 장에서 우리는 정당의 역사적 인과구조를 강조한 거시접근의 연구질문과 연구방법의 비판적 재구성을 시도함으로써 연구의 주체성과 역사연구, 사회과학 이론의 균형점을 모색한다. 지금까지 거시접근의 연구질문은 주로 한국에서 대중정당이 부재한 현실과 이에 대한 역사적 설명을 시도하는 데에 집중해 왔다. 하지만 우리는 이러한 거대질문은 여러 개의 다양한 중범위 수준의 연구질문으로 구체화되어야 한다고 본다. 이를테면 권위주의 국가의 신제적 발전 속에서 주변적 위치에 머물던 한국의 정당들은 시민사회와 어떤 방식으로 연계되면서 동원과 정당화의 제한적 역할을 해 왔는가. 또한 민주화 이후에 한국정당들은 어떤 방식으로 민주화된 국가와 새로운 관계를 설정했으며, 이 과정에서 전통적인 종속적 위치는 점차 어떻게 변하고 있는가 등의 질문을 통해서 우리는 연구주체성과 역사연구의 간격을 좁힐 수 있을 것이다.

사람들은 오직 자신의 과감함이 공포로부터

얻어내는 만큼의 자유를 가진다.   - 스탕달-

I. 서론: 정당연구에서 연구의 주체성과 역사연구

최근 들어 다양한 연구자들이 한국의 정당연구에서 주체적이고 자아준거적인 연구의 중요성을 강조하고 나서기 시작했다. 실증주의자들뿐만 아니라 역사적 접근론자, 정치사상 전공자들까지 나서서, 우리의 현실에 기초한 그리고 우리 스스로의 문제를 고민하고 이해하기 위한 정당연구의 새로운 분발과 출발을 제언하고 있다(강원택 2009; 김용호 2008; 박명림 2012; 양승태 2011; 장훈 2011; 주인석 2009). 미국정치학의 강력한 영향 아래 놓여있는 한국정치학에서 주체적이고 자아준거적인 연구에 대한 요구는 종종 제기되어 왔는데, 지금까지 이러한 요구와 자성은 대개 한국정치, 정치사상, 혹은 국제정치학자들이 주도해 왔다(강정인 2004; 김영명 2010; 문승익 1974; 이철순 2012; 임성학 2010).

이런 가운데 미국의 주류 정치학인 실증주의 접근의 영향력이 상

대적으로 더욱 강력하게 작용해 온 정당연구 분야에서도 자아준거적
연구에 대한 자의식이 표출되기 시작하였다는 것은 의미심장한 변화
라고 할 수 있다. 87년 민주화 이후, 민주주의의 제도와 절차에 대한
분석이 핵심적 연구문제로 떠오르면서, 정당과 선거정치에 대한 연구
는 한국정치학 내에서 폭발적으로 성장해 왔다.[1] 하지만 이러한 연구
의 양적 성장이 실제 정당정치의 질적 성숙과는 별개로 이어져 왔다.
민주화 이후 30년 가까운 세월이 흐르면서도 여전히 한국 정당정치의
발전이 지체되는 현실을 목격하면서, 정당연구자들은 이제 자아준거
적인 문제의식을 키우게 된 것으로 보인다. 즉 서구에서 발전해 온 정
당발전의 이론은 결국 서구 사회의 대의 민주주의의 성숙을 추상화하
는 과정에서 발생한 이론이라는(양승태 2011) 인식이 자리 잡게 되었
고 이는 곧 서구의 정당발전 양상과 궤적이 한국을 포함한 신민주주의
에서 그대로 재연되기 어렵다는 인식으로 이어지고 있는 것이다.

　이런 맥락에서 이 글은 그동안 한국정당연구의 한 축을 담당해온
거시구조 접근에 대한 비판적 재구성을 통해서 주체적 정당연구를 향
한 하나의 가능성을 모색하려고 한다. 그 이유는 크게 두 가지로 압축
된다. 첫째, 자아준거적 정당연구는 기존에 우리가 해 온 연구활동의
바깥에서 전혀 새로운 것을 들여오는 것이라고 말하기는 어렵다. 우리
의 현실에 기초하고 우리의 문제를 의식하는 정당연구라는 것이, 우리
가 지금까지 해 온 연구를 전적으로 기각하고 전혀 새로운 것을 찾아
나서는 작업은 아닐 것이다. 무엇보다 기존에 주체적 연구를 지향하던
연구들이 체계적이고 영향력 있는 흐름으로 이어지기보다는 단지 가

1　2013년 동아일보가 국내 인문사회과학 분야 학자들의 연구영향력 지수를 개발하여 분
　석한 결과에 따르자면, 정치학 분야에서 영향력의 상위권은 한결 같이 실증주의 성향의
　선거, 정당연구자들이 차지하고 있다(『동아일보』 2013.9.14.).

끔씩 자의식을 표출하는 데에 그쳤던 까닭은 기존에 우리가 해오던 연구들을 기각한 채 너무 쉽게 우리의 역사 혹은 우리의 현실로 들어갔기 때문이다. 자아준거적 연구의 심화란 곧 무엇이 우리의 문제이고, 어떤 연구문제가 우리에게 적실한 것인지에 대한 끊임없는 토론과 아울러 그에 대한 연구자 공동체의 합의를 형성해가는 과정일 것이다. 이러한 과정은 곧 우리가 기존에 해 온 연구의 언어게임 내에서 기존의 연구문제와 방법론을 '자아준거적 관점'에서 비판하고, 해체하고, 재구성하는 과정이 되기 때문이다(강정인 2004; 김경만 2007, 2008).[2]

둘째, 기존의 정당연구에 대한 거시구조 접근은 한편으로는 국가, 국제체제, 정치사회, 균열구조와 같은 거시적 요인들에 초점을 맞춰 왔을 뿐 아니라 동시에 이러한 요인들의 역사적 변동과 전개가 한국정당정치의 특성을 주조해왔다는 입장에 서있다. 따라서 한국정당의 '역사'를 연구 질문으로 삼아왔다는 점에서, 거시구조 접근의 재구성은 자아준거적 정당연구의 출발점이 될 가능성을 품고 있다고 할 수 있다.

이 글은 다음과 같은 순서로 진행될 것이다. II절에서는 최근 주체적 정당연구의 절박성을 제기하고 나선 연구들에 대한 검토와 지난 1970년대 이래로 주체적 한국정치학을 지향했던 연구들에 대한 검토를 통해서, 우리가 정당연구에서 지향하려는 자아준거적 정치학의 개

---

2   "어떤 비판도 주어진 전통의 언어게임 밖에서는 가능하지 않으며, 항상 그 전통, 언어게임의 안으로부터 시작할 수밖에 없다"는 하버마스의 언명을 강조하는 김경만의 주장은 크게 주목할 만하다. 그는 서구중심주의의 극복은 우리가 서구 이론의 수입을 멈추거나 도외시하는 것으로는 가능하지 않다고 본다. 우리는 이미 서구의 근대 사회과학의 전통과 언어게임에 깊숙이 들어와 있으며, 이의 극복은 우리가 몸담고 있는 서구 사회과학의 언어게임 내에서 한국적인 문제의식과 연구 질문을 생산하는 단계에서부터 차근차근 출발할 것을 주장하고 있다(김경만 2007: 62-64). 이에 관한 보다 상세한 논의는 강정인과 김경만의 논쟁을 참고할 것.

념정의, 범주, 목표와 가능성에 대해서 논의할 것이다. III절에서는 이러한 논의를 토대로 해서, 한국정당에 대한 기존의 거시구조접근이 제기한 연구질문들이 어떻게 비판되어야 하는지, 그리고 거시구조 접근의 틀 내에서 주체적 정당연구를 지향하는 연구 질문들은 어떻게 재구성될 수 있는지를 검토할 것이다. IV절에서는 이러한 연구 질문들에 접근하기 위해서는 기존의 연구방법론이 어떠한 방식으로 비판되고, 재구성되어야 하는지를 검토하게 될 것이다. 마지막 V절에서는 이러한 논의의 요약과 향후 연구에서 갖는 의미를 간략히 정리할 것이다.

II. 정당연구에서 연구 주체성의 문제제기와 그 이후

지난 수년 사이에 한국 정당연구의 주체성 문제는 다양한 관점에서 다양한 연구자들에 의해서 제기되기 시작하였다. 명시적으로 주체적 정당연구라는 표현을 공통적으로 사용하지는 않고 있지만, 강원택(2009), 김용호(2008), 박명림(2012), 양승태(2011), 장훈(2011), 주인석(2009)의 연구들은 기존의 정당연구가 안고 있는 적실성의 빈곤을 한결 같이 지적하고 나섰다. 김용호의 표현대로 "한국정당 연구자들이 우리나라 정당정치의 가장 절박한 문제를 설명하고, 해결하기 위한 노력이 없이는 정체성 확립이 불가능"하다는 인식은 이제 역사적 접근을 취하는 김용호와 박명림, 실증주의 접근에 속하는 강원택, 이동윤, 그리고 정치철학을 천착하는 양승태의 연구를 통해서 서서히 확산되고 있는 셈이다.

이들 연구들은 한국의 정당연구가 적실성의 빈곤에 시달리고 있는 양상을 크게 세 가지의 흐름에서 포착하고 있다. 첫째, 서구의 경험

속에서 도출된 바 있는 정당발전의 궤적(모델)이 한국정당연구에 강력한 영향을 미치고 있는 것은 문제이며, 실제로 한국의 정당현실은 서구의 경험이 보여주었던 정당발전의 경로, 즉 서구의 경험으로 대표되는 대문자 역사와는 구분되는 길을 걷고 있다는 것이다(장훈 2011: 34-36). 둘째, 이 같은 관점에서 기존의 정당연구자들 사이에 유통되고 있는 대중정당 모델은 한국정당정치의 절박한 문제를 설명하고 해결하기에는 적실성이 높지 않은 개념이라는 것이다. 셋째, 기존의 연구질문들은 정책적 요구, 혹은 자료취득의 편의성 등의 문제로 인하여, 적실성 있는 연구질문들을 충분히 생산해내지 못하고 있다는 것이다.

먼저 정당발전의 순차(sequencing)에 관한 문제제기이다. 엘리트 정당-대중정당-망라형정당(혹은 선거전문가 정당)으로 이어져온 서구의 정당발전의 궤적이 보편적인 모델이 되기에는 부적절하며, 이러한 순차적 모델에 기초해서 한국의 정당정치를 설명하려 하고, 정당발전을 위한 개혁안을 내는 것은 적실성의 결여로 이어진다는 비판적 인식이 점차 확산되고 있다. 한국의 정당조직 유형에 대한 연구의 검토를 통해서, 강원택(2009)은 서구의 경험에 기초하여 정당의 발전과정을 순차적, 일방향적으로 설정하는 것은 곧 정당발전의 맥락적, 역사적 특성에 대한 이해를 저해한다고 본다.

한편 좀 더 거시적인 역사사회학, 역사정치학의 연구성과들과 주체적 정당연구의 연결을 심층적으로 검토해온 박명림은 1945년 이후 한국의 근대화라는 폭넓은 거시적 과정 속에서 이뤄진 정치·사회변동의 순차는 서구의 경험과는 판이하게 구분된다는 점을 강조한다(박명림 2012: 74-75). 해방과 분단을 통해서 성립한 한국의 현대역사는 서유럽과 달리, 국가형성에 앞서 보편적인 선거권이 확립됨으로써 '산업화 없는 근대화'의 길을 걷게 되었다는 것이다. 다시 말해 산업화에 따른 노동계급의 본격적인 등장에 앞서서 대의제 정부와 선거권 확립이 이뤄짐으로서 노동계급의 요구를 반영하는 정당과 정당체제가 등장하기에는 어려운 역사적 조건이 갖춰졌었다는 점을 박명림의 연구는 강조하고 있다. 같은 맥락에서 한국정당연구가 역사적 접근으로 돌아가야 함을 강조하는 장훈의 연구는 후발산업화 국가들의 정치, 경제적 역사의 전개는 중심부에서 이뤄진 산업화 국가들의 역사적 전개 양상을 반복하기는 어렵다고 본다. 서유럽 중심부 자본주의 사회의 역사적 경로가 아시아와 남미를 포함한 신민주주의 국가에서 그대로 재현되리라고 기대하는 것은 바로 단선적 역사관이자 동시에 서유럽 중심주의 사고의 전형으로서 비판되어야 한다고 보는 것이다(장훈 2009: 6-7).

이러한 서유럽 정당역사의 보편성에 대한 비판은 곧 기존에 한국정당발전의 모델로서 종종 제시되어온 대중정당 모델에 대한 비판으로 연결된다. 거시구조 접근에 따르면 한국정당의 최대의 과제는 가장 지배적인 사회적 균열로서의 사회경제적 갈등을 정치적으로 동원, 대표하면서 동시에 시민사회에 대해서 매우 안정적이고 견고한 조직적 뿌리를 내리는 형태의 정당 곧 대중정당을 구축하는 것이라고 주장한다. 이는 20세기 전반 서유럽의 선진산업 사회에서 자본-노동세력의 계급적 갈등을 정치적으로 대표하면서 굳건하게 형성된 서유럽 정당정치의 역사를 이론화한 립셋과 로칸의 결빙명제를 수용하는 것으로서, 이러한 방향이 곧 한국정당정치의 후진성을 극복하고 정당이 중심이 되는 질 높은 민주주의의 구축으로 이어진다는 것이 대중정당론의 핵심주장이었다(최장집 외 2007, 특히 2장과 6장).

이러한 대중정당론에 대한 비판은 다양한 갈래에서 제기되었는데, 특히 거시구조 접근에 기울어 있는 김수진의 비판은 의미심장하다. 서유럽 정당역사에 대한 면밀한 검토를 통해서 김수진은 산업사회의 계급정치와 계급정당이 한국에서 핵심적인 기제로 성장하기 어렵다고 파악한다. 범지구적 차원에서 진행된 자본주의 세계체제의 변화로 인하여 계급이 파편화되고 해체됨에 따라서 계급정당은, 20세기 전반 선진 산업사회가 구축하였던, 이념적·조직적 기반 자체를 상실하였다는 것이다(김수진 2008: 18). 다른 한편으로 강원택은 "대중정당이 우월하고 발전된 조직형태라는 가치평가"가 타당한가라는 의문을 제기하면서, 서구에서 이뤄져온 정당조직의 변화양상에만 주목하여 한국정당의 특성을 설명하려는 대중정당 모델은 결국 대중정당이라는 개념의 발생론적 기원에 주목하지 않는 문제를 안고 있다고 주장한다. 또한 류재성도 2004년 지구당 폐지 등을 포함한 선거법·정당법 개정 이후의 정당개혁의 성과와 한계에 대해 검토하면서, "유럽형 대중정당 모델이 한국의 정당정치 연구에서 갖는 한계는 비교적 명확하다."라고 진단한 바 있다(류재성 2013: 546-549).

세 번째로 적실성 빈곤의 문제로 지적되어 온 것은 연구질문이 정책과제에 지나치게 기울어져 있고, 또한 자료접근성이 연구질문의 적실성을 제약해왔다는 것이다. 김용호는 기존의 정당연구가 "현실을 정확하게 이해하려는 노력보다는 수많은 개혁방안을 제시하는 데 치중해온 경향"이 연구주제를 편협하게 해왔다고 비판한 바 있다. 실제로 정당연구자들이 그동안 정당 조직방안(중앙당 조직, 지구당 조직 등등), 정당의 정치자금제도, 정당의 공직후보선출 제도 등에 실로 다양한 개혁안을 제시해왔고, 또한 이들 개혁안 가운데 상당 부분은 실제로 현실정치에 채용되고 적지 않은 변화를 가져오기도 하였다. 하지만 이들 정책과제 중심의 연구들이 원래 의도했던 정당모델의 실현에 흡족할 정도로 기여해왔는지, 더 나아가 이렇게 의식되었던 정당모델이 과연 한국 민주주의 내에서 정당의 역할과 위상을 확보하는 데에 기여하였는지는 분명하지 않다.

정책과제 중심의 연구들은 대부분 암묵적으로, 혹은 때로는 명시적으로 미국형의 느슨한 정당정치 모델을 염두에 두고 개혁안을 제안하였는데, 이러한 개혁안들은 종종 개혁안이 현실정치에서 실천되는 과정에서 발생하는 왜곡, 제약 등에 의해서 현실적 한계에 부딪치고는 하였다.[3] 예를 들면, 미국형 정당모델의 영향을 적지 않게 받았던 2004년의 정당법 개혁과 선거법 개정은 결국 '정당 내부 구성원들의 자율성을 침해하고 정당과 시민 사이의 연계를 약화하는 방향으로 작동했다'는 평가(류재성 2013)는 우리의 정당연구가 여전히 "정당정치의 문제점만 적시할 뿐 이에 대한 설명이나 적실성 있는 처방은 제대로 하지 못하고 있다"(주인석 2009: 7-8)는 인식의 확산을 불러일으키고 있다고 할 수 있다.

정리하자면, 최근 들어 한국의 정당연구는 양적인 성장 속에서 적실성의 빈곤이라는 보다 근본적인 문제에 대한 자의식을 강화하고 있다고 할 수 있다. 이러한 의식은 한편으로는 우리 정당 연구자들의 시간 개념의 질적 전환을 반영하는 것이다. 뉴턴이 근대적 사고체계를 열어젖히는 데에 결정적으로 기여한 바 있는 단선적이고, 동질적이며, 일방향적인 시간의 흐름이라는 틀은 더 이상 우리의 정당정치에 유효하지 않다는 인식에 이르렀다. 이제 우리는 뉴턴의 근대적 시간관념을 넘어서 '시간과 역사는 상대적인 것'임을 강조하는 아인슈타인의 세계로 접어든 셈이다(헨리 임 2009: 230).

우리가 정당진화의 단선적 진보 개념을 기각하게 될 때에 우리는 한국적 정당발전은 무엇이고, 그것이 어떻게, 어떤 조건에서 가능한가

---

3 모슬러(2013)는 2004년 지구당 폐지의 사례를 중심으로, 대단히 정밀하면서도 체계적인 방식으로 이러한 현실적 왜곡과 제약을 분석하고 있다.

라는 보다 근본적인 질문에 부딪치게 된다. 우리에게 적실한 정당의 발전상(像)은 무엇인가? 이는 서구의 대중정당 혹은 선거전문가 정당과 어떻게 구분되고 어떤 공통성을 갖는가? 이러한 자아준거적 정당 모델은 또한 오늘날의 한국 민주주의에 어떻게 기여할 수 있는가?

이는 우리의 현대 정치학이 종종 의식해온 자아준거적 정치학의 정체성에 관한 질문이라고 할 수 있지만, 정당 연구 분야에서는 이제 막 이러한 근본적 질문과 대면하게 되었을 뿐이다. 지금까지 지난 수십 년간 한국정치 혹은 국제정치 전공자들 사이에서 정체성 있는 한국(국제)정치학은 가능한가? 혹은 어떻게 가능한가에 대해서 간헐적인 논의가 꾸준하게 진행되어왔지만, 이러한 논의가 한국적 정치학으로서의 정체성의 개념, 범주, 속성에 대한 학문공동체 내의 합의를 생산하는 데에는 미치지 못하고 있는 것이 현실이다.

요컨대, 우리의 정당연구에서 정체성을 깊이 고민하는 자아준거 의식이 확산되고 있지만, 실제로 연구의 정체성과 학문적 엄밀성, 학문공동체 내의 소통 가능성을 두루 갖춘 자아준거적 연구로 나아가는 데에는 수많은 연구와 논의의 축적이 요구된다. 이 글에서 우리가 거시구조 접근에 대한 비판적 재구성을 시도하는 까닭은 바로 주체성의 가장 일반적인 재료로 꼽히는 '역사'의 결정력을 강조해 온 접근이 바로 거시구조 접근이기 때문이다. 거시구조 접근이 강조해온 역사와 역사적 접근을 학문 주체성의 관점에서 해체, 재구성함으로써 우리는 자아준거적 정당연구를 향한 디딤돌을 마련할 수 있다고 믿기 때문이다.

III. 거시접근의 연구문제의 주체적 재구성
  ― 하나의 큰 질문에서 여러 개의 구체적 비교질문으로

거시구조 접근을 비판적으로 재구성한다고 할 때에 우리 논의의 초점
은 크게 두 가지이다. 하나는 연구활동을 이끄는 연구질문이고 또 다
른 하나는 연구질문에 접근하는 연구방법이다. 이 두 측면은 실제의
연구과정에서는 긴밀하게 결합되어 있는 것이지만, 여기에서는 논의
의 편의를 위하여 연구질문의 재구성과 연구방법의 재구성을 각각 별
도로 논의하고자 한다. 먼저 최장집, 박상훈, 박찬표 등이 이끌어온 거
시접근의 연구가 제시하는 핵심 연구 질문은 이렇게 요약될 수 있다.
"정당이 중심이 되는 민주주의를 구축하기 위해서는 노동자, 서민의
이해관계를 대표하는 (대중)정당이 출현해야 하고 이를 통해서 산업사
회의 핵심적 균열구조를 반영하는 정당정치가 뿌리를 내려야만 한다.
이 같은 대중정당이 등장하지 못하는 까닭은 한국정치의 이념적 구조
가 협애하기 때문인데, 이는 단지 1987년의 민주화가 과거의 권위주
의 세력이 온존하는 보수적 민주화를 이루었기 때문만이 아니라, 1945
년 이래 한국 사회에 형성된 강력한 반공국가의 영향 때문"(최장집 외
2007, 특히 2장과 7장)이라는 것이다. 이 같은 핵심질문은 크게 두 차
원으로 구성되고 있음을 알 수 있다. 첫째, 한국을 포함한 모든 산업화
사회의 정당정치는 산업화 사회의 균열구조를 대표하는 대중정당을
중심으로 구성되는 것이 바람직하다. 둘째, 한국에서 대중정당이 자리
잡지 못하는 까닭은 1945년부터 형성되기 시작한 반공국가의 압도적
영향과 1987년에 이뤄진 보수적 민주화에 기인한다는 것이다.

다시 말해 거시접근의 연구 질문은 (1)정당발전의 보편적 경로에
대한 믿음과 (2)그 같은 보편적 경로가 결핍되어 있는 우리 현실에 대

한 역사적 설명으로 구성되어 있는 셈이다. 즉 자본주의 산업화사회에서 일반적으로 나타나는 사회적 균열로서 노동-자본 사이의 경제적 균열구조를 보편적 양상으로 설정하고 이것의 정치적 표현으로서 대중정당의 존재를 설정하는 것이다. 이에 따라서 대중정당이 존재하는 상태가 보편적인 근대적 정당정치의 상태로 설정되고, 이를 결여하고 있는 현실을 문제적 현실로 파악하는 것이 거시접근의 근간을 이루고 있다.

정당발전의 이 같은 보편적 경로에 대해서, 가깝게는 우리가 위에서 살펴본 정당연구자들에 의해서도 비판이 제기되고 있고, 멀리는 보편적 근대성(과 근대화론)에 대한 방대한 학술적 비판이 축적되어 왔다. 여기서 우리의 관심은 이 같은 단선적·목적론적 역사관에 대한 방대하고 다양한 비판적 연구의 재정리보다는,[4] 이러한 의식이 우리의 주체적 정당연구를 어떻게 제약해왔고 이를 넘어서기 위한 구체적 전략이 무엇인가의 문제이다.

산업화사회-대중정당론으로 이어지는 보편적 경로에 대한 믿음이 갖는 가장 큰 문제는 한국 정당연구의 다양한 차원과 양상들을 단지 하나의 큰 질문을 중심으로 환원하고 있다는 점이다. 즉 대중정당을 바람직한 형태로 설정하고, 이의 부재를 설명하는, 하나의 큰 질문(big question)으로 모든 논의가 집중된다는 점이다. 하지만 우리의 역사적 경험과 많은 후발산업화 국가들의 경험은 사실 대중정당이 선진사회의 바깥세계에서는 전혀 보편적인 경로가 되지 못한다는 점을 실증적으로 보여주고 있다(Kitschelt *et al.* 2010; Mainwaring 1999; Randall 1988). 후발산업화 국가, 후발 신민주주의 국가들의 정당에 관한 다양한 연구들은 아시아, 남미, 동유럽 등에서 대중정당은 보편적

---

4 몇 가지 대표적인 사례만 꼽는다 하더라도, 헨리임·곽준혁 편(2009), 조혜정(1995), 지마(2001), 장석만 외(2006) 등을 참고할 수 있다.

이라기보다는 오히려 예외적인 경우에 가까우며, 이 지역 국가들의 정당은 방대하고 잘 짜여진 조직, 분명한 이념적 정체성에 기초한 지지의 창출과 정당화를 쉽사리 이뤄내지 못하고 있다는 점을 밝혀왔다. 이 지역의 정당들은 종종 정당조직보다는 비공식적 연결망에 의존하고, 이념적 정체성과는 구분되는 다양한 개별적, 집합적 유인의 제공을 통해서 지지를 동원하고 있는 점이 밝혀져 왔다.

대중정당의 보편성보다는 후발산업화 국가의 다양한 경로를 받아들이게 되면 우리는 구체적이면서도 우리의 현실에 기반한 몇 가지 연구질문들을 만들어 낼 수 있게 된다. 즉 우리를 포함한 다수의 후발산업화 국가에서는 서구의 선진산업화 국가의 경험과는 대조적으로 (1)정당과 민주주의 확립에 앞서서 이미 강력한 국가가 형성되어 있고 이에 따라서 정당의 형성과 발전은 시민사회로부터의 상향식 압력보다는 국가로부터의 하향식 압력에 더욱 영향을 받게 되는데, 이러한 국가의 압력은 정당정치에 어떻게 작용하는가(Mainwaring 1999; 박명림 2012)? (2)후발 산업화 국가에서는 선진산업화 국가들과는 대조적으로 자본-노동 사이의 사회적 균열 이외에도 종교적, 지역적 혹은 여타의 사회적 균열들이 각축하게 되고 이들이 실제로 정당정치에 동원되고 정당화되는데, 이들 비경제적 사회균열의 동원과 정당화는 정당정치의 형성과정에 어떠한 형태로 자리 잡게 되는가? 다시 말해 산업-노동세력 사이의 균열이 대중정당이라는 정당양식을 불러왔다면, 지역균열 혹은 종교적 균열 등은 어떠한 형태의 정당의 진화를 가져오는가? (3)앞의 (1)과 (2)의 결과로 인하여, 상향식 대중정당이 아니라 선제적 국가의 압도적 영향 하에서 정당이 국가와 시민사회에서 매우 위축된 역할 (즉 국가의 압도적 역할에 종속되고 또한 국가-사회 사이에서 주변적 역할)에 머물게 된다면 국가-정당-사회의 구조 속에서 정당들의 역할은 어떤 방식으로 주변화되고 또한 여기서 정당의 역할과 위상은 어떻게 설명될 수 있는가?

이러한 세 가지의 연구질문을 상정해보면, 기존의 거시접근은 주로 연구질문 (1)에 집중해왔음을 알 수 있다. 현대한국이 성립되는 1945-1948년 사이 해방공간의 정치질서에 대한 기존의 방대한 연구성과의 수용과 정리를 통해서, 박찬표는 냉전이라는 국제질서 속에서 한국에 강력한 반공국가가 등장하고, 이러한 반공국가의 억압적 영향 속에서 한국의 정치사회와 정당정치가 어떻게 주조되었는지를 면밀하게 설명하고 있다. 주로 수정주의 역사관에 서 있는 역사학자들의 연구성과를 바탕으로 해서, 박찬표는 국제적 냉전체제의 성립 속에서 한국에는 강력한 반공국가가 성립되었고 이러한 반공국가는 "좌파는 물론 좌우공존을 주장하는 중간파까지도 배제시킨" 채(박찬표 2007: 63) "정치경쟁의 공간은 이념과 가치의 단일화, 이념적 균일성"을 갖게 되었다는 것이다. 이러한 과정을 통해서 "강력한 국가와 억압된 시민사회, 시민사회와 괴리된 보수독점의 정치대표체제"(박찬표 2007: 65)가 성립되었다는 것이다.

이 같은 박찬표의 연구는 한편으로 우리 정당현실의 주체적 이해에 일정하게 기여하면서도 동시에 적지 않은 한계를 드러낸다. 이 연구는 한국정당정치의 역사적 원형을 이루는 1945-1948년의 기간에 대한 심층적 연구라는 점에서 커다란 의미를 가진다. 아울러 선진산업화 사회와는 구분되는 역사적 순차(sequencing)를 갖게 되는 강력한 국가의 선제적 등장과 그에 따른 정치사회의 왜곡을 구명한다는 점에서도 의미심장한 연구 성과라고 할 수 있다. 하지만 여전히 산업-노동의 균열에 기초한 대중정당을 이상형으로 상정한다는 점은, "시민사회와 괴리된 보수독점의 대표체제"라는 표현 등에서 분명하게 드러난다.

달리 말해 박찬표의 연구는 해방 3년간 강한 국가에 의한 정당정치의 왜곡을 선진산업화 사회의 정당정치라는 거울에 비추어서, "일그러진 근대"로서의 보수독점의 정당정치를 이해하고 있다.

위의 세 가지 연구질문 가운데 (1)의 문제에 집중해 온 거시접근은 (2)와 (3)의 연구문제에 대해서는 거의 침묵하고 있다고 할 수 있다. 강력한 국가가 먼저 성장하면서 정치사회의 공간을 왜곡, 구성하였을 때에, 우리 정당들은 과연 어떠한 방식으로 지지의 동원과 정당화, 대표의 과정에서 주변적이면서 종속적 존재로 기능하게 되었는지의 과정을 역사적으로 추적하는 문제야말로 우리 현실에 기초한 주체적 연구 질문이라고 할 수 있다.

좀 더 구체적으로 말하자면, 거시접근에서는 이 당시 정당정치의 양상을, 단지 대통령 1인에게로 "권력이 초집중된 상태에서 동심원적 엘리트 구조"를 가진 사회에서 유지되는 "지도자와 그를 둘러싼 엘리트 중심적 정당"으로 혹은 "매우 약한 대중적 기반을 가진 채, 보수적이고 권위주의적인 의회 내 정치엘리트들"(최장집 1996: 38-40)의 집단으로 묘사하고 있을 뿐이다. 이러한 묘사가 당시 정당정치의 구체적 현실과 크게 어긋나는 것은 아니지만, (ㄱ)개인화된 1인 중심의 정당(정당조직), (ㄴ)시민사회에 대해서 제도화된 연계보다는 비공식적 연결망(후견주의 네트워크)에 의존하는 정당, 그리고 이 과정에서 (ㄷ)이미 발달된 관료조직망에 의존하고 종속되어 있는 정당의 존재 양식에 대한 사회과학적 분석으로 이어지지는 않고 있다.

구체적으로 말하자면, 우리는 한국 정당정치의 뿌리의 특성을 구명하기 위해서 위의 특성들에 대한 질문을 다음과 같은 구체적인 연구 질문들로 재구성할 수 있을 것이다. (ㄱ)반공국가, 관료제의 발달이라는 근대사회로 가는 큰 흐름 속에서, 정당들은 여전히 전근대 사회의

특성이라고 할 수 있는 개인적 연결망과 카리스마에 의존하는 지속성
을 보이는 요인과 과정은 무엇인가?[5] 구체적으로, 이승만, 박정희로 이
어지는 정치지도자들은 어떤 요인과 수단을 통해서 정당조직을 여전히
개인적 권위에 기초한 연결망의 형태로 유지하였는가? 이들 지도자들
은 합리성을 지닌 조직으로서의 관료조직이나 군대조직의 발달 속에서
정당조직을 이러한 흐름으로부터 분리시키는 데에 있어서 어떠한 자원
과 수단을 동원하였는가라는 질문들로 구체화될 수 있을 것이다.[6]

또한 (ㄴ) 대중정당처럼 안정되고 제도화된 통로를 갖지 못한 한
국의 엘리트 정당들도 여전히 제한적으로는 시민의 지지를 동원하고
정치사회를 정당화하는 역할을 수행하였다고 할 수 있다. 한국의 원형
정당들은, 제도화된 통로가 부재한 상태에서 대체로 비제도화 된 통로
또는 비공식적 연결망(중앙정치와 지역사회 사이의 후견구조 및 지역사
회 내의 지방엘리트들과 지역사회의 후견구조)에 어떻게 의존하였는가?
구체적으로 말하자면, 한국의 원형정당들이 계급이나 지역 등의 집합
적 이익을 대표할 만한 정치적 공간이 열리지 않았고 따라서 계급적
정체성이나 지역정체성에 호소하는 일련의 이념이나 정책을 제시하
는 것이 불가능하였다면, 원형정당들은 집합적 정체성이나 이해관계

---

5   일찍이 루시안 파이는 아시아의 정당정치는 (1)쌍방향적이며, 제도화된 방식으로 시민
　　들의 이해와 요구를 대표하는 근대적 연결망으로 진화하는 과제와 (2)전통사회의 특성
　　으로 남아있는 개인적 연고, 개인적 권위와 그에 기초한 연결망의 지속이라는 역설적 상
　　황에 처해있음을 지적한 바 있다(Pye 1966: 370-372).

6   서구적 관념의 제도화된 정당과는 구분되지만, 1961년 군부가 집권한 이후에 여당인 민
　　주공화당을 창당하는 과정에서 강한 조직과 엄격한 내부 규율을 지닌 정당을 구축하려
　　는 나름의 구상과 시도가 있었다고 할 수 있다. 이른바 공화당의 이원조직이라는 불렸던
　　조직의 양상은 포괄적이면서도 강력한 정당조직을 통해서 시민사회와의 (하향식 위주
　　의) 강한 연계뿐만 아니라, 행정부에 대한 강한 통제까지도 염두에 두고 있었다. 김종필
　　을 중심으로 한 이원조직의 특성과 그 구상이 이후에 좌절되는 과정에 대해서는 김용호
　　(1991) 등을 볼 것.

대신에 시민들의 지지 동원과 정당화를 위해서 매우 개인적(personal goods)이거나 부분적인 이익을(club goods) 지지자들에게 어떤 방식으로 보장하였는가? 달리 말해 투표 지지, 정당화를 얻기 위해서 원형정당들은 지역 유권자들에게 금품, 일자리, 그 밖의 특별한 시혜들을 어떤 방식으로 제공했는가? (ㄷ)이러한 비공식적 후견관계를 개발, 유지하기 위해서 우리의 원형 정당들은 어떤 방식으로 관료조직과 유사 관료조직에 의존하였는가? 이 같은 연구질문의 세분화를 통해서 우리는 서구적 근대를 통해서 우리 정당사를 비춰보기보다는, 우리의 역사의 실제에 좀 더 접근할 수 있을 것이다.

한편 거시접근의 관점에서 볼 때, 한국에서 대중정당이 발전하지 못한 두 번째의 역사적 계기는 보수적 민주화에 있다. 1987년의 민주화는 정치경쟁의 공간을 확장하고 참여와 대표의 진전을 이룸으로써 정당이 제도화되고 사회에 뿌리를 내릴 큰 기회였지만, 제한적 방식으로 이뤄진 '보수적 민주화'로 인하여 한국에서 대중정당은 여전히 등장하지 못하고 있다는 것이 거시접근의 기본 관점이다. 구체적으로 말해, 한국의 민주화는 ①"밑으로부터의 힘과 위로부터 권위주의에서 성장한 제도나 엘리트 힘 간 균형의 결과물"이고 ②"재벌 대기업"과 "여론 시장을 지배하는 대중매체가 압도적으로 보수적"이며 이들의 영향력은 여전히 크다는 것이다. ③그에 따라서 "기존 정당체제의 틀이 협애한 이념적 스펙트럼에서 그대로 유지되고 있다"는 것이다(최장집 외 2007: 125).

달리 말해, 민주화 이후의 정당 연구에서도 거시접근의 '일그러진 근대'상은 여전히 유지된다. 강력한 반공국가가 선제적으로 정치사회를 왜곡, 협애화한 역사적 기원으로 인해서, 민주화 이후에도 여전히 대중정당이 성장하지 못하고 '정당정치의 과거가 지속'되고 있다는 것이다. 하지만 과거의 지속이라는 포괄적인 현상을 좀 더 구체적으로 살펴보면 민주화 이후 한국정당정치의 현실은 다음의 몇 가지 핵심적인 국면들로 이루어져 있다. 첫째, 권위주의 시대의 과거로부터 살아남은 정당들은 대중정당이 대표하는 사회경제적 균열보다는 지역균열의 동원을 통해서 정치사회를 구조화하고 지배하게 되었다. 둘째, 이들 계승형 정당들은 생존에 필요한 자원과 수단을 시민사회의 지지자들로부터 동원, 추출하기보다는, 국가에 대한 의존을 점차 집단적으로 강화하면서 국가로부터 생존 자원을 추출하고 있다. 셋째, 이들 계승형 정당들이 지역균열을 동원하고 정당화를 이루는 방식은 한편으로는 지역갈등이라는 집단적 정체성에 기반하고 있지만 동시에 지역사회의 후견구조라는 비공식적 연결망에 대한 의존은 여전히 유지되고 있다.

거시접근은 위의 세 가지 국면들 가운데 첫째 국면인 지역균열의 동원에 대해서는 면밀한 분석을 시도해왔지만, 둘째 국면인 국가에 대한 집합적 의존의 강화와 셋째 국면인 비공식 연결망에 대한 의존의 지속이라는 측면에 대해서는 충분한 관심을 기울이지 않고 있다. 민주화 이후 한국정당들이 새로운 경쟁의 축으로서 지역균열을 동원하는 방식과 과정에 대해서는 사실 방대한 연구가 다양한 관점에서 축적되어왔다. 이들 가운데 박상훈(2009)의 연구는 거시구조적 관점에서 지역균열의 동원양상을 정밀하게 추적한 사례로서 손꼽을만하다.[7]

하지만 거시접근은 거시연구의 핵심변수인 민주화 이후의 국가와 계승형 정당들 사이의 새로운 관계로서의 집합적 의존에 대해서는 거

7　박상훈(2009)은 한국정당정치에서 지역균열은 권위주의 산업화의 시기에 역사적으로 '만들어진 지역주의'의 성격을 갖는다고 본다. 그는 권위주의 산업화, 급격한 도시화, 그에 따른 계급분화의 과정에서 反호남 편견이 동원·창조되었고 민주화 이후 유지되었다고 본다.

의 진지한 연구질문을 생산하지 않고 있다. 구체적으로 말하자면, 민주화 이전 강력한 국가와 정당들의 관계는 정당들의 주변화와 종속화였다면, 민주화는 이러한 국가와 정당 관계에 적지 않은 변화를 가져왔다. 국가는 더 이상 과거처럼 강력하게 정치사회의 경쟁으로부터 유리된 채 독립적으로 혹은 압도적 우위에 선 채로 정당들의 존재 양식을 지배하기는 어렵게 되었다. 권위주의 체제에서 1인 대통령이 장기적으로 지배하는 국가가 정당의 인물의 충원, 지지의 동원전략, (탈법) 정치자금의 조달 등을 실질적으로 좌우하는 지배-종속의 관계는 민주화 이후의 국가가 감당할 수 없는 일이었다. 정기적인 선거와 정권교대로 인하여, 정당들은 여전히 강력한 권한을 지닌 대통령을 배출하면서 일정기간 동안 국가기구를 형식적으로나마 통제하게 되었다. 방대한 관료기구, 사법제도와 법집행기관, 지방행정기관, 공공 금융기관들은 이제 대통령을 앞세운 여당(때로는 야당)과의 관계에서 주도, 협력, 견제, 혹은 의존하기도 하는 관계에 접어들었다(전용주 2006).

여당과 야당들이 국가기구가 집행하는 정책의 의제형성, 의제집행, 집행의 감독의 전 과정을 주도적으로 전면적으로 통제하는 것은 아니었지만, 정당들은 높아진 영향력을 바탕으로 국가의 자원을 자신들의 존재 기반에 활용하기 시작하였다(Grzymala-Busse 2007). 이러한 국가자원을 정당의 존재기반에 동원하는 양상은 크게 두 차원으로 진행되었다. 첫째, 가장 직접적인 방식은 국가가 보유하는 최대의 재정자원인 세금을 정당들이 직접적으로 추출하는 것이다. 정당들은 민주화 이후에도 적지 않은 기간 동안 방대한 (탈법적 혹은 초법적) 자금조달을 통해서 정당활동과 선거를 유지하였지만, 동시에 국가로부터의 직접적인 보조금, 즉 정당에 대한 국고보조금을 급격히 증액하면서, 이에 대한 의존을 급격히 강화해나갔다. 달리 말해, 민주화의 개방과 참여의 물결 속에서도, 정당들은 여전히 지역사회에 침투해 들어가서 지지자들로부터 지지와 재정적 지원을 자발적으로 끌어내는 데에 어려움을 겪고 있었다. 지방조직을 유지하고는 있었지만, 이는 상향식 참여와 재정지원으로 이어지기보다는 오히려 지역의 후견구조를 유지하는 데에 동원되는 하향식 비자발적 조직에 가까웠다. 이른바 카르텔 정당론이 경험적으로 분석하고 있듯이, 여야 정당을 막론하고 정당들은 국가의 보조금을 가장 중요한 생존자원으로 확보해가기 시작하였다(곽진영 2001).

　　정당들이 국가의 자원을 추출하는 두 번째 양식은 지지와 정당화를 유지하기 위해서 지역사회에 선택적, 물질적 혜택을 제공하기 위한 수단으로서 국가기구의 활용을 강화한 것이다. 예컨대 방대한 공기업을 통한 지위의 배분, 공공사업 공사에 대한 발주의 특혜, 혹은 정보의 제공 등의 선택적 인센티브가 중앙당, 지방당의 활동가 및 엘리트들에게 방대하게 제공되어 왔다(이러한 현상들은 그동안 언론의 탐사보도 등을 통해서 종종 밝혀지고 알려져 왔지만, 정당연구자를 포함한 사회과학적 연구자들의 분석은 거의 전무한 상태이다.). 따라서 거시접근은 이제 민주화하는 국가-정당의 관계 속에서 정당들이 어떠한 논리와 수단을 통해서, 국가로부터의 재정추출을 강화해갔는가를 탐구해야 한다. 구체적으로 말하자면, 우리는 이제 (1)정당들은 언제 어떠한 정치사회적 조건 속에서, 어떤 행위자들이 주도하면서, 어떤 논리와 방법을 통해서 국고보조금을 늘려나가는 재정적 추출을 강화해갔는가를 분석하는 연구질문을 던져야만 한다. (2)또한 정당들은 국가기구로부터 어떠한 방식으로, 어떠한 과정을 통해서 지지자, 활동적 지역활동가, 중앙당의 엘리트들에게 지위, 공공사업의 특혜, 정보제공의 특혜를 제공해왔는지를 구명해야 한다. (3)그리고 이를 통해서 정당들이 기존의 지역사회의 후견구조를 어떻게 유지해왔는지를 구명해야만 한다.

정리해서 말하자면, 거시접근은 지금까지 1945-1948년의 반공체제의 등장과 1987년의 보수적 민주화라는 두 가지의 역사적 계기를 중심으로, 한국의 정당역사를 서구의 근대화 과정에 비춰보는 연구질문에 집중해 왔다. 이는 한편으로 역사적 인과구조를 중시하고, 또한 국가와 정치사회와 같은 거시적 핵심변인들을 중심으로 정당정치의 전개를 이해하려 했다는 점에서 적지 않은 기여를 해왔다. 하지만우리가 한국 정당정치의 역사적 전개와 인과구조를 설명하기 위해서는, 국가와 정당정치를 연결하는 정치지도자, 후견구조, 비공식 연결망 등의 요소들이 작용해 온 한국적 맥락과 역사를 포괄적으로 추적해야 한다. 달리 말해 국가와 정당정치 사이의 거시적 연관보다는 다양한 중범위 수준의 행위자와 구조들 사이의 촘촘한 관계를 분석하는 구체적 질문들에 초점을 맞추어야 한다.

IV. 거시접근의 연구방법의 재구성: 주체성, 역사연구, 이론 사이의 균형

한국 정치학의 주체성이라는 관점에서, 거시접근의 연구방법상의 기여와 한계를 밝히고 이를 재구성하고자 할 때, 핵심적인 연결고리는 바로 "한국정당의 역사"일 것이다. 자아준거적이고 주체적인 정당연구를 강조하는 접근들은 한결 같이 우리 역사에서부터 출발할 것을 제안하고 있다(김용호 2009; 장훈 2011). 이때에 역사를 강조한다는 것은 결국 두 가지의 논리적 전제에 서 있는 것이다. 첫째, 장기적으로 형성되는 역사적 구조물이 현재의 한국정당정치의 진화과정과 특성에 대해서 지속적이고도 장기적인 영향을 미친다는 전제이다. 즉 과거와 현재 사이에 분명하고도 안정적인 인과적 연결고리가 있다고 믿기 때문에 주체적 연구는 '역사로 돌아갈 것'을 제안하고 있는 것이다. 둘째, 한국의 정당역사는 선진 민주주의 정당의 역사와는 구분되는 일종의 한국적 특수성을 풍부하게 품고 있을 것이라는 전제이다. 이 같은 특수성을 밝힘으로써 한국적 현실을 이해하고 그에 기반한 이론적 작업이 가능하리라는 희망을 전제하고 있다.

기존의 거시접근은 위의 두 가지 전제 가운데 첫 번째 전제는 공유하고 있는 셈이다. 이들의 표현을 빌리자면, 해방 3년에 구축된 반공국가의 선제적 발전과 선취가 이후 정당발전의 최대 장애물이었고 이로 인해서 우리는 '역사적으로' 대중정당의 발전을 이루지 못했다는 것이다. 달리 말해, 반공국가라는 특수한 형태의 역사적 구조물이 이후 한국정당정치의 저발전을 역사적으로 규정한 인과적 연결구조가 곧 한국정당의 역사라고 보는 것이다. 이는 역사적 인과구조를 점차 순차(sequencing)와 시점(timing)의 누적적 결과로 설명하려는 최근 사회과학의 연구동향과도 일맥상통한다(MacDonald 2008; Pierson 2004; Sewell 1996; Skocpol 2003). 하지만 우리가 앞에서도 강조했던 바와 같이, 기존의 거시접근은 오직 서구적 근대라는 기준에 비추어 우리 정당의 역사적 인과구조를 풀어 이해하려는 근본적인 한계를 안고 있다. 이들에게 역사적 인과구조가 중요하게 취급되지만 동시에 이는 단지 서구의 경험으로부터 '일그러진 역사적 인과구조'이다. 일그러진 역사를 천착할수록, 연구자와 연구결과는 스스로 소외와 좌절을 경험할 뿐이다.

그렇다면 일그러지고 소외된 역사관을 넘어서는 주체적 역사연구는 어떻게 가능한가? (앞에서 말한 두 번째 전제) 이 문제는 결국 한국

정당역사의 특수성을 어느 수준에서, 어떤 방식으로 이해하고 이론화할 것인가의 문제로 좁혀진다. 한편의 극단에 서구에 비춰본 일그러진 역사가 있다면, 다른 극단에는 한국역사의 특수성을 과도하게 강조하는 낭만적 역사가 있는 셈이다.[8]

결국 우리는 정당역사라는 역사의 바다에 뛰어들기 전에, 어떤 방식으로 역사와 사회과학을 연계할 수 있는가? 즉 개별성, 독특성, 깊은 묘사를 강조하는 역사연구와 거대 일반화를 통한 이론화에 기울어 있는 사회과학 이론 사이에 내재된 긴장과 갈등을 어떤 방식으로, 어떤 수준에서 통합, 절충할 것인지를 먼저 논의해야만 한다.[9]

여기서 우리는 역사연구와 사회과학 이론의 통합과 절충을 향한 다양한 노력과 기존의 시도를 체계적으로 종합, 비판하고, 새로운 재구성을 시도할 여유와 지면은 없다. 다만 연구대상, 연구방법, 연구목표가 상이한 역사학의 특수성과 사회과학 이론화의 속성을 염두에 두면서, 기존 정당연구의 거시접근의 연구방법을 재구성하는 방향에 대해서 간략히 논의할 수 있다. 아래의 그림이 나타내듯이, 연구의 주체성, 사회과학으로서의 이론의 간명함, 역사연구의 특수성이라는 세 가

---

8 사회과학 이론으로서의 요건을 충분히 의식하지 않은 채, 역사의 바다로 뛰어드는 것은 종종 학문적 방언이나 학문적 사투리로 변질될 수 있다는 경고는(박명림 2012) 분명 적절한 지적이다. 지금까지 학문공동체 내에서 우리의 정당역사를 진지하게 복구하려는 시도가 없지 않았다(백영철 1995; 심지연 2009; 최한수 1999). 하지만 이러한 시도들이 소수의 정당사 연구자들을 넘어서 정당 연구자들 일반이나 나아가 한국정치 연구자들로부터 폭넓은 호응이나 강렬한 비판을 불러일으키는 데에는 이르지 못하고 있다. 이에 대해서는 다양한 배경을 거론할 수 있겠지만 무엇보다 주된 이유는, 이들이 한국정당의 역사라는 거대한 바다에 뛰어들면서 그러한 역사연구의 방법론적 전제가 되는 논의에 대해서는 상대적으로 무심하였기 때문이다.

9 1980년대를 전후로 이른바 사회과학에서 역사연구로의 전환 이후에, 사회과학과 역사접근의 생산적인 상호의존관계와 그에 내재된 긴장관계 등에 대한 풍부한 논의가 전개되어왔다. 예를 몇 가지만 꼽자면, Geddes(1997), Hall(2003), Ingram(1997) 등의 논의를 볼 것.

그림 1. 이론과 연구주체성, 역사연구의 균형

지 목표의 균형적 추구를 향해서, 우리는 다음과 같이 한국정당의 특수한 역사적 궤적에 대한 분석과 이론화를 시도해볼 만하다.

우선 무엇보다 서구적 근대와 그에 따른 대중정당이라는 단일한 경로와 인과구조의 전일성을 벗어나되, 비서구적 경로들 사이에서 제한적 일반화를 추구하고, 그러한 일반화의 명제 안에 우리 정당의 역사를 위치 지워야 한다. 달리 말하자면, 우리처럼 국가의 선제적 발전과 정치공간의 선취가 이루어지고 그에 따른 정당의 저발전이 자리 잡은 비서구 국가들과의 비교역사를 통해서, 우리는 한편으로 서구적 근대라는 단일한 준거틀로부터 벗어나 정당역사의 다양성을 확보할 수 있다. 아울러 이러한 비교역사연구를 통해서, 우리의 정당사의 특수성을 과도하게 강조하는 위험으로부터 벗어날 수 있다.

구체적으로 말하자면, 1920-30년대부터 1970년대 전후에 이르기까지, 우리처럼 제3세계적 경제발전을 축적해 온 남미의 주요 국가들이 비교역사의 준거사례로 부상할 수 있다. 브라질, 멕시코, 아르헨티나, 칠레 등의 국가들도 시민사회의 발전에 앞서서 국가기구의 성장이 선제적으로 이뤄지고, 이들 국가기구들이 경제성장을 견인한 경험을 갖고 있다(Collier and Collier 1991; Mainwaring 1999; Stepan 1989). 그렇다면 이들 국가들과 한국의 경험을 토대로 (1) 선제적 국가가 정당을 포함한 정치사회를 규제, 억압, 왜곡시켜온 방식 (2) 시민사회의 상대적인 저발전 속에서 정당들이 공식적 정당조직보다는 비공식적 연결망을 통해서 지지의 동원과 정당화를 추구했던 방식 등에 관한 비교 역사를 써볼 수 있을 것이다(Geddes and Neto 1992; Hagopian 1996; Kitschelt *et al.*, 2007).

이들 남미 국가들이 비교사례의 준거로써 유용한 또 다른 측면은 우리의 경험과 마찬가지로 1980-90년대에 걸쳐서 권위주의 체제에서 민주화로 이행하였다는 공통의 결정적 분기점(critical juncture)을 공유하고 있다는 점이다. 물론 이들 국가 중에서 우리의 사례와 유사하게, 구체제와 민주화 진영의 타협을 통해서 비교적 보수적인 민주화를 경험한 사례들도 있고, 또한 비교적 강한 민주화를 통해서 구체제와의 단절을 경험한 사례들도 존재한다(Linz and Stepan 1996; Munck 2007). 이들 보수적 민주화를 이룩했던 남미 국가들과 우리의 경험을 비교·추적하는 방법은 적잖은 의미를 지닌다. 예를 들면 (제한적) 민주화 이후에, 계승정당들과 신정당들은 이전의 억압적이고 선제적인 국가와 어떠한 방식으로 관계를 변형시켜갔는가? 우리의 경험이나 일부 동-중유럽의 사례처럼 정당들은 시민사회와의 공식적, 이념적 연결망을 구축하기보다는 점차 국가에 대한 집합적 의존을 강화시켜갔는가? 아울러 강한 국가 아래에서 유지하고 있던 시민사회와의 비공식적 연결망으로서의 후견구조는 민주화 이후에 어떻게 유지 혹은 변형되는가?

정리하자면, 단일한 역사로서의 서구의 근대경험에 비추기보다는, 국가의 성장과 국가-정치사회-시민사회의 관계의 시점(timing), 순차(sequencing) 등에서 우리와 공통적인 양상을 추출할 수 있는 소수의 사례들과 비교역사를 추구하는 소수사례 비교접근방법(small N comparative method)을 통해서, 우리는 주체적 역사연구와 사회과학 이론의 엄밀성 사이의 균형을 추구할 수 있다(Skocpol 2003). 이러한 비교접근방법은 소수의 국가별 사례간/소수의 결정적 분기점을 분석단위로 하는 맥락적 비교분석(contextualized)과 아울러 장기적인 구조의 영향력과 전개과정을 추적하는 장기과정의 추적(process tracing)방법으로 구체화될 수 있을 것이다.

V. 결론

지금까지의 논의를 간략히 요약하고 앞으로의 연구방향에 대해서 갖는 잠재적 의미를 간략히 논하는 것으로써 결론을 삼고자 한다. 무엇보다 최근 들어 정당연구자 집단 내에서 스스로의 현실과 역사에 기반한 주체적 연구질문에 대한 자의식이 강화되고 있는 것은 당연하고도 바람직한 흐름임에 분명하다. 하지만 그간의 경험은 이 같은 주체적 자의식의 표출이 체계적이고 축적적인 양식의 학술운동이나 연구전통으로 이어지기보다는 간헐적인 문제제기에 그친 경우가 대부분이었다는 한계를 안고 있기도 하다.

우리는 주체적 정당연구로 나아가는 진지한 출발은 기존 연구의 언어게임 내에서, 그것의 비판적인 재구성을 통해서 이루어진다고 본다. 이점에서 우리는 특히 역사적 인과구조를 강조해온 거시접근의 연구질문과 연구방법의 재구성을 시도하였다. 첫째, 역사적 구조를 강조하는 거시접근의 연구질문은 하나의 보편적 경로를 의식하는 커다란 질문으로부터 우리 역사의 독특한 경험을 다루는 여러 갈래의 질문으로 구체화되어야 한다고 본다. 대중정당의 결핍이라는 문제의식과 그를 이해하기 위한 국가의 선제적 발전이라는 거시접근의 질문은 충분히 진지하지만, 보편적 경로에 대한 믿음은 주체적이면서도 적실성 있는 연구질문의 생산을 가로막고 있기도 하다. 따라서 선제적 국가의 억압적 효과뿐만 아니라, 국가의 억압 속에도 우리 정당들이 시민사회와의 제한적 연계 속에서 동원, 정당화의 역할을 수행했던 '역사와 현실'을 추적해야 한다.

둘째, 역사적 인과구조를 강조하는 거시접근의 방법은 주체성이라는 새로운 문제의식과 균형을 갖추어야 한다. 달리 말해 보편화와 일반화를 추구하는 사회과학 이론의 특성과 우리역사의 개별성을 강조하는 역사서술 사이의 균형이 곧 이론과 역사, 주체성 사이의 균형을 찾는 작업이 될 것이다. 구체적으로 말하자면, 서구의 보편역사에 우리 역사를 비춰보기보다는, 비서구적 경로들 사이에서 제한적 일반화를 추구하고, 이러한 일반화 작업 속에서 우리 정당의 역사적 경험을 이해하고 분석하여야 한다. 달리 말해 국가의 선제적 발전, 대중정당의 결핍, 오랫동안 후견구조에 의존해온 주변적 정당, 제한적(혹은 강력한) 민주화와 이후 정당정치의 전개라는 비서구적 경로를 함께 걸어온 남미의 주요국가들과의 비교역사연구를 통해서 우리는 주체적 역사와 일반화 사이의 균형을 추구할 수 있을 것이다.

이 같은 거시접근의 재구성 노력은 단지 주체적 정당 연구라는 '연구활동의 궁극적 목적지로서의 북극성'을 향한 시작에 불과할 것이다. 우리가 간헐적인 주체의식의 표출을 넘어 주체의식의 주인이 되는 길은 문제의식의 공감과 더불어 우리 정당 역사에 뛰어드는 진지하고도 집단적인 노력을 통해서 가능할 것이다.

참고문헌

강원택. 2009. "한국 정당연구에 대한 비판적 검토: 정당 조직 유형을 중심으로."
『한국정당학회보』 8(2).

강정인. 2004. 『서구중심주의를 넘어서』. 아카넷.

곽진영. 2001. "한국정당체계의 민주화: 정당 국가간 관계를 중심으로." 『의정연구』 7(1).

김경만. 2007. "독자적 한국 사회과학, 어떻게 가능한가? 몇 가지 전략들." 『사회과학연구』
15(2).

_____. 2008. "사회과학에 대한 부르디외의 성찰적 과학사회학: 성과와 한계."
『사회과학연구』 16(2).

김수진. 2008. 『한국 민주주의와 정당정치』. 백산서당.

김영명. 2010. 『담론에서 실천으로』. 한국학술정보.

김용호. 2008. "한국 정당 연구의 학문적 정체성 확립을 위한 성찰." 『한국정당학회보』 7(2),
pp.65-81.

_____. 1991. "민주공화당의 패권정당운동." 『한국정치연구』 3.

류재성. 2013. "정당개혁, 어디서 시작할 것인가?." 한국정당학회 하계학술회의 발표논문.

문승익. 1974. "자아준거적 정치학, 그 모색을 위한 제안." 『국제정치논총』 13-14.

박명림. 2006. "역사사회과학은 가능한가?: 학제적 '현대한국'연구의 과제와 전망."
『역사비평』 75, pp.31-56.

_____. 2012. "한국정당연구와 역사구조적 접근." 『한국정당연구방법론』. 나남.

박찬표. 2007. 『한국의 국가 형성과 민주주의: 냉전 자유주의와 보수적 민주주의의 기원』.
후마니타스.

백영철. 1995. 『제1공화국과 한국 민주주의』. 나남.

서병훈. 2000. "한국 정치학, 한국 정치학자: '정체성 위기'에 대한 재론." 『사회과학논평』 19,
pp.69-94.

심지연. 2009. 『한국정당정치사: 위기와 통합의 정치』. 백산서당.

양승태. 2011. "국가정체성 문제와 한국의 정당." 『한국정치학회보』 45(4).

이기완. 2006. 『일본의 정당과 정당정치』. 매봉.

이동윤. 2010. "한국 정당연구의 비판적 검토: 논쟁적 비판을 위한 재검토." 『한국정당학회보』
9(1).

이철순. 2012. "한국적 (국제)정치학을 위한 담론 비평." 『21세기정치학회보』 22(3).

임성학. 2010. "한국 정치학 연구의 동향과 정체성 확립을 위한 대안." 『정치정보연구』 13(2),
pp.257-274.

임성호. 2003. "원내정당화와 정치개혁: 의회민주주의 적실성의 회복을 위한 소고."
『의정연구』 15, pp.133-167.

장석만 외. 2006. 『한국 근대성 연구의 길을 묻다』. 돌베개.

장훈. 2009. "민주화 20년의 정당정치." 『한국과 국제정치』 25(1).

_____. 2011. "한국 정당연구의 적실성 문제와 역사적 접근으로의 전환." 『한국과 국제정치』 27(2).

전용주. 2006. "17대 국회. 행정부. 정당 관계의 변화." 『의정연구』 12(1).

조혜정. 1995. 『탈식민지 시대 지식인의 글읽기와 삶읽기』. 또하나의 문화.

주인석. 2009. "한국정당발전의 유형화에 대한 비판적 검토." 『한국정당학회보』 8(1).

최장집. 1996. "제2공화국 하에서의 민주주의의 등장과 실패." 백영철(편). 『제2공화국과 한국민주주의』. 나남.

최장집·박상훈·박찬표. 2007. 『어떤 민주주의인가』. 후마니타스.

최한수. 1999. 『한국정당정치변동』. 세명서관.

하네스 모슬러. 2013. 『사라진 지구당, 공전하는 정당개혁』. 인간사랑.

헨리 임. 2009. "유로-아메리칸 헤게모니와 한국 근현대 역사학의 기원." 『아세안연구』 51(1).

헨리 임·곽준혁 편. 2009. 『근대성의 역설』. 후마니타스.

Zima, Peter V. 2001. 김태원 옮김. 『모던/포스트모던』. 문학과 지성사.

Collier, R. and B. Collier 1991. _Shaping the Political Arena_. Princeton: Princeton University Press.

Geddes, Barbara and Artur Neto. 1992. "Institutional Sources of Corruption in Brazil." _Third World Quarterly._ 13(4).

Greif, Avener. 1998. "Self-Enforcing Political Systems and Economic Growth: Late Medieval Genoa." In Bates and Levi _et al._ (eds.). _Analytic Narratives_, pp.25–64.

Grzymala-Busse, Anna M. 2007. _Rebuilding Leviathan: Party Competition and State Exploitation in Post-Communist Democracies._ New York: Cambridge University Press.

Hagopian, Frances. 1996. _Traditional Politics and Regime Change in Brazil._ New York: Cambridge University Press.

Hall, Peter A. 2003. "Aligning Ontology and Methodology in Comparative Politics." In J. Mahoney and D. Rueschemeyer (eds.). _Comparative Historical Analysis in the Social Sciences_, pp.373–404. New York: Cambridge UP.

Hellmann, Olli. 2011. _Political Parties and Electoral Strategy: The Development of Party Organization in East Asia._ Palgrave Macmilan.

Ingram, Edward. 1997. "The Wonderland of the Political Scientist." _International Security._ 22(1), pp.53–63.

Kitschelt, Herbert, Kirk A. Hawkins, Juan Pablo Luna, Gullermo Rosas, Elizabeth J. Zechmeister. 2010. _Latin American Party Systems._ New York: Cambridge University Press.

_____. 2007. _Patron, Clients, and Policies._ New York: Cambridge University Press.

Levi, Margaret. 1998. "Conscription: The Price of Citizenship." In Margaret Levi, Jean-Laurent Rosenthal, and Barry Weingast (eds.). 1998. _Analytic Narratives._ Princeton: Princeton University Press.

Levitsky, Steven. 2003. *Transforming Labor-Based Parties in Latin America: Argentine Peronism in Comparative Perspective*. New York: Cambridge University.

Linz, Juan and Alfred Stepan. 1996. *Problems of Democratic Transition and Consolidation*. Baltimore: Jophns Hopkins University Press.

MacDonald, Terrence. 2008. *The Historic Turn in the Human Sciences*. Ann Arbor: University of Michigan Press.

Mahoney, James and Dietrich Rueschemeyer (eds.). *Comparative Historical Analysis in the Social Sciences*. New York: Cambridge University Press.

Mainwaring, Scott. 1999. *Rethinking Party Systems in The Third Wave of Democratization*. Stanford: Stanford University Press.

Munck, Gerardo (ed.). *Regimes and Democracy in Latin America*. New York: Oxford University Press.

Piattoni, Simona. 2001. *Clientelism, Interests, and Democratic Representation: The European Experience in Historical and Comparative Perspective*. New York: Cambridge University Press.

Pierson, Paul. 1999. *Politics in Time*. Princeton: Princeton University Press.

Pye, Lucian. 1966. "Party Systems and National Development in Asia." In Joseph LaPalombara and Myron Weiner (eds.). *Political Parties and Political Development*. Princeton: Princeton University Press.

Randall, Vicky. 1988. *Political Parties in the Third Word*. London: Sage.

Schroeder, Paul. 1994. "Historical Reality vs. Neo-realist Theory." *International Security*. 19(1), pp.108–148.

Sewell, William. 1996. "Three Temporalities: Toward An Eventful Sociology." In Terrence MacDonald (ed.). *The Historic Turn in the Human Sciences*.

Shapiro, Ian. 2002. "Problems, Methods, and Theories in The Study of Politics, or What's Wrong with Political Science and What to do about it." *Political Theory*. 30(4), pp.596–619.

Skocpol, Theda. 2003. "Doubly Engaged Social Science." In James Mahoney and Dietrich Rueschemeyer (eds.). *Comparative Historical Analysis in the Social Sciences*. New York: Cambridge University Press.

Stepan, Alfred (ed.). 1989. *Democratizing Brazil*. New York: Oxford University Press.

찾아보기

지은이

김상배 서울대학교 정치외교학부 외교학과 교수
서울대학교 외교학과 학사 및 석사, 미국 인디애나대학교 정치학 박사
『아라크네의 국제정치학』. 2014.
『정보혁명과 권력변환』. 2010.

김치욱 울산대학교 국제관계학과 부교수
서울대학교 외교학과 학사, 미국 텍사스오스틴대학교 정치학 석사 및 박사
"Building Multilateralism on Bilateralism: Evidence from Networked
Governance of FDIs in Asia." Asian Perspective 39(2): 325-355. 2015.
"세력확산의 국제정치: 국제의회네트워크와 글로벌 무역 거버넌스."
『국제정치논총』 55(1): 7-37. 2015.

조동준 서울대학교 정치외교학부 외교학과 교수
서울대학교 외교학과 학사 및 석사, 미국 펜실베니아주립대학교 정치학 박사
"駐베트남 한국 공관원 송환을 위한 신호게임, 1975-1980." 『국제정치논총』
54(1): 35-68. 2014. (공저)
"'인류공동의 유산'의 국제제도화 과정." 『국제정치논총』 50(4): 127-158. 2010.

배영자 건국대학교 정치행정학부 정치외교학과 교수
서울대학교 외교학과 학사 및 석사, 미국 노스캐롤라이나대학교 정치학 박사
"기술표준의 정치: 행위자-네트워크이론과 중국 AVS 사례." 『대한정치학회보』
19(2): 281-305. 2011.
"공공외교로서 과학기술외교: 이론적 이해와 현황." 『국가전략』. 17(1): 127-154.
2011.

이승주 중앙대학교 정치국제학과 교수
연세대학교 정치외교학과 학사 및 석사, 미국 캘리포니아 버클리대학교 정치학 박사
"아시아 패러독스를 넘어서: 경제적 상호의존과 제도화의 관계에 대한 비판적
검토." 『한국정치외교사논총』 36(2): 167-197. 2015.
"Multilayered World Order and South Korea's Middle Power Diplomacy: The
Case of Development Cooperation Policy." *Korean Political Science Review*
48(4): 77-101. 2014.

이민정 중앙대학교 정치국제학과 박사과정 수료
중앙대학교 행정학 및 정치학 학사, 정치학 석사, 국제정치전공 박사과정 수료
"관료의 전략적 행동과 제도의 연속성: 한국 금융감독제도 개편의 정치과정,
1997~2008년."『국제정치논총』52(4): 145-169. 제52집 4호. 2012.(공저)
"일본 환경 ODA 정책의 형성과 변화: 외교정책 및 경제정책과의 연계를
중심으로."『일본연구논총』39: 125-152. 2014.(공저)

장혜영 중앙대학교 사회과학대학 정치국제학과 조교수
중앙대학교 정치외교학 학사 및 석사, 미국 남가주대학교 정치학 박사
"1972년~2012년 공화당과 민주당의 환경정책 정강의 비교분석."
『21세기정치학회보』24(3): 575-603. 2014.
"공적개발원조정책과 국회: 국회의원의 행정부 감시 책무성을 중심으로."
『정당학회보』13(2): 255-285. 2014.

마상윤 가톨릭대학교 국제학부 교수
서울대학교 외교학과 학사 및 석사, 옥스포드대학교 국제정치학 박사
『한국의 민주주의와 한미관계』. 2014.(공저)
"미중관계와 한반도."『역사비평』겨울호: 290-321. 2014.

장훈 중앙대학교 정치국제학과 교수
서울대학교 정치학과 학사 및 석사, 미국 노스웨스턴대학교 정치학 박사
『20년의 실험: 한국 정치개혁의 이론과 역사』. 2010.
『탈냉전사의 인식』. 2012.(공저)